高等院校"十二五"应用型规划教材
21世纪经济管理类精品教材
本教材获大连外国语大学出版基金资助

Multinational
Corporations Management
—Theories, Practices and Cases

跨国公司管理
——理论·实务·案例

主　编：时秀梅　李　毅
副主编：周燕华　苑　莹　颜　实　彭佑元
主　审：栾　华

图书在版编目（CIP）数据

跨国公司管理/时秀梅，李毅主编. —北京：经济管理出版社，2014.9
ISBN 978-7-5096-3129-4

Ⅰ.①跨…　Ⅱ.①时…②李…　Ⅲ.①跨国公司—企业管理—高等学校—教材　Ⅳ.①F276.7

中国版本图书馆 CIP 数据核字（2014）第 109031 号

组稿编辑：申桂萍
责任编辑：申桂萍　梁植睿
责任印制：司东翔
责任校对：陈　颖

出版发行：经济管理出版社
　　　　　（北京市海淀区北蜂窝 8 号中雅大厦 A 座 11 层　100038）
网　　址：www.E-mp.com.cn
电　　话：(010) 51915602
印　　刷：三河市延风印装厂
经　　销：新华书店
开　　本：787mm×1092mm/16
印　　张：21.5
字　　数：484 千字
版　　次：2014 年 9 月第 1 版　2014 年 9 月第 1 次印刷
书　　号：ISBN 978-7-5096-3129-4
定　　价：68.00 元

·版权所有　翻印必究·
凡购本社图书，如有印装错误，由本社读者服务部负责调换。
联系地址：北京阜外月坛北小街 2 号
电　　话：(010) 68022974　　邮编：100836

前　言

跨国公司的发展是经济全球化的必然结果，同时又是经济全球化发展的内在动力，跨国公司在世界经济中扮演着越来越重要的角色。随着中国经济融入世界经济步伐的加快，越来越多的跨国公司来中国投资与经营。与此同时，中国政府积极实施"走出去"战略，中国企业开始逐渐走向世界。了解跨国公司的有关理论和经营管理实务，并借助具体案例充分理解管理的内涵，对于加快中国经济持续稳定发展具有重要意义。因此，学习跨国公司对外投资基本理论，掌握跨国公司跨文化管理、人力资源管理、战略管理、营销管理以及财务管理等知识和技巧就显得格外重要。

"跨国公司管理"是国内许多高校（经济学院、管理学院和商学院）开设的必修或限选、选修课，也是MBA、EMBA、MPA、MPAcc等管理类专业硕士和工程硕士（EME）及非经济管理类专业研究生的一门核心主干课。如今，许多高校的外国语学院及各外国语大学都相继开设商务英语专业，招收攻读国际商务专业的研究生，"跨国公司管理"也成了商务英语专业、国际商务专业的一门必修课。但是，由于目前国内出版市场出版的《跨国公司管理》不是偏重于理论阐述，就是倾向于实务操作，且篇幅较长、内容过多，不太适合商务英语及国际商务专业学生的学习。因此，编写和出版适合商务英语本科专业和国际商务硕士生教材，就成为一种必要。

本书充分考虑了应用型本科和专业学位《跨国公司管理》教学的特点，把知识的相关性和工作任务的相关性有机结合在一起，真正围绕应用型人才培养的目标进行课程结构设计。为此，本书以案例引导教学，运用"引导教学法"和相关案例教学法激发学生的学习兴趣，促进学生把所学的知识内化为潜在的应用能力。

本书具有以下几大特色：

1. 趣味性

通过引入案例，使学生对本课程产生兴趣。对于初学者而言，通过实践案例和课后阅读材料，可以帮助他们更好地理解跨国公司管理的理论知识，也可以培养他们学习本课程的感性认识。

2. 实用性

通过大量的"专栏"，引入实际的经典案例，结合跨国公司管理实践进行基础理论与方法的讲解，突出实用性特色。并通过课后的练习题和案例分析题，将理论知识与实际相结合，使学生能把学到的理论知识应用到实际中，强化应用能力的培养。

3. 能力性

应用型人才培养目标，核心是培养学生的综合能力。本书强调理论与实务的同时，注重传授方法及技巧的运用，使学生不仅会分析问题，而且能够解决问题。另外，本书每章都有学习要求，使教师明确在讲授知识点时应培养学生哪种能力，具体有认知、理解、分析、解决、思维、综合、应变、学习、创新等能力。

4. 精练性

本书一改目前大多数教材"大而全"面面俱到的编写思路，充分考虑了课程之间的相互关联性和互补性，结合课时要求，将其他相关课程涉及的内容剔除。这样既简化了教材，又使教师能够有时间进行课堂案例教学，提高教学效果，使初学者能够更好地了解相关知识点。

5. 新颖性

本书吸收了国内外大量跨国公司管理方面研究的最新研究成果，包括理论、实务与案例，包括近年的经济数据、刚刚发生的具体案例等，有利于提高教学效率。

6. 综合性

提供配套的电子教案、教学案例及练习题等教学资源，方便教学。

本教材由大连外国语大学应用英语学院时秀梅副教授（博士）和青海民族大学工商管理学院李毅教授（博士）任主编。新疆财经大学周燕华副教授（博士）、青海民族大学工商管理学院苑莹老师、中北大学彭佑元副教授（博士）、内蒙古工业大学颜实副教授（博士）任副主编，参与本书编写的还有中央财经大学投资系研究生张舒婷、袁胜男和李芮萱，青海民族大学工商管理学院研究生李锐和杨洁。全书由时秀梅和李毅负责设计总体框架、制定编写大纲、组织作者撰写及承担全书的总纂及修改。时秀梅和李毅还承担了全书的校对工作。全书由时秀梅最后统稿，中央财经大学投资系教授、私募股权投资研究所所长栾华先生主审。

本教材在编写过程中，得到了大连外国语大学学校领导和应用英语学院领导的大力支持，并获得大连外国语大学出版基金资助；本教材也得到了经济管理出版社的鼎力支持，尤其是申桂萍主任对书稿的出版做了大量细致的工作，在此表示真诚的感谢！同时，本教材在成稿过程中，也参考引用了本专业的最新研究成果和经典教材的优秀内容，在此向所列参考文献以及由于编者疏漏未能列示的文献作者致以衷心的感谢！

本书除了供商务英语本科专业和国际商务专业学生学习用书之外，还可以作为跨国公司员工培训教材，同时，对在经济管理岗位上的工作人员提高自己的业务水平和增加知识面也是合适的用书。

由于编写者水平有限，在编写过程中，受到主客观因素的局限，教材中难免会存在

前　言

疏漏和不足之处，恳请广大专家学者、同行和读者朋友们谅解并提宝贵意见和建议（E-mail：sxmlcljj@163.com），以便做进一步修改、补充和完善。

时秀梅
2014 年 6 月 30 日
于大连外国语大学励业楼

目 录

第一部分 基本理论

第一章 跨国公司概论 ································· 3
第一节 跨国公司的概念和特性 ································· 5
第二节 跨国公司的构成和类型 ································· 7
第三节 跨国公司的演变和发展 ································· 11
第四节 跨国公司社会责任 ································· 18
本章小结 ································· 26
课后练习题 ································· 26

第二章 跨国公司的经营环境 ································· 30
第一节 世界宏观经济环境因素 ································· 32
第二节 东道国经济环境因素 ································· 35
第三节 东道国政治法律因素 ································· 38
第四节 东道国社会文化环境 ································· 42
第五节 东道国技术环境 ································· 46
第六节 环境分析的评价方法 ································· 48
本章小结 ································· 53
课后练习题 ································· 54

第三章 对外直接投资理论 ································· 58
第一节 跨国公司理论的演变 ································· 59
第二节 垄断优势理论 ································· 61
第三节 产品生命周期理论 ································· 63
第四节 内部化理论 ································· 66
第五节 小岛清边际产业理论（比较优势理论） ································· 70

第六节　国际生产折衷理论 ………………………………………………… 72
　　第七节　发展中国家投资理论 ………………………………………………… 76
　　第八节　跨国公司投资理论的新发展 ………………………………………… 81
　　本章小结 …………………………………………………………………………… 87
　　课后练习题 ………………………………………………………………………… 88

第四章　跨国公司对外直接投资 …………………………………………………… 92
　　第一节　对外直接投资简介 …………………………………………………… 93
　　第二节　绿地投资 ……………………………………………………………… 96
　　第三节　跨国并购 ……………………………………………………………… 102
　　第四节　战略联盟 ……………………………………………………………… 110
　　本章小结 …………………………………………………………………………… 117
　　课后练习题 ………………………………………………………………………… 118

第二部分　实务操作

第五章　跨国公司跨文化管理 ……………………………………………………… 123
　　第一节　文化与管理 …………………………………………………………… 124
　　第二节　跨文化管理理论 ……………………………………………………… 130
　　第三节　跨国公司的跨文化管理 ……………………………………………… 152
　　第四节　跨文化沟通 …………………………………………………………… 159
　　本章小结 …………………………………………………………………………… 166
　　课后练习题 ………………………………………………………………………… 167

第六章　跨国公司经营战略管理 …………………………………………………… 169
　　第一节　跨国公司国际化战略的主要动因 …………………………………… 171
　　第二节　跨国公司经营的战略选择 …………………………………………… 174
　　第三节　国际化经营的战略实施 ……………………………………………… 176
　　第四节　国际化经营的战略控制 ……………………………………………… 181
　　本章小结 …………………………………………………………………………… 184
　　课后练习题 ………………………………………………………………………… 185

第七章　跨国公司人力资源管理 …………………………………………………… 187
　　第一节　跨国公司人力资源管理概述 ………………………………………… 188

目 录

  第二节 跨国公司人力资源配置 191
  第三节 跨国公司外派人员管理 196
  第四节 国际劳资关系 206
  本章小结 211
  课后练习题 212

第八章 跨国公司营销管理 214
  第一节 跨国公司营销战略 216
  第二节 跨国公司产品策略 218
  第三节 跨国公司价格策略 225
  第四节 跨国公司渠道策略 231
  第五节 跨国公司促销策略 239
  本章小结 246
  课后练习题 246

第九章 跨国公司财务管理 249
  第一节 跨国公司财务控制组织体系 250
  第二节 跨国公司资金管理 255
  第三节 跨国公司投资决策管理 259
  第四节 跨国公司投资风险管理 265
  本章小结 271
  课后练习题 272

第三部分 中国实践

第十章 中国跨国公司的产生与发展 279
  第一节 中国跨国公司的界定 280
  第二节 中国跨国公司的发展与现状 281
  第三节 中国跨国公司未来的发展前景及所面临的挑战 288
  第四节 促进中国跨国公司的发展对策 290
  本章小结 293
  课后练习题 293

第十一章　中国跨国公司的经营与管理 ··· 296

　　第一节　中国跨国公司经营的主要类型与模式 ······································ 298
　　第二节　中国跨国公司经营面临的非市场风险及对策 ······························ 304
　　第三节　中国跨国公司经营发展的优势与存在的问题 ······························ 311
　　第四节　中国企业跨国经营的战略与措施 ··· 318
　　本章小结 ·· 324
　　课后练习题 ·· 325

参考文献 ·· 328

第一部分 基本理论

第一章 跨国公司概论

本章学习要求
* 掌握跨国公司的定义
* 理解跨国公司的特性
* 了解跨国公司的改革和发展历程
* 清楚跨国公司履行社会责任的主要形式

本章主要概念

跨国公司　经济全球化　全球活动一体化　国际市场　当地化经营　全球化　商业道德　跨国公司社会责任

开篇案例　　　　　　　　塔塔集团

　　塔塔集团是印度最大的商业集团，由詹姆谢特吉·塔塔（Jamsetji Tata）创立于1868年，总部位于印度孟买。商业运营涉及七个业务领域：通信和信息技术、工程、材料、服务、能源、消费产品和化工产品。作为印度迅速发展的商业集团，塔塔集团旗下拥有100多家子公司，业务遍及6大洲的80多个国家。塔塔集团2011~2012财年总收入为1000.9亿美元，其中58%来自于海外业务。集团在全球各地的职员数量约为45万人。140多年以来，在印度，"塔塔"这一名字以其恪守良好的价值观和商业道德而广受尊敬，2012年被《福布斯》评为全球最受尊敬的公司第11位。

　　每个塔塔公司或企业都是独立运作的，具有自己的董事会和股东。塔塔集团共有31个上市公司，其市值总额约910.2亿美元（截至2013年1月10日），拥有360万名股东。塔塔集团的主要公司包括：塔塔钢铁公司、塔塔汽车公司、塔塔咨询服务有限公司（TCS）、塔塔电力公司、塔塔化工公司、塔塔全球饮料公司、印度酒店集团、Titan以及塔塔通信公司等。

　　塔塔钢铁公司在成功收购英国康力斯集团（现已更名为塔塔钢铁欧洲公司）以后成为世界前十大钢铁制造商。塔塔汽车公司是世界排名前五位的商用车辆制造商之一，2008年收购了捷豹路虎。塔塔咨询服务公司是世界领先的软件公司，除印度本土外，公司在美国、英国、匈牙利、巴西、乌拉圭和中国拥有多个交付中心。通过收购英国泰特莱（Tetley）茶叶公司，塔塔全球饮料公司奠定了世界第二大品牌茶叶公司的地位。塔塔化工公司是世界第二大纯碱生产商。塔塔通信公司是世界最大的语音服务批发商。

随着旗下公司的足迹遍布世界各地，塔塔集团的国际知名度也在提高。英国咨询公司品牌金融（Brand Finance）2012年对塔塔品牌的估值为163亿美元，在2012年全球前100大品牌中位列第45位。在商业周刊杂志推出的"世界前50位最具创新性公司"排名中，塔塔集团位列第17位；在美国声誉研究所（Reputation Institute）于2009年推出的"全球最负盛名的企业"排名中，塔塔集团排名第11位。

塔塔集团的早期发展深受民族主义精神的鼓舞。塔塔集团在印度开辟了数个对国家具有重要意义的行业：钢铁、电力、酒店和航空业。近年，塔塔集团的开拓精神在其旗下的公司中得到了体现。这些公司包括塔塔咨询服务公司——该公司是印度第一家软件公司；塔塔汽车公司——该公司于1998年生产出印度第一辆本土研制汽车Indica，并于2008年推出了世界上最经济的小型汽车Nano。

塔塔集团未来的战略重心将在新技术和创新方面，推动公司在印度及全世界的业务发展。Nano汽车就是其中的一个例子；另一个例子是Eka超级计算机（由另一家塔塔公司开发），2008年该计算机的运算速度世界排名第四位。塔塔集团正成长为一家国际化的企业，它扎根于印度并恪守传统价值观和良好的道德标准，在兼顾其股东、雇员和更广泛社会的利益的同时，通过卓越和创新来实现增长。

资料来源：百度文库，http://baike.baidu.com，2014-03-13。

跨国公司在全球经济发展历程中扮演着重要的角色，它们对各国经济发展做出了重大贡献。根据联合国外贸发展委员会提供的数据显示，世界上跨国公司总量超过8万家，在不同的国家和地区子公司超过80万家。它们密切关注着经济动向，其资本运作能力迅速在全球范围内扩张。

【专栏1-1】 用数字看跨国公司

全球跨国公司母公司约8.2万家，外国分支机构约81万家，其职员大约8000万人。

跨国公司内部贸易占全球出口贸易的1/3。跨国公司掌握了40%的世界生产，世界90%的对外直接投资占全球贸易2/3的份额。

几乎汽车产量的85%，计算机产量的70%，牙膏产量的35%，软饮料产量的65%都是由跨国公司生产和销售的。

超大型跨国公司（如沃尔玛、埃克森等）的总销售额甚至超过大多数新兴工业经济体（NIEs）和发展中国家的GDP。

资料来源：百度文库，http://wenku.baidu.com，2014-04-03。

跨国公司在商业运作当中扮演着促进技术、商品、服务、资源、人力和知识转移的角色。对于跨国公司的探讨和研究有助于学习者理解技术、商品、服务和知识在各国间交流和转移的原因和方式,以及影响它们海外接受程度的种种因素。

对于企业来说,跨国公司既加剧了国内市场的竞争,同时又打开了国际市场。创新能力的提高和对资源的有效利用是增强企业国际竞争力的重要因素。

对于消费者而言,跨国公司使国际市场上的商品和服务的种类增加,改善了人们的生活水平。更重要的是,国家经济的开放意味着新认知、新技术和新的处事方式的涌入。

第一节 跨国公司的概念和特性

一、跨国公司的概念

虽然跨国公司有很多不同的定义,但是到目前为止还没有一个通用的概念。

比较典型的概念是联合国跨国公司中心在1986年的《跨国公司行为守则》中给出的定义:跨国公司是指由在两个或更多国家的经济实体所组成的公营、私营或混合所有制企业,不论这些实体的法律形式和活动领域如何;该企业在一个决策体系下运营,通过一个或一个以上的决策中心采取具有一致的政策和共同的战略;该企业中各个实体通过所有权或其他方式的结合,使其中一个或更多的实体得以对其他实体的活动施加有效的影响,特别是分享知识资源和分担责任。该定义指出,跨国公司就是在两个或更多国家有自己的实体组织,与它们的法定形式以及涉及的领域无关。

跨国公司是在国际商业中涉及范围比较广阔的企业。关于跨国公司更精确的定义是:在海外从事直接投资,除已经拥有和控制的海外资产之外,在不止一个国家拥有或控制增值资产。跨国公司通常从许多国家购买原材料,在一个国家研发产品和服务,然后在另一个国家销售。跨国公司经常给子公司发布战略决策,允许子公司或其附属公司在可控的海外市场范围内,因地制宜地调整其经营策略。

本书将跨国公司定义为:跨国公司是指一种在多个国家进行直接投资,并设立分支机构或子公司,从事全球性战略经营的国际企业组织,又称国际公司或多国公司。全球性、世界性、多国性、国际性以及超国家的公司都被称为跨国公司。

【专栏1-2】　　　　　　跨国公司最常见的名称

1. 国际公司(International Corporations)

在跨国公司发展的早期阶段,国外业务在企业的全部业务中所占比重较小,企业经营基本以母国的业务为主，国外子公司和分公司通常围绕如何增强母公司的竞争实力组织生产经营活动。与业务完全局限于一国的公司相比，这种从事有限跨国生产经营活动的企业被称作国际公司。

2. 多国公司（Multinational Corporations）

为了保证跨国经营活动的成功，企业需要根据不同东道国的具体特点制定发展战略，调整产品结构、产品性能或产品包装，甚至在不同东道国的子公司中采用不同的管理方法。这种根据不同东道国特有环境开展跨国经营活动的企业通常被称作多国公司。

3. 全球公司（Global Corporations）

要想在跨国经营中提高效率，企业必须把世界上不同国家的市场看作一个整体，从全球市场角度制定跨国经营战略。这种以全球市场为目标开展跨国经营活动的企业通常被称作全球公司。全球公司致力于全球性产品的生产经营。这类产品的市场是全球性市场，其市场需求产生于各国消费者类似或趋同的偏好。

4. 跨国公司（Transnational Corporations）

跨国公司主要兼顾跨国经营的整体效率和对各东道国市场变化的适应能力。即跨国公司主要通过对每个东道国的特定环境入手开展跨国经营活动，同时，母子公司之间的关系也不再是简单的集权与分权，而是在世界性一体化经营网络中相互依存的不同决策实体，从而保证了跨国公司跨国经营活动的有效运转。

资料来源：上海财经大学精品课程《国际贸易》。

二、跨国公司的特性

与其他企业相比，跨国公司有其独有的特征：

1. 全球战略目标

在国际分工不断深化的条件下，跨国公司凭借其雄厚的资金、技术、组织与管理等方面的力量，通过对外直接投资在海外设立子公司与分支机构，形成研究、生产与销售一体化的国际网络，并在母公司控制下从事跨国经营活动。跨国公司总部根据自己的全球战略目标，在全球范围内进行合理的分工，组织生产和销售，而遍及全球的各个子公司与分支机构都围绕着全球战略目标从事生产和经营。跨国公司的重大经营决策都以实现全球战略目标为出发点，着眼于全球利益的最大化。

2. 全球一体化经营

为实现全球战略目标，跨国公司实行全球一体化经营，对全球范围内各子公司与分支机构的生产安排、投资活动、资金调遣以及人事管理等重大活动拥有绝对的控制权，按照全球利益最大化的原则进行统一安排。跨国公司强有力的管理体制和控制手段是实现全球一体化经营必需的组织保证，当代通信技术的巨大进步和现代化的交通运输为跨国公司的全球一体化经营提供了必要的物质基础。跨国公司采取集中与分散相结合的管理方式和全球战略，在国际范围内从事生产经营活动。

3. 灵活多样的经营策略

在实行全球一体化经营的同时，跨国公司也会根据国际政治经济形势、东道国的具体情况及其对跨国公司的政策法规、自身的实力以及在竞争中的地位，采取灵活多样的经营策略，以更好地满足东道国当地的实际情况，获得良好的经营效益，也有利于与东道国政府建立融洽的关系。在组织机构上，跨国公司往往会相应地改变原来的集权管理，将原先集中在总部的权力适当下放给各子公司与分支机构，实行分权管理。

4. 强大的技术创新能力

在科学技术迅猛发展的今天，技术进步已成为垄断资本获取高额利润、争夺市场、增强自身在国内及国际市场竞争力的重要途径。大型跨国公司是当代技术创新与技术进步的主导力量，其实力主要体现在它们拥有雄厚的技术优势和强大的开发能力。跨国公司若要在国际分工和国际竞争中保持领先，就必须不断地投入巨额资金，加强技术研究与开发，保持自己的技术优势。技术领先地位不仅会带来丰厚的市场回报，而且还能激励跨国公司不断地进行技术创新，推动技术进步。

5. 具有较大的经营风险

跨国公司与国内企业最大的区别在于面临着更为错综复杂的国际经营环境，复杂的经营环境在给跨国公司创造出更多的发展机会和空间的同时，也使它具有较大的经营风险。除了正常的商业风险外，跨国公司还面临着国际经营所特有的政治风险和财务风险等。前者指国际经济往来活动中由于政治因素而造成经济损失的风险，包括东道国对外国资产没收、征用和国有化的风险，以及东道国革命、政变等风险；后者指东道国汇率变化和通货膨胀而带来的经济损失等风险。

第二节 跨国公司的构成和类型

一、跨国公司的构成

跨国企业通常由母公司和子公司或分支机构组成。

1. 母公司

母公司又称总公司，是指拥有其他公司一定数额的股份或根据协议，能够控制、支配其他公司的人事、财务、业务等事项的公司。母公司最基本的特征，不在于是否持有子公司的股份，而在于是否参与子公司业务经营。母公司通常是一个巨大的企业，其具有控制一个或多个子公司在同一行业或多个行业的能力。母公司可以选择干涉或不干涉子公司，这取决于对子公司经理数量的管理控制。严格来讲，母公司并不等同于只掌握股权而不从事业务经营的纯控股公司，许多实力雄厚的母公司本身也经营业务，是独立的法人，有自己的管理体系，因而应属于混合控股公司。母公司通过制定大的方针、政策、战略等对其世界各地的分支机构进行管理。

母公司有两种最常见的形成方式，一是并购小公司，二是剥离或创建子公司。

2. 子公司

子公司是按当地法律登记注册成立的，其投票权的股票中有超过50%被另一家公司控制，通常称为该子公司的母公司或控股公司。其独立性及法人资格主要表现在：子公司有自己独立的公司名称、章程和行政管理机构；子公司能独立支配财产，有自己的财务报表，独立核算、自负盈亏；子公司可以以自己的名义开展业务，进行各种民事法律活动，包括起诉和应诉。然而，虽然说子公司由母公司控制，但在法律上还是一个独立的法律实体的企业机构，是持有控股权益公司的附属公司。

3. 分公司

分公司是母公司的一个分支机构或附属机构，分公司不是一个单独的法律实体，不是法人，也没有自己独立的公司名称和公司章程，只能使用母公司的名称和章程；它的全部资产属于母公司，没有自己独立的财产权，所以母公司对分公司的债务承担无限责任；分公司的业务活动由母公司主宰，它只是以母公司的名义并依据母公司的委托开展业务。

但分公司是总公司业务扩展到另一个国家的更直接的方法。大多数分支机构组成部门包括人力资源部、市场营销部、会计部等。分支机构通常会由一个分公司经理向总公司直接汇报，并获取订单。分支机构是很有用的，因为它可以在世界各地开展业务。

分公司一般包括生产型与销售型两种类型。

4. 联络办事处

联络办事处是母公司在海外建立企业的初级形式，是为了进一步打开海外市场而设立的一个非法律实体性的机构，它不构成企业。联络办事处一般只从事一些收集信息、联络客户、推销产品之类的工作，开展这些活动并不意味着联络办事处在东道国正式"开展业务"。联络办事处不能在东道国从事投资生产、接受贷款、谈判签约及履约之类的业务。与分公司相同的是，联络办事处不是独立的法人，登记注册手续简单；与分公司不同的是，它不能直接在东道国开展业务，不必向所在国政府缴纳所得税。

二、跨国公司的类型

按不同的标准划分，跨国公司有多种类型。

1. 按功能标准划分

（1）资源开发型跨国公司。资源开发型跨国公司以获得母国所短缺的各种资源和原材料为目的，对外直接投资主要涉及种植业、采矿业、石油业和铁路等领域。这类公司是跨国公司早期资本原始积累时经常采用的形式，英、法、荷等老牌殖民国家的特许公司在19世纪时向美国、加拿大、澳大利亚和新西兰等经济落后而资源丰富的国家进行的直接投资就主要集中在种植业、采矿业和铁路。目前，资源开发型跨国公司仍集中于采矿业和石油开采业，如著名的埃克森—美孚公司（Exxon-Mobil）、英荷壳牌公司（Royal Dutch Shell）。

（2）加工制造型跨国公司。加工制造型跨国公司主要从事机器设备制造和零配件中间产品的加工业务，以巩固和扩大市场份额为主要目的。这类公司以生产加工为主，进口大量投入品，生产各种消费品，供应东道国或附近市场，或者对原材料进行加工后再出口。这类公司主要生产和经营诸如金属制品、钢材、机械及运输设备等产品。随着当地工业化程度的提高，公司经营逐步进入到资本货物部门和中间产品部门。加工制造型跨国公司是当代一种重要的公司形式，为大多数东道国所欢迎。美国通用汽车公司（General Motors）作为世界上最大的汽车制造公司，是制造业跨国公司的典型代表。

（3）服务提供型跨国公司。服务提供型跨国公司主要是指向国际市场提供技术、管理、信息、咨询、法律服务以及营销技能等无形产品的公司。这类公司包括跨国银行、保险公司、咨询公司、律师事务所以及注册会计师事务所等。20世纪80年代以来，随着服务业的迅猛发展，服务业已逐渐成为当今最大的产业部门，服务提供型跨国公司也成为跨国公司的一种重要形式。

（4）贸易跨国公司。贸易跨国公司至少有50%的收入来自于交易活动。这是最古老形式的跨国公司。贸易跨国公司控制着世界60%的出口贸易，包括Tata、Liptons、布鲁克债券、Hindujas等跨国公司的交易。

2. 按经营结构标准划分

（1）横向型跨国公司。横向型跨国公司是指母公司和各分支机构从事同一种产品的生产和经营活动的公司。在公司内部，母公司和各分支机构之间在生产经营上专业化分工程度很低，生产制造工艺、过程和产品基本相同。这类跨国公司的特点是母公司和分支机构之间在公司内部相互转移生产技术、营销诀窍和商标专利等无形资产，有利于增强各自的竞争优势与公司的整体优势，减少交易成本，从而形成强大的规模经济。横向型跨国公司的特点是地理分布区域广泛，通过在不同的国家和地区设立母公司和各分支机构就地生产与销售，以克服东道国的贸易壁垒，巩固和拓展市场。

（2）垂直型跨国公司。垂直型跨国公司是指母公司和各分支机构之间实行纵向一体化专业分工的公司。纵向一体化专业分工又有两种具体形式：一是指母公司与各分支机构生产和经营不同行业的相互关联产品，如自然资源的勘探、开发、提炼、加工制造与市场销售等；二是指母公司与各分支机构生产和经营同行业不同加工程序和工艺阶段的产品，如专业化分工程度较高的汽车行业与电子行业等的关联产品。垂直型跨国公司把具有前后衔接关系的社会生产活动国际化，母公司与各分支机构之间的生产经营活动具有显著的投入产出关系。这类公司的特点是全球生产的专业化分工与协作程度高，各个生产经营环节紧密相扣，便于各分支机构按照全球战略发挥其优势；而且由于专业化分工，每个分支机构只负责生产一种或少数几种零部件，有利于实现标准化、大规模生产，获得规模经济效益。

（3）混合型跨国公司。混合型跨国公司是指母公司和各分支机构生产和经营互不关联产品的公司。混合型跨国公司是企业在世界范围内实行多样化经营的结果，它将没有联系的各种产品及其相关行业组合起来，加强了生产与资本的集中，规模经济效果明显；同时，跨行业非相关产品的多样化经营能有效地分散经营风险。但是由于经营多种业务，业务的复杂性会给企业管理带来不利影响，因此具有竞争优势的跨国公司并非向不同行业盲目扩展业务，而是倾向于围绕加强核心业务或产品的竞争优势开展国际多样化经营活动。

3. 按决策行为特征划分

（1）民族中心型公司。民族中心型公司的决策哲学是以本民族为中心，其决策行为主要体现母国与母公司的利益。公司的管理决策高度集中于母公司，对海外子公司采取集权式管理体制。这种管理体制强调公司整体目标的一致性，优点是能充分发挥母公司的中心调控功能，更优化地使用资源，但缺点是不利于发挥子公司的自主性与积极性，且东道国往往不太欢迎此模式。跨国公司发展初期，一般采用这种传统的管理体制。

（2）多元中心型公司。多元中心型公司的决策哲学是多元与多中心，其决策行为倾向于体现众多东道国与海外子公司的利益，母公司允许子公司根据自己所在国的具体情况独立地确定经营目标与长期发展战略。公司的管理权力较为分散，母公司对子公司采取分权式管理体制。这种管理体制强调的是管理的灵活性与适应性，有利于充分发挥各子公司的积极性和责任感，且受到东道国的欢迎。但这种管理体制的不足在于母公司难以统一调配资源，而且各子公司除了自谋发展外，完全失去了利用公司内部网络发展的机会，局限性很大。在跨国公司迅速发展的过程中，东道国在接受外来投资的同时逐渐培养起民族意识，经过多年的积累和发展，大多数跨国公司的管理体制从集权和本民族为中心转变为多元中心型公司。

（3）区域中心型公司。区域中心型公司是把地区分部作为利润中心，有利于地区内部各国子公司间的协调；有利于提高管理效率；公司可以针对地区性经营环境的变化，改进产品的生产和销售方式；同时，它拥有较大的灵活性，能适应各地区的竞争情况；能使各利润中心得到发展，并有利于把权力和责任授予下级管理层次；增进一个地区内市场营销、生产和财务等活动的协调，节约费用并提高了工作效率；为培养经理人员提供了良好的机会。但是缺点也是明显的，各区域之间横向联系，不利于生产要素在区域间的流动，还有可能从本部门利益出发，影响企业整体目标的实现；同时，地区分部结构易造成企业内部在人员和机构上的重叠，增加企业管理成本。

（4）全球中心型公司。全球中心型公司既不以母公司也不以子公司为中心，其决策哲学是公司的全球利益最大化。相应地，公司采取集权与分权相结合的管理体制，这种管理体制吸取了集权与分权两种管理体制的优点，事关全局的重大决策权和管理权集中在母公司的管理机构，但海外子公司可以在母公司的总体经营战略范围内自行制订具体的实施计划、调配和使用资源，有较大的经营自主权。这种管理体制的优点是在维护公司全球经营目标的前提下，各子公司在限定范围内有一定的自主权，有利于调动子公司的经营主动性和积极性。

第三节 跨国公司的演变和发展

一、跨国公司的演变

跨国公司不是在一夜之间出现的。国内企业扩大其业务，通过不同阶段的演化过程后，才有资格被称为跨国公司。

企业国际化四个阶段的基本特征如表 1-1 所示。

表 1-1 企业国际化四个阶段的基本特征

	第一阶段	第二阶段	第三阶段	第四阶段
与国外市场接触的情况	直接地、被动地	直接地、主动地	直接地、主动地	直接地、主动地
国际性经营的地点	国内	国内	国内和国际	国际和国内
公司的经营方针	以国内经营为主要目标	以国内经营为主要目标	国内优先兼顾国际	以国际经营为主要目标
国际性经营活动的种类	商品和劳务的进口	商品和劳务的出口	商品、劳务进出口外国投资	商品、劳务进出口国外投资
组织结构	传统的管理组织体系	设置处理国际事务的办公室	设置专门的国际经营部门	建立全球性经营组织结构

资料来源：陈立敏，谭力文等. 跨国企业管理 [M]. 北京：清华大学出版社，2012.

1. 企业国际化的第一阶段——代理进出口阶段

在这个阶段，企业的活动形式包括初步调查和出口代理。有些企业从开发顾客的需求开始，到逐步开发国外市场，以谋求更大的销售额、追求新的资源和多元化经营，再到开始跨国经营，这时它的经营活动往往仅限于间接的（有时甚至是被动的）进出口贸易，甚至依靠一些进出口公司来开展经营活动。如一个从事劳务活动的企业，其也可能依赖于专门经营劳务进出口业务的公司来完成自己希望完成的跨国经营活动。这一阶段，由于国际化的次数有限、间接的商务活动不多，一般不需要企业设置专门的机构来处理日常的业务工作，这些工作只需安排少量的专业人员，花一定的时间，协助专业公司处理日常所需要进行的工作即可。

2. 企业国际化的第二阶段——自主进出口阶段

最初，出口公司需要一些中间商的帮助。但在这一阶段中，企业依然是以商品和劳务的进出口业务为主，可能有时还要依靠那些办理进出口公司业务的代理公司，但与第一阶段相比，企业已开始独立安排一些国际商务活动，已主动地、直接地寻求贸易伙伴，积极地扩大企业外向型的商务活动。随着国际商务活动的增长，企业到国外巡视的人员逐渐增加，与有业务往来的外国公司保持接触，发展关系，了解产品质量，加强与贸易伙伴的沟通，熟悉自己的贸易伙伴和贸易伙伴所在国的基本状况，甚至设立国外的代表或是机构来处理相关的一些问题，为可能发展的业务往来创造基本的条件。但是，处于这个阶段的企业还是以国内的商务活动为主，仍旧是一个内向性突出的企业。

3. 企业国际化的第三阶段

在第三阶段中，因为进口国关税、配额和出口活动的运输成本等，这些因素限制海外市场的销售，企业开始有意识或是尝试着选择在海外建立生产基地，如果海外的工资和土地租金更低，那么它考虑建立一个海外生产子公司或给其他符合条件的海外公司颁发许可证或特许经营权，并把它作为向海外市场交付货物的一个途径。此阶段，虽然企业仍然保持着基本的国内经营活动，但随着贸易的不断增长，它已直接地参与到国外的商品、劳务、生产、销售环节中去了，常驻机构会逐渐演变成一个子公司。该子公司作为市场营销助理而存在，有助于占领国外市场份额和收集消费者需求变化的信息，这使得双向交流沟通变得更加容易。

4. 企业国际化的第四阶段

在第四阶段中，企业试图整合不同部门的活动。利用企业内部资金或原材料转移来保持各国之间的贸易流动性和盈利的最佳状态。在这种情况下，利用资源的整合来加强和优化垂直联系。财务、市场营销、生产和人才战略的实施，也需要整合各单位的协调。这可以认为是企业国际化的最后一个阶段。在此阶段，企业已将自己的战略目标从国内移向国外。国内经营活动的重要性也随着企业国际化的加深而减弱，企业也不仅仅是面向国内、附带进行一些国际商务活动的企业，它已成为以全球经济活动为出发点，在广阔的国际市场上寻求全球最佳经营效果的跨国公司。为适应和跟随这样的一些变化，企业的商务活动也由比较单一的经营形式发展到多种形式，组织机构也发生了巨大的变化，以求适应复杂的经营环境，以便领导和控制已在全球许多国家和地区进行商务活动或是产品生产的子公司。虽然出口业务的开始只是国际贸易的开端，但是当最后阶段的演变过程完成后，就会出现一个完美的跨国公司。

参照以上标准不难发现，中国的跨国经营活动开展较早，并有取得成功的企业，如华为，可以认为是中国跨国经营的先锋。如果细分来看，华为正处在企业国际化的第三阶段向第四阶段过渡的过程中。因为它的国外销售额已经占据公司整个销售额的大部分，且外向性经营已经成为公司的主要战略目标。而像奇瑞应处在第二阶段向第三阶段过渡的阶段，因为它已经向多国出口汽车，并在一些国家建立了自己的装配工厂，但它内向性的特点依然突出，基本上还是以服务于国内市场为主的企业。

二、跨国公司的发展

1. 第一次世界大战以前的萌芽阶段

当时，对外直接投资的特征主要是投资集中于铁路、采矿业和制造业；投资地区主要为落后地区，投资重心由各自的殖民地陆续向一些欧洲国家和美国扩展。总的来说，资本输出的兴起为跨国公司的形成奠定了物质基础。当然，第一次世界大战以前世界范围内从事跨国经营的企业数量还较少，对外直接投资额也不大，跨国公司还处于萌芽阶段。

在16、17世纪，国际贸易是由个人操控来满足自身利益。远洋航行的酬劳很可观，但风险也很高。当国内物价飞涨时，从国外进口的商品在国内销售可以获得高额利润。在这种暴利的驱动下，一些公司开始从事海外经营，加之新航线和新大陆的发现，扩大了国际商业活动的空间和范围。例如大英帝国经济的增长依赖于其有效的外贸政策，如提供高效的运输、密集的贸易、坚持开放市场等政策。属于其海外贸易公司之一的东印度公司在17世纪上半叶早期入驻印度。特权贸易公司（如英国东印度公司、英国皇家非洲公司、英国哈德逊湾公司、英资汇丰银行、荷兰东印度公司等）这种新的企业组织形式的出现，意味着以往商人个人冒险家事业的消亡、现代企业的诞生。这些公司刚开始以经营贸易和航运业为主，但后来逐步扩大到银行等金融业。它们属于掠夺性经营的殖民地公司，遭到了当地居民的强烈反对。1856年英国正式颁布股份公司条例，随后一批股份公司出现，这标志着对世界经济产生了重要影响的资本主义现代企业问世。

2. 两次世界大战之间的逐渐发展阶段

在这个阶段，对外直接投资有了相当快的增长，比第一次世界大战前增加了两倍，制造业吸引了更多的国际直接投资，制造业的跨国公司发展迅速，越来越多的西方国家大公司开始在海外建立子公司。据统计，在这个阶段共有1441家西方国家的公司进行了对外直接投资。这一时期美国跨国公司的发展较快，美国在国外直接投资的比重逐渐超过英国居世界首位。然而，由于战争、经济危机和国家管制，跨国公司虽然有了一定的发展，但整体发展速度仍然较慢。

3. 第二次世界大战以后至今的迅猛发展阶段

第二次世界大战结束以来，科学技术取得了突飞猛进的发展，世界经济一体化程度不断提高，经济全球化趋势加强，这使得对外直接投资在深度和广度上迅速发展，跨国公司的数量和规模大大增加，对外直接投资的作用和影响已经超过对外直接投资本身。以美国为例，在20世纪40年代中叶，美国成为世界经济霸主。美国工业产业发展良好，需要获取新的原料。美国之所以能发展成为世界经济霸主，很大程度上取决于其在西方世界以市场为基础的商业交易的领先水平、海外扩张的思想、商品和服务跨越国界、国际通信和运输的促进等。1950年以来所有的这一切都导致了美国公司的快速国际化。从1950年开始的二十年间，美国的海外直接投资从120亿美元上升至800亿美元。20世纪60年代以来，许多欧洲公司也变成跨国公司，20世纪70年代以后，日本的跨国公司也如雨后春笋般地迅速崛起，在1970年日本只有1家跨国公司入围世界上最大的50家公司，10年后达到了6家。中国的境外投资也发展迅猛，2013年中国境内投资者共对全球156个国家和地区的5090家境外企业进行了直接投资，累计实现非金融类直接投资901.7亿美元，同比增长16.8%；其中股本投资和其他投资727.7亿美元，占80.7%，利润再投资174亿美元，占19.3%。截至2013年底，中国累计非金融类对外直接投资5257亿美元。

三、跨国公司新的发展趋势

自20世纪90年代以来，世界政治经济格局和科技发展出现了一系列根本性的变化，这些变革极大地改变了跨国公司的经营环境、竞争规则和创造价值的方式，因此，跨国公司呈现出以下新的发展趋势。

1. 发展战略和业务领域回归高度专业化，即归核化

传统的跨国公司理论认为，多元化经营是跨国公司一种重要的扩张战略，大型的跨国公司都是拥有多种产品、多种技术和多种市场的。20世纪80年代是欧洲跨国公司多元化经营的鼎盛时期。而近些年来，许多跨国公司纷纷从多元化经营回归专业化经营，集中发展自己的核心产业。所谓归核化，其要点是跨国公司把自己的业务集中在最具竞争优势的行业；把经营重点放在行业核心价值链中自己优势最大的环节上；强调核心竞争力的培育、维护和发展；对非核心业务实施战略性外包。实施归核化的根本目的是突出主业，提升企业的竞争力。实施归核化战略的主要措施有出售和撤销、收购和剥离、分拆和战略性外包。美国的通用电气公司和芬兰的诺基亚公司是近年来实行归核化战略获得成功的典型例子。

2. 跨国公司的跨国程度不断加深

跨国指数是用来衡量一个跨国公司跨国程度的主要指标之一，它是由各个跨国公司的国外资产与总资产、国外销售额与总销售额和国外雇员与总雇员三个比率的均值构成的。跨国指数越高，表明海外企业相对于母国企业的地位越重要。根据联合国贸易和发展会议编制的全球最大100家跨国公司的资料显示，在1991~2000年，世界最大的100家大型跨国公司平均跨国指数由51%增长到56%。在2004~2008年，这一跨国指数由57%增加到62%。尽管受到2008年金融危机的影响，这一跨国指数仍保持在2007年的水平。世界最大的100家大型跨国公司的跨国程度在不断加深。从全球最大100家跨国公司从事的行业特点来看，与近些年全球对外直接投资总的趋势有所不同，其行业的分布仍以制造业为主。1990~2000年，世界最大的100家大型跨国公司的行业分布基本保持稳定，在汽车、电子、石油、医药、食品饮料行业的跨国公司数量占到跨国公司总量的一半以上。从国际化程度来看，前100家跨国公司中涉及医药、电信、食品和饮料产业的企业国际化程度往往高于从事汽车、石油和公用事业的跨国公司。

3. 重视实行当地化战略

跨国公司在国外建立分支机构时，必须先考虑各地的具体条件并加以比较、选择，以保证公司在最有利的条件和最合适的环境中得到更好的发展。在20世纪80年代，只有少数跨国公司提出并实施当地化战略。到20世纪90年代，越来越多的跨国公司开始实施这一战略。到20世纪90年代末，当地化战略已经成为跨国公司全球战略中的一种大趋势。跨国公司选择某国或某地，是通过自身的努力适应新的环境，入乡随俗，把自己当成一个当地公司看待，或是与当地公司组建战略联盟，或是与当地企业发展战略联盟和供应关系，以充分获取区位优势。当地化战略的主要内容包括：经营管理当地化、投资融资当地化、管理人员当地化、研发（R&D）当地化、品牌当地化、公司风格当地化等方面。

4. 研发国际化成为跨国公司增强持续竞争力的重要工具

当代激烈的国际市场竞争实质上是新产品和新技术的竞争。谁拥有了先进的新技术，谁就能缩短产品生命周期，不断推出个性化产品，从而占领和扩大市场份额，在

竞争中取胜。因此，跨国公司往往把新技术的研发作为取胜的主要策略和企业持续发展的重要举措。跨国公司逐渐投入巨额资金开发新技术，同时又控制和垄断着新技术。20世纪90年代以来，随着经济全球化的发展和国际竞争的日益加剧，跨国公司研究与开发的国际化也呈现出许多新特点：

（1）区位选择具有前瞻性和战略性。与生产性直接投资不同，以技术创新为主要目标的跨国公司，其科研投资更多地考虑东道国的科研条件和高新技术产品市场的销售前景，因为巨额的研究与开发投资只有在消费需求旺盛、消费潜力巨大的市场上才能获得可观的投资回报。因此，跨国公司研究与开发投资的区位总是选择在经济发展前景好、市场潜力大的国家和地区，对研究与开发的投资具有前瞻性与战略性。

（2）研究与开发注重追求产业与知识的聚集效应。由于产品生命周期日益缩短，跨国公司研究与开发的国际化不仅要注重研究与开发的商业化，更要注重研究与开发的知识储备和可持续发展。因此，发达国家跨国公司的海外研究与开发多选择在有雄厚经济实力、人才集中、信息密集、有完善的科研基础服务设施、著名大学集中、相关产业高度密集的地区，主要目的是追求产业聚集经济效应，从而分享知识技术的外溢性，保持创新能力的更新，降低研究与开发的前期成本，保持技术水平在行业中居全球领先地位。

（3）不同行业研究与开发的国际化发展水平不同。目前，跨国公司的研究与开发主要集中在电子、通信、制药、汽车制造、化工、航空航天等技术难度较大、研制周期长的高新技术领域内。

（4）吸引东道国的技术人才成为跨国公司海外科研开发的重要工作。跨国公司在进行跨国研究与开发中，往往大量招聘东道国高素质的技术工作人员、工程师、科学家和经验丰富的管理人员，用以从事高新技术产业的开发和企业的经营决策。因此，跨国公司海外科研部门中本地科研人员、管理人员的数量大幅度增加。

5. 至2008年金融危机前，跨国并购成为跨国公司对外直接投资的主要方式

20世纪90年代以来，跨国公司之间的竞争异常激烈。跨国公司为了分摊创新成本，获取技术资产的所有权，提高企业国际竞争力，抢占全球市场份额和取得规模经济，在全球范围内掀起了新一轮的跨国并购浪潮，其发展速度之快和规模之大是前所未有的。其主要特点如下：

（1）跨国并购发展十分迅速。随着经济全球化的快速发展，全球并购（包括跨国并购和国内并购）发展十分迅速。1987~2008年跨国并购数量以年均12%的速度增长，1987年的跨国并购数量约为1187次，到2008年则增加到9654次。1987~2008年的跨国并购总额年均增长率也达到19%左右，从1987年的972亿美元增加到2008年的12050亿美元。跨国并购总额占世界GDP的比重从1987年的5.84%上升到2007年的31%。全球并购中跨国并购的增长尤为引人注目。跨国并购总额，1990年仅有2014亿美元，到2007年全球跨国并购总额便达到了17003亿美元。从跨国并购交易数量上看，2007年达到历史顶峰，约有10633宗跨国并购交易。

（2）大型跨国并购日益突出。20世纪90年代以来，随着科技创新的加快，对全球技术领先者（主要是跨国公司）的竞争压力日益增大，通过与其他跨国公司合并来提

高企业的竞争力已经成为跨国公司的共识，因此并购的规模越来越大。并购金额超过10亿美元的并购称为大型跨国并购。1995年大型跨国并购仅为31件，1998年上升到45件（其中1997年有58件），到2008年上升为251件，约占全年跨国并购总额的68%。大型跨国并购主要以英国和美国为主，在2008年的89件大型跨国并购案中，英国和美国就占了63件。从地区跨国并购情况来看，欧盟、美国仍然是跨国并购集中的区域，2008年欧盟和美国的跨国并购约占全球跨国并购总量的2/9。

（3）跨国并购的行业范围非常广泛。20世纪90年代以来的跨国并购浪潮几乎席卷了所有行业，包括正在失去比较优势或生产能力过剩、需求不足的传统工业（如汽车、能源、钢铁、食品饮料、烟草等）、研究费用较高、风险较大的高新技术产业（医药、生物化学、电信、计算机等）和高度发展的第三产业（如金融服务）。

6. 2008年金融危机后跨国并购继续增长，但绿地投资占主导地位

根据《2012世界投资报告》显示，2011年，跨境并购增长53%，达5260亿美元。增长的主要原因是大宗交易（价值超过30亿美元的交易）量增多，从2010年的44宗升至2011年的62宗。这既反映出股票市场资产价值升高，也反映出买家实施并购运作的资金能力有所提升。绿地投资项目额已连续两年下滑，于2011年稳定在9040亿美元。2011年，发展中和转型期经济体的绿地投资价值仍超过总额的2/3。以中国为例：商务部提供的数字显示，2013年，我国境内投资者共对全球156个国家和地区的5090家境外企业进行了直接投资，累计实现非金融类直接投资901.7亿美元，同比增长16.8%。其中，跨国并购资金514亿美元，成功交易项目397个，并购直接投资336亿美元，占我国对境外企业非金融类直接投资总数的37.2%。中国企业跨国并购正在实现跨越式发展。国外媒体也注意到中国企业并购的活跃。2013年中国企业并购案例数量为1232起，同比增长24.3%。中国企业海外并购额增长30%，达到384.95亿美元，连续三年创造历史纪录。其中，中海油以151亿美元价格收购加拿大石油企业尼克森，双汇国际控股有限公司则收购了全球规模最大的生猪生产商及猪肉供应商史密斯菲尔德。另外在中国国内有1094桩收购案例，同比增长约30%；交易额则达到417.4亿美元，增长了1.4倍。其中，不乏百度斥资19亿美元收购91无线这样的大手笔。中国企业2013年的并购总额达到932.03亿美元，同比增长83.6%，创下最高纪录。日本企业2013年的并购额为84597亿日元，约合809.4亿美元。

尽管2013年全球直接外资流量的增长大部分是由跨境并购推动的，绿地投资项目的总值仍大大高于跨境并购，自金融危机以来一直如此。

7. 对外直接投资加速向服务业和高附加值的技术密集型行业倾斜

由于服务需求的不断增长，带来了全球现代服务业（第三产业）的快速发展。服务业连接着生产、消费和就业，在整个国民经济中发挥着重要作用。同时，由于服务业的投资涉及面广、影响范围大，因而有利于比制造业获得更高的投资收获。近些年来，许多发展中国家逐步调整利用外资的政策，扩大市场准入，鼓励跨国公司进入商业、金融、保险、房地产、运输、旅游、公共设施等行业。加之，20世纪90年代以来信息突飞猛进，互联网迅速延伸和扩展，服务业的贸易性不断提高，这都在一定程度上增加了跨国公司在发展中国家服务业的投资比重。高科技行业的广阔市场前景也吸

引着跨国公司的目光。应当说，制造业跨国公司的服务化趋势进一步加快了跨国公司向第三产业和技术密集型行业增加投资的速度。

8. 跨国公司战略联盟成为跨国公司的重要发展模式

跨国公司战略联盟是指两个或两个以上的跨国公司为实现某一战略目标而建立的互相合作、互为补充的合作关系。随着经济全球化和区域经济一体化的发展，跨国公司为了保持和发展自己的生存空间，纷纷组织跨国联盟。应该说，跨国联盟是世界经济全球化高度发展的产物，是各国经济活动国际化的表现。跨国联盟主要有三类：一是合并式联盟。这种联盟主要指两个以上的跨国公司出于对世界市场的预期和公司自身总体经营目标的意愿，采取一种长期性合作与联盟的经营行为方式。二是互补式联盟。这种联盟通常是将各自优势的方面联合起来，既发挥各自的优势，又与联盟伙伴密切配合，共同以最佳服务来满足客户的需求。三是项目式联盟。这种联盟通常是跨国公司为获取高附加值及高科技领域发展而采取单个项目或多个项目合作的形式。20世纪 90 年代以来，跨国公司战略联盟表现出鲜明的特征：

（1）战略联盟的合作是全方位的。战略联盟在组织形式上不断创新，一些大公司通过合资、承包、协议等形式，把多个中小跨国公司联合起来，以提高在全球范围内的竞争能力；还有一些企业采取公司群的形式，把相关跨国公司联合起来，互相利用优势，扩大业务活动，以合作求发展。

（2）跨国联盟主要集中在高新技术行业。许多跨国公司在生产、销售、研究与开发以及原材料供应等方面进行密切合作，广泛结成联盟，以求得更大的生存和发展空间。目前，战略联盟主要集中在汽车、航空、电子、石油等高技术密集型产业。

（3）由产品联盟发展成以技术合作为主要内容的知识联盟。20 世纪 90 年代以来，随着知识经济的发展，特别是竞争的日益激烈，企业的竞争不仅取决于生产成本和产品质量，更重要的是企业的创新能力。因此，跨国公司的战略联盟更多地表现为技术开发和研究共享的知识型战略联盟，知识型联盟加强了跨国公司之间的技术交流，使它们能各自保持市场竞争优势，提高了企业的核心竞争能力。

（4）战略联盟由简单粗放型向集约型发展。简单粗放型的战略联盟主要指跨国公司为了扩大企业规模和拓展企业生产价值链而进行的联盟，这种联盟主要发生在跨国公司的生产扩张阶段。20 世纪 90 年代后，随着经济全球化的发展，特别是国际竞争的加剧，这种简单粗放型的战略联盟已经不适应世界生产力发展的需要。跨国公司为保持其核心竞争能力，把生产链上自己不具有核心竞争优势的环节外包给自己的联盟企业，于是就产生了以完善跨国公司生产链、提高各生产环节效率为主要目标的集约型战略联盟。

9. 发展中国家跨国公司的蓬勃发展

跨国公司产生于发达国家，绝大部分跨国公司的母国是发达国家，世界上 100 家最大的跨国公司多数来自发达国家，这说明长期以来跨国公司成了发达国家的专利。但近些年来这种格局正在发生改变，来自发展中国家和地区的跨国公司的数量越来越多。发展中国家跨国公司数量的增加主要是以下几个因素作用的结果：首先，新兴市场国家和地区经济实力不断加强，如中国（包括香港地区和台湾地区）、印度、巴西、马来西亚、墨西哥、南非、韩国、新加坡等；其次，发展中国家和地区企业国际竞争力不断提高;再次,石油和矿产等原材料价格的不断攀升;最后,经济全球化和一体化的深入发展,推进了发展中国家和地区的市场化及开放化,为企业的成长和壮大创造了良好的环境。近几年,在联合国贸易和发展会议公布的年度《世界投资报告》中,都要列举来自发展中国家和地区的100家跨国公司,由此可以看出发展中国家和地区跨国公司的地位越来越重要。

第四节 跨国公司社会责任

传统意义上,企业作为社会的基本经济组织,在为社会提供产品和服务的同时,赚取利润是其唯一目标。然而近年来,全球化已经改变了企业社会责任的角色,国内外行业之间的界限消失了,"利益相关者"理论在社会上的影响日益增大。作为经济全球化直接受益人的跨国公司,随着其影响力不断增大,对于它应所承担的责任的讨论,也从最初公司如何追求利润最大化,发展到公司除应追求赢利的目标外,还应承担何种社会责任。许多领先的公司意识到企业社会责任的战略意义,其战略价值在商业交易中也被提升到最优先的位置。1999年以时任联合国秘书长安南提倡"全球契约"为标志,跨国公司的社会责任对于企业自身发展以及全球经济发展的重要性凸显出来。

一、跨国公司社会责任的概念

企业社会责任(Corporate Social Responsibility,CSR),是指企业在其商业运作里对其利害关系人应负的责任。企业社会责任的概念是基于商业运作必须符合可持续发展的想法上提出来的,企业除了考虑自身的财政和经营状况外,也要加入其对社会和自然环境所造成影响的考量。利害关系人是指所有可以影响或会被企业的决策和行动所影响的个体或群体,包括员工、顾客、供应商、社区团体、母公司或附属公司、合作伙伴、投资者和股东。

目前,对于跨国公司社会责任的研究才刚刚开始,其部分原因是因为CSR还没有一个可信、可行的定义。再者,跨国公司经营涉及不同的外界环境和文化传统,需要面对大量的利益相关群体和非政府组织,要给跨国公司社会责任下一个确切的定义显得困难重重。基于这些原因,国内外关于跨国公司社会责任概念的研究十分稀少。国内学者关于跨国公司社会责任定义的表述近些年逐渐增多,比较有代表性的定义主要有下面几个:[①]

中央财经大学崔新健教授通过空间细分方法将跨国公司社会责任的概念划分为跨国公司母国的社会责任、跨国公司东道国的社会责任和跨国公司国际层面的社会责任三个概念。跨国公司母国的社会责任是指其对总部所在国的社会责任,与一般企业社

---

① 本节内容参考陈宏.跨国公司社会责任研究[D].成都:西南财经大学博士学位论文,2009.

会责任概念并无本质区别；跨国公司东道国的社会责任是指跨国公司在总部以外其他国家版图内的社会责任，由东道国企业社会责任的范围、母国企业社会责任的范围（全部或部分）和东道国对跨国公司特有的期望、要求构成；跨国公司国际层面的社会责任是指跨国公司作为一个有机的经营系统在超越一国疆界层面的社会责任，包括全球或区域正式组织、全球或区域非政府组织及各国对跨国公司的期望和要求。①

中国政法大学王传丽教授认为，一般情况下，跨国公司社会责任意味着除了要对股东承担责任外，还要对相关利益群体承担特别的责任，这些相关群体包括与企业经营有关的群体和社会公共利益相关的群体。广义上讲，跨国公司社会责任包括企业内部和外部的责任、法律上和道德上的责任、国内和国际的责任。总体而言，跨国公司社会责任应包括下面四个方面的责任：第一，跨国公司应该遵守当地法律和道德规范；第二，跨国公司应当关怀他们的雇员；第三，跨国公司应该维持环境质量；第四，跨国公司应该贡献于社会和经济福利的提高。同时，跨国公司还应对东道国的健康市场经济秩序的确立和可持续发展做出贡献。②

华东师范大学金润圭教授认为，从内容上看跨国公司作为一种特殊的企业形态，其社会责任与一般企业的社会责任没有本质区别。但是从范围上看，跨国公司在多国经营，其社会责任理应惠及全球。因此，跨国公司的社会责任是指公司在创造财富、对股东利益负责的同时，作为全球公民，对所在国家（包括母国与东道国）的政府、公众、员工和环境理应承担的责任。③

本教材将跨国公司社会责任的概念界定为：跨国公司社会责任是指跨国公司作为全球企业公民，从企业和全球的可持续发展出发，根据自身发展阶段和类型，在母国、东道国、国际特定的法律框架、社会规范下进行经营活动，对其相关利益者承担的社会责任。对于此定义，作如下说明：

第一，该定义是基于企业社会责任的概念而给出的，但在其范畴进行了拓展。企业社会责任一般是指企业应对其母国的利益相关者承担的社会责任。但在这里，跨国公司的社会责任将企业社会责任从母国延伸到了东道国乃至全球，利益相关者也相应地进行了延伸。因此，跨国公司社会责任中的利益相关者既包括了母国的利益相关者，也包括东道国和国际层面的利益相关者。

第二，理论基础由"企业公民"提升到了"全球企业公民"。随着经济全球化的迅速发展，各国经济对国际贸易和国际投资的依存度普遍提高，国际市场的相互开放程度也相应大大提高，跨国公司的经营模式正在经历着从"经营国际化"向"国际化经营"的转变。随着跨国公司在国际社会中扮演的角色越来越重要，原有的"企业公民"理论已不能适应跨国公司的这种变化，因为现在跨国公司承担社会责任的动因不能仅仅局限于作为母国的"企业公民"来追逐母国福利的最大化，还要作为"全球企业公民"追求全球人类福利的最大化。因此，在跨国公司社会责任中，我们更多的是将跨

---

① 崔新健.跨国公司社会责任的概念框架[J].世界经济研究，2007（4）.
② 转引自陈宏.跨国公司社会责任研究[D].成都：西南财经大学博士学位论文，2009.
③ 金润圭，杨蓉，陶冉.跨国公司社会责任研究——基于CSR报告的比较分析[J].世界经济研究，2008（9）.

国公司作为"全球企业公民"来看待,跨国公司也应当以"全球企业公民"的姿态来承担相应的社会责任。

第三,这一定义是动态发展的。跨国公司在履行其基本经济职能的同时,需要从其长期利益和全球社会公共利益出发采取各种社会性行动方案,促进全球的可持续发展,而可持续发展本身就是一个动态的过程。在这个定义中,强调了跨国公司的自身发展阶段、类型和在特定法律框架、社会规范下进行经营活动,承担社会责任。跨国公司的发展阶段和类型是在不断变化的。任何企业都有一个兴起、鼎盛和衰亡的过程,跨国公司也不例外。根据跨国公司的跨国化程度,可以将跨国公司分为国际化、多国化、跨国化及全球化四种类型。另外,法律框架和社会规范会随着时间的推移、各国的发展和国际组织的建立完善而不断进步和完备,所以在该定义中用了"特定"一词。如此定义,赋予了跨国公司社会责任一个动态的内涵,这与现实是相符的。

二、跨国公司社会责任遵循的原则——全球契约

1999 年,时任联合国秘书长安南提倡的"全球契约"成为跨国公司履行社会责任所遵循的原则。全球契约希望各个公司接受并实施这些宣言或原则中体现的人权、劳工标准、环境保护和反贪污方面的价值理念和原则。

全球契约提倡 10 项原则,即:

人权:原则 1:企业应该在其影响范围内对国际人权保护给予支持和重视;原则 2:企业保证不践踏人权。

劳工:原则 3:企业应维护结社自由权及集体谈判的有效承认;原则 4:消除一切形式的强迫和强迫制劳动;原则 5:有效废除童工现象;原则 6:消除就业和职业方面的歧视。

环境:原则 7:企业应支持采用预防性措施来应对环境保护的挑战;原则 8:采取主动行动,促进在环境保护方面采取更负责任的做法;原则 9:鼓励开发和推广对环境有利的技术。

反贪污:原则 10:企业应反对各种形式的贪污,包括敲诈勒索和行贿受贿。

三、跨国公司承担社会责任的动因

跨国公司承担社会责任,需要多方力量的驱动,归纳起来不外乎内部经济因素和外部社会压力。相对外部社会压力而言,内部经济因素对于管理者来说更直接也更有说服力,成为跨国公司承担社会责任的最流行的辩护理由。

1. 跨国公司承担社会责任的内在动因

(1)提高经济效益。尽管跨国公司承担社会责任的意愿受到各国经济、法律、制度和伦理等诸多因素的影响,但经济因素是最根本的动因,也是跨国公司主动承担社会责任的内部动力。跨国公司承担社会责任可以提高其经济效益:首先,跨国公司承担社会责任表面上看会牺牲一部分当前利益,实际上恰恰相反,跨国公司的财务业绩会因承担社会责任而得到不同程度的提升。以美国《商业伦理》杂志曾评选出的 100 家"标准普尔 500 强"与"最佳企业公民"企业为例。基于 1~3 年的整体回报率、销售增

长率和利润增长率,以及净利润率和股东权益报酬率这五项统计指标,"标准普尔500强"的整体财务状况要远远劣于"最佳企业公民"企业,后者的平均得分要比前者的平均值高出10个百分点。其次,跨国公司承担社会责任有助于降低运营成本,提高效率。跨国公司若在跨国经营时为节约能源、保护环境、消除贫富差距、提高人类生存质量而担当相应的社会责任,可以减少或免受政府部门、公益社团和社会公众的批评与指责、限制与惩罚,保证正常的生产经营活动不受干扰,甚至可以受到政府及公众的表彰和奖励,享受原材料优先供应、产品免检等优惠政策。最后,跨国公司承担社会责任还可以提升资源利用率。若跨国公司在进行全球经营决策过程中考虑到履行社会责任,就会采取积极措施推进循环经济发展,提高资源综合开发和回收利用率,形成较高资源生产率、较低污染排放率的良性生产流程,就可以有效地为社会节约资源,降低企业运作成本。可以看出,跨国公司承担相应的社会责任与追求利润最大化之间并非不相融,而是相辅相成、不可分割的关系。

(2)树立声誉形象。树立良好的声誉是跨国公司在国际竞争中获胜的必备条件,也是跨国公司的无形资产。跨国公司积极承担社会责任,会使其赢得社会公众的信任,有助于树立良好的企业形象,使其产品和服务对消费者具有更大的吸引力,从而在全球市场竞争中占据更有利的地位。许多跨国公司已意识到了自觉履行社会责任是建立和维持公司良好国际声誉的有效途径。Hatton 和 Goodman[①]等对《财富》500 家"最受尊敬跨国公司"的声誉排名和社会支出做了相关性研究,得出结论:一是为赢得社会尊重和赞誉,跨国公司在基金捐款和处理利益相关者关系等方面的具体支出与声誉的排名相关度较高;二是跨国公司社会支出分为主动式与反应式,前者如慈善捐款等社会责任方面的投资与企业声誉呈高度正相关。可以看出,声誉力对当今跨国公司存在重要的意义,声誉力越大,企业竞争力越强大,企业的市场越广大。

(3)留住员工客户。出于自身利益的考虑,跨国公司不得不更好地履行自己的社会责任,特别是对员工的社会责任。向员工提供持久稳定的工作岗位,尊重员工的生命权、保障员工的健康权,维护好员工合法的经济权益和民主权利。在公司内部营造和谐的气氛,使员工在工作中团结、互助,充分发挥积极性和创造性,为公司的目标而努力。跨国公司对员工的社会责任履行得越好,员工对公司就越满意,自然不会轻易离职,这就减少了跨国公司因人员流动而带来的运作成本的增加和新员工不适应工作岗位给公司正常运作带来的不便。

(4)增强国际竞争力。跨国公司承担社会责任有利于提升企业的信誉度,有助于企业建立良好客户及员工关系,增强企业的差异化优势,进而提高跨国公司国际竞争力。市场经济是信用经济,企业之间的竞争不仅是产品、人才、客户的竞争,更是企业信誉的竞争,是企业文化、经营理念、经营道德的竞争。跨国公司承担社会道德责任,有助于企业拥有良好的社会形象,提高企业声誉,提高企业的国际公信力,增强企业竞争力。跨国公司关心员工福利,对员工承担责任,可以提高员工的士气、工作满意度和归属感,激励员工的承诺和忠诚,企业的生产效率和效益自然也随之提高。跨国

---

① 转引自陈宏博士论文第52页。

公司要在竞争中立于不败之地，必须具备标新立异的竞争资源，如一致性、创造性、安全性和商业道德等。如取得 SA8000 认证，产品贴上符合劳工标准的"社会标签"。作为消费者，在购买商品活动中，显然会受到影响，这样就形成了产品在此方面的差异化优势。所以说，跨国公司自觉主动承担社会责任，是出于增强跨国公司自身国际竞争力的需要。

2. 跨国公司承担社会责任的外在动因

跨国公司承担社会责任的外在动因，主要有来自消费者、投资者、东道国及其他利益相关者的压力和国际组织的规则和标准对它的制约。

（1）利益相关者的压力。主要包括消费者、投资者、东道国以及其他四个方面。

消费者。随着消费者维权知识的增加和维权意识的提高，消费者不再仅仅满足于跨国公司提供价廉物美的产品，还关注跨国公司在产品的生产过程中是否履行社会责任，如参加公益事业、保护员工权益、保护环境等。

投资者。除消费者会对跨国公司施加压力外，投资者也是推动跨国公司社会责任的重要因素之一。和谐社会已成为当代社会建设的新理念，片面强调经济增长率的发展模式逐渐被兼顾环境和社会均衡发展的、可持续增长的模式所替代。国内外相关部门或机构正在积极鼓励投资者将企业社会责任融入到价值投资理念之中。倡导投资者在进行价值投资时，关注上市公司的企业社会责任，拒绝或回避投资那些缺乏社会责任的上市公司。在欧美发达国家，投资者们发起了一个社会责任投资（Social Responsibility Investment，SRI）运动，倡导"道德投资"。投资者需要考察企业财务、社会、环境的三条底线，看企业是否环保、执行劳工标准、人道以及是否违反自然规律，仅投资那些被视为对社会负责任的企业。SRI 理念综合考虑了经济、社会和环境等因素，通过剔除社会责任方面表现不佳的企业股票来给企业施加压力，促进企业自觉承担相应的社会责任。一些非政府机构也相继建立了一系列衡量标准，如道·琼斯可持续全球指数、FTSE4Good 金融时报道德指数、多米尼社会指数等，以供投资者筛选投资企业，同时也对不承担社会责任的企业施加压力。

东道国。跨国公司对东道国的经济发展具有很好的促进作用，但也可能对当地的经济发展造成严重的负面影响。许多国家的政府采取了更加积极的行动，进一步加强国际合作，以保持对跨国公司行为的有效监控。针对跨国公司限制性商业惯例的反竞争行为，许多发达国家和越来越多的发展中国家都颁布了相应的竞争立法，禁止限制性横向协议、获取和滥用统治地位和大规模限制性纵向经销协议等企业反竞争行为，希望能通过竞争政策来促进竞争，以实现资源的优化配置。跨国公司的并购活动容易造成少数企业的市场特权或控制地位，许多国家在竞争法中加入了关于兼并与收购的补充条款，使兼并收购活动纳入竞争法管辖的范围，也有些国家单独立法予以管理。应该看到，迄今为止真正能对跨国公司行为实施有效监控的国家还很少，但跨国公司承担社会责任起到了一定的促进作用。

其他方面。跨国公司在创造大量财富的同时也对社会产生了负面影响，特别是跨国公司在经营过程中存在的负外部性问题（如环境污染、资源过度开发等），造成社会福利受损，招致各界越来越多的批评。针对企业的不负责任行为，供应商、销售商、竞争者、一般公众、媒体、社区和各种（非）政府组织，特别是消费者组织、环保组织、人权组织、工会组织等非政府组织，经常发起声势浩大的批评行动，呼吁政府规制跨国公司的这种负外部性行为，要求跨国公司必须承担社会责任。其中，新闻媒体在这些批评行动中起着推动作用。新闻媒体大量披露跨国公司不履行社会责任的行为，给跨国公司造成很大的压力，迫使其不得不顺应社会要求，约束自身的经营行为。

（2）国际组织标准规则的制约。主要包括经济合作与发展组织（OECD）、联合国、社会责任国际组织、国际劳工组织以及其他方面。

经济合作与发展组织（OECD）：跨国公司行为准则。经济合作与发展组织（Organization for Economic Cooperation and Development，OECD）于1976年制定了《跨国公司行为准则》，2000年进行了重新修订。该准则规定了一些国家、跨国公司愿意遵守的原则和标准，包括劳资关系、环境、打击行贿、消费者权益、科学技术、竞争与税收七个领域。显然，这个准则是针对经济合作与发展组织成员国的跨国公司制定的，旨在督促跨国公司对受其经营活动影响的人权加以尊重，是迄今为止唯一由政府签署并承诺执行的多边、综合性跨国公司行为规范。准则虽然对成员国及其跨国公司不具有强制约束力，但却十分强调签署国政府在促进和执行该准则方面的责任。

联合国（UN）：跨国公司行动守则和全球契约。《跨国公司行动守则》是由联合国跨国公司中心于1984年拟订的，旨在加强国际经济和社会合作，最大限度地增进跨国公司对经济发展和增长的贡献，并减少跨国公司行动的消极影响。

【专栏1-3】　　　　　　《跨国公司行动守则》的具体要求

《跨国公司行动守则》（以下简称"守则"）对跨国公司的经营活动进行了界定和约束，要求其在所在地国家经营时做到以下几点：①尊重经营所在地国家主权，遵守国内法律、法规和行政惯例；②坚持经济目标，奉行发展的目的、政策和优先项目；③本着诚信原则签订和履行政府与跨国公司之间的合同或协议；④尊重经营所在地国社会的和文化的宗旨目标、价值观及传统习惯；⑤尊重经营所在地国的人权和基本自由；⑥跨国公司不参与南非少数派种族主义者的政权合作；⑦不干涉东道国内部事务；⑧杜绝贿赂贪污行为。

对于跨国公司在经济、财政和社会方面所有权与控制问题，《守则》也从雇佣条件和劳资关系、国际收支与资金筹措、转移作价、税收、竞争与限制性商业措施、技术转让、消费者的保护、环境保护八个方面进行了说明。在该《守则》的倡导下，许多跨国公司纷纷自愿制定了多种多样的公司行为守则，对督促跨国公司履行社会责任起到了很好的作用。

资料来源：陈宏. 跨国公司社会责任研究 [D]. 西南财经大学博士学位论文，2009.

联合国的"全球契约"是在经济全球化的背景下提出的,强调的是企业的社会责任。它不是一个具有法律约束力的行为准则,而是一个自愿的企业公民意识倡议,其目的在于推动主要利益相关者雇员、投资者、顾客、舆论团体、商业伙伴和社区之间的合作,促进伙伴合作关系;使全球契约及其各项原则成为企业战略和业务的组成部分;通过负责的和富有创造性的企业表率,建立一个推动可持续发展和社会效益共同提高的全球框架。目前,"全球契约"已经成为很多企业用来支持"联合国千年目标"的一个重要组成部分,很多公司在这方面都扮演了很重要的角色,已成为全球范围内最重要的企业社会责任方面的全球性协议。

社会责任国际组织(SAI):SA8000。1997年8月,社会责任国际组织(Social Accountability International,SAI)发起并联合欧美跨国公司和其他组织,制定了用于企业实施的社会责任国际标准SA8000标准(Social Accountability 8000 International Standard),并于2001年12月修改公布了SA8000:2001。SA8000标准的主要内容包括童工、强迫性劳动、健康与安全、组织工会的自由与集体谈判的权利、歧视、惩罚性措施、工作时间、薪酬、管理系统九个准则。SA8000标准的本质问题是落实以劳工保护为核心的企业社会责任问题。SA8000标准属于非政府组织制定的民间标准,是企业社会责任领域的自愿性标准,也是全球首个道德规范国际标准。虽然目前SA8000标准还不是国际强行性的社会责任标准体系,但它在国际上的地位和影响正在逐渐扩大,正在被各国、民间团体组织、跨国企业等所接受采用,并有步骤地通过立法加以强化。

【专栏1-4】　　　　　**SA8000标准的主要内容**

涉及领域	主要内容
童工	公司不可雇用童工或支持雇用童工的行为
强迫性劳动	公司不可雇用或支持雇用强制性劳工的行为,也不可要求员工在受雇之时交纳(押金)或存放身份证于公司
健康与安全	企业须提供安全健康的工作环境,对事故伤害的防护,健康安全教育,卫生清洁维持设备和常备饮用水
组织工会的自由与集体谈判的权利	企业应尊重所有员工自由成立和参加工会,以及集体谈判的权利
歧视	公司在雇用、薪酬、训练机会、升迁、解雇或退休等事务上,不可从事或支持任何基于种族、社会阶级、国籍、宗教、残疾、性别、性别取向、工会会员资格或政治关系的歧视行为
惩罚性措施	企业不得从事或支持肉体上的惩罚、心理或生理上的压制和语言上的凌辱
工作时间	企业(组织)必须遵循适用法律;雇员每周工作不得超过60小时;加班必须自愿;雇员每7天中至少休息1天
薪酬	员工工资不低于法定或行业最低报酬,必须足以支付基本需求;员工能自由处置收入。雇主必须发给津贴、代扣保险等费用,不得弄虚作假规避法律
管理系统	企业管理高层应制定有关社会责任和劳动条件的企业政策,以确保履行企业社会责任。企业应对供货商进行管制,确保供货商履行其社会责任

资料来源:SA8000认证网,http://www.qmscn.com/list-7.html,2014-04-20。

国际劳工组织（ILO）：关于跨国公司和社会政策三方宣言。1977年11月，国际劳工组织（ILO）、各国政府和企业三方通过了《关于跨国公司和社会政策原则三方宣言》（以下简称《宣言》），并于2000年11月加以修正。《宣言》制定了国际劳工标准的基本框架，包括就业、培训、工作和生活条件、劳资关系四个方面，涉及就业机会和待遇、就业保障、培训政策、培训机会、工资福利、工作条件、结社自由和组织权利、集体谈判、协商、对申诉的审议、劳资纠纷的解决等问题。这也是一份没有法律约束力的公约，以自愿执行为基础。但它建立了"劳工组织解释"的后续机制，规定了怎样受理对国际劳工组织的含义或条款有争议的案件，因而具有一定的适用性。

其他方面。除了上述与跨国公司社会责任有关的标准规则外，世界各国政府、国际组织或企业制定的准则或行为守则数量现已超200个。这些准则和标准可以分为以下几类：一是国际性文件，如OECD的《跨国公司指引》；二是涉及跨国公司活动的国内标准，如美国的《外国人侵权救济法》；三是认证跨国公司是否遵守社会责任的认证机制，如WRAP的核查机制、KIMBERLEY的认证机制等；四是企业、行业、非政府组织和民间社团的自愿性倡议，如联合国《萨利文全球原则》、《国际和平行动协会行为守则》以及一些跨国公司自己制定的行为守则等；五是主要金融指数，例如《金融时报证券交易第4指数》、高盛《能源环境和社会指数》等；六是工具、会议及其他倡议，如企业领导人组织的《人权倡议》和丹麦人权研究所的《人权与商业计划》。这些准则和标准也在督促跨国公司履行社会责任起到了一定作用。

四、跨国公司履行社会责任的主要形式

1. 员工福利和劳工保护

20世纪90年代，某些国际知名品牌在发展中国家的分支机构和供应商雇用和虐待女工、童工事件被媒体频繁曝光，遭到社会各界的广泛谴责。各国政府、国际组织、民间团体纷纷站出来倡导人权与劳工权利，抵制跨国公司的血汗工厂（Sweatshop）。迫于社会压力，许多公司开始努力改善员工工作条件，提高企业形象。

2. 环境保护

尽管在一些发展中国家环境标准可能低于全球统一标准，但一些跨国公司坚持按照全球统一的环境标准来进行生产经营活动。这一点在高环境影响（High Environmental Impact，HEI）行业（如采矿业、造纸业、化工业、钢铁业等）中更为普遍，原因是社会对这些行业环境标准的变化很敏感，擅自降低环境标准对环境造成的负面影响是巨大的，将严重影响跨国公司的声誉。巴斯夫、拜耳集团、宝马汽车、杜邦公司都在每年发布的社会责任报告中承诺遵守全球统一的环保标准。跨国公司环境责任的深化表现在三个方面。首先，跨国公司实施清洁生产，减少排放，降低环境负担；其次，跨国公司积极节约资源，提高资源利用率；最后，推动资源再生利用，实施循环经济。

3. 为消费者提供符合基本的人权标准和环保标准的商品

跨国公司必须认真倾听消费者的声音，考虑利益相关者的诉求，采取措施保证产品的质量以满足消费者合理需求。同时，在生产过程中还必须满足上述两个基本要求（员工利益、环境保护），为消费者提供符合基本的人权标准和环保标准的商品。

4. 反腐败和商业贿赂

商业贿赂首先会降低经济运行效率、损害公平、将成本转嫁给其他利益相关者；其次，商业贿赂妨碍了同行业厂商公平竞争的权利；最后，各国法律、各种非政府组织制定的行为准则和国际公约均明令禁止商业贿赂行为，因此，许多跨国公司都通过各种手段杜绝和打击商业腐败行为。

5. 慈善捐赠和公益活动

跨国公司慈善捐赠的内容大都与本企业的生产经营活动相联系，体现了慈善捐赠活动与企业战略的紧密结合。企业根据自身所处的经济环境和行业特点针对某一具体领域集中进行慈善和资助活动，可以改善企业整体的竞争环境，提升企业的竞争优势。

本章小结

1. 跨国公司是指一个经济实体在不止一个国家运行，或者一群经济实体在两个或者更多国家运行，与他们的法定形式无关，无论是在本国还是在海外运营，无论它是独特的还是具有普遍性。本教材认为，跨国公司是指一种在多个国家进行直接投资，并设立分支机构或子公司，从事全球性战略经营的国际企业组织，又称国际公司或多国公司。

2. 跨国公司是第二次世界大战以后迅速发展起来的一种国际企业组织形式。长期以来，国际组织研究机构和学者对其有不同的称谓。从不同的角度，跨国公司可被划分成不同的类型。与国内企业相比，跨国公司具有战略目标全球化、生产经营国家化、要素转让内部化、内部管理一体化的特征。

3. 跨国公司社会责任是指跨国公司作为全球企业公民，从企业和全球的可持续发展出发，根据自身发展阶段和类型，在母国、东道国、国际特定的法律框架、社会规范下进行经营活动，对其相关利益者承担的社会责任。

课后练习题

一、简答题

1. 简述跨国公司的概念、类型与主要特征。
2. 跨国公司的管理组织形式有哪几种？试分析它们各自的优缺点。
3. 企业国际化经历了哪些阶段？
4. 试述20世纪90年代以来跨国公司的发展趋势。

二、论述题

1. 论述跨国公司对世界经济的影响。
2. 论述跨国公司社会责任的战略意义。

三、案例分析题

宝洁的跨国之道

多年来，许多世界著名跨国公司依靠其品牌和名牌在中国展开激烈的国际竞争，美国宝洁公司（Proctor & Gamble Co.）是典型之一。始创于1837年的宝洁公司，是世界最大的日用消费品公司之一。2002~2003财政年度，公司全年销售额为434亿美元。在《财富》杂志最新评选出的全球500家最大工业/服务业企业中，排名第86位，并位列最受尊敬企业第七名。宝洁公司全球雇员近10万人，在全球80多个国家设有工厂及分公司，所经营的300多个品牌的产品畅销160多个国家和地区，其中包括洗发、护发、护肤用品、化妆品、婴儿护理产品、妇女卫生用品、医药、食品、饮料、织物、家居护理及个人清洁用品。

宝洁公司的跨国经营是有特色的。在国际市场上推行宝洁公司的企业品牌和产品品牌主要通过两个途径：地区扩张和行业扩张。

（1）1915年，宝洁公司在加拿大设立第一个海外公司，聘用75人生产象牙皂和CRISCO植物烘焙油。在随后的85年中，宝洁公司将其产品推销到全世界。宝洁公司进入其他国家市场时除在少数国家采取新建企业外，大部分采取收购与兼并（M&A）的方法。20世纪70年代，宝洁公司在进入加拿大、英国、菲律宾、沙特阿拉伯后，收购日本太阳屋公司，建立宝洁太阳公司，开始在日本生产和销售宝洁产品；80年代在中国成立合资公司，在德国推出可重复灌装的液体保洁产品；90年代，收购捷克斯洛伐克的RAKONA公司，首先在东欧开展业务，并迅速推广到匈牙利、波兰和俄罗斯，90年代后期进入墨西哥等拉丁美洲市场。1998年，宝洁欧林（Olean）新厂落成投产，宝洁公司机构改革方案开始实施，宝洁公司已经成为一家真正的跨国企业，在全世界70多个国家经营业务，产品畅销140多个国家和地区。

（2）宝洁公司通过收购与兼并建立起核心的产品系列。1982年收购Norwich Eaton药品公司，进入非处方和处方药品市场和健康护理领域；1987年收购混合洁口胶（Blendax）系列产品生产线；1989年收购诺克西尔（Noxell）公司和其著名化妆品牌克莱里奥（Clarion）产品，由此进入化妆品和香水市场；1990年收购Shulton的产品线，拓展了男性个人护理市场；1991年收购著名的化妆品品牌Max Factor和Beatrice，进一步在国际范围内拓展其化妆品市场；1996年收购著名的美国婴儿尿片品牌Baby Fresh，加强了其在婴儿保洁用品市场上的地位；宝洁公司收购Tambrands公司和它旗下的全球知名品牌丹碧丝（Tampax），扩展其妇女卫生用品市场。宝洁公司和赫斯特Marion Roussel公司签订全球性的协议，共同营销Actonel——宝洁公司的一种骨骼保健新药物。同时，宝洁还同时进军非核心的产品市场。2002年，宝洁公司从施贵宝公司收购了伊卡璐系列。伊卡璐是全球染发、护发领导品牌，年销售额达16亿美元。同年，宝洁与La Chemise Lacoste签订科隆香水特许权转让协议并收购了喜悦（Joy）香水的姜·巴度（Jean Patou）公司。2003年12月，收购了中国本土品牌小护士。随后，宝洁公司还斥资59亿美元收购了在欧洲仅次于欧莱雅的专业美发护发用品商德国威娜公司。

宝洁公司主要采用的是横向并购的方式，通过这种方式，它兼并了行业内的多家知名企业，使得自己的实力迅速庞大起来。从宝洁的经验，我们可以看出横向并购的诸多好处：

第一，丢掉的客户又回来了——市场规模迅速扩大。如今的"强—强"型所形成的企业规模更加强大。强强联合源于对强大市场力量的追求，而这种强大市场支配力的实现又会诱使企业为保持已有市场地位和争取更高的市场地位进行新一轮的同行业合并。如此一来，企业将日益巨型化。尤其是在化妆品市场核心技术的作用偏弱的情况下，规模和品牌将起到至关重要的作用。宝洁购并的各个品牌几乎都拥有很好的声誉，都已经有自己的稳定的客户群，将其收购能够进一步细分自己的商品市场，这样做的结果就是整个宝洁公司的规模的扩大。对于宝洁这个昔日传统老品牌而言，走上"资本并购"的变革之路是需要勇气的，因为它必须要在巩固现有产品市场和规模扩张上作出决策。规模的扩张往往意味着原有产品的投入下降，比如，宝洁如果收购了"伊卡璐"、"小护士"就可能会减少投入到"玉兰油"的资金和人力。但随着市场竞争的日趋激烈，宝洁开始失去部分市场，越来越多的新生对手在市场上对其公开挑战，宝洁无奈之下只能走上这条路，靠"吸收新鲜血液"重新恢复老牌巨头地位。除了产品种类和消费者，规模使宝洁公司在很多方面拥有优势。宝洁的竞争对手该冷静地思考采取什么措施来跟随或者阻止其进一步的规模扩张。例如，许多竞争对手为了削减几个百分点的媒介传播成本殚精竭虑，结果是没有人能在这场竞争中取胜宝洁——它的规模太大了。宝洁公司正是通过这种规模把丢掉的客户从子公司那里带了回来。

第二，市场细分——多品牌效应。宝洁并购了大量的外国知名公司，其产品遍及各个国家。单一品牌延伸策略便于企业形象的统一，资金、技术的集中，减少营销成本，易于被顾客接受。但单一品牌不利于产品的延伸和扩大，单一品牌一荣俱荣、一损俱损。而多品牌虽营运成本高、风险大，但灵活，也利于市场细分。宝洁公司名称为P&G，但这个名称没有成为任何一种产品和商标，而根据市场细分洗发、护肤、口腔等几大类，各以品牌为中心运作。在中国市场上，香皂用的是"舒肤佳"，牙膏用的是"佳洁士"，卫生巾用的是"护舒宝"，洗发精就有"飘柔"、"潘婷"、"海飞丝"三种品牌，洗衣粉有"汰渍"、"洗好"、"欧喜朵"、"波特"、"世纪"等9种品牌。要问世界上哪个公司的牌子最多，恐怕非宝洁公司莫属。多品牌的频频出击，使公司在顾客心目中树立起实力雄厚的形象。通过兼并伊卡璐、丹碧丝等品牌无疑更进一步地细分了市场，带来了品牌效应。同时，我们也应该看到宝洁公司进行收购的危险性。宝洁选择了并购，希望通过并购迅速进入新的市场，大幅提高宝洁公司的净收入。宝洁收购伊卡璐，就是为了在利润率更高的美容产品市场获得一个立足之地。宝洁的出价是伊卡璐营业收入的3倍，这是宝洁165年来最大的购并案，有人指出这个出价过高，毕竟其已在与欧莱雅的竞争中失去不少的份额，在美国 11 亿美元的市场中，欧莱雅的份额为 42%，而伊卡璐只有 36%，收购该公司不久，姆迪公司罕见地将宝洁的信用登记由 Aa2 降到 Aa3，理由是宝洁收购伊卡璐以及将要进行的进一步行动有可能会削弱其信用状况。姆迪表示完全以现金收购伊卡璐以及过高的价格有可能会在两年内影响宝洁的财务状况。宝洁看中的并不是伊卡璐的洗发水资产，而是它的染发业务；最近对于威娜的收购，宝洁的目的是想变成一家与欧莱雅匹敌的美容产品公司。宝洁的强项在美国，而威娜在欧洲和亚洲，通过其分销渠道销售威娜的产品可以加快它的成长。但又有人怀疑宝洁是否真的了解美容产品行业，因为宝洁在整合了威娜后，其市场份额反而输给了欧莱雅和 Revlon。所以目前宝洁的问题是自己能否承受如此之快、如此之大的并购活动。据资料显示，在 2003 年，宝洁的收入达到 402 亿美元，这对于这个庞然大物来说，迈出任何一小步都不会很轻松。1999 年以来，宝洁的净收入几乎没有什么变化，可见在扩展营业收入的时候，其成本也在提高，这一点应该引起警惕。

宝洁公司 CEO 拉弗利（A.G.Lafley）说，收购是宝洁增长战略的一部分，但它们必须是战略性的，而且在文化上必须与宝洁相适应。言外之意，宝洁的现在不能代表将来，现在的投资是为了在将来获得回报。但拉弗利也不能忘掉自己的劣势：欧莱雅等竞争对手不会坐视市场的流失，必然会采取反击措施，可能会趁威娜易主之际争夺市场份额，而且宝洁还面临着被收购公司的整合问题。威娜的 CEO 就曾经表示，对于宝洁收购威娜的协议感觉吃惊和失望。

资料来源：卢进勇，高玉芳. 国际投资与跨国公司案例库 [M]. 北京：对外经济贸易大学出版社，2009.

讨论题：
1. 总结宝洁公司的成功之道。
2. 宝洁公司给中国跨国公司什么样的启示？

第二章 跨国公司的经营环境

本章学习要求
* 了解全球经济环境对跨国公司的影响
* 掌握什么是经济、政治、法律、社会、文化和技术环境
* 了解东道国的经济、政治、法律、社会、文化和技术环境所包括的内容
* 掌握环境分析评价的几种方法

本章主要概念

经济环境　政治环境　法律环境　社会环境　文化环境　技术环境　霍夫斯坦德的文化层次理论　环境分析评价的方法

开篇案例　　天时、地利、人和——美库尔中国南京分公司盛大开幕

美库尔——领跑全美的客户关系管理（CRM）专家和全美最大的数据化咨询私有公司，2013年8月6号宣布其在中国的第二个分公司正式落户于江苏省南京市。

随着业务发展的需要，美库尔于2010年8月设立了上海分公司，开始了在中国的运营。截至目前，美库尔在中国上海和南京两地共有近300名员工，大多是有硕士以上学历的分析师和信息技术人员。入驻南京高新区是美库尔在中国发展的一个新的里程碑。

"美库尔在南京的发展占尽了'天时、地利、人和'"。美库尔亚太区总裁沈政达先生说，"第一，这是一个大数据和数据咨询蒸蒸日上的年代。美库尔提供全面的以数据为基础的客户关系管理方案，以实现市场营销投资的利益最大化。这是天时。第二，南京开业是公司发展的一个重要里程碑。南京自古虎踞龙盘，人才辈出。美库尔会利用高新区的优异商业环境，以及园区内及周边的雄厚教育资源，与高新区携手打造南京科技发展的美好明天。这是地利。第三，员工的敬业，创新和互助是公司成功的基石。南京有五所在全中国顶尖的大学，并在相关的学科领域非常著名，如计算机科学与技术、统计与分析等。我们在南京吸引了世界一流的人才，以满足跨国企业客户日益增长的需求。这是人和。"沈政达还补充说："我们还将专注于中国本地业务的发展，以满足本地企业客户的需求，并与他们的客户建立更深层更直接的关系。"

资料来源：广告技术流，http://www.adexchanger.cn/tech-company/dmp/5871.html，2013-10-24。

第二章 跨国公司的经营环境

跨国经营环境是指存在于跨国公司经营过程中的不可控制的因素和力量，这些因素和力量是影响跨国公司国际商务活动及其目标实现的外部条件。对跨国公司而言，由于其所面临的外部环境比在国内经营时更为复杂，因此，要求企业必须具备更强的环境适应能力。一般来讲，跨国经营的外部环境主要包括政治、经济、文化三大方面。

跨国公司的东道国环境是指以各经济体或区域所具有的对外向型企业经营活动有影响的一切外部条件和因素的有机综合，可以划分为硬环境和软环境。其中，硬环境包括自然地理条件和基础设施条件。基础设施条件又包括交通、通信、能源供应和生活条件等。软环境包括政治、经济、法律、文化、技术和社会环境六个方面。其中，经济环境又包括经济稳定、经济政策和经济基础三个方面。在硬环境大致相似的情况下，软环境成为决定企业从事跨国经营成败的关键因素。总体来说，如果一国或地区的政府政策比较开放、市场比较自由发达、经济发展持续稳定、科学技术水平高、国民素质良好，则该国家或地区更加适宜进行跨国经营。相反，一个动荡不安、闭关自守、市场发育程度低下、科学技术落后的国家或地区，则不可能持续地保持跨国经营的稳定性和效率。

跨国公司与国内企业不同，它处于国内、国外和国际三种变幻莫测、错综复杂的环境之中。与国内企业相比，跨国公司外部环境有以下四个显著的特征：

1. 客观性

环境作为企业外在的，不以管理者意志为转移的因素，对企业经营活动的影响具有强制性和不可控性。一般来说，经营管理部门无法摆脱和控制经营环境，特别是宏观环境，企业难以按自身的意愿随意改变它，如人口因素、政治法律因素、社会文化因素等。但是，企业可以主动适应环境的变化和要求，制定并不断调整市场营销策略。在社会发展与环境变化的过程中，适者生存，不适者淘汰。

2. 差异性

不同国家或地区之间宏观环境存在着广泛的差异。各国历史渊源不同，文化的差别和经济状况的差异，决定了各国政治制度的不同和立法基础的差别。不同的企业，其微观环境也千差万别。正是由于存在跨国经营环境的差异性，企业为适应不同的环境及其变化，必须采取有特点和针对性的经营策略。环境的差异性也表现为同一环境的变化对不同企业有不同的影响。

3. 相关性

外部环境诸因素之间相互影响、相互制约。某一因素的变化会带动其他因素的相互变化，形成新的营销环境。例如，宏观环境中的政治法律环境或经济政策变动，会影响一个行业竞争者加入的多少，从而形成不同的竞争格局。又如，市场需求不仅受消费者收入水平、偏好及社会文化等方面的影响，而且政治法律的变化，往往也会成为决定性的因素。再如，各个环节因素之间有时存在矛盾，例如某些地方的消费者有购买家电的需求，但如果当地电力供应不正常，无疑会成为拓展家电市场的制约因素。

4. 不确定性

跨国经营的外部环境是企业赖以生存和发展的社会基础，其生产经营活动不是孤立地进行，而是与外部环境发生着各种各样错综复杂的关系。政府的政策与计划，以及控制强度都制约着企业的行为取向，市场环境也影响企业行为的变化。随着世界经济一体化进程的不断加快，全球范围内产业结构的调整和升级，企业所处的环境越来越呈现不确定性。这种不确定性体现在环境的不稳定性和环境的复杂性两个方面。

第一节 世界宏观经济环境因素

一、全球化的影响

自 20 世纪 80 年代以来，尤其是 90 年代以来，经济全球化加速发展成为一种时代大趋势。"冷战"结束后两个平行市场对立的消失，国际分工不断深化，各国经济交流与合作的范围日益扩大，要求全球经济紧密联系和趋向一体化，这为在全球范围内形成统一的世界市场即市场全球化创造了条件。

1. 世界多边贸易体制的发展与贸易自由化

所谓贸易自由化，是指有关国家和地区通过多边贸易谈判达成协议，取消或降低关税，消除其他贸易壁垒及各种贸易歧视政策。由于跨国公司的生产经营活动超越了一国范围，必然首先受到国际法律法规的制约。第二次世界大战以后，随着跨国公司国际投资的不断扩大和深入发展，为了营造一个良好的投资环境和规范跨国公司的投资行为，一些国家开始共同探讨在跨国公司投资管理方面的合作事宜，一些区域性和国际性组织也采取措施协调其成员国间关于跨国公司投资行为的争议。根据法律法规制定主体的不同，管理跨国投资行为的国际法律法规可以分为双边性投资条约、区域性跨国投资法规和全球性跨国投资法规。1995 年 1 月 1 日起，"世界贸易组织"取代 1947 年的"关贸总协定"正式生效运转，这是世界贸易自由化进程中重要一步，是经济全球化加速形成的重要标志。

2. 生产活动全球化

生产活动全球化主要表现为国际分工的变化，世界性的国际分工使各国成为世界生产的部分。跨国公司的全球化经营成为推动生产活动全球化的主体力量。跨国公司依靠其优势，进行跨越国界和地区界线的生产和经营，实施全球范围内最佳的资源配置和生产要素组织，对世界经济全球化起着越来越大的"助推器"的作用。

3. 金融全球化

金融全球化，即全球范围的金融自由化。其实质是要求各国放松金融管制，形成全球统一的金融市场和运行机制，保证金融资源在全球范围自由流动和合理配置。其核心是取消利率限制，使利率完全自由化；取消外汇管制，使汇率浮动完全自由化；放松对各类金融机构业务经营范围的限制，使金融业务经营自由化；放松对资本流动的限制，实现资本流动自由化；放松和改善金融市场的管理，实现市场运作自由化。

4. 投资自由化与国际投资协议

国际投资自由化是指消除对资本流入及流出国境的限制和歧视，实现对外国投资和投资者的公平待遇。自20世纪90年代以来，资本项目自由化速度加快。为适应国际投资自由化的发展，各主权国家及地区间纷纷制定法规和签订协议，统一投资规则，规范投资行为。

在全球化趋势日益明确的同时，政府管制的放松和一些国际贸易壁垒的消除或减少正成为不可逆转的趋势。长期以来，在政府管制和贸易壁垒形成的国际不完全竞争市场上，西方大型企业凭借自身强大的"垄断优势"有效地克服了海外经营的成本，限制了中小企业的进入，从而成功地进行跨国经营。而随着政府管制的放松、国际贸易壁垒的减少或消除，许多传统意义上接受政府管制的产业和企业正在发生剧烈的变化，原来"不具备跨国经营条件"的许多中小企业现在也跻身到世界跨国公司的行列当中，进一步加剧了国际经营环境动态性和不确定性，为企业的跨国经营带来了更大的挑战。

二、国际直接投资在全球的发展

1. 以全球化为特征的国际资本流动

（1）国际直接投资主体数量增长快，主体构成多样化，跨国公司平均规模不断扩大。20世纪80年代以后，特别是90年代以来，对外直接投资主体构成日益多样化，除跨国公司以外，中小型企业对外直接投资也有所增长，发展中国家的企业国际化发展速度、发展中国家跨国公司的国外资产规模也不断扩大。

（2）国际直接投资总存量急剧膨胀，流量增长速度加快，生产国际化趋势明显，国际直接投资由萎缩转为旺盛。

（3）国际直接投资中跨国并购带动产业结构转移，促进各国国内企业重组和经济结构的调整。国际生产体系的形成和发展不断推进经济全球化。20世纪90年代以来，跨国并购已取代原来新建海外子公司的形式，成为当代跨国公司海外扩张的主要投资方式。

2. 全球化投资规范框架开始形成

近年来，作为贸易增长的第四要素，世界对外直接投资的增长引人注目。在许多发展中国家，作为资本流入的主要来源，对外直接投资已经取代了官方援助与计划。几乎没有发展中国家否认从国际直接投资中获取过经济发展的利益。

3. 全球发展战略

自联合国1983年在第三次调查报告中强调"跨国公司分布广泛的各单位，要在一个统一的决策体系下经营，采取一致对策和共同战略"之后，有关跨国公司全球发展战略型动机的分析应运而生并逐渐流行。全球发展战略作为跨国公司全球扩张的一种经营战略，是指跨国公司在建立起自己的国际生产体系之后，开始以全球市场为目标，依据资源和市场的分布状况在世界范围内进行灵活、有效和统一的经营，有计划地安排投资、生产、销售和技术开发等业务活动，使有限的资源得到更有效的利用，从而获得长期的最佳经营效果。出于全球发展战略型动机的投资所追求的是全球范围内最大限度的利润,而不仅仅是某一分支机构的盈亏得失,因而一般也被认为是跨国公司海外直接投资较高层次的体现。

第二次世界大战后到20世纪60年代,跨国公司战略的普遍形式是所谓的"独立子公司战略",即跨国公司在东道国设立独立运作的子公司。西方跨国公司利用其资本、技术和管理上的优势,主要以全部拥有股权的方式在东道国进行直接投资。尽管各子公司或多或少要体现一些母公司的价值观念,但总体上实施独立战略,且每一个独立运作的子公司服务于一个独立的东道国,只要子公司是盈利的,母公司就可能对它行使很少的控制。

在20世纪70年代,跨国公司主要通过寻求外源来参与国际化生产,即所谓"简单一体化战略"。外源化国际生产表明价值增值活动向非母国、非初始国或非最终销售国转移,其主要动机是利用东道国与跨国公司价值链有关部分的区位优势。相应地,跨国公司主要通过对子公司拥有部分股权或少量的非股权安排来从事海外直接投资,母公司集中于价值链关键部分的生产,而子公司或分包商则集中于其他部分的生产。

20世纪80年代以来,随着国际经济一体化、计算机网络化和信息联网系统的发展,母公司对其拥有的"一揽子"生产资源及其经营活动进行跨国界的配置、协调和管理,国际化生产和经营可以发生在价值链的任何一点上,从而实现了全球范围内的专业化生产。此所谓"复合一体化战略"。实行复合一体化战略的跨国公司,从全球角度出发,跨国界配置其价值增值链的诸环节;从规模经济和范围经济两方面考虑,形成公司的全球分工体系。在这种情况下,跨国公司各单位的生产被明确界定为公司内部国际劳动分工,母公司与国外分支机构的区别越来越没有意义。由于跨国公司不局限于利用一个或几个国家的单项区位优势,而是对这些区位优势作综合利用以形成整体合力,因此,公司各单位无论大小都将注意力集中在改进知识结构、建立更加广泛的通信网络、连接终端的商业设施、寻求将不同价值观念结合起来的"协同效应"等方面。

可见,随着信息技术的进步、不同国家需求模式的趋同和全球竞争的激化,越来越多的跨国公司采取了复合一体化战略。实现这种战略的企业不再仅仅是分散的群体,而是各部门的活动取决于控制整体系统的统一战略。

三、资源的分散化和全球化

在动态的环境里,资源,特别是知识等无形资源,与竞争的全球化和信息技术的高速发展等已日益成为跨国公司构建未来竞争优势的主导因素。现在,跨国公司越来越注重通过学习和创新途径来获得、积蓄和整合,营造持久竞争优势的关键技术、经营诀窍等,并不断优化组织的资源结构,从而为竞争成功和获得持续成长奠定坚实的基础。可以说,未来的成功企业必将是那些把知识等无形资源作为独特生产因素,并能够较其他企业更能快速有效地思考、学习、解决问题和采取行动的企业。

但不容置疑的事实是,随着信息和经济的全球化,有价值的资源和知识也正日趋分散化、多样化和全球化,作为这种"分散化"趋势的回应,越来越多的跨国公司已经抛弃了单纯依赖母国优势的做法,纷纷建立了遍布全球的联络体系,这不仅是为了开拓新市场和新业务，更是为了在全球范围内搜寻和获取有价值的、差异化的知识和资源，并把它们当作差异化优势的重要来源。

第二节 东道国经济环境因素

经济环境是指国家经济体制的性质、政府的经济政策、资本市场、经济发展水平和当前的经济形势、要素禀赋的性质、商业周期、社会经济基础设施和各种服务体系的完善程度等。成功的企业能够敏锐地发掘廉价的生产要素，开拓新兴市场并提高企业利润，大胆预测未来的市场情况，通过适当的手段使得成本最低化以实现利润最大化。

一、经济体制

进入东道国，确定该国经济体制导向纲领是十分必要的。经济体制就是东道国经济的协调机制，具体体现为东道国是采用市场经济、利用价格机制来解决经济活动中的问题，还是采取计划经济、利用行政机构命令来解决经济活动中的问题。例如，如果东道国的经济制度重视私有制企业的发展且创造良好的环境，可以使跨国公司更容易融入当地环境。在经济环境分析中，必须考虑的因素是资源分配、控制的基本方法和资源所拥有的基本形式。这可以很好地确保公司在该国的发展。依据资源分配的、控制方法的不同，人们将主要的方法分为市场经济和计划经济；依据资源所拥有的形式的差别，人们将主要的形式分成私有制和公有制，结合上述两者之间的，往往被人们称为混合的形式。

二、经济发展阶段

一个国家的经济发展水平、基础设施的完善程度和居民购买力与该国的经济发展阶段有关。美国经济学家罗斯托认为一国经济发展大体上可经历五个阶段：

第一阶段：传统社会阶段，主要特征是经济活动以开发生产资源为主，缺乏现代科学技术，工业化所需的基本设施不存在，劳动者素质较差。

第二阶段：起飞前夕的过渡阶段，现代科学技术和方法开始应用，各种基础设施开始建立，劳动者素质有所提高。

第三阶段：起飞阶段，国民经济以较快速度稳定增长，各产业生产手段趋于现代化，基础设施大规模建设，居民的收入水平和消费水平迅速提高。

第四阶段：趋向成熟阶段，经济持续增长体现在经济活动的各个方面、科学技术更加先进和现代化，企业以及整个国家开始大规模参与国际市场的竞争。

第五阶段：高消费阶段，改善和提高居民生活质量是社会的重点，因而第三产业发展迅速，服务网络发达，公共设施和社会福利制度日趋完善。

经济发展的不同阶段，跨国公司的投资机遇以及跨国经营成功的可能性也是不同的。

三、经济的稳定性

当跨国公司考虑是否进入一个新兴市场或是国家，最关注的是其经济体系的稳定。一般来讲，跨国公司经营所在国的经济增长速度较快，政局稳定是最为理想的，因为在这样的经济环境中，跨国公司即使不扩大它的市场份额，收益也会随着经济的增长而增长。

1. 通货膨胀

东道国的金融状况是影响跨国公司对外直接投资的又一个重要因素。东道国的金融状况对跨国公司对外直接投资决策的影响，除了资金配套能力外，最重要的是考虑东道国的通货膨胀情况：因为通货膨胀将直接对一个国家的利率、汇率、居民的生活水平的变化产生影响，甚至会对一个国家的政治、经济稳定产生影响，同样直接影响跨国公司的海外生产经营活动的正常进行。一般来说，东道国的通货膨胀对跨国公司的影响主要表现在两个方面：一是对东道国市场需求的影响，二是对跨国公司生产经营活动的影响，而且这种影响都是双重的。从市场需求方面看，通货膨胀一方面会导致东道国某些居民的实际购买力下降，从而降低对公司产品的需求；另一方面，通货膨胀可能刺激东道国的需求，促进东道国居民提前消费，使东道国进入消费早熟期，从而增加对公司产品的需求。跨国公司适应由此引起的市场需求变化的关键，一是要顺应市场需求，开发适销对路的产品；二是要积极引导市场需求，创造市场需求。从生产经营过程看，通货膨胀一方面会导致原材料价格大幅上升，提高公司生产成本；另一方面，会使公司销售收入的实际价值大幅度降低。对此，跨国公司可以从两个方面采取措施克服其影响：一是随着成本的上升而提高产品销售价格，以补偿通货膨胀造成的损失，但这又会反过来影响其产品的市场需求；二是将收入及时兑换成稳定的货币，避免或减少通货膨胀造成的损失。这些措施可以在一定程度上避免或减少通货膨胀对跨国公司的影响。但是，如果东道国的通货膨胀达到了非常高的程度，跨国公司应避免进入该国市场。

2. 汇率

汇率是指一种货币与另一种货币的相对价值。汇率的存在是必然的，因为每个国家都有自己的货币体系。当来自法国的出口商品或服务需要输向巴西，交易就需要以欧元支付。每家公司通常都比较喜欢接受其本国货币付款。因此，公司需要通过不同的可用市场（如现货市场、远期市场和未来市场）买入或卖出一国货币以获得另一货币。此外，汇率关系改变时，它可能或多或少地影响到经济。例如，其他国家的货币相对于本国货币贬值，如果跨国公司想在其他国家生产并在国内销售，这可能是该跨国公司的优势。

3. 利息率

利率对于贷款、销售和在当地投资的跨国公司决定采取维持或推动它们的成长措施有着直接的影响。当利率上升时，意味着跨国公司往往要投入更多的资源在其现有债务上支付利息，从而打击了投资者的信心。相反，较低的利率使人们更容易经常借用资金用于购买耐用消费品如汽车和家具。除此之外，人们有更多的可支配收入用于其他支出，从而促进对各种商品和服务的需求，进而刺激经济的增长。

4. 政府支出

有些情况下，下级政府支出及其他某些因素将促进经济增长。当然，若是更高级别的政府支出，效果更为显著。如果政府支出为零，经济的增长也是相对较为缓慢的。

四、东道国经济发展水平

虽然跨国公司承担着一些社会责任，但管理一家跨国公司必须顾及每一项投资项目的回报率。在一个特定的国家或地区投资，需要关注这个国家或地区的基础设施和发展情况。例如，教育水平、生产水平、技术和基础设施水平。

1. 教育水平/人力资本

教育水平直接关系到劳动者的素质和消费者偏好，同时也会影响人们的价值观念。较高的劳动者素质、丰富的劳动力资源对于提高跨国公司投资收益有着巨大的帮助。一般来说，一国居民受教育程度越高，接受新思想、新观念的能力和愿望越强烈，越有利于形成开放的大国心态，从而间接有利于东道国投资环境的改善，有利于跨国公司直接投资。

2. 失业

失业是影响商业活动的重要经济因素。失业影响着消费者的可支配收入，影响工资标准，从而影响经济。高失业率会通过降低人们的购买力来影响经济活动。因为失业者的生活费大大减少，从而消费能力和水平也会大幅下降。消费产品减少，工厂生产就会随着减少，同时在市场条件下劳动力供给大于企业对劳动力的需求，为了控制成本，企业大多要采取裁员、降薪。如此循环，国家经济萎靡不振，发展缓慢，很难吸引跨国公司进行跨国经营活动。

3. 收入和就业

影响跨国公司运作的其他方面重要因素还包括就业密度和收益率。人均收入和就业密度决定了需求率、密度的需求和人们的购买力。例如，在经济好转期间，就业机会多且可以赚取更多的收入，人们将拥有较强的购买力。相反，在经济衰退期间的就业密度和收益率下降，顾客的购买力也减弱。

五、东道国资源状况

开发和利用东道国的自然资源是跨国公司对外投资的主要目的之一。据统计，在美国和日本等西方发达国家的对外直接投资中，属于自然资源开发的项目占总数的1/4以上。对于跨国公司而言，拥有一定品种和数量的自然资源是其开展生产经营活动的基本前提，所以，东道国的自然资源状况就成为影响跨国公司对外直接投资决策的一个重要因素。

对于跨国公司而言，东道国的自然资源状况主要包括以下三种：一是自然资源的拥有情况，包括已探明的自然资源的蕴藏情况和分布情况；二是自然资源的可开采性，包括自然资源开采的技术可行性和经济合理性；三是自然资源的已开发利用程度。其中，要重点考虑其他国家参与东道国自然资源开发利用的情况。

六、东道国消费者收入水平

消费者收入水平直接影响到市场容量和消费者支出模式，从而决定购买力水平，进而影响跨国公司在东道国的投资规模、投资种类和投资成本。在分析消费者收入时，可以从宏观和微观两个层面来具体剖析。从宏观层面看，主要分析国民收入和人均国民收入两大指标，它们大体上反映了一个国家的经济发展水平；从微观层面看，主要弄清个人收入中扣除税款和非税收性负担后所剩下的余额，即个人能够用于消费支出或储蓄的部分；个人可任意支配的收入是指从个人可支配的收入中再减去维持生活所必需的费用（如衣服、食物、住房等）。这部分收入所引起的需求弹性大，是需求变化中最活跃的因素，也是影响商品销售的主要因素，故企业在市场营销活动中应特别关注。与此同时，还应注意社会各阶层收入的差异性以及不同地区、不同年龄、不同职业的收入水平等。另外，在分析消费者收入水平时，还要注意区分"货币收入"和"实际收入"。"货币收入"是指消费者在某一时期以货币表示的收入量；"实际收入"是指扣除物价变动因素或实际购买力的水平。

第三节　东道国政治法律因素

政治环境是指东道国的政治体制、政策的稳定性和连续性、执政者的治国能力及政府部门的行政效率以及国际关系等构成的政治和社会的综合条件。由于跨国公司的全球发展是长期的投资活动，所以投资者对投资地区的长期政治稳定十分关注，它是跨国公司投资决策的前提条件。

一、东道国政治环境

1. 政治环境

政治环境是跨国公司国际投资中涉及的最敏感因素，因为政治环境与东道国政府、政权、主权等国家核心利益紧密联系在一起，稍有不慎就会对跨国公司的海外经营和投资活动带来巨大的影响。反映东道国政治环境的因素有很多，既包括政治制度、政策的连续性和政局的稳定性，也包括东道国在国际事务中的地位、外交政策等一系列国际政治关系因素。上述因素在一定时期内又处于相互联系、相互影响、不断变化的过程中。

政治制度是指建立在东道国经济基础之上的上层建筑。包括国家政权的组织形式以及相关的政治、经济和文化等方面的制度。在一般情况下，政治制度的灵活性较差，跨国公司违反东道国政治制度所付出的成本也较大。政治制度与经济体制密切相关，而经济体制又是影响跨国公司投资的最重要因素。政局的稳定性和政策的连续性是跨国公司在发展中国家进行投资环境选择时必须考虑的重要因素，部分发展中国家往往存在着政局不稳和政策缺乏连续性,这会对跨国公司的连续生产造成极大的负担。当政局更替时,特别是新政局对跨国公司的不同态度,甚至敌视态度,将是跨国公司致命的打击。这都是跨国公司进行投资环境分析时必须考虑的因素。

公司运营中评估政治环境是任何公司决策的一个重要组成部分。任何跨国公司考虑进入一个新兴的市场,都要先了解东道国的基本情况及该国家的政治意识形态。为了规避和防范各种政治风险,跨国公司需要回答这样的问题:

(1) 这个国家是民主的还是独裁的?权力是集中在一个人的手里还是一个政党?

(2) 这个国家通常依靠自由市场还是政府管制来分配资源?预计私营部门将做多大的贡献会帮助政府实现其整体经济目标?政府是否将外国公司作为一种手段,促进或阻碍其经济目标?

(3) 该跨国公司的客户是公众还是私人部门?如果是公众,政府是不是支持国内供应商?该跨国公司的竞争对手是公众还是私人部门?如果是公众,政府将允许在公平的条件下让外国公司和公众竞争吗?

(4) 当改变其政策,政府会一意孤行还是依靠法治?

(5) 现有的政府是否稳定?如果离任,新政府的经济政策会急剧变化吗?

2. 政治风险

政权的不稳定受到内部和外部问题的困扰和动摇,如内部的分裂、反对党派的存在、民族问题、经济困难、潜在的政变因素、不规则的更迭等。政府是否有能力对付一切冲突的应变能力,是国内企业及跨国公司最为关心的。政权的稳定不仅能使外国投资者的利益得到保障,而且有利于外国投资者制定长远的投资发展规划。政权不稳定还会引起投资环境中其他构成因素的变化,进而对外国投资者产生影响。

3. 国有化风险

政治风险中最大的风险莫过于将外国企业收归国有的风险。国有化风险主要有三种:没收,是政府强迫企业交出财产企业不给任何的补偿;征用,是政府强迫企业交出财产且给出一定的补偿;国有化,是指政府将企业的财产归国有,由政府接管。一般被征管的行业是对国家的国防、国家主权、国民福利、经济增长至关重要的,如公共事业、自然资源的开采业等。随着全球化的发展,各国经济日益相互依存,贸易往来增多,为了避免国有化政策带来的报复,各国纷纷采用与当地企业及政府合作策略保护自己,因此国有化行为也正在日益减少。

4. 政策连续性

政策连续性不仅在于本届政府的政策要有稳定性和连续性,而且在于它不受政府正常选举的影响,不会因为政府的正常更迭而改变。在国际投资中,政策的连续性往往为投资者所特别关注。一国的政策连续性越强,说明该国的政治稳定性也越高,对外国投资者越有吸引力。

政府违约在发展中国家比较典型,一些发展中国家在政权更迭之后,对外资政策也会相应发生重大变化,甚至是180度的大转弯,特别是一些激进的民族主义者掌握政权之后,他们往往对于外国投资者采取敌视政策,认为外资是在掠夺他们的资源,使他们变得更加贫困。因此,他们往往会毁掉前任政府的正式承诺甚至书面合同,令外国投资者损失惨重。在欧美,政府违约现象也是可能出现的。由于执政党的更替,同样可能遭遇政府违约风险的发生。

5. 执政者的治国能力及政府部门的行政效率

执政者的治国能力反映在国家政治经济生活的各个方面,如政府对发展教育事业的重视,政府对法治建设的重视,政府能否经常有效维护社会治安,政府的社会福利和社会保障工作水平,政府处理突发事件的能力,政府在公众中保持良好形象的能力;等等。一般来说,执政者的治国能力越强,就越能保持稳定的社会政治环境。政府部门的行政效率包括行政人员的能力、所提供公共服务的质量、机构的独立性等,这些也会影响外商的投资和生产经营活动。

如果东道国政府审批手续繁杂,管理人员责权划分不清,办事互相推诿,不仅会降低政府部门的工作效率,还会给外商的生产经营活动带来额外的负担,损害政府形象,挫伤外商投资的积极性。

6. 国际关系

国际关系主要是指东道国在全球政治经济的地位及作用。包括与邻国的关系,与投资国的关系,与其他国家的关系,在国际组织中的地位及作用。一般来说,一国对外关系良好,而且与越来越多的国家交往密切,则外国投资者对该国的政治环境评价就会比较高。

二、东道国法律环境

在国际投资的诸多环境中,法律环境起着调整投资关系、解决投资纠纷、保障投资者利益、调节投资行为的重要作用。东道国对国际资本输出/输入的态度、对国内外企业的国民待遇、对外贸经营活动的限制或鼓励,都是通过一定的法律形式表现出来的。

法律环境主要是指东道国国内法律体系的完备性、法律执行的有效性、法律对待的公平性、法律体制的稳定性,有时也涉及东道国对双边和多边国际法律的承认、承诺和执行。

从本质上讲,一个国家的法律体系,包括法律和法规,它与政治制度密切相关。当跨国公司进入东道国,法律法规会在东道国通过任何一级政府影响公司的经营活力。他们必须熟悉和遵守本国法律和他们做生意的每个国家当地的法规、法律以及国际法律。

1. 反垄断法

反垄断法是政府制定的一种维护市场竞争、限制企业或个人垄断和操纵市场行为的法律。目前,世界上多数经济发达国家都制定了反垄断法,一些发展中国家也制定了有关法律。各国反垄断法的实施对企业的跨国经营产生了较大的影响。

首先,反垄断法的监察对象主要是在市场中占有较大份额的大型企业。这些企业在国内的进一步发展受到了限制,往往要走跨国经营的道路。其他国家的反垄断机构也很自然地把这类跨国经营的大型公司列为主要监控对象。

其次,各国反垄断法的内容和具体实施有很大的差别,给跨国公司的管理人员适应不同法律环境增加了难度。例如，美国的反垄断法规定了不同行业中企业能够占有的市场份额，而欧洲一些国家的反垄断法则允许企业占有大量市场份额，但在其他方面加以限制。

最后，企业跨国收购与兼并在许多国家受到有关法律的严格限制。

2. 商品进出口规定

各国政府对商品进出口贸易都制定了多种法律、法令及规章制度，如关税制度、配额制度、许可证制度、外汇管理制度、特殊的国别政策等。这些规章制度直接影响每一个跨国公司进出口的商品数量、结构和地理方向。此外，还有许多具体的规定，如商品技术标准、健康与卫生标准、包装与包装材料的规定等。例如，加拿大政府规定，进口的食品包装上必须用法文和英文两种文字标明品名、重量、所含成分、进口商及生产商的名称、地址等；美国、英国和日本政府规定，进口花生的黄曲霉素含量不能超过本国制定的标准；德国规定不允许用稻草作为商品包装材料，这类具体规定可谓多如牛毛、繁杂苛刻，不胜枚举。

所有这些有关进出口方面的法律规定，都会影响跨国公司的涉外经济活动的正常进行。

3. 税收法律

各国税收法律的不同主要体现在税收种类、税收水平、税收内容的复杂性、税收执法严厉程度等方面。例如，目前世界上像美国、德国等一些发达资本主义国家税收种类多、内容复杂、税率高、执法严厉；而一些发展中国家和小国则情况相反。

跨国公司是在母国注册的经济实体，其子公司和附属机构又分散在其他国家，这就牵涉到国家之间的税收分配关系，并由此而产生出一系列国际税收的法律问题。这些问题是一国政府单方面通过国内立法不能解决的。例如，国际税收管辖权的冲突，避免双重征税的国际协调，以及防止纳税人的国际逃税等问题，都需要国家之间的合作才能解决。目前，双边或多边的国际税收协定形式多样、内容各异。就国际双边税收协定的条款而言，其主要内容是，避免国际双边税收，消除税收差别待遇，相互合作以防国际逃税漏税，签约国主动交换税务情报等。在跨国经营中，公司必须了解和尊重有关国际税收协定的各项条款，以免因违反国际税收协定而受到惩罚。

4. 外汇管制

外汇管制是指一国政府对外汇交易实行的限制。在许多外汇短缺的国家，政府对外汇的兑换、分配和使用进行严格的管理，以影响进出口贸易和国际资本流动。例如，东道国政府不允许企业自由地获取外汇，这就会限制或阻止本国企业购买外国公司的设备和产品；又如，在东道国的子公司不能将当地货币转换为外汇，它就无法将其实现的利润返回母公司。在跨国生产经营实践中，外汇管制会给公司投资经营造成许多不便。

5. 就业法

政府机构制定法律和法规规定员工工作时间，每小时支付的最低工资、福利，以及其他一系列问题。企业也必须在最大程度上遵守这些法律，否则会支付巨额罚款。

6. 当地的法律法规

在任何一个国家，民族的利益和主权都是至高无上的，当地政府会用一些措施来体现民族主义，表现出较强的强制性，具体体现在：①当地资本股份在股份结构中占有一定比重的要求；②企业零部件或工序当地化比例要求；③限制或禁止跨国公司在某些产业或部门投资经营；④政府优先采购国货；⑤不允许子公司兼并当地企业；⑥对外籍职工人数和类别进行限制；⑦剥夺子公司的所有权或征收子公司的财产；⑧保护当地雇员的消费、劳工等权益。例如，在欧洲，企业雇用当地的员工后是不能随便解雇的，许多中国企业由于当地员工不像中国员工勤奋，雇用成本又高，所以试图解雇他们，但是却发现解雇要提出"令人信服"的理由，而且掌握"令人信服"的尺度不再是雇主，而在当地政府有关机构，解雇还要提前几个月通知，口头通知也不行。这些对企业不利的规定很多，使得被解雇的员工经常利用法律保护对企业进行诉讼，使企业付出大量的赔偿。

7. 产品责任法

许多国家都有法律规定，生产者和销售者因其产品的缺陷而造成买主（用户）的人身或财产损失，应承担赔偿责任。属于产品责任法的法规名目繁多。例如，在美国与此有关的有《联邦食品药物法》、《食品药物和化妆品法》、《玩具安全法》、《包装标签法》、《消费品安全法》等。

8. 环境保护法

保护环境的法律在发达国家比较严厉，限制较多，处罚也重，故企业在产品的设计、性能、包装、使用说明等都需要注意，以免触犯这方面的法律。例如，美国的《防污染法》要求汽车必须有防污染装置，并达到规定的排污控制标准，才能进口。欧盟各国按汽车发动机的规格来征税，所以向欧盟出口汽车时，也必须考虑这些因素。

第四节 东道国社会文化环境

文化或一个国家的社会环境决定了社会价值体系，是一个群体（国家、民族、组织等）在一定时期内形成的思想、理念、行为、风俗、习惯，以及由这一群体整体意识所产生、影响而出现的一切活动。跨国公司的经营活动会受到国家、民族、组织文化差异的影响。反过来也会影响跨国公司海外战略的实施。同时，跨国公司对其经营范围内涉及的文化也有着巨大的影响。当他们提高当地生活水平和引进之前完全没有的新产品和服务时，身处当地文化中的人们便会制定新的规范、标准和行为。这些改变大多是积极的，如引入安全设备和机械，更好的医疗保健和医药，纯净和更卫生的食品。理解文化差异对于在任一个市场取得成功都是十分重要的，更不用说面对世界经济舞台。

一、社会文化环境

社会文化环境决定了经营公司应遵循的行为规范。如果经营公司遵循不道德的行为准则,那么社会团体(如工会或消费者协会)将会进行干预。例如,如果公司不支付合理的工资,非法交易或掺假,消费者协会和各种政府机构将采取行动抵制经营。

1. 习俗

当和来自异国的人们做生意时,需要考虑到可能会出现的文化差异。这包括基本的风俗、言谈举止和手势。例如,如果一个销售人员知道客户的文化背景,那么他的言语、肢体语言和行为都可以更加适应迎合那些客户。反过来说,可能使自己更被客户所青睐,最终增加销售人员促成订单的概率。

2. 价值

价值是个人或社会群体以文化的角度来评估行动及其后果的原则和标准。它们影响人们的感知并产生强烈的情感冲击,在不同的文化、价值观中的变化更为显著。一个人的行为在某一个文化是恰当的,在另一种文化中可能是错误的。因此,在一个特定社会中理解主流的价值观念以及日常行为是十分重要的。价值观影响着人们愿意承担风险的程度、领导风格和上级下级关系,引导着人们的生活方式和决策的制定。

3. 态度

态度作为一种心理现象,既是指人们的内在体验,又包括人们的行为倾向。一般而言,态度是潜在的,主要是通过人们的言论、表情和行为来反映的。人们的态度对象也是多种多样,诸如人物、事件、国家、集团、制度、观念等。人们对这些态度对象,有的表示接受或赞成,有的表示拒绝或反对,这种在心理上表现出来的接受、赞成、拒绝和反对等评价倾向就是态度。因此,态度又可以看成是一种心理上的准备状态,这种准备状态支配着人们对观察、记忆、思维的选择,也决定着人们听到什么、看到什么、想些什么和做些什么。

4. 文化

文化可以被定义为信仰、规则、技术、体系和艺术的总和,描述人类种群或群体思维。

由于历史和环境的原因,世界各国都有其区别于别国的独特社会、文化背景,并且国与国之间因经济发展水平不同、宗教信仰不同、风情习俗不同,差异会很大。这些差异必然影响东道国政府、各级组织、居民对跨国公司的态度。跨国公司必须因地制宜,随时调整公司的经营战略、组织结构、管理方式和企业文化,以适应东道国的社会文化习惯,从而取得良好的投资收益,这也是诸多跨国公司选择本土化经营的最直接原因之一。文化环境涉及的范围更广,对跨国公司而言更不容易掌握,因此,需要跨国公司付出更多的努力以分析和适应东道国的社会环境。

【专栏 2-1】　　　　　　德国和日本的一些商业规矩

　　在德国和日本，商业规矩比美国更为正式，具体体现在暗色西服的保守穿着和正规礼貌交往时的准时。人们几乎很少直呼其名，德国人喜欢表示尊敬的头衔（例如博士先生），日本人喜欢用接尾语"Sam"，如 Tanaka-Sam，作为一种礼貌的问候方式。

　　日本人喜欢得到名片。在日本互换名片是最基本的，日本人用名片作为自我介绍的一种方式。名片有助于将一个人摆到一个合适的位置，可以表明所在公司的声望以及其在公司的职位。日本人可以端详你和你的名片好几分钟，而不进行任何交流，许多西方人发现这种利用时间方式令人感到不安并怀疑发生什么问题。

　　德国人将商务和家庭生活区分开来，他们很少在下午5点以后谈生意。相比之下，日本人的工作时间将持续到日落及更晚的时间，与同事或商业伙伴一起吃喝会持续到晚上10点或11点。由于这种文化习惯，如果作为公司管理者的丈夫每天下午6点准时回家的话，他们的妻子就会很没有面子，因为这意味着其丈夫被其他同事所抛弃。在日本，人们希望在工作之后得到娱乐，在仪式化饮酒中，办公室里的正规就会被打破，因为日本人认为这是在休息时间里真正认识你的一种方式。然而，第二天早上9点，一切都将恢复正规。

　　资料来源：潘素昆.跨国公司经营与管理 [M].北京：中国发展出版社，2009.

二、霍夫斯坦德的文化层次理论

1. 霍夫斯坦德的文化层次理论内容

　　使用最广泛的民族文化分类方法是由吉尔特·霍夫斯坦德（Geert Hofstede）提出的，他是荷兰社会心理学家和管理学者。所用的数据来自在1967年至1973年之间的IBM员工调查，来自对50多个文化相关的文化价值大小进行的调查。通过分析超过11600名IBM员工的答复，了解了他们的工作以及工作环境，总结了他们在文化上的五个方面差异：权力距离、个人主义/集体主义、不确定性规避、男性度与女性度、长期取向与短期取向（详细论述见本书第五章）。

2. 霍夫斯坦德的文化层次影响跨国公司对外投资模式

　　跨国公司在选择投资目的地时除了对构成区位优势的传统因素加以考虑之外，文化和文化相似性在决定对外投资结构和范围时的影响越来越大，甚至成为比市场规模、关税、成长性等更需要优先考虑的因素。按照交易成本交易理论，更大的文化差距导致更大的交易成本是由于文化的差异增加了信息交流的成本和能力与技术转移的困难。在一个文化差异较大的国家进行投资时，管理者很难以一种有效的管理方式来处理这些差异，而且处于不同文化背景下的当地员工是否能够接受母公司的管理层所带来的变革存在很大的不确定性，公司可能会遭受不必要的管理成本增加。因此，众多学者根据霍夫斯坦德的文化层框架分析做了许多外国投资流动的研究，特别是进入海外市场模式的研究。

跨国公司直接投资模式大致分为新建（绿地）模式和收购模式。按照西方主流经济学家的观点，跨国公司在对他国市场进行投资时，文化差异是国家层次所面临的最大风险，如果东道国与母国文化差异小，公司在投资进入时可以采用绿地方式使公司特有优势最大化。相反，则应该采取收购方式来减少风险；或者说当东道国与母国文化差距较小时，绿地投资是一种更好的方式。如果东道国文化趋向于高不确定性规避型时，收购模式对直接投资方的吸引力越小。这是因为在一个高不确定性规避型社会中，如果采用收购方式进行投资，管理者将会发现很难找到一种有效方式处理与被收购企业之间的文化差异，而且这一文化传统下的员工很少有人会愿意接受变革，从而导致公司在改变管理方式时面临过高的成本。所以高不确定性规避型的社会选择绿地投资更好。又如，在高权力距离文化下国有企业更喜欢子公司和合资公司股权进入模式，而在高不确定性规避下国有企业偏好的合同协议及出口进入模式。最近各种研究分析关于文化层次对进入模式的影响，由于各国之间的文化距离的增加，选择一个合资企业收购的趋势也在增加。此外，由于文化距离的增加，日本企业更倾向于通过共享所有权，选择绿色投资或全资附属公司；选择在授权合资公司或独资子公司的倾向增大；选择在新建收购的倾向增加；相比全资子公司、合资或技术授权，特许经营选择管理服务合同的趋势增加。

【专栏 2-2】　　　　　　　　**新兴市场的独特思考**

在全球经济形势下，中国和印度对未来十年内世界经济的走势有着重大的影响力，尤其是像他们这样的新兴市场的崛起。

在向亚洲国家处理和销售产品时，最明显的一个影响因素是"面子"问题，中国的企业文化是建立在个人的社会地位和声誉的基础之上。不论做任何事情，中国人认为有失身份的招待和无视地位等级的差异等同于当面指责他们，他们认为这是丢脸的。各种条款的使用不当或造成尴尬不安的社会问题将会扼杀市场营销发展的势头。

另外，由于中国人高度重视传统习惯和历史，导致了各个企业积极模仿一些公司的历史和声誉来试图占领他们的市场。

印度的集体文化生活方式已经延续了数百年。印度社会的等级制度是极为重要的，与此同时，现存的制度又面临着违法的质疑。在商界信德人、马尔瓦尔人、Gujratis 主宰着商业地产，其中很多是建立在家庭价值观和理想的基础之上的。

宗教信仰在印度社会发挥了重要的作用。宗教影响他们生活的方方面面，包括他们对营销复制的回应和反应。对于许多印度人而言，诱导式的销售技巧是粗鲁的，他们更愿意接受有教育意义的、具有真诚的情感和详细数据的销售。

资料来源：朱北仲.跨国公司管理 [M].北京：清华大学出版社，2011.

3. 文化冲突的不良后果

总体看来，对世界上大多数管理者而言，管理与其说是一门科学，不如说是一门艺术，真正有效的管理是根据当时当地的情况而进行管理，国际企业组织的管理更是如此。事实上，管理不是处理具体的东西，而是处理对人有意义的"信号"。这种信号是在家庭、学校、社会等文化背景下形成的，因此文化渗透于管理和组织的全过程。在一个具体的跨国公司组织中，产生文化冲突的原因主要有：种族优越感、不恰当地运用管理习惯、不同的感性认识、沟通误会、文化态度等。如果一位跨国公司中的经理自认为自己的文化价值体系优越，坚持用以自我为中心的管理观对待与自己不同文化价值体系的员工，必然会导致管理失败，甚至遭到抵制，这类例子在中国的外资企业中并不鲜见。不同的文化背景、语言与习俗，会形成不同的文化态度和感性认识，还会造成沟通上的误会。

从跨国公司管理实践来看，文化冲突的形成原因是跨国公司经理人员对不同文化背景重视不够和认识不到位所造成的。在跨国经营的过程中，必须认真重视和客观对待不同文化背景，否则必然发生文化冲突，而且文化冲突又导致文化困惑，文化困惑又加剧文化冲突，二者的交互影响，会出现以下不良结果：

（1）极度保守。文化冲突影响了跨国公司经理与当地员工的和谐关系，经理们也许只能按照呆板的规章制度控制公司的运行，对员工更加疏远；与此同时，员工则对工作变得不思进取，经理的行动计划实施起来也十分艰难，结果双方都不会有所作为。

（2）沟通中断。当经理与职工的距离大到一定程度，自下而上的沟通便自然中断，结果经理人员无法了解实情，双方在不同的方向上越走越远。

（3）非理性反应。经理人员如不能正确对待文化冲突，就会凭感情用事。这种非理性的态度很容易引起员工非理性的报复，结果误会越多，矛盾越深，对立与冲突更趋剧烈。

（4）怀恨心理。对于发生的冲突，冲突双方如不耐心地从彼此的文化背景中寻求文化"共识"，而一味抱怨对方的鲁莽或保守，结果只会造成普遍的怀恨心理。

跨国公司经营由于处在不同"文化边际域"所产生的文化冲突中，对一个渴望实现成功经营的跨国公司来说，无疑是巨大的挑战，如未有效地管理，还会造成跨国公司市场机会的损失和组织结构的低效率。在内部管理上，由于人们之间不同的价值观、不同的生活目标和行为规范，必将导致管理费用的增大，增大跨国公司目标整合与实施的难度，增加其管理运行的成本。在外部经营上，由于语言、习惯、价值等文化差异使得经营环境更加复杂，从而加大市场经营的难度。

第五节 东道国技术环境

一个国家商业的发展对技术的发展影响巨大。技术的采用决定了商品的种类和质量、服务的产生及其类型，以及厂房设备的使用情况等。技术环境也影响跨国公司投资方面的技术、技术的系统应用和技术在市场上的优劣。自动化和信息技术的进步，对未来的组织团体提出了挑战。

一、技术因素

技术因素应该从技术的进步和国内市场的潜力考虑。这些因素有可能降低进入市场的壁垒，降低高成本的产成品水平并影响外包决策。政府和企业关注科技的研发、科技的自动化、技术的政策支持、技术的革新、全球通信、获得技术许可——专利、能源使用和成本、政府支出等方面。

【专栏 2-3】 **科技与全球媒体**

卫星、计算机和互联网技术的出现已经改变全球通信，促进了国家、企业和个人之间的信息流通。在国家层面，使他们的公民不受外界的影响已经变得日益困难，并且全世界的消费者已经开始享受到国际市场带来的好处。公司现已拥有卓越的能力来协调在市场上的活动、产品以及策略，并且个人已经不断地获得新思想、理念、产品和生活方式。但是必须注意在国际商务中有许多传统的障碍如识字、语言问题等仍然影响到国家间电子商务的发展。

资料来源：赵春明. 跨国公司与国际直接投资［M］. 北京：机械工业出版社，2012.

---

1. 技术改革的速度

技术的速度可以定义为生产力的变化引起的生产技术的变化。阿尔文·托夫勒（Alvin Toffler）用"未来的震荡"来形容技术变化所引起的巨大冲击。几个世纪以来，特别是在过去短短的数十年间，技术创新速度一日千里。技术改革速度的加快给跨国公司带来了机会，又造成了威胁。跨国公司寻找和利用新的技术，以满足新的需要，是机会；新技术出现使公司原有产品变得陈旧，丧失竞争优势，是威胁。

2. 生产力

生产力是每一家公司想达到一定效率的生产力水平。这也导致在规模经济中公司变得更有竞争力。当然，公司可以通过一个受过良好教育的劳动力来帮助达到这一效率水平。

3. 研究和开发活动

跨国公司对一个发现做出选择并且有意行为，这不仅可以涉及新产品的开发或程序开发，或是对现有的产品或工艺的改进。研究和发展是通过开发新的产品或过程改进实现的，是扩大其业务及体验未来增长的手段之一。

4. 创新的产品和服务

创新通常是指更新、更改或创建更有效的流程、产品或做事的方式。对于跨国公司而言，这意味着实施新的想法、创建动态产品或提高现有的服务。创新可以推动成功业务的增长，帮助其在市场上的成长与适应。创新并非专指发明创新，同样可以认为是改变商业模式和适应新的环境，提供更好的产品与服务。成功的创新应该建立在业务战略和发展战略上，创造一种环境，导致创新思维和创造性的解决问题。

二、东道国技术环境对跨国公司决策的影响

技术优势在跨国公司经营竞争中处于至关重要的地位。

跨国公司的研发是指为获得新技术成果（新技术、新产品、新工艺、新材料等）或对原有技术成果实施改造而进行的研究与开发活动，包括从新事物的构思到它全面商业化之间的所有过程。具体来说，包括技术创意、技术产品概念、市场定位、研发组织管理、技术产品制造和投放市场六个方面。技术创新活动及由此形成的技术优势在跨国公司经营活动中具有重要地位。东道国的技术水平决定了跨国公司的技术创新和技术在生产中的应用和扩散。

第六节 环境分析的评价方法

任何一个海外经营项目的决策都必须将项目本身与目标国家的经营环境联系起来作分析。投资环境评估的结论是外国投资者制定投资战略、选择投资国别、确定投资规模和选择投资方式的重要依据。具体评估方法很多，这里介绍比较有代表性的方法。

一、"冷热国"分析法

1968年，美国经济学家I.A.里特瓦克（I.A.Litvak）和P.M.庞丁（P.M.Banting）根据从美国、加拿大、埃及和南非等国大批工商界人士那里搜集到的大量有关影响海外经营活动因素的资料，通过归纳分析，从中选出了影响外资企业经营的七项主要因素，并据此判定一国的经营环境。他们认为，各国经营环境有"冷"与"热"之分，而一国经营环境的"冷""热"程度则取决于该国七项因素的"冷""热"情况。他们还站在美国对外投资者的立场上，对10个国家经营环境的"冷""热"情况进行了评价。七大因素为：

（1）政治稳定性。这是指东道国有一个由社会各阶层代表所组成的，为广大群众所拥护的政府。当该国政局稳定、政府得民心、鼓励私人经营时，此因素则为"热"因素。

（2）市场机会。当东道国市场容量大、顾客购买力强并欢迎本公司产品或劳务时，该因素为"热"因素。

（3）经济发展水平与成就。当东道国经济发展速度较快、效率高时，该因素为"热"因素。

（4）文化一元化程度。当投资国与东道国文化差异小，各阶层所信奉的哲学、人生观与目标、消费习惯与产品偏好等方面接近时该因素为"热"因素。

（5）法律阻碍。东道国法律繁杂、对外资有限制性条款时，该因素为"冷"因素。

第二章 跨国公司的经营环境

（6）自然阻碍东道国的自然条件。地形、地理位置等，往往会对企业的有效记忆感产生障碍。若阻碍较大，则此因素为"冷"因素。

（7）地理和文化的差距。当东道国与投资国两国距离远，文化差异、社会观点差异和语言差异大时，此因素为"冷"因素。

在上述七项因素中，东道国的投资环境越好（即越"热"），外国投资者越倾向于在该国投资。在这七项因素中，前四项的程度大，称为"热"环境，而后三项因素则相反，其程度大，称为"冷"环境，中等程度为中。即当政治稳定、市场机会大、经济增长较快并且稳定、文化统一、法律阻碍少、自然阻碍少、地理和文化差距不大时，它们就是有利于投资的"热"环境，具有这些条件的国家即为"热国"；反之即为"冷国"。

表 2-1 是里特瓦克和庞丁根据当时部分国家七项因素的"冷""热"情况，站在美国投资者的立场对各国经营环境的优劣进行的排序，其中加拿大最佳，埃及最次，日本居第四位。由于母国与东道国之间的地理和文化的差距是影响经营环境优劣的因素之一，并且不同行业不同企业投资者的眼光存在差异，因而对于同一东道国，不同国家企业所评价的结果会有出入。同一母国内不同行业不同企业的评估结论也可能不一致，例如，就德国与新加坡而言，美国企业可能认为德国的环境较佳，而日本企业可能认为新加坡优于德国。

表 2-1 美国企业对部分国家经营环境的冷热评价

国别		政治稳定性	市场机会	经济发展水平与成就	文化一元化	法律阻碍	自然阻碍	地理文化差距
加拿大	热	大	大	大			小	小
					中		中	
	冷							
英国	热	大	大	大	大		小	
						中		中
	冷							
日本	热	大	大	大	大		中	
	冷					大		大
希腊	热					小		
			中	中	中			
	冷	小					大	大
西班牙	热					小		
			中	中	中	中		
	冷	小					大	大
巴西	热							
			中		中			
	冷	小		小		大	大	大

续表

国别		政治稳定性	市场机会	经济发展水平与成就	文化一元化	法律阻碍	自然阻碍	地理文化差距
南非	热							
			中	中		中		
	冷	小			小		大	大
印度	热							
			中	中		中		
	冷			小		大	大	大
埃及	热							
					中			
	冷	小	小	小		大	大	大

资料来源：李尔华.跨国公司经营与管理（第2版）[M].北京：清华大学出版社，2011.

二、多因素等级评分法

多因素等级评分法是由美国学者罗伯特·斯托鲍夫在1969年提出的。他认为，投资环境中各个因素对投资的影响程度不同，不能等同看待。多因素等级评分强调微观因素，并将各个因素数量化，以便于决策人员进行评估。这种方法的基本思路是，把影响国际投资环境的重要因素列举出来，以表格的方式逐级评分，并以累计评分的多少来评估投资环境。首先根据不同因素的作用确定其等级评分；其次再按每一个因素中有利和不利程度给予不同的评分；最后把所有因素的等级总分加总作为对投资环境的总体评价。总分越高表示投资环境越好；反之表示投资环境越差。多因素等级评分法根据八大因素各自在投资环境中作用的大小确定不同分数，使得投资者很容易对不同的投资环境进行较合理的评估，可以择其优者投资，如表2-2所示。

表2-2 多因素等级评分法

投资环境因素	等级评分
一、资本外调	0~12分
1. 无限制	12
2. 只有时间上的限制	8
3. 对资本有限制	6
4. 对资本和利润收入都有限制	4
5. 严格限制	2
6. 完全不准外调	0
二、外商股权	0~12分
1. 准许并欢迎全部外资股权	12
2. 准许全部外资股权但不欢迎	10
3. 准许外资占大部股权	8
4. 外资最多不得超过股权半数	6
5. 只准外资占小部分股权	4
6. 外资不得超过股权的三成	2
7. 不准外资控制任何股权	0

续表

投资环境因素	等级评分
三、歧视和管制	0~12 分
1. 外商与本国企业一视同仁	12
2. 对外商略有限制但无管制	10
3. 对外商有少许管制	8
4. 对外商有限制并有管制	6
5. 对外商有限制并严加管制	5
6. 对外商严格限制和严格管制	2
7. 禁止外商投资	0
四、货币稳定性	4~20 分
1. 完全自由兑换	20
2. 黑市与官价差距小于一成	18
3. 黑市与官价差距在一成与四成之间	14
4. 黑市与官价差距在四成与一倍之间	8
5. 黑市与官价差距在一倍以上	4
五、政治稳定性	0~12 分
1. 长期稳定	12
2. 稳定但因人而治	10
3. 内部分裂但政府掌权	8
4. 国内外有强大的反对力量	4
5. 有政变和激变的可能	2
6. 不稳定，政变和激变极可能	0
六、给予关税保护的意愿	2~8 分
1. 给予充分保护	8
2. 给予相当保护，以新工业为主	6
3. 给予少许保护，以新工业为主	4
4. 保护甚少或不予保护	2
七、当地资金的可供程度	0~10 分
1. 完善的资本市场，有公开的证券交易所	10
2. 有少量当地资本，有投机性证券交易所	8
3. 当地资本少，外来资本不多	6
4. 短期资本极其有限	4
5. 资本管制很严	2
6. 高度的资本外流	0
八、近五年的通货膨胀率	2~14 分
1. 小于 1%	14
2. 1%~3%	12
3. 3%~7%	10
4. 7%~10%	8
5. 10%~15%	6
6. 15%~35%	4
7. 35%以上	2
总　　计	8~100 分

资料来源：李尔华. 跨国公司经营与管理（第 2 版）[M]. 北京：清华大学出版社，2011.

从斯托鲍夫提出的这种投资环境多因素分析法的表格中可以看出，其所选取的因素都是对投资环境有直接影响的、为投资决策者最关切的因素，同时又都具有较为具体的内容，评价时所需的资料易于取得又易于比较。在对具体环境的评价上，采用了简单累加记分的方法，使定性分析具有了一定的数量化内容，同时又不需要高深的数理知识，简单易行，一般的投资者都可以采用。在各项因素的分值确定方面，采取了区别对待的原则，在一定程度上体现出了不同因素对投资环境作用的差异，反映了投资者对投资环境的一般看法。

多因素分析法由于具有定量分析和对不同因素的详细分析等优点，深为投资决策者和学术研究界所欢迎，是运用较普遍的一种投资环境评价方法。

三、动态分析法

上述环境评估方法主要偏重于对东道国现实环境状况的静态考察，而经营环境等多项因素却并不是固定不变的，考虑到项目的长期性，环境因素变化对于项目计划执行的影响更为重要。当然，不同环境因素的易变程度有很大的差异。根据各项因素的易变状况，环境各项因素可大致分为三类：相对恒定的自然因素、中期可变的人为自然因素和短期可变的人为因素。

（1）相对恒定的自然因素。这包括自然资源、人力资源、地理条件等。

（2）中期可变的人为自然因素。这包括经济增长率、经济结构、劳动生产率等。

（3）短期可变的人为因素。这包括开放进程、投资刺激、政策连续性等。

美国道氏化学（Dow Chemical）公司制定了一套适合考察经营环境现实状态及其未来趋势的经营环境动态分析方法，其基本做法是（见表2-3）：

第一，确认影响本项目的各项经营条件，这些条件构成项目的竞争风险；

第二，分析东道国影响以下各项经营条件变化的各种压力，这些压力构成项目的环境风险；

第三，在以上两步工作的基础上确认影响本项目的关键因素；

第四，提出多套预测方案。

道氏化学公司认为，环境评估的目的是要通过对有关因素的估价来提高决策的准确性，以排除环境风险可能造成的损失，并确认东道国具备合适的竞争风险（表2-3第一列中的"企业经营条件"）。此条件不因环境风险（第二列中的"引起变化的主要压力"）而朝不利于企业的方向变化，竞争风险的存在正是跨国公司发挥其优势的必要前提与自然环境，这种自然环境有自己的发展趋势和"周期因素"，企业力图寻找这种趋势并假设它会继续下去，一旦来自第二列中的压力使竞争环境中断，跨国公司的优势便会受到威胁。

道氏化学公司认为，投资者在国外投资所面临的风险分为两类：其一是正常企业风险或称竞争风险。例如，自己的竞争对手也许会生产出一种性能更好或价格更低的产品。这类风险存在于任何基本稳定的企业环境之中，它们是商品经济运行的必然结果。其二是环境风险，即某些可以使企业所处环境本身发生变化的政治、经济及社会因素。这类因素往往会改变企业经营所遵循的规则和采取的方式，对投资者来说，这些变化的影响往往是不确定的，既可能是有利的，也可能是不利的。

表2-3 道氏公司投资环境动态分析法

企业经营条件	引起变化的主要压力	有利因素和假设的汇总	预测方案
评估以下因素： (1) 实际经济增长率 (2) 能否获得当地资产 (3) 价格控制 (4) 基础设施 (5) 利润汇出规定 (6) 再投资自由 (7) 劳动力技术水平 (8) 劳动力稳定 (9) 投资刺激 (10) 对外国人态度	评估以下因素： (1) 国际收支结构及趋势 (2) 被外界冲击时易受损害的程度 (3) 经济增长相对于预期 (4) 舆论界领袖观点的变化 (5) 领导层的稳定性 (6) 与邻国的关系 (7) 恐怖主义 (8) 经济和社会进步的平衡 (9) 人口构成和人口趋势 (10) 对外国人和外国投资的态度	对前两项进行评价后，从中挑出8~10个在某个国家的某个项目能获得成功的关键因素（这些关键因素将成为不断查核的指数或继续作为国家评估的基础）	提出4套国家/项目预测方案： (1) 未来7年中关键因素造成的"最可能"方案 (2) 如果情况比预期的好，会好多少 (3) 如果情况比预期的糟，会有多糟 (4) 会使公司"遭难"的方案

资料来源：闫定军，周德魁，刘良云.国际投资[M].北京：清华大学出版社，2005.

四、成本比较分析法

成本比较分析法是西方常用的评价方法。这一方法把投资环境的因素均折合为数字作为成本的构成，然后得出是否适合于投资的决策。对此，英国经济学家拉格曼（Alan M. Rugman）通过深入的研究，提出了"拉格曼公式"。拉氏认为，将各种投资环境因素作为成本构成代入，可能会出现三大类情况：

(1) 若 $C + M' < C' + A'$，便选择出口，因为出口比对外直接投资有利；若 $C + M' < C' + D'$，便选择出口，因为出口比转让许可证有利。

(2) 若 $C' + A' < C + M'$，便建立子公司，因为直接投资比出口有利；若 $C' + A' < C' + D'$，便建立子公司，因为对外直接投资比转让许可证有利。

(3) 若 $C' + D' < C' + A'$，便转让许可证，因为转让许可证比对外直接投资有利；若 $C' + D' < C + M'$，便转让许可证，因为转让许可证比出口有利。

其中，C：本国国内生产正常成本；C'：东道国生产正常成本；M'：出口销售成本（包括运输、保险和关税等）；D'：各种风险成本（包括泄露和仿制等）；A'：国外经营的附加成本。成本分析法不仅综合了各种因素所造成的成本，而且把它和参加国际市场的三种形式结合起来，是西方投资者经常采用的评价方法。以上三类情况，第二类为最佳投资决策。

本章小结

1. 当跨国公司面对更多的政府监管和调控时，必须调整自己的政治制度体系。政府和公众认为外国公司是一个入侵者，并怀疑他们会对政治主权和经济的独立产生影响。影响国际业务的法律、政治是法律法规、政治风险和政治的不稳定。

2. 经济环境是指所有对业务运作产生影响的因素，包括工资水平、信贷趋势和定价模式，而这些因素都会对消费者的购买习惯和购买力产生影响。

3. 制定和实施跨国公司营销策略时，要重点考虑社会和文化因素，这两个因素相互联系，并且任何一个因素的不同都会影响消费者和购买者的决定。基本上，影响社会和文化因素的是风俗、生活方式和价值观。更具体地说，文化方面包括美学、教育、语言、法律和政治、宗教、社会组织、技术和物质文化、价值观和人生态度；社会因素包括社会中的参照群体、家庭、社会角色和社会地位。

4. 现代技术促进了跨国公司的业务活动水平。交通和通信技术的极大进步是需求的有效性和快速交易的润滑剂。

课后练习题

一、简答题
1. 简述政治法律环境对跨国公司投资决策的影响。
2. 简述文化冲突对跨国公司经营的冲击。
3. 简述是成本比较法。

二、论述题
1. 论述国际宏观经济环境对跨国公司的影响。
2. 选择一家中国跨国企业的 FDI 案例，对该公司 FDI 的可行性、东道国环境以及投资风险管理进行分析。

三、案例分析题

利比亚的乱局

1. 利比亚概况

地处非洲的利比亚位于地中海南岸，与埃及、苏丹、阿尔及利亚和突尼斯等国相连，战略位置非常重要，是中东石油运输到西欧、美国的必经之路。曾经是欧洲各国重要的贸易伙伴。历史上利比亚曾先后沦为意大利、英国、法国等国的殖民地，直到 1951 年 12 月利比亚宣告独立，成立利比亚联合王国。1969 年 9 月，由卡扎菲领导的自由军官组织发动军事政变，成立以卡扎菲为首的革命指挥委员会，行使国家最高权力，并宣布建立阿拉伯利比亚共和国。1977 年 3 月 2 日，卡扎菲发表人民权利宣言，取消各阶级政府，建立各级人民代表大会和人民委员会，同时在全国范围内普遍建立各级革命委员会。

利比亚称得上是非洲最发达的国家之一。它是北非重要的石油生产国，石油是它的经济命脉和主要支柱。在外交上，利比亚奉行反帝、反殖、反霸、反对种族歧视和不结盟政策，维护民族独立和国家主权，主张阿拉伯统一，与非洲伊斯兰国家加强合作，和社会主义国际发展关系，支持民族解放运动。根据世界货币基金组织

(IMF)的统计报告,2010年利比亚的石油产业占其出口额的95%,是其国内生产总值的1/4。作为非洲石油储量最大的国家,利比亚的人均GDP将近15000美元,在世界各国的排名中较高,利比亚的主权财富基金据说达到了600亿~700亿美元的规模。

40余年来,性格刚强和怪异的卡扎菲在内外事务方面都表现出了他的强硬。比如,他多次提出但无果而终的与埃及、突尼斯、叙利亚的合并,多次出兵乍得等。1988年12月21日,美国泛美航空103号班机在苏格兰边境小镇洛克比(Lockerbie)上空爆炸,270人罹难。这次炸弹袭击被视为一次对美国象征性的袭击。经过严密的侦查,利比亚阿拉伯航空公司的前保安主管阿普杜拉·巴塞特·阿里·迈格拉希和他的助手阿明·哈里法·费希迈于1991年被指控参与了袭击。为迫使利比亚交出嫌疑人,联合国安理会曾多次通过决议,对利比亚实施包括空中封锁、武器禁运和外交制裁等一系列制裁。1998年,利比亚政府被迫做出让步,同意交出嫌犯,条件是必须在中立国受审。1999年嫌犯移交苏格兰,法庭于2001年1月31日裁决迈格拉希罪名成立,被判终身监禁,后来将刑期改为27年,费希迈被判罪名不成立,返回利比亚。2003年8月,利比亚与美英达成协议,同意对洛克比事件遇难者家属支付总额约27亿美元的赔偿。同年9月12日,联合国安理会以13票赞成、2票弃权的表决结果通过第1506号决议,决定解除联合国因1988年洛克比空难和1989年法国联航空难事件而对利比亚实施的长达11年的制裁。2009年8月20日英国苏格兰司法部门宣布,因身体原因,提前释放阿普杜勒·迈格拉希,利比亚领导人卡扎菲派出自己的私人专机迎接迈格拉希回国。20日晚,当迈格拉希乘坐的专机抵达利比亚首都的黎波里时,卡扎菲的儿子赛义夫·卡扎菲走上飞机旋梯与迈格拉希紧紧拥抱,早已等候在那里的利比亚民众即刻陷入了一片狂欢。他们手持迈格拉希的照片以及利比亚和苏格兰的"旗帜"欢呼胜利,迎接"英雄"归来。

2. 利比亚乱局

虽然利比亚倚仗着石油获取了巨大的财富,但利比亚的政府部门等工作机会一直控制在以卡扎菲家族为首的基于的黎波里的贝尼·希拉尔(Beni Hilal)部族手中,普通百姓的生活并不富裕。而由于利比亚较为特殊的历史文化传统和现实社会结构,卡扎菲执政以来,部族是利比亚仅存的社会组织结构,其他各类社会组织,包括工会等都被取缔。在卡扎菲统治的40余年中,强力地压制了其他部族的发展,特别是人数众多的、以东部城市昔兰尼加为主要据点的另一大部族贝尼·萨利姆(Beni Salim)的发展。利比亚长期以来根深蒂固的部族矛盾在外力的触发下发展成为内战;另外一个原因是,2011年中东北非乱局一个比较突出的特点是群众对个人长期执政的厌恶,对家族政治、子承父业的严重不满。在利比亚同样如此,卡扎菲在利比亚40余年的铁腕统治和"子承父业"的接班态势增加了国内各方的不满。近年来,卡扎菲培养他的儿子赛义夫·卡扎菲接班的态势非常明显,赛义夫·卡扎菲已经担负起领导国家的责任,老百姓纷纷寻求改变。此次利比亚的乱局,直接的触点是突尼斯和埃及的群众运动取得进展,激发了利比亚反对派的斗争热情。在各方反对力量的号召下,2011年2月16日,大批群众走向街头,向卡扎菲政权发起挑战。此外,由于卡扎菲长期以来采取的特立独行,在周边特别是阿拉伯世界树敌太多,难以得到有效援助,使得国内抗议活动进一步扩展蔓延。最后,国外势力对反对派的支持使得内战最终爆发。3月10日,法国率先宣布承认利比亚反对派成立的全国委员会。3月17日联合国通过在利比亚设立禁飞区的决议,3月19日法国首先对利比亚进行空袭。深夜美国实施"奥德赛黎明"行动,位于地中海的导弹驱逐舰巴里号向利比亚发射战斧式巡航导弹,美军在这次行动共发射了110多枚战斧导弹,最初由利比亚本国人民引发的利比亚骚乱,经过一个多月的演变,此时已变成了法、英、美主导的多国部队与利比亚的一场战争。

3. 中国企业的大撤离

利比亚是中国对外承包工程业务的重要市场之一,多家中国央企参与了建设,主要集中在房屋建设、配套市政、铁路建设、石油和电信领域。据不完全统计,中国央企在利比亚的对外承包工程有:中国铁道建筑工程总公司在利比亚有3个工程总承包项目,分别是沿海铁路及延长线(的黎波里—苏尔特)、南北铁路(黑谢—塞卜哈)和西线铁路(的黎波里—加迪尔角);中国建筑工程总公司在利比亚的在建工程均为政府国民住宅项目,工程规模为2万套,中国葛洲坝集团公司在利比亚有7300套房建工程施工项目;中国十五冶金建设有限公司在利比亚承建了FWAM水泥厂和NALOUT水泥厂两个工程项目;中国建筑材料集团有限公司旗下的中建材国际装备有限公司在利比亚签署了日产4600吨熟料水泥厂土建和安装合同;中国冶金科工集团下属子公司中国一冶集团有限公司在利比亚有2个工程承包项目,分别为EAST MELITA地区5000套单元住宅和配套服务设施EPC(Engineer, Producer, Construct首字母缩写,其中文含义是对一个工程负责进行"设计、采购、施工")工程总承包项目、米苏拉塔水泥厂生产线一期土建工程项目;中国石油天然气集团下属的中石油宣布暂停在利比亚的开采活动,近400名员工全部撤离,设备封存;中国水利水电建设集团公司在建项目6个。大约有3万多名中国企业的员工在利比亚的各个工地上工作。

在利比亚局势出现剧烈动荡后,为保护中国央企的员工和其他中国公民,中国国务院国有资产监督管理委员会(以下简称"国资委")于2011年2月22日成立应急小组组织央企员工撤离,这也是迄今为止中国央企历史上最大的一次海外撤离行动。国资委在利比亚成立了4个分区指挥中心,分别由中国建筑、中交集团、中国水电和葛洲坝集团负责。撤离主要通过海路和航空两线同时并进。在了解到利比亚东部班加西有13000多名受困中国公民从海上撤离后,中远集团迅速在附近海域集结13艘船舶,中国人民解放军在相应海域实施了护航;中国各民航航空公司,包括中国人民解放军空军都参加了撤离中国公民的行动。到3月1日,中国从利比亚撤出了外交部门掌握情况中的绝大部分在利比亚的中国公民,累计约32000人。此次撤离最终撤离中国公民36580人。有人认为,利比亚撤离创造了中国的许多历史:第一,10余天顺利撤侨35000余人,创造了历史之最;第二,海军远洋舰艇第一次穿过苏伊士运河,为撤侨舰只护航,是一项划时代的壮举;第三,空军运输机飞行机组,第一次远

第二章 跨国公司的经营环境

程投送，既是撤侨，也是实战训练和检验，功在不舍。

但据《中国经济周刊》2011年5月24日报道，中国商务部发言人目前表示，目前中国在利比亚承包的大型项目一共有50个，涉及合同的金额是188亿美元，按照当前汇率换算，计人民币1233.28亿元。《中国经济月刊》认为，这已经是天量的损失，但是这还仅仅是全部损失的一个方面，更多的损失还有待统计。在分析了种种赔偿的可能性后，《中国经济周刊》悲观地认为，不论是不可抗力还是情势变更，中国公司在此例外规则下最多只能不再继续履行合同，而不是主张对方当事人赔偿损失。投保或许能缓解战争风险，但在保险公司同为中国国有企业的情况下，问题得不到根本性的解决。还指出，中国经济因为利比亚战争遭受巨额损失，充分暴露了本国企业缺乏风险管理意识的弊病。中国当下正在从资本输入大国演进为资本输出大国。但资本输出过程中面临欧美先进国家的苛刻壁垒，中国公司不得不转向安全环境差、市场环境差且极易发生战乱的发展中国家。如果这一先天局限还不能促使我们思考确保投资安全的途径，那么近年来，中国公司在西亚、北非不断面临投资安全的威胁，在利比亚遭受的更严重的损失应该促使我们更加注重投资风险防范，确保海外投资的安全。

到了2011年6月，利比亚的战事仍在进行，卡扎菲所在的首都的黎波里已被反对派包围，反对派的组织全国委员会的代表团已于6月21日访问中国，并宣布，外国政府与卡扎菲政权签署的商务合同一概会得到承认，他们将保护中国企业在利比亚承包的工程。

资料来源：陈立敏，谭立文等. 跨国企业管理 [M]. 北京：清华大学出版社，2012.

讨论题：

1. 以小组方式进一步收集利比亚局势的信息，了解中国央企在中国政府帮助下解决问题的方法和途径，并试分析中国企业面对利比亚国家乱局可以采取哪些防范措施？

2. 试对案例中"暴露了本国企业缺乏风险管理意识弊病"这句话进行分析，你同意这个结论吗？

第三章 对外直接投资理论

本章学习要求
* 了解各种对外直接投资理论提出的背景
* 理解垄断优势理论、产品生命周期理论、内部化理论、比较优势理论以及国际生产折衷理论的精神实质
* 掌握各种理论存在的局限性
* 了解发展中国家对外直接投资理论的特点

本章主要概念

垄断优势理论　产品生命周期理论　内部化理论　小岛清边际产业理论　国际生产折衷理论　发展中国家投资理论

开篇案例　　　　为什么"耐克"公司不生产"耐克"球鞋

耐克公司于1964年由美国俄勒冈大学的长跑运动员菲尔·奈特(Phil Knight)和他的教练比尔·鲍尔曼(Bill Bowerman)合伙组建。从1958年菲尔跟鲍尔曼练长跑以来,菲尔经常对鲍尔曼教练抱怨买不到高质量的运动鞋。为了帮助菲尔出成绩,鲍尔曼教练根据长跑运动员的特点设计了一种新式球鞋,但是图纸送到美国的几家大鞋厂之后,却没有一家愿意接受试制。于是,菲尔和鲍尔曼在1964年组建了"蓝带体育用品公司",每人投资500美元,委托日本的一家鞋厂按照鲍尔曼的图纸试制了300双鞋。球鞋以希腊神话中长跑捷报胜利之神"耐克"(Nike)命名,商标图案是花35美元请一个学生设计的。最初的球鞋储存在菲尔父亲家的地下室里,每逢比赛,菲尔和鲍尔曼就带到田径场去推销。

1972年,奥运会田径预赛在美国的俄勒冈举行,菲尔和鲍尔曼说服了部分马拉松运动员穿耐克运动鞋参赛。结果,其中有四名进入了预赛前七名。菲尔和鲍尔曼趁机大做广告,耐克球鞋从此名声大振,不断发展壮大。耐克公司1994年的销售额已经达到了38亿美元,产品销往81个国家。但是耐克公司本身不制造耐克鞋。从耐克的最初发迹以来,事实上耐克公司属下只有一家规模很小的制鞋厂。绝大多数耐克鞋的生产都采取在第三世界国家合同承包,以加工返销的形式进行,然后再由耐克公司收购,独家销售。

> 耐克公司赖以成长壮大的秘密在于其产品的设计和广告营销环节。原因主要是高档球鞋行业关键环节是产品设计和营销控制，而制造环节相对简单，创造价值主要取决于新产品开发和营销组织管理。耐克球鞋在市场上主要靠其"最佳设计"和高档名牌为号召，成功地塑造和保持了耐克球鞋的高档名牌形象。
>
> 资料来源：改编自李桂芳.为什么耐克公司不生产耐克鞋？[J].管理现代化，2003（5）.

跨国公司理论是在 20 世纪 60 年代才产生的，至今已出现了多种不同的理论学派。在西方经济学领域，跨国公司理论的发展过程大致可分为两个阶段，即 20 世纪 60 年代以前的新古典国际资本流动理论阶段和 20 世纪 60 年代以来的对外直接投资理论阶段。

第一节 跨国公司理论的演变

一、新古典国际资本流动理论简述

新古典国际资本流动理论运用瑞典经济学家伊莱·赫克歇尔（Eli Filip Heckscher）和伯蒂尔·俄林（Bertil Ohlin）师生两人提出的要素禀赋理论（即 Heckscher-Ohlin Theory）来解释资本的国际资本流动。他们认为，国际资本流动的原因在于各国利率的差异，而利率的差异又取决于各国资本存量的相对充裕程度。在自由竞争条件下，资本存量相对充裕的国家利率比较低，那么肯定会发生部分资本从前者向后者的流动，这样就形成了国际资本流动。

二、20 世纪 60 年代以来的跨国公司理论

自从美国学者斯蒂芬·海默（Stephen H.Hymer）在 20 世纪 60 年代提出了垄断优势理论以后，跨国公司理论研究才真正转到对外直接投资问题上来，因而才产生真正的跨国公司理论。

从 20 世纪 60 年代到 70 年代中期，西方学者主要研究美国以及其他国家的跨国公司对外直接投资的特点与决定因素。例如，垄断优势理论和产品周期理论是典型的美国企业海外扩张理论；小岛清提出的边际产业扩张理论是用于解释日本企业对外直接投资的。在这一时期，人们在解释对外直接投资的特点与决定因素时各抒己见，在注意某些因素时又忽略了其他一些因素，因而这一时期的理论基本上都是"个论"，而算不上"通论"。到 20 世纪 70 年代中期以后，学者们开始致力于建立统一的跨国公司理论，用来说明不同国家、不同行业的跨国公司的对外直接投资行为，其中比较成功的理论有内部化理论和国际生产折衷理论。

20 世纪 60 年代以来的跨国公司理论学派较多，按其分析方法或理论依据的不同，

现行的跨国公司理论一般分为四类：①以产业组织理论为基础形成的理论，如垄断优势理论和寡占反应理论；②以贸易理论与工业区位理论为基础形成的理论，如产品周期理论和边际产业扩张理论；③以市场失效理论、交易成本理论为基础形成的理论，如市场内部化理论；④综合理论，典型的是国际生产折衷理论。

在解释对外直接投资的特点与决定因素时，尽管各学派、各学者都侧重探讨自己所熟悉的领域，因而各抒己见，然而这些理论却又都存在着一些共同的出发点。

1. 以对外直接投资为研究对象

各个学派都认为，直接投资与证券投资是完全不同的。直接投资不只是单纯的资本国际流动，同时还包含着技术、管理和其他有垄断优势的生产要素的转移。可以说，对外直接投资是将一个企业向国际转移，其目的是为了获得来自利润率差异的利益。投资者要对国外企业进行控制，使之创造最高的利润率或完成母公司的某些战略任务。

对对外直接投资问题进行研究，主要是为了弄清楚跨国公司对外直接投资的动机、条件和决定因素；弄清楚为什么它们不通过出口贸易和许可证贸易方式而选择对外直接投资；弄清楚跨国公司对外直接投资中区位选择的原理和原则。一般来说，这些问题反映着跨国公司微观运行机制。从这个意义上看，对外直接投资理论研究的任务就是要解释跨国公司从事对外直接投资的行为规律和运行机制。

2. 以市场不完全和垄断优势为理论基础

各学派都认为，对外直接投资是企业发展到一定规模，具有某些垄断优势之后而采取的海外扩张行为。由于跨国投资设厂，在海外组织生产，经营环境与母国有很大的差异，企业对东道国市场也缺乏充分的认识和了解，因此对外直接投资和海外生产经营成本较高，而且存在一定风险。在这种情况下，跨国公司之所以还愿意并发展海外直接投资，并且能够获得利益，是因为跨国公司拥有一种当地竞争者所没有的比较优势，即垄断优势。这种优势能够消除海外生产的附加成本和政治风险的不利影响。正是由于市场不完全，跨国公司垄断优势才得以维持和利用。市场不完全是一种比较符合现实的假设，对外直接投资就是为了利用来自市场不完全的机会去发挥垄断优势而牟利，同时也可以通过发挥垄断优势的影响而强化、维持市场不完全的局面。两种效果综合在一起，使对外直接投资成为跨国公司的一种最佳选择。从总体上看，各个跨国公司理论学派都是以海默的理论分析框架为出发点的，强调以直接投资为研究对象，强调垄断优势和市场不完全的影响。它们之间的区别主要表现在垄断优势的类别、利用方式、决定因素等的不同解释。

3. 跨国公司理论发展的新阶段

20世纪80年代以来，跨国公司已经成为推进世界经济一体化的最重要力量。跨国公司的发展进一步促进了跨国公司理论的创新，并出现了一系列有影响的理论流派。其中以投资发展水平理论、发展中国家跨国公司理论、投资诱发要素组合理论和战略管理理论最具代表性。

20世纪80年代美国经济学家威尔士（Louis J.Wells）用小规模技术理论，英国经济学家拉奥（Sanjaya Lall）用技术地方化理论对发展中国家企业对外投资竞争优势的来源进行解释。

20世纪90年代初，许多经济学家把研究的重点转向外部因素对跨国公司行为的影响方面，形成了具有较大影响的投资诱发要素组合理论。

20世纪90年代初，哈佛大学迈克尔·波特（Michael Porter）提出战略管理理论，该理论研究的核心是国际竞争环境与跨国公司竞争战略和组织结构之间的动态调整及相互适应的过程。

第二节 垄断优势理论

跨国公司理论的起源可追溯至美国学者史蒂芬·海默（Stephen Herbert Hymer）于1976年发表的博士论文。他是首位提出为什么会产生对外直接投资这个问题的学者，在其博士论文《国内企业的国际经营：对外直接投资的研究》中首次提出垄断优势理论。海默以市场的不完全性作为理论前提，将产业组织理论中的垄断原理用于对跨国企业行为的分析，形成了独树一帜的垄断优势理论。垄断优势理论认为，一国和国际市场的不完全性，导致了跨国企业获得垄断优势，并通过对外直接投资的方式来利用自身的垄断优势。

一、垄断优势理论主要内容

1. 市场不完全性

企业对外直接投资有利可图的必要条件是这些企业应具备东道国企业所没有的垄断优势；而跨国企业的垄断优势又源于市场的不完全性。随着众多学者在完善和扩大这一假说（包括垄断优势）的同时，海默的导师金德尔伯格（Kindleberger，1969）也抛弃了对外直接投资是发生在完全竞争市场的这一假设。

他假设：产品和生产要素市场是完全竞争市场时不可能存在直接投资；由于更加接近它们的决策中心，国内企业拥有海外企业所不具备的优势，因此海外业务难以存续。直接投资蓬勃发展一定是以有缺陷的产品或生产要素市场为基础。由于市场的不完全性，企业能够在国内市场获得垄断优势，然后利用自己独特的优势在国外投资，控制国外市场并获得利润。

他将不完全市场归结为以下几类：①商品市场的不完全：拥有商标、产品差别、销售技术以及操纵价格；②生产要素市场的不完全：专利技术，进入资本市场时的歧视以及不同的管理技巧；③内部规模经济和外部规模经济；④政府对"引进来"或"走出去"的限制。

2. 企业开展对外直接投资的两个基本条件

海默假设中的基本原则是，企业如果拥有某些特有优势，就会从事对外直接投资。这些特有优势可以是其国内竞争对手所不具备的生产技术、财务、成本、产品差异化或卓越的分销网络。据此他断言，如果有对外直接投资，那么也必定存在不完全的产品市场或生产要素市场。海默采纳贝恩1956年论文中的观点，推测由于外国公司与当地企业相比处于不利地位，因此具备这些优势是企业对外直接投资的一个必要条件。当地企业熟知当地的市场状况、商业法规与制度框架以及当地的商业习惯，而外国公司却需要花费高昂的代价才能获取这些知识。此外，由于在陌生的环境中经营本身就十分困难，因此外国企业还需要为远距离的经营活动支付额外的成本。由此，海默认为跨国公司在国外生产必须是有利可图的；与当地企业相比，外商独资企业必须具备某些企业特有优势。他强调企业间不平等的能力正是实现国际经营的一个充分条件。

3. 跨国公司的垄断优势

跨国公司拥有的各种垄断优势基本可以分为四类。

（1）来自产品市场不完全的垄断优势。如产品差异化能力、商标、销售技术和销售渠道，其他市场特殊技能以及操纵价格等。

（2）来自要素市场不完全的垄断优势。例如，技术要素（包括专利工业秘诀）、资本因素（以优惠的条件获得资金的能力）、管理技能及信息方面等。专利和专有技术可使企业生产的产品有所区别，企业因此可以获得对价格及销售量的控制能力。专利还可以限制竞争者进入，维护公司的垄断地位。跨国公司由于拥有较高的清偿能力，因此，在资本市场上可以较低利率得到贷款，或者优先得到资金。此外，跨国公司还有内部融资的优势。

（3）来自规模经济的垄断优势。跨国公司凭借内部规模经济与外部规模经济获取竞争优势。通过水平一体化和垂直一体化经营，以当地企业所不能及的规模开展生产经营，降低生产成本。而一体化经营达到一定程度之后，公司可以对产品价格或原材料价格获得一定的控制能力。公司可通过提高产品价格，压低原材料价格来获取利润。跨国公司还可实行国际专业化生产，利用各国生产要素价格的差异，合理布置生产区位来取得企业内部与外部规模经济，提高自身的经营优势，以便获取垄断利润。

（4）来自政府干预的垄断优势。东道国和母国政府在市场准入、关税、利率、税率、外汇及进出口管理等方面的政策法规，对跨国公司的直接投资产生很大的影响。跨国公司则可以从政府提供的税收减免、补贴、优先贷款等方面的干预措施中获得某种垄断优势。

二、垄断优势理论的进一步发展

凯夫斯（Caves，1971，1974）认为跨国公司具备的垄断优势主要体现在"独特资产"上。这主要是指实现横向一体化的公司与其本土竞争对手相比所具备的独特资产。这些资产源自产品的差异化，形成优势的原因则是由于商标标识和品牌名称受到保护，本地的竞争对手很难复制生产该种产品。在其后续研究中，他还将差异化优势（包括拥有的管理、财务、创新能力以及生产要素的优先获取权限等）描述成一种"无形资源"。

弗农（Raymond Vernon，1966）也认为一个公司只有拥有超过其国外竞争对手的垄断优势才会进行对外直接投资。不过，他认为这一优势（创新和生产新产品的能力）取决于市场的结构和母国的要素禀赋。因此，弗农将跨国公司所拥有的垄断优势加以分类并归结出可能帮助他们形成这些优势的因素。

美国学者尼克博克（Frederick T. Knickerbocker，1973）认为垄断优势难以解释影响对外投资的不变因素是什么。他的研究对这一投资行为做出如下解释：国际生产是企业对其寡头竞争对手预期行为结果的战略反应。

他认为在寡头垄断行业中，风险回避型企业会跟随领导企业进入任何一个领导企业已经进入并已开始生产的国家中去。他认为，寡头企业这样做的目的是保持其在国内市场中形成的企业特有能力（技术和组织技能）在国外市场中的可用性。此外，尼克博克认为对手公司进入国外市场，不仅会威胁其他寡头企业的盈利，同时也可能由此获得比其现有资产更具竞争力的资产。据此他断定，由其他寡头采取的防御性投资有助于平衡行业内的竞争。这正是寡占反应理论。

三、垄断优势理论的局限性

垄断优势理论经过发达国家的学者们的不断丰富，能够用来解释产生于工业化经济体中的对外直接投资现象，特别是能够充分解释美国跨国企业在第二次世界大战后的对外直接投资活动。但是由于发展中国家对外直接投资的原因很多，且比较复杂，用这个理论来解释其对外直接投资现象说服力就不够充分。这也就不难理解为什么许多学者会质疑这个理论对发展中国家企业的对外直接投资活动的解释力。其局限性表现在：①垄断优势理论属于产业组织理论，它不能用以解释服务业跨国公司的行为。②该理论缺乏动态分析。③该理论无法解释为什么拥有独占技术优势的企业一定要对外直接投资，而不是通过出口货物、技术许可证的转让来获取利益。④该理论虽然对西方发达国家的企业对外直接投资及发达国家之间的双向投资现象做了很好的理论阐述，但它无法解释自 20 世纪 60 年代后期以来，日益增多的发达国家中许多并无垄断优势的中小企业及发展中国家企业的对外直接投资活动。⑤垄断优势理论也不能解释物质生产部门跨国投资的地理布局。

第三节 产品生命周期理论

1966 年，美国哈佛大学弗农教授在《产品周期中的国际投资与国际贸易》一文中提出一个用以描述国际化组织模式的模型。他着眼于分析美国的一些公司是怎样在主导全球贸易的同时发展成为跨国公司的。弗农从比较优势的动态转移角度，利用源自于产品生命周期的启示对随时间变化而变化的贸易模式做出了相关解释。

弗农教授的国际产品生命周期理论（International Product Life Cycle，IPLC）对企业的国际化进程做了如下描述：一个先进国家的本地制造商（弗农认为美国是发明的主要来源）开始为其国内市场中高消费群体销售一种新的、技术先进的产品。此时，选择在国内生产不仅有助于企业改进产品性能、与客户保持紧密联系，同时还能最大限度地降低风险和不确定性。由于其他市场中消费者需求开始增加，先进产品的创新者开始将越来越多的生产活动转移至海外公司，借此获得规模效应和绕过贸易壁垒。随着该产品日趋成熟，早期的高档品正逐步转变为日用产品，竞争者的数量也随之增加。最后,位于海外的厂商不仅向第三国出口该产品,同时也开始向产品的创新国出口该产品,最初的创新国由出口国转变为净进口国。此时,产品的生产厂商可能是欠发达国家的竞争对手,也可能是该产品的发起企业——此时它已经发展成为在海外拥有生产设施的跨国制造商。

一、国际产品生命周期的三个阶段

1. 新产品阶段

发达国家的公司想通过在其国内市场上推出一个新的、创新性的产品来实现技术突破时,便进入了国际产品生命周期的新产品阶段(见图3-1)。在这一阶段,产品的目标市场多被限定于发达国家。这是因为发达国家拥有更多的高收入消费者,他们有能力购买并愿意尝试新的、昂贵的产品(低价格弹性)。此外,更容易进入的资本市场,也有助于筹集新产品的研发资金;在当地生产也是为了降低风险和不确定性。例如,选择生产地点时,需要考虑市场与管理者之间有关新产品的信息沟通是否迅速、便捷;生产单位需要的各种资源是否易于获得等。

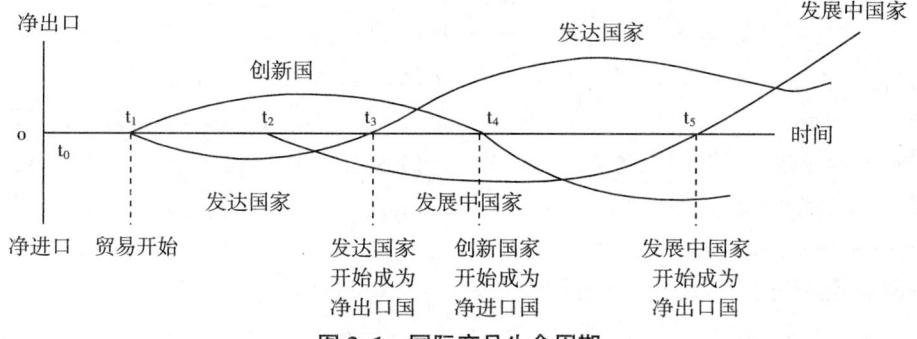

图 3-1 国际产品生命周期

资料来源:百度百科, http://baike.baidu.com/view/2078535.htm, 2013-12-12.

随着其他发达国家对该产品需求的增加,创新国在新产品阶段的后期开始出口该产品。此时,出口不仅可以增加创新者的收入,同时也能拉高开始下降的产品经验曲线;出口在满足其他先进国家消费者需求并获得收入的同时,也使得该企业迈出了国际化进程中最简单的第一步。此时的竞争主要是生产各种独特新产品的厂商之间的竞争。

2. 成熟产品阶段

随着生产的扩大,整个过程的标准化程度逐渐提高。设计与生产的灵活性需求也逐渐下降,因而对技术程度较高的劳动力需求随之降低。创新国开始增加对其他国家的销售。由于非差异化竞争者的加入,对价格和边际利润的压力逐渐增加,生产成本开始成为一个主要问题。

随着竞争加剧及其带来的降价压力,迫使公司面临如何保持自己市场份额的决策。弗农指出,公司在这个阶段所面临的最重要的决策是:要么把自己的市场额拱手让给那些使用低成本劳动力的国外生产商,要么通过对外投资利用其他国家要素成本的比较优势维持自己的市场份额。这是人们第一次对贸易之间的关系作出理论解释。由于需求的相似性和技术差距较小，生产开始逐步转移到劳动力成本相对较低的一般发达国家。

3. 标准化阶段

这一阶段的主要特点是产品市场开始饱和。创新者最初的比较优势——功能性优势，也因为其他竞争者的模仿而不复存在。为了获得竞争优势，公司更关心如何降低生产成本而非开发产品的新功能。因此，产品及其生产过程也变得越来越标准化。这有助于公司更大程度地发挥规模效应，同时提高生产制造的流动性。如果能充分利用经济规模，那么任意两个生产地点间最主要的差别可能就在于劳动力成本的差异。为了应对价格竞争和贸易壁垒，或者只是为了满足当地需求，企业会将生产设施迁往收入相对较低的国家。与较早前进入的其他先进国家相似，收入相对较低国家的竞争对手会获得第一手资料，逐步掌握技术并开始复制和销售该产品。

由于新技术、新产品不断出现，致使之前的创新品在其国内的需求不断下降。其他成熟市场对产品的价格也越来越敏感。为保持竞争优势，不论与竞争对手争夺的是第三国市场还是其本国市场，由于只需要转移资本和知识技能，跨国公司都会把内部最大化的产物——"境外"生产转移至低收入国家，以获取廉价劳动力。这时，产品的创新国由出口国转变为净进口国，开始从低收入国家进口资本相对密集的产品。如果对现有的比较优势稍作改进，跨国公司就能持续从世界经济中获利或者其他发达国家能够从企业的收缩产业中获取经济资源，为了保持国内就业并防止可能的保护主义，跨国公司必须具备在其拥有比较优势的产业中（与国内的同行相比）持续创造新的知识与技能（以配置效率的成本换取垄断利润）的能力。通常，无论产品最终由谁生产，与之相关的优势往往仍留在产品的创新国。

二、国际产品生命周期理论的扩展

弗农（1971，1979）在后来的理论论述中，强化了由跨国公司的垄断行为而引发的生产地点、多民族化和寡占结构之间的联系。该假说强调的是寡头垄断的市场结构，在该市场中经营的企业多为跨国公司，他们试图阻止新公司进入该行业。此时，弗农将产品的生命周期重新划分为"创新的寡头垄断"、"成熟的寡头垄断"和"衰老的寡头垄断"。

在第一阶段——"创新的寡头垄断"中，进入壁垒源自创造新技术。因此，生产新产品的发源地通常是开展 R&D 的本国。

第二阶段是"成熟的寡头垄断"，生产、运输和销售规模取代创新成为这一阶段的进入壁垒。由于比较成本的解释难以解决因追求均衡而导致的投资地域集中问题，因此，在规模经济不明显的情况下，跨国公司需要通过建立卡特尔联盟或制定定价和定位策略等手段实现差异化来保持寡头垄断均衡。

"成熟的寡头垄断"阶段中的各种均衡策略在第三阶段——"衰老的寡头垄断"将不再适用，此时的均衡是十分脆弱的，成本优势比差异化变得更加重要。

三、国际产品生命周期理论的局限

不是所有企业的跨国投资行为都能用产品生命周期模型来解释，因此，该模型具有一定的局限性。第一，产品生命周期模型的局限——产品生命周期各阶段的起止点划分标准不易确认。这主要是因为判定产品生命周期各阶段的主要指标销售量具有一定的滞后性。因此，有关产品生命周期各阶段过渡节点的判定往往是通过事后总结确定的。第二，仅以销售的波动情况为判断依据，可能会得到许多错误的结论。例如，销售放缓并不一定意味着某产品已达到衰退期，而如果企业仅据此就做出将产品和资源转移的决策显然是不准确的。第三，由于产品、企业以及市场是不同的，所以并非所有类型的产品或服务都一定会经历产品生命周期中的每一个阶段。由于错误的市场营销、考虑不周的产品特征、消费者价值缺失或仅仅是缺乏需求等原因都可能导致一个刚进入导入期的产品跳过其他阶段而直接进入衰退期，事实上，这种例子比比皆是。

此外，即便经历了所有的阶段，不同的产品或服务在每个阶段停留的时间也各不相同。这为判定某产品或服务处于哪一阶段的工作又添了一重困难，企业需要为此制定一些战略。

最后，基于品牌或服务的交易也是产品生命周期所不能解释的领域。品牌不是产品，但也有自己的生命周期，属于某个品牌的产品所经历的产品生命周期与品牌本身的生命周期是完全不同的。例如，戴尔和奔驰都属于强势品牌，即便归属它们旗下的产品遭遇失败，这些品牌本身的生命周期也不会因此受到影响。苹果电脑的丽莎、牛顿（市场失灵）和 iMac（市场成功）都证明了品牌和产品有不同的 PLC（产品生命周期），虽然它们是密切相关的，但却有着完全不同的产品生命周期。

第四节　内部化理论

内部化理论是对早期垄断优势理论的进一步发展，也称为市场内部化理论。内部化理论的一个理论来源是美国学者罗纳德·科斯（Ronald H. Coase）等创立的交易成本理论。科斯在他 1937 年发表的《论企业的性质》一文中曾经指出，由于市场失效，市场不完全导致企业交易成本增加，企业通过组织内部交易来减少交易成本。英国里丁大学学者巴克利（Peter.J.Buckley）、卡森（Mark Casson）和加拿大学者拉格曼（A.M. Rugman）将其应用到国际直接投资领域，形成市场内部化理论。这一理论认为，企业是市场机制的替代物。一项活动是在企业内部进行还是通过市场进行，取决于两者交易成本的相对大小。在这一意义上，跨国公司的内部化理论可以看作是一般交易成本理论在跨国公司行为上的一个应用。它是 20 世纪 70 年代以来，西方国家的学者在研究跨国公司的过程中提出和形成的，用以解释跨国公司为什么不利用既存的世界市场实现国际分工，而是通过对外直接投资，建立企业内部市场，通过企业贸易来协调公司的国际分工理论。这是当前解释对外直接投资的一种比较流行的一般理论。

一般而言，企业的内部化包括两种形式：①经营国际化。包括中间产品经历的连续生产阶段和分销渠道的内部化，这意味着跨国公司决定外购（从性价比较高的海外生产者手中购入）或自己生产（通过内部化手段实现）某一中间产品的主要依据是：企业因内部化节省的交易成本是否大于或等于在外部市场中购入所需花费的交易成本。②知识内部化。由本国研发的知识技术，如技术诀窍、生产技术和管理技能、专利、品牌和商誉可以在该企业的全球分支机构中自由流动，从而实现知识共享。

一、内部化：理论视角

1. 市场不完全性

所有的对外直接投资都与贸易壁垒或市场的不完全性密切相关。如果不存在贸易壁垒或不完全市场，企业可能就不会制定出口战略。市场不完全包括自然的市场不完全和结构性的市场不完全。其中，自然的市场不完全是中间产品市场的内在属性。结构性的市场不完全主要是针对最终产品市场竞争结构不完全而言的。企业拥有的独特技术或其他优势控制市场竞争造成寡头垄断局面的出现，以及政府管制赋予某些企业垄断地位等是造成结构性市场不完全的原因。

巴克利和卡森（1976）认为，由于中间产品市场的不完善和知识产品市场的失灵，企业会为了增加利润、减少交易费用而建立一个内部市场（内部化的外部市场）。与海默的观点不同，内部化理论认为企业最初并不需要具备垄断或寡头垄断优势。但是，随后他们又指出垄断或寡头垄断的优势也可以被内部化（卡森，1986），或者某些内部化的中间产品可能带来垄断或寡头垄断的优势（梯斯，1981）。

2. 无形资产的特征

公平交易（在规范化的市场中出售）无形资产对公司而言是非常不利的；无形资产也可以国际化的主要原因是许多知识必须以高强度的科研为基础才能形成，如果要从外部市场获得这种知识，企业需要为此支付高昂的交易费用（凯夫斯，1982；海纳特，1982，1991；鲁格曼，1981）。具体而言，无形资产具有如下特征：

（1）知识对企业的内部化有引导作用。这是因为知识具有天生的垄断性，所以需要以收取租金的形式最大限度地保护知识不被侵蚀。通过无形资产内部化后，这种由人为创造和发展的稀缺性资源（通过密集的研发活动形成的知识）变得有利可图。

（2）未来市场的缺失。基于知识的交易是非常困难的，与一般产品不同，无形资产的交易容易受压缩信息和机会主义的影响，交易双方也难以在谈判过程中完全展示或了解有关该项知识的全部内容。这意味着任何一个潜在的买家都能够免费获得部分信息。为规避种种可能的风险，潜在的买家可能会压低出价。因此，公平交易无形资产对公司而言是非常不利的。

（3）买家的不确定性。卖方永远不知道买方将如何利用这些知识。若公司下属的不同类型的企业都拥有各自的合作伙伴，公司应当将这些不同类型的企业分散在不同的国家（当涉及不同的国家时），那么拥有多业务的公司就成为重视劳动分工的跨国公司。此时它所涉及的专业领域除了生产之外，还包括营销与研发。这些知识就被视为跨国公司最重要的中间产品。因此，知识和中间产品在公司的"内部市场"中流动，是对其最有效的保护方式。

这些无形资产就像公共产品一样，公司的国际化范围越广，这些知识的价值也越高。作为企业的特有资产，无形资产应当随着民族多元化程度的增加而增加，跨国公司更应当创造更多的无形资产，因为当利用范围更广时，无形资产的开发效率和回报率也越高。同时，随着国际网点和国际影响力的增加，可供跨国公司选择的未来发展战略也必然会随着新的企业特有资产的形成而增加扩大地域范围，这不仅能够提高跨国公司的经营效率，特有资产所形成的收益也会随之增加。

二、内部化的收益与成本

交易成本泛指所有因经济活动而形成的成本。交易成本的逻辑是，企业的生产成本越低或收入越高，它们越可能跨越国界而进入某些市场。交易成本的研究关注点似乎也从研究市场支配力变成研究企业内部市场的运行效率了。当内部化过程超越国界时，跨国公司便产生了。最初，巴克利和卡森总结出四组影响内部化决策的关键因素：①产品特定因素——与产品的性质和外部市场的行业结构等有关的因素；②区位特定因素——与区位的地理和社会特征有关的因素；③国家特定因素——与有关国家的政治和财政相关的具体因素；④公司特定因素——体现为管理组织内部市场的能力等。

内部化在避免外部市场的缺陷取得收益的同时也需要支付相应的成本。企业的最佳规模是由成本与收益决定的。也就是说，企业的最佳规模处于因内部化而增加的收益与因组织规模扩大而增加的协调成本相等时的临界点上。

三、内部化理论的局限性

巴克利和卡森（1978）的内部化理论对跨国公司的经济分析具有里程碑式的意义，它给为什么会出现跨国公司这个问题提供了一个严谨周密的解释。他们和 Teece（1977）、Rugman（1981，1996）、Williamson（1981）、Hennart（1982，2001）等有关的经典研究一起构建了交易费用视角的跨国公司理论框架。但它是20世纪70年代提出的，是以当时发达国家的某些特定类型企业为研究对象，时过境迁，其缺陷也日益表现出来。

1. 内部化理论的静态局限性

内部化理论是从微观层次解释跨国公司的扩张动机而忽视了某些宏观经济因素和自然环境因素。除了与市场交易成本有关的因素会影响国际经营及其方式选择之外，受资国的经济规模、经济发展水平、经济增长速度、通货膨胀率、经济外向度、国内投资率、国内储蓄率、税率、产业结构等也是影响跨国投资的重要因素，有时它们的权重甚至超过交易成本因素。内部化理论与垄断优势理论分析问题的角度是一致的，都是从跨国企业的主观方面来寻找其对外投资的动因和基础。内部化的决策过程完全取决于企业自身特点，忽视了国际经济环境的影响因素，如市场结构、竞争力量的影响等。因而对于交易内部化为什么一定会跨国界而不在国内实行，仍缺乏有力的说明。

2. 内部化理论假设前提的局限性

第一，巴克利等的研究偏重对已有技术创新成果的利用而无视新的创新。第二，仅仅假设跨国公司只存在从母公司向子公司单向的非区位专有知识流动。第三，巴克利等认为通过跨国转移知识和创新能力很容易获得范围经济,事实上这比较困难。

3. 内部化理论解释范围的局限性

在对跨国公司的对外拓展解释方面,也只能解释纵向一体化的跨国扩展,而对横向一体化、多样化的跨国扩展行为则缺乏解释力。

四、内部化理论应用扩展:跨国公司竞争战略管理

针对内部化理论静态局限的不足,巴克利挖掘了内部化理论对于跨国公司成长过程管理的内涵,他认为虽然内部化理论在表述上确实是静态的,但是它既然能解释跨国公司成因及其扩张,就必然能够从中找到指导跨国公司从事国际竞争的工具,因而内部化理论隐含着战略动态性。

即使不做专门扩展,仅从内部化理论在跨国公司扩张过程的表述,就可以看出三层管理内涵:

第一,企业管理者就中间产品外购或自制及制造作出决策,如果选择内部化,需要继续确定内部化的范围和程度,即决定跨国公司的规模。

第二,跨国公司在一体化成长过程中,通过对于原先差别的市场不完善加以识别和验证,寻找与企业资源相适应的最佳盈利机会,选择企业的具体成长方向。

第三,跨国公司可以进一步地创造市场不完善,供自己利用。

这三层管理内涵就是跨国公司对市场不完善识别、利用和再创造的过程,当然也是一种动态管理过程,其中包含着跨国公司增长战略的假定、试错和最终确定。创造市场不完善的做法大多与增加最终产品市场垄断程度以及中间产品市场交易费用有关,如与东道国政府合作,制造新的进入壁垒,而通过并购实施的内部化策略本身就减少了竞争者数量,加重了少数条件和信息压缩程度,意味着创造出了新的可进一步利用的市场不完善。

尽管如此,内部化理论还是企业自身与市场关系的比较,如果不涉及企业之间的比较,就没有竞争战略管理的意义。伯克利近年来的研究开始注意到跨国公司选择内部化的差异。他发现选择不同一体化的跨国公司在选择一体化的方向和成果上有很大差别,而选择相同一体化策略的跨国公司,其盈利和成果度量也不尽相同。于是他从内部化理论在跨国公司实际应用差异的表现中引申出了内部化理论的第四层战略管理内涵:合理的内部化能够提高竞争者的比较成本。通常来说有两种做法:

其一,跨国公司以自己制造或长期合约的形式控制关键中间产品,使竞争者在市场上购买的投入品在质量、价格和数量上占据下风。

其二,前向一体化范围和程度的加深,可以填补市场空缺,增加消费者选择本企业产品的概率,可以培养最终产品市场顾客忠诚,而顾客转换成本相应提高,增加了竞争者与最终产品消费者的交易成本。

所谓合理的内部化,是指跨国公司选择一体化成长的范围和程度应该符合自己的资源和能力,或者能够通过集体学习掌握一体化所需的能力。如果把内部化理论与其他管理学理论结合起来,就会发现企业内的团队建设、组织学习过程管理、知识积累和调整等方面的研究对于加强跨国公司的内部化能力同等重要。

内部化理论的竞争战略内涵还体现在内部化是获取默会知识即不可交易无形资产的重要途径。最初的内部化理论研究只关注跨国公司如何利用已有的优势获利，而通过内部化获取自己没有的知识和资产是交易费用理论无法做出解释的，它构成了近年来跨国公司全球学习和全球并购的主要动机，这也是内部化理论扩展的竞争战略内涵所在。

第五节 小岛清边际产业理论（比较优势理论）

一、小岛清边际产业理论主要内容

这一理论是20世纪70年代中后期，由日本一桥大学教授小岛清（Kiyoshi Kojima）提出来的，又称为边际产业扩张理论。这是一种利用国际分工的比较优势原理，依据日本对外直接投资的经验，提出的一个日本式的对外直接投资理论，被称为"小岛清模式"。

小岛清认为，对外直接投资的动机一般可以分为三种类型：

1. 自然资源导向型

这种类型的直接投资是为了获取东道国的石油等矿产资源、林业及水产等自然资源，在东道国建立资源开发型企业。产品可以由投资国进口，也可以在东道国市场销售或出口到其他国家，是贸易导向或增加贸易的投资。

2. 生产要素导向型

在各种生产要素中，和资本相比，劳动力、技术和设备等要素在各国间的流动受到许多法律及政策的限制，土地则没有流动性。由于发达国家劳动力成本不断提高，发达国家往往把本国传统的劳动力密集行业转移到劳动力成本及土地成本低的国家，这类转移与比较优势的动态变化相一致。因此，这种类型的对外直接投资可能促进国际分工的重新调整，以及劳动力及土地等生产要素价格低廉的国家和劳动力及土地成本居高的国家之间的贸易增长。

3. 市场导向型

这类对外投资的目的是维持和扩大出口规模。当出口商品市场的开辟发展到一定程度时，在东道国直接建立企业进行生产和销售活动是更有利的。这类投资又可以分为两类：一类是为避开东道国贸易壁垒的贸易导向型；另一类是寡头垄断性质的对外直接投资，在美国的新兴制造业中表现得尤其明显，属于反贸易导向型的对外直接投资。

小岛清模式的核心是，因为国际贸易是按照比较优势的原理进行国际分工展开的，所以，对外直接投资应该从本国已经处于或即将处于比较劣势的产业，即边际产业开始依次进行。这些边际产业，既包括大部分的劳动密集型行业，同时还包括某些行业中装配或生产特定零部件的劳动密集型的生产环节或工序。虽然这些产业在投资国已经处于不利地位，但是在东道国却具有明显或潜在的比较优势，然而为充分发挥或提升东道国的这些比较优势，则需要有外来的资金、技术和管理经验等予以支持。因此，形成新的、互补的生产格局，可以扩大投资国与东道国的比较成本差距，从而使两类国家在直接投资中同时受益。

小岛清从宏观经济的角度，将对外直接投资分为顺贸易导向型（或贸易创造型）和反贸易导向型（或贸易替代型）。小岛清在对20世纪60、70年代日本的对外直接投资进行分析研究后指出，这一时期日本的对外直接投资是以资源导向型、劳动力成本导向型和市场导向型为主，属于顺贸易导向型的对外直接投资。

小岛清指出，由于各国的经济状况不同，因此根据美国对外直接投资状况而整理得出的理论无法准确解释日本的对外直接投资活动。具体而言，日本的对外直接投资与美国的对外直接投资相比具有以下差异：

第一，美国的跨国公司多分布于制造业部门，从事国际投资的企业多处于国内具有比较优势的行业或部门；日本的对外直接投资主要分布在自然资源开发和劳动力密集型的行业，这些行业是日本已失去或即将失去比较优势的行业，对外投资是依据这些行业比较成本的顺序依次进行的。

第二，美国从事对外直接投资的主体多为拥有先进技术的大型企业，投资主要流向西欧等发达国家且采用独资形式，其目的在于通过海外扩张维护其垄断地位，占领东道国市场；日本的对外直接投资以中小企业为主体，投资对象国多为发展中国家并采用合资形式，投资目的则是利用东道国相对廉价的劳动力继续维持以出口为导向的生产。同东道国的生产企业相比，日本企业的优势不是独有的技术或规模经济，而是其所拥有并熟练掌握的适合发展中国家的成熟技术和国际营销渠道。这些都比较符合东道国的生产要素结构及水平。

第三，美国对外直接投资是贸易替代型的，因此，可能会因为增加了某些行业的对外直接投资额而使得这些行业产品的出口锐减；相反，由于日本的对外直接投资行业是在东道国具有潜在比较优势或正在形成比较优势的行业，所以，这种类型的对外直接投资会扩大国际贸易规模，是贸易创造型的对外投资。

二、比较优势理论的优势与局限

小岛清的比较优势理论说明了20世纪60、70年代日本不同于美国的对外直接投资的发展，是一种宏观理论，主要是依据投资国与东道国的比较优势和投资国要素禀赋比率的动态变化来解释对外直接投资的。这一理论分析的是投资国而非跨国公司的对外直接投资选择，认为日本式的对外直接投资不仅促进了本国及东道国的产业结构调整，也促进了东道国劳动密集行业的发展，对双方均产生有利的影响。

小岛清理论为对外直接投资理论的发展做出了积极贡献：

首先，跳出了对外直接投资领域传统研究范围的局限。在该理论之前，对外直接投资理论都局限于研究欧美等发达经济体的跨国公司的对外直接投资行为，而小岛清理论是针对日本对外直接投资展开的研究，恰好是对上述不足的有力补充。

其次，与之前学者们的理念不同，小岛清认为国际贸易与对外直接投资之间并非替代关系而是补足关系。这说明对外直接投资与国际贸易之间不再对立，实现了融合。

最后，小岛清指出投资国转移技术的当地适用性问题是直接投资能否促进贸易的关键环节。这一观点对发展中国家发展对外直接投资和培育自己的跨国公司十分重要。

然而，由于小岛清的比较优势理论是以日本的国际投资活动为研究对象，其自身必定存在一定的局限性：

第一，不同于海默和弗农等所提出的发达国家之间、以水平分工为基础的国际直接投资模式，该理论只能解释发达国家与发展中国家之间的、以垂直分工为基础的投资。

第二，该理论以投资国为主体，而不是以跨国公司为主体，实际上假定了投资国内所有跨国公司都有相同的动机，这显然与实际情况不符，故此难以解释复杂的国际环境下的对外直接投资行为。

第三，该理论无法解释发展中国家的对外投资行为，对发展中国家不具有指导意义，同时也无法解释20世纪80年代后日本对外的直接投资实践。因为按照该理论的逻辑，发展中国家不可能进行对外直接投资，更不可能有向发达国家投资的机会，而只能接受来自发达国家边际产业的投资。

第六节 国际生产折衷理论

国际生产折衷理论又称"国际生产综合理论"、"OIL（Ownership Internalization Location）理论"，是英国里丁大学的邓宁教授（John H.Dunning）于1977年在《贸易、经济活动的区位和跨国企业：折衷理论方法探索》中首次提出的。随后于1981年，他在《国际生产和跨国企业》一书中又系统阐述了其理论思想。

一、折衷理论框架

自20世纪60年代以来，研究解释国际生产（跨国公司通过对外直接投资所形成的生产活动）的理论主要有三类：以海默等的垄断优势理论为代表的产业组织理论；以阿利伯的安全通货论和拉格曼的证券投资分散风险为代表的金融理论；以巴克利和卡森等为代表的内部化理论的厂商理论。但上述这些理论不能全面地解释跨国公司的对外直接投资活动。因此，邓宁综合了以往的国际直接投资理论的垄断优势观点和内部化理论的概念，并引入了区位优势理论，形成了一种能够统一解释跨国公司从事国际生产的能力和意愿的，能够解释为何在对外直接投资、出口贸易以及国际技术转让三种参与国际市场的方式中选择对外直接投资的综合理论，即国际生产折衷理论。国际生产折衷理论沿用了传统理论的一个核心概念，即优势概念，它将跨国公司的优势分别定义专属所有权（Ownership）优势、内部化（Internalization）优势和区位（Location）特定优势，也就是所谓的"三优势"范式（又称OIL范式）。国际生产折衷理论认为，一个企业要对外直接投资必须同时具备这三种优势。

1. 专属所有权优势（Ownership Advantage）

所有权特定优势又称垄断优势，指企业独占无形资产（独特的技术与管理知识）及拥有规模经济所形成的优势。邓宁将所有权优势按照是否可通过市场转让划分为两类：一类是可以通过市场转让的优势，如专利技术、信息、商标权、咨询等；另一类是不可通过市场转让的，只有通过对外直接投资才能取得的所有权优势如企业的经营规模、工艺技能和管理能力等。企业的所有权优势成为企业对外直接投资的一个必要条件。

邓宁认为，企业开展对外直接投资必须具备上述所有权特定优势，但具有这些优势并不一定会导致企业进行对外直接投资。也就是说，所有权特定优势只是企业对外直接投资的必要条件，而非充分条件。企业仅仅具有所有权特定优势而不具备内部化优势和区位优势时，企业可通过出口贸易或发放许可证的形式实现其优势。

2. 内部化优势（Internalization Advantage）

内部化优势是指企业在通过对外直接投资将其资产或所有权内部化过程中所拥有的优势。正如前文所述，跨国公司将其拥有的优势内部化的主要动机是避免外部市场的不完全性对跨国公司经营产生的不利影响，并保持和充分利用公司技术创新方面的垄断领先地位。邓宁认为，外部市场对中间产品和最终产品而言都是不完全的，都存在着各种交易障碍。若内部化优势能使企业获得最佳效益，则会促使对外投资设厂，从事国际化生产。

在折衷理论中，邓宁将市场失灵分为两类：一类是结构性市场失效，即由非完全竞争所导致的市场缺陷，具体表现为东道国政府的限制，如关税壁垒和非关税壁垒所引起的市场失灵，因此也是产生垄断租金的主要原因；另一类是交易性市场失灵，是指交易公平原则无法有效发挥作用的情况，如交易渠道不畅，为实现交易需要支付高昂的代价等。邓宁认为，跨国公司的内部化优势在技术等无形产品的生产和销售领域及利用某些自然资源生产加工产品的生产和销售领域表现得尤为突出。

邓宁把国际生产分为资源开发型、制造业、产品生产或加工的专业化、贸易和销售、服务以及其他六种类型。每一种类型的国际生产都是由不同的所有权优势、内部化优势与区位优势的组合决定的。

企业选择出口、许可证或者直接投资的方式进入国际市场，也是由上述三种优势的组合决定的。邓宁认为，企业要想从事对外直接投资，必须同时具备上面三种优势。如果仅有所有权优势和内部化优势而无区位优势，那就意味着缺乏有利的投资场所，因此，只能将有关优势在国内得以发挥，故应当采取出口方式；如果只有所有权优势而无内部化优势和区位优势，则说明企业拥有的无形资产优势难以加以内部利用，只能转让给外国企业，许可证方式是最好的选择。

国际生产折衷理论被认为是集各家之长、兼收并蓄的理论，具有较强的实用性，因此也被称为国际直接投资领域中的通论。然而，它并非只局限于跨国公司国际生产决定因素的讨论，而且还力图解释跨国公司的整个国际经济活动，并由此创建了一个关于国际贸易、对外直接投资和国际协议安排三者统一的理论体系。

3. 区位优势（Location Advantage）

区位优势是指投资的国家或地区对投资者来说在投资环境方面所具有的优势。邓宁认为缺失区位优势这一因素，即使一家具备所有权优势并有能力将其内部化的企业也无法完全解释该企业的直接投资活动。区位优势与所有权优势、内部化优势不同，它不属于跨国公司，而主要属于东道国所有，此处的东道国区位优势主要是相对于母国的区位而言的。一般而言，区位优势主要包括两方面：其一是因东道国要素禀赋所产生的优势，如自然资源、地理位置、人口、市场结构与规模、收入水平、基础设施等；其二是东道国的政治法律制度、经济政策、基础教育水平、文化特征等。区位因素不仅影响着企业的国际化经营倾向，同时也是跨国公司选择对外直接投资部门和地点的决定因素。区位优势和所有权优势对跨国公司进入国际市场选择的影响如表3-1所示。

表 3-1 区位优势、所有权优势对投资的影响

参与国际市场的方式选择		区位优势	
		强	弱
专属所有权势	强	出口	对外直接投资
	弱	向内投资	进口

【专栏3-1】　　　　　　　　　投资发展路径理论

　　投资发展路径（Investment Development Path，IDP）理论（Dunning，1981）是在邓宁国际生产折衷理论（The Eclectic Theory of International Production）基础上发展起来的。国际生产折衷理论认为，跨国公司对外直接投资应同时具备所有权优势、内部化优势、区位优势。IDP理论的主要思想是，一国的对外和对内投资（净对外直接投资）发展阶段取决于该国的经济发展阶段（人均收入水平）以及与其相对应的该国所拥有的所有权优势、内部化优势和区位优势的变化。因此，IDP理论实际上可以看作是国际生产折衷理论的动态化延伸。

　　具体来说，IDP理论将一国FDI流出与流入的流量之差，即净对外直接投资（Net Outward Investment，NOI）按照其经济发展阶段（以人均GDP衡量）划分为五个阶段。第一阶段：NOI为0或接近于0的负数，该国国内市场缺乏区位优势，无法吸引大量FDI流入。同时，该国企业缺乏所有权优势，不能开展对外直接投资，一般来说，最不发达国家处于这一阶段。第二阶段：NOI为负数且绝对值不断增大，该国在劳动力或资源方面具有较强的区位优势，大量吸引FDI流入的同时，该国企业所有权优势和内部化优势开始显现，出现FDI流出。第三阶段：NOI仍为负数但绝对值不断减小，该国由劳动力、资源方面区位优势向资本、知识方面区位优势转变，FDI流入继续放大，但该国企业所有权和内部化优势增强，FDI流出加速，FDI流入相对放缓。第四阶段：NOI开始由负转正且不断增大，此时，该国对外表现为全面的所有权和内部化优势，FDI流出放大，在总量上已经超过FDI流入。第五阶段：NOI由高点回落，不断减小，最后围绕0轴附近波动，此阶段受经济发展阶段影响程度减弱，多表现为主要发达国家之间的交叉投资。

　　Narula（1996）指出，在邓宁的IDP理论框架中，净对外直接投资（NOI）是流量数据，使用流量数据存在两个缺点：首先，任何引起NOI变动的因素都被归结到

经济发展因素中，而这也可能是由于短期内该国国内区位优势恶化促使 FDI 流入减少引起的；其次，第一阶段与第五阶段后期 NOI 均处于 0 附近，无法在统计上加以区分，给做实证分析带来困难。为克服上述缺点，Narula 建议使用净对外直接投资存量（NOIS）数据代替流量数据。基于存量数据，Dúran 和 úbeda（2001）对 IDP 理论重新进行了表述。如图 3-2 所示，用横轴表示 FDI 流入存量，纵轴表示 FDI 流出存量，45 度射线表示经济发展水平方向，水平轴向右表示该国国内市场区位优势增强，向左表示区位优势丧失，纵轴向上表示该国企业所有权和内部化优势增强，向下表示所有权与内部化优势减弱，从而在存量数据框架下表述了与邓宁的 IDP 理论相类似的五个阶段。

资料来源：陈漓高，黄武俊. 投资发展路径（IDP）：阶段检验和国际比较研究[J]. 世界经济研究，2009（9）.

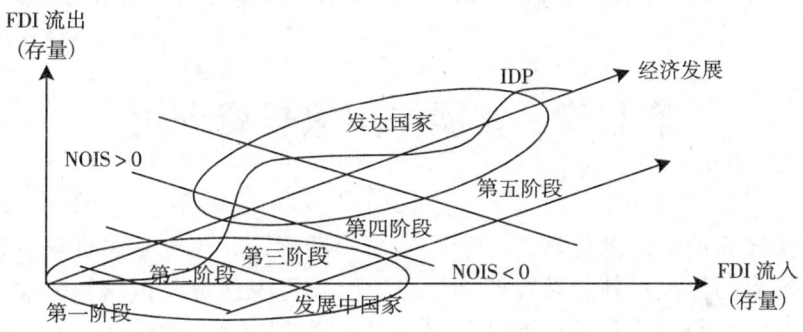

图 3-2　投资发展路径（IDP）存量数据框架模式

资料来源：陈漓高，黄武俊. 投资发展路径（IDP）：阶段检验和国际比较研究[J]. 世界经济研究，2009（9）.

二、三因素间的相互作用

折衷理论的分析过程和主要结论可以归纳为以下四个方面：

第一，国际直接投资是遍布全球的产品和要素市场不完全性的产物。市场不完全导致跨国企业拥有特定的所有权优势，所有权优势是保证跨国企业补偿国外生产经营的附加成本并在竞争中获得成功的必要条件。

第二，所有权优势还不足以说明企业为什么一定要到国外进行直接投资，而不是通过发放许可证或其他方式来利用它的特定优势。为此，必须引入内部化优势才能说明对外直接投资为什么优于许可证贸易。

第三，仅仅考虑所有权优势和内部化优势仍然不足以说明企业为什么把生产地点设在国外而不是在国内生产并出口产品，必须引入区位优势，才能说明企业在对外直接投资和出口之间的选择。

第四，企业拥有的所有权优势、内部化优势和区位优势，决定了企业对外直接投资的动因和条件，如表 3-2 所示。

表 3-2　三因素对跨国公司进入市场模式选择的影响

进入市场方式	优势		
	所有权优势	内部化优势	区位优势
许可经营	是	否	否
出口	是	是	否
对外直接投资	是	是	是

这三个基本条件（因素）相互联系，缺一不可，企业只有同时满足这些条件，才可能从事国际直接投资。总而言之，专属所有权优势回答了"为什么"的问题，即企业为什么走出国门，开展跨国经营。其原因正是为了利用在其他市场和国家的公司特定优势，帮助企业克服在国外市场中的交易和生产成本。区位优势回答的则是"在哪做"的问题。由于国际生产需要外国因素与企业的有利因素结合起来，跨国公司通过比较在一国在特定的经济条件下的区位吸引力，来选择自己的区位。内部化优势则关注并回答了"怎么做"的问题，即企业以何种进入模式渗透到外国市场。

第七节　发展中国家投资理论

以垄断优势理论、内部化理论、产品生命周期理论、国际折衷理论及边际产业理论扩展等为代表的传统对外直接投资理论是以欧美等发达经济体跨国公司的对外直接投资为研究对象，研究这些发达国家跨国公司之间的国际直接投资行为。但是，自 20 世纪 80 年代以来，发展中国家尤其是新型工业化国家（地区）在国际直接投资领域异军突起，扮演着越来越重要的角色，于是陆续出现了一些专门用来解释发展中国家对外直接投资行为的理论。较为引人注目的理论包括：小规模技术理论、技术地方化理论、技术创新与产业升级理论等。

一、发展中国家对外直接投资动因

发展中国家许多企业都具有特定的竞争优势，尽管它们通过对外投资可以获得大笔收入，但它们中的大多数还没有决定到国外去投资。它们或者以前从未考虑过这种可能性，或者认为对外投资的风险太大。那么，发展中国家的一部分企业又为何决定到国外投资、开设子公司呢？

发展中国家的企业，大多数在国外去制造产品之前都致力于出口，只有当已有的出口市场受到威胁时，它们才到国外去制造产品。不过，除此之外，它们的对外投资还出于其他一些原因。

1. 保护出口市场

研究表明，发展中国家的跨国公司在从事国际经营活动时，往往选择了出口先行的方式。但是由于贸易壁垒重重，出口不是长久充满活力的经营方式，发展中国家企业海外投资业务，大多数是在本国的出口受到配额的威胁时开展起来的。

2. 谋求低成本

贸易限制并非是对发达国家出口的唯一威胁。如同已经建立外向型工厂以便提供商品的发达国家企业一样,发展中国家出口商也寻求工资比其本国水平更低的劳动力,以对付成本更低的其他各国供应商的出口竞争。

3. 寻求廉价原材料

发展中国家有些公司到国外去为本国建立可靠的原料供给地,它们的动机与美国和欧洲的公司类似,如钢铁公司到国外投资,为的是寻求铁矿砂或其他原料。

二、小规模技术理论

路易斯·J. 威尔斯(Louis J.Wells)1983年在《第三世界跨国企业》一书中系统地分析了发展中国家对外直接投资竞争优势的来源。他认为由于一些特殊的竞争优势可以为小规模劳动力实现规模经济,技术密集服务于小市场,而这些都得益于母国低廉的劳动力成本和物美价廉的产品。这种小规模技术特征往往使劳动密集型的生产有着很大的灵活性,适合小批量生产。发展中国家跨国公司的竞争优势是相对的,主要源自低水平的生产成本,这种低生产成本是与其母国的市场特征紧密相关的。威尔斯指出不仅仅是大规模生产中的现代化技术具有竞争优势,适合小规模生产的技术同样也可以在竞争中占有优势。发展中国家跨国公司的比较优势主要表现在拥有为小市场需要服务的小规模生产技术、在民族特有产品的海外生产商颇具优势以及低价产品销售战略。

1. 发展中国家企业对外直接投资竞争优势的来源

威尔斯认为,发展中国家的技术优势具有十分特殊的性质,这些技术是投资企业本国市场环境的反映,因而使得发展中国家跨国企业具有在更落后国家的发展过程中发挥作用的巨大潜力。

大多数制成品的市场规模很小,这是发展中国家的一个特点,这个特点使得发展中国家的跨国企业在国外占据优势,而且发展中国家的企业家特别乐于发扬这个特点。如果发展中国家企业仅仅进口发达国家通常使用的制造技术,那么它们的工厂就很可能办得过大,与它们的市场不相称。在许多产品的销售市场较小的情况下,发展中国家的企业只有使技术适合于小规模制造才能增加利润。这些企业一般在开始时是使用从工业国引进的技术,然后逐渐改造使之适合于当地市场。这种为适应小规模市场而发展的技术有一个显著的特征,那就是劳动密集。

尽管第三世界的企业普遍地推行适合于发展中国家需要的小规模技术,但它们的革新活动绝非仅限于此,其他技术的发展也给了发展中国家企业若干能在国外利用的优势,那些优势同样是这类企业本国的特殊条件的产物。

其他方面的优势包括以下几个方面:

(1) 使用当地资源。困扰许多发展中国家的长期国际收支逆差,正是促使它们使用当地资源的特殊条件之一。为了解决国际收支赤字,许多国家的政府一般采用拦截进口的办法,有时抑制本地的消费,有时鼓励本地企业生产原先靠进口的产品。进口商品最终价格较高，一直鼓励着本地企业开始制造过去来自国外的许多产品。控制进口的办法，促进了许多发展中国家跨国企业母公司（工厂）的诞生。

（2）种族产品。在某些情况下，发展中国家的对外直接投资，是建立在一种相当特殊的优势基础上的。这些国外子公司基本上是为当地那些与投资来源国民族有血缘关系的种族社区服务的。这种投资项目虽然在发展中国家企业对外投资总额中只占很小的百分比，但在以发达国家为目的地的"上游领域"投资中，却占相当大的比重。

与发达国家投资者拥有的工厂相比，它们的优势并不在于小规模或劳动密集型产品，而主要在于制造当地同一种族居民社区所需要的产品。在国外，制造种族产品的企业成绩一目了然。它反映了这种企业有能力制造和销售适合于它们熟悉的居民所需要的产品，有时候，投资企业不仅带来了当地社区已熟悉的产品，也带来了熟悉的商标。与大多数外国投资者的情况相比，制造种族产品的企业的竞争优势，不在于工艺技术上，而在于产品的特殊性上。

（3）其他革新。发展中国家企业有其丰富多彩的革新史，它们的革新并不只限于那些小规模市场和短缺昂贵的投入所引起的项目，但是，一般来说革新是企业本国市场的特殊条件的产物。

在许多情况下，发展中国家的革新为的是适应那种被称作与工业国产品完全不同的客观环境。不管是哪类革新，发展中国家企业特有的优势，已导致它们把其国外子公司集中于与发达国家投资者所在的不同行业。发展中国家投资者的立足点，并不在"技术水平高"的行业。发展中国家企业往往采用与发达国家企业不同的方法，并且常常是在与发达国家企业立足的不同行业中从事革新活动。不同特征的技术，不同程度的进口倾向，有时还有不同的产品，是衡量发展中国家对外投资者同发达国家对外投资者的各自相关利益的重要因素。

2. 小规模技术理论推测发展中国家跨国企业的前景

发展中国家对外投资者在较小规模的制造活动中的优势表明，如果这些对外投资者原先的优势被别人夺取，它们极少能把各国的制造活动实行跨越国界的结合，以谋取规模经济的巨大好处。假如它们这样做了，那么就等于放弃了原先有效的优势。

一旦这类企业原有的优势被别人复制，仅仅少数几家企业有能力延续其子公司的寿命。因此，许多发展中国家的国外制造业子公司的生命周期十分短暂。随着时间的推移，这些子公司的利润和市场销售份额逐渐被当地竞争对手侵占，与母公司的联系遭到削弱，某些子公司出于自责或东道国政府的压力而不得不出让。

许多发展中国家企业的子公司生命周期较短，这种估计并不意味着发展中国家跨国企业总投资会减少。实际上，发展中国家跨国企业对外投资在不断增长，而且造成这种增长的条件还将长期存在。

（1）只有较富的发展中国家的企业从实践中取得对于发展程度比其低的国家具有借鉴意义的经验，那么具有竞争优势的新企业就可能出现并取代那些原有优势已消失殆尽的老公司。因此，较先进的发展中国家对发展程度较低的国家起着技术过滤器式的作用，这种作用肯定会继续，甚至还会扩大。

（2）发展中国家企业对外投资的最一般起因——出口市场受到威胁——可能继续存

在。第三世界对外开放发展战略的近期利益,就是要确保发展中国家之间制成品贸易的持续增长。可是如果发展中国家不设置进口障碍,发展中国家之间的投资就不会很快发展,因为拥有优势的企业仍可以通过出口向外国市场直供商品。但是,不管开放政策多么风行,只要大多数较穷国家的本国市场扩大到足以按合理成本就地制造商品,它们就会限制进口。因此,似乎没有理由认为未来投资的推动力会比过去小。

(3) 驱使企业进行投资而不是单纯转让其技术优势的因素也仍然存在。对外投资只不过是企业在其出口市场受到威胁时可能做出的一种反应。企业选择在国外建立子公司并使它们的优势转让过程内部化的办法,是因为合同安排常常带来一些问题,其中包括很难保障销售技术、知识等财产的安全,技术优势的潜在卖方和买方之间的信息不协调,以及许多可能意外发生的情况必须事先考虑到并写入长期合同。似乎没有理由可以预计,与合同安排相关的问题将会减少。

正如过去那样,这种投资的主要形式将仍是从工业化程度较高的国家流向工业化程度较低的国家。发展中国家跨国企业所拥有的可打出去的优势很少适用于富裕国家。小规模制造、以当地原料作为替代和其他类似技术,对发展程度较低的国家很有用。那里的市场条件同这些母公司本国当前普遍存在的条件很接近。

3. 小规模技术理论的评价

威尔斯有关第三世界跨国公司的研究在西方理论界被认为是在该领域研究的早期代表性成果。他把第三世界跨国公司竞争优势的产生与这些国家自身的市场特征结合起来。在理论上给后人提供一个充分的分析空间,使人们进一步思考作为经济落后国家怎样利用现有的技术而与自身的特点结合起来形成比较竞争优势。

但从本质上看该理论属于技术被动论。它显然继承了弗农的产品生命周期理论。传统观念认为发展中国家所生产的产品主要是使用降级技术生产在西方国家早已成熟的产品,这样发展中国家在这个国际生产的位置永远处于边缘地带和产品生命周期的最后阶段,发展中国家跨国公司在技术上的创新活动仅仅局限于对现有技术的继承和使用。小规模技术理论对于分析经济落后国家企业走向国际化的初期阶段以及怎样在国际竞争中争得一席之地是颇有启发的。世界市场是多元化多层次的,即使对于那些技术不够先进、经营范围和生产规模不够庞大的小企业,参与国际竞争仍有很强的经济动力。它不仅从企业的经营战略和长期发展目标上看是必要的,而且企业的创新活动大大增加了发展中国家企业参与国际竞争的可能性。

然而,该理论尽管对发展中国家的对外直接投资提供了理论依据,但仍不能解释那些在发展中国家高科技企业的行为和对外直接投资不断增加市场需求的事实。

三、技术地方化理论

英国经济学家拉奥在印度企业外商投资的基础上提出了新的理论,其著作《新跨国企业——第三世界企业的发展》中指出发展中国家可以获得自我竞争优势,尽管他们在一个较低的层次发展,但这要通过在东道国吸收先进技术。发展中国家企业不仅能够简单模仿先进技术,同时也能对外国技术的局部环节进行大幅度调整,这种技术地方化的过程,使发展中国家的跨国企业具有竞争优势。拉奥认为,即使第三世界跨国企业的技术特征表现为规模小、使用标准技术和劳动密集型,但这种技术的形成却包含着企业内在的创新活动。拉奥列举了发达国家跨国企业与发展中国家跨国企业竞争优势来源的不同方面。

发展中国家的相对优势正在从初始资源的传统基础和廉价的非熟练劳动力向制造产品和服务转移,并将更高的技能和技术投入进去。即便在生产活动中,低工资仍然是一个重要的竞争优势,但技术的变化和需求新模式的实施仍对技能有严格的要求。拉奥强调,发展中国家跨国公司的这种创新过程是企业技术引进的再生过程,而非单纯的被动模仿和复制。且企业的技术吸收与创新是一种不可逆的过程,这种创新往往受当地生产供给、需求条件和企业特有的学习活动的直接影响。

拉奥认为,不发达国家的技术优势包括生产技术特别适合发展中国家的要素价格和质量的条件,例如在生产技术的效率方面,由于比工业化国家的公司规模更小,其能够在研发产品能力方面满足当地的特别需要。不过拉奥也强调,不发达国家公司的技术优势不一定是成熟的小规模企业和劳动密集型技术。拉奥的实证研究证明,源于印度的外商直接投资不仅仅是简单的、低技术、小规模和劳动密集型的企业。

技术地方化理论不仅分析了发展中国家跨国公司的竞争优势,还强调了形成竞争优势所特有的企业创新活动。与小规模技术理论相比,拉奥强调发展中国家跨国公司对引进国外技术不是进行模仿和复制,而是对技术进行主动的消化、吸收、改进和创新,给引进技术的企业带来新的竞争优势。这个理论也证明了相对落后的国家企业以比较优势参与国际生产和经营活动的可能性。

这一理论与小规模技术的想法类似,但它更强调吸收创新技术,从而在国际生产和经营活动中形成一个新的竞争优势。

四、技术创新和产业升级理论

英国学者坎特维尔(Cantwell, 1989)和托伦蒂诺(Tolentino, 1993)提出,一国的对外直接投资是技术能力积累的结果,使外商直接投资理论从资源依赖型向技术依赖型发展,产业也在不断升级。基于这一阶段的动态过程和地理扩张以及技术积累的内在动机,它对发展中国家和新兴国家的对外直接投资结构具有指导意义。

不发达国家公司竞争优势的发展得益于技能和技术积累的过程。这些公司可以发展真正独特和本地化的技术创新。这一过程的结果是,不发达国家企业技术能力可以使他们在工业化国家中进行投资,就这一现象坎特维尔和托伦蒂诺也已经找到了验证的证据。

根据该理论的研究成果,发展中国家对外直接投资的产业分布和地理分布是随时间的推移而不断变化的。其地域发展次序如下:首先,在周边国家进行投资,利用地缘和种族优势扩大市场;其次,随着对外投资经验的累积,投资从周边向其他发展中国家拓展;最后,在积累了足够的经验之后,开始向发达国家投资以获取更高层次的经验。在产业分布方面,发展中国家企业首先从事的是以自然资源开发为主的纵向一体化生产活动;然后,开展进口替代和出口导向为主的一体化生产活动;在发展中国家工业化程度不断提高的同时,其产业结构也有所调整,而不再局限于传统产业的传统产品，开始向高科技领域的产品生产和研制领域发起进攻，进而开始涉足服务业以及高科技产业的生产和研发领域。

第八节 跨国公司投资理论的新发展

20世纪90年代以来，跨国公司对外直接投资活动的规模进一步加大，方式不断推陈出新，出现了一些新的特点和趋势。因此，学术理论界进行了分析概括，提出了一些新的理论观点和见解。

一、投资诱发要素组合理论

20世纪80年代末90年代初，西方许多学者将研究重点转向外部因素对国际直接投资行为的影响方面，形成了具有重要影响的投资诱发要素组合理论。该理论认为，对外直接投资的产生都是由直接诱发要素和间接诱发要素的组合诱发产生的。直接诱发要素是对外直接投资产生的主要要素，如投资国拥有劳动力、资本、技术等要素优势，就会诱发对外直接投资。发达国家的对外直接投资主要是直接诱发要素在起作用，这与它们拥有这种要素的优势有关。间接诱发要素是指直接诱发要素之外的其他诱发对外直接投资的因素，主要包括投资国环境、东道国环境以及国际经济环境三方面。

在一般情况下，直接诱发要素是对外直接投资的主要诱发因素。因为，对外直接投资本身就是资本、技术、管理和信息等生产要素的跨国流动。但是单纯的直接诱发要素不可能全面地解释对外直接投资的动因和条件。尤其是对大多数发展中国家而言，在资本、技术等直接诱发要素方面往往并不处于优势地位，其对外直接投资在很大程度上是间接诱发要素作用的结果。间接诱发要素在当今国际直接投资中起着越来越重要的作用。诱发要素组合理论阐述了对外投资的决定因素的作用，克服了先前国际直接投资理论中只重视投资目的、动机和条件因素，而忽视东道国和国际环境因素对投资决策影响作用的片面性。

二、竞争优势理论

波特认为，以往的国际直接投资理论只注重对跨国公司成因的研究，解决的只是跨国公司存在机制的问题。而对于跨国公司的发展机制，尤其是对现有跨国公司的管理、国际竞争对跨国公司战略的影响等重要问题缺乏研究。波特在其《国家竞争优势》一书中，在继承发展传统的比较优势理论的基础上提出了独树一帜的"国家竞争优势"理论，为贸易理论的发展做出了巨大的贡献。该理论着重讨论了特定国家的企业在国际竞争中赢得优势地位的各种条件。它给我们的启示是：在开放型经济背景下，一国产业结构状况并不是一成不变的，各国产业发展具有很强的能动性和可选择性，固有的比较优势不应成为谋求增强国际竞争优势的障碍。波特竞争模式由四个部分组成：

1. 生产要素

波特把生产要素分为基本要素和高等要素两类。基本要素包括自然资源、气候、地理位置、非熟练和半熟练劳工、债务资本等；高等要素包括现代化电信网络、高科技人才、尖端学科的研究机构等。基本要素中的人口、土地、自然资源是"遗传"或天赋的，是既定的先天条件，而高等要素要通过长期投资和后天开发，是创造出来的。在许多行业中，基本要素对企业竞争力有很大影响，但由于其普遍可供性和可替代性，基本要素的重要性正日益下降。与基本要素相反的是，高等要素的重要性与日俱增。高等要素是开发新产品、设计新工艺的必要条件，而且其供给相对稀缺。高等要素的"创造"需要长期大量的人力资本投资，而且要有适宜其生产的社会经济、政策环境。高等要素往往难以通过公开市场取得，存在市场交易"失效"的问题。因此，高等要素的获得对企业的国际竞争具有极重要的意义。

波特还把生产要素分为通用要素和特殊要素两类。通用要素包括高速公路、融通资金、大学一般专业的毕业生，这些要素可以为不同行业所共用；特殊要素是指应用面很窄的专业人才、专门设施和专门知识，特殊要素往往比通用要素在保持企业竞争优势方面更重要，因为特殊要素的创造需要更长的时间和更多投资，而且供给更有限，公开市场交易更困难。

2. 需求因素

本国需求条件是一个行业一个产品是否具有国际竞争力的另一个重要影响因素。企业的投资、生产和营销首先是从本国需求来考虑的，国内市场是企业"市场导向"的真正含义。企业从本国需求出发建立起来的生产方式、组织结构和营销管理是否有利于进行国际竞争，是企业是否具有国际竞争力的重要影响因素。所谓有利于国际竞争的需求，取决于本国需求与别国需求的比较，这种比较体现在三方面。第一，需求特征。这包括三层含义：第一层是本国需求是否有全球代表性；第二层是本国需求是否具有超前性；第三层是本国需求是否挑剔，挑剔的购买者会迫使当地企业在产品质量、式样和服务方面满足消费者的高标准要求，在这种需求环境下成长起来的企业必然经过磨炼而使自己具有较强的竞争力。第二，需求规模和需求拉动方式。当地需求规模大，增长率快的产品有利于提高该行业的国际竞争力；在需求拉动方式中消费偏好的多样性和差异性会激发企业的创新动力。市场的快速饱和也会造成降低价格的压力。第三，需求国际化。一国的需求方式会随着本国人员在国际上的流动而传导到国外，反过来本国人员在异国接受的消费习惯也同样会被带回来并传导开来。可是，无论是本国消费者走出去，还是外国消费者走进来，只要一国对外开放程度越高，其产品就越容易适应国际竞争。

3. 相关和辅助产业

对一国某一行业的国际竞争力有重要影响的另一个因素是该国该行业的上游产业及其相关行业的国际竞争力，如意大利制鞋业的国际竞争力就受到其供货商（制革机械、皮鞋配件、皮革加工、设计鞋样）竞争优势的有力支持。除了供货商的竞争力外，其他相关产业的竞争力也很重要，因此往往一国的优势行业会表现为一个"优势行业群"。相关行业的优势对一个具有国际竞争力的行业会起到相互促进、优势扩大的作用。

供货商和相关行业的水平之所以对某一行业竞争优势有重要影响，原因主要是：第一，有可能发挥群体优势。国际竞争往往不是单个企业之间的竞争，而是企业所属的各国生产、营销体系之间的竞争；企业的竞争优势不仅取决于供货商的相关产业的能力和策略。供货商往往提供上游产品和中间产品，具有国际竞争力的供货商能带动下游行业提高竞争力；而相关产业往往依托相同的技术和供货，易于开展互相的信息流和各种合作，而且还有技术外溢效果，因此会有明显的互相影响和带动作用。第二，可能产生对互补产品的需求拉动。第三，可能构造有利的外在经济和信息环境。相关行业的经济活动有相当强的"外部经济效果"，但这种外部经济效果的辐射面是有限的，往往只在本地区、本国范围内才有较大影响，这就要求相关行业在地理位置上相近。

4. 企业战略、组织和竞争状态

波特认为企业战略、组织和竞争状态是决定一国的企业如何创建、组织和管理的条件，而这在不同的国家和不同行业中有很大的差别。国家竞争力来源在于在特定行业中各种竞争优势能够恰当地匹配在企业中，而国内的市场竞争结构对培育企业的国际竞争力也有很大影响。各种优势能否被恰当匹配在企业中，很大程度取决于国家环境的影响。国家环境对人才流向、企业战略和企业组织形式的影响决定了该行业是否有竞争力。首先从人才流向的影响看，如果一个行业能长久地、持续地吸引和凝聚最出色的人才为之服务，这个行业就很可能在国际竞争中显示力量。其次从企业的战略来看，公司目标是企业战略中的核心内容，它受到下列因素的强烈影响：所有权结构、所有者动机、债权持有者动机、公司管理的特征，以及对高级管理人员的激励方式。最后从企业的组织方式来看，一些国家的文化强调个人首创精神，强调机会面前人人平等，优胜劣汰，奖励考核以个人为单位，如美国；另一些国家的文化传统鼓励人际合作，强调和谐、互助、奖惩主要以集体单位为基础，如日本。不同文化传统对企业生产组织方式带来直接影响。一国国内市场的竞争压力，也会对该国的国家竞争优势有所影响。凡是国内竞争程度高的国家，其厂商所受的压力大，被迫要进行技术创新与改进，而且还促使企业去寻求更高等级或更加长期效果的竞争优势来源，而受本国政府补贴和扶持的独占性垄断厂商则不易取得国际竞争优势。

另外，波特认为机遇和政府这两个附加因素也会对国家竞争优势产生影响。机会或偶然因素有时对产业的成功也会产生相当重要的影响，其中特别重要的有：纯粹的发明活动、重大的技术非连续性、投入成本的不连续性、世界金融市场和汇率的重大变化，世界或地区需求的高涨、外国政府的政治决策、战争等。另一个因素是政府。政府可通过其政策影响上述四个基本要素，从而对国家的竞争优势产生影响。这些政策包括：投资与补贴、规则、政府购买、税收等。政府在创造国家竞争优势方面的作用是通过政策来改进该国的"钻石"因素与竞争发展阶段转换所需的条件（见图3-3）。

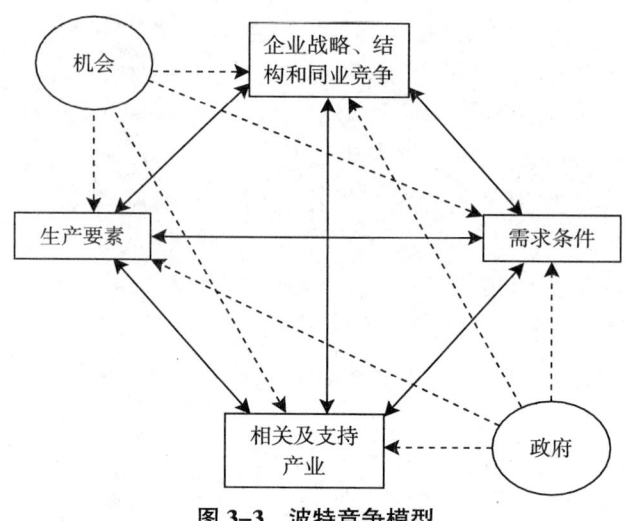

图 3-3 波特竞争模型

资料来源：迈克尔·波特.竞争优势 [M].北京：华夏出版社，2005.

三、资源基础理论

1984 年沃纳菲尔特（Wernerfelt）的"企业的资源基础论"的发表意味着资源基础论的诞生。资源论的假设是：企业具有不同的有形和无形的资源，这些资源可转变成独特的能力；资源在企业间是不可流动的且难以复制；这些独特的资源与能力是企业持久竞争优势的源泉。资源论的基本思想是把企业看成是资源的集合体，将目标集中在资源的特性和战略要素市场上，并以此来解释企业的可持续的优势和相互间的差异。

从资源基础的角度看，跨国经营就是跨国公司在全球范围内获取资源、整合资源的过程；从知识的结合、积累和创造的角度看，跨国经营是企业将组织边界扩展到海外进行学习，实现知识的结合、积累和创造的过程，因此，跨国公司网络组织就是为资源整合而组织的。跨国公司网络组织实现全球资源整合，主要涉及以下三个相互联系的层面（见图 3-4）：

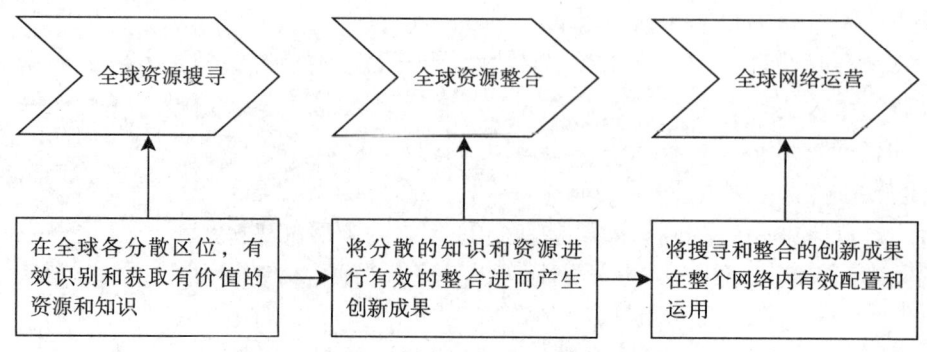

图 3-4 跨国公司网络组织的全球资源整合

资料来源：潘素昆.跨国公司经营与管理 [M].北京：中国发展出版社，2009.

从资源整合的角度来看，主流的跨国公司理论将"总体结构"作为分析对象，强调母公司的作用，而忽视子公司的作用，并基于"对称层级"的概念，强调"一视同仁"和"家长制"，忽视子公司的差异。总的来看，把子公司当作没有创造性的执行者，看作是母公司优势和资源的转移者和接受者，不重视子公司资源作用的发挥和优势的创造性，避免子公司之间的横向联系和依存。但是，资源基础跨国公司理论认为在跨国公司网络组织中，资源、管理能力和决策分散在整个组织之中，而不是仅仅集中于高层；在整合全球资源的过程中，子公司之间的资源流向存在横向联系，各个子公司之间相互依赖的同时，对总部的依赖减少；跨国公司组织活动和价值创造在多个维度进行协调。因此，资源基础跨国公司理论把子公司看作是优势的创造者和提供者，从资源的搜寻和获取，到资源的整合与创造，再到全球运营的整个过程中，子公司都发挥着重要作用。这也是资源基础跨国公司理论与传统跨国公司理论的重要区别。

四、产业集群理论

近年来，国际直接投资的集群布局现象日趋显现。这种产业集群有以大企业为主体的，也有以中小企业为主体的，有分布在发达国家的，也有分布在发展中国家的。产业集群理论，有时也称为产业集聚理论或企业扎堆理论，其代表人物包括波特、克鲁格曼和伦德瓦尔等。该理论认为，今天的跨国公司对东道国的战略性资产更感兴趣，这种战略性资产主要指高新技术、知识以及高素质的人力资源，跨国公司希望通过获得这些战略性资产来增强自己的核心优势。而这些资产往往集聚在特定的地区和环境中，使得跨国公司趋之若鹜地纷纷去投资，从而产生了集群现象。这也是跨国公司追求资源的必然结果。这种解释比较适用于发达国家的产业集群，如美国硅谷的信息产业集群；对于发展中国家或地区出现的产业集群，如印度班加罗尔的软件产业集群和中国台湾的计算机产业集群，该理论的解释是：产业或企业的集群布局可以实现服务或生产的配套，创造出一种产业配套环境，实现外部规模经济，大大节省原材料和零部件的运输与仓储等物流成本，从而找到新的降低成本和提升产品竞争力的途径。产业集群布局在中国已经出现，如北京经济技术开发区的"星网工业园"等。

五、非股权安排理论

非股权安排形式的国际投资是指外国投资者（如跨国公司）并没有在东道国企业中占有股权，而是通过与东道国企业签订有关技术或管理等方面的合同，取得对该东道国企业的某种控制管理权。在20世纪90年代以前，跨国公司主要是通过股权安排对其国际化的生产和销售体系实施控制、整合与指挥，故以前的理论研究也主要以股权安排为核心展开。20世纪90年代以后，跨国公司与其他企业间的非股权安排或非股权联系出现，并得到迅速发展，其形式包括许可证合同、管理台同、特许经营合同、销售合同、技术援助或技术咨询合同、工程承包交钥匙合同、国际战略联盟、制造合同和分包合同等。非股权安排越来越为跨国公司所青睐，形成了目前股权安排与非股权安排同时并存和发展的格局。

非股权安排理论认为，跨国公司所具有的核心优势的特性是一些跨国公司选择非

股权安排以及进行国际战略联盟的内在原因,这些特征可以概括为:

(1) 独特性。独特性是指不易模仿性、不可交易性和不可分割性。这几个特点可以通俗地概括为学不到、买不来和拆不开。

(2) 绝缘性。跨国公司的核心优势之所以能够长久地保持,主要是由于一种绝缘机制在发生作用。这种绝缘机制包括两个方面:第一个方面是模仿障碍,包括模仿的法律限制,在获得资源和吸引客户方面享有的特殊权利,对历史条件和历史传统的依赖,在一定的社会环境和企业组织系统中长期培育获得的特定优势。第二个方面是先发优势,主要指先行制定技术标准和技术规范而产生的路径依赖与锁定。

(3) 整体性。整体性是指某些独特的知识、技术诀窍和能力等是在跨国公司特定的组织系统中,通过集体学习和长期培育而形成的,它已经沉淀在企业文化当中,渗透在企业运作的各个环节中,所以具有整体性。

(4) 隐含性。隐含性是指跨国公司具有的知识、技术诀窍和能力往往是隐含的,难以用语言文字传递和包装出售。隐性知识主要通过人际交往、精神形式、技术技巧和经验交流的方式传递。

六、外包生产理论

外包生产理论也称贴牌生产或外部求援理论。OEM (Original Equipment Manufacturer) 即外包生产,直译为"原始设备制造"或"贴牌生产",有时也用外部求援代替。与 OEM 相应的还有 ODM (Original Design Manufacture),即原始设计制造。当前,有很多大型跨国公司通过国际投资发展制造业或服务业的外包业务,OEM 已经发展成为跨国公司的一项重要的经营战略和海外投资途径,有相当多的外包业务都是在跨国公司母公司与海外分支机构以及跨国公司的分支机构之间进行的。外包生产与归核化有关,归核化强调一元化和集中化,强调把公司的业务归拢到有竞争优势的行业,把经营重点放到价值增值链上最重要的环节,重视核心竞争能力的培养、保护和发挥,重视战略性外包。例如,美国著名的体育用品经销商耐克公司,几乎没有一间自己的生产车间,其产品主要是通过外包来生产。

近年来,外包业务发展出现了几个新趋势:

1. 从本土走向海外,出现离岸外包

美国本土 90% 的企业把他们软件开发业务的 60% 已经外包给了印度,只将核心业务留在本国,而将非核心业务包给擅长这类业务的海外企业。

2. 从制造业走向服务业

外包是从制造业起步的,最初,外包主要是制造业企业为了降低成本,提高效益而采用的将产品的非关键部分通过分包合同转让给别的公司或海外公司的一种经营方式,现在已经扩展到以信息为主的服务业,典型的有软件开发,还有公司的办公室文案、人事资源管理、库存管理、财务会计、客户服务中心、售后服务电话支持系统等。另外,大型零售商店等服务业企业也开始积极发展外包业务。

3. 从劳动密集走向技术密集

外包业务开始从低附加值向高附加值演进,从技术含量低的领域发展到高新技术领域。

4. 从公司弱小的标志演变成为提高绩效的手段

外包已经不是公司弱小的标志,而成为提高组织绩效的重要方法。外包业务的发展对发包方和接包方、发达国家和发展中国家都产生了重要影响。2004年2月,美国《纽约时报》进行了一项调查,题目是"50年后再回过头来看2003年的美国,你认为哪件事情对你影响最大",40%的人将外包作为第一选择,反恐反倒排在了第二位。而在2003年夏天,美国各大学在例行调查毕业生愿意从事什么工作时,多数学生的回答是不会被外包的工作。美国政府于2004年1月规定限制政府项目外包给外国公司;50名国会众议院议员提出提案"对离岸外包项目,政府不给融资支持和贷款担保"。这说明外包导致了发包方工作机会的外流和减少,已经成为政府必须面对的一个政治和社会问题。当然,承接外包业务也给接包方国家带来了就业机会,因此不少国家对承接外包业务持积极欢迎态度。应当说,外包是经济全球化条件下国际分工的一种新形式,国际投资、国际贸易或国际生产将因此而形成一种崭新的格局,并使世界经济结构发生巨变。

自海默提出垄断优势理论到邓宁折衷范式的形成,跨国公司理论虽然流派纷呈,但其基本的分析框架都是以垄断优势为核心,将跨国公司对外直接投资视为利用其现有优势的过程。直到20世纪90年代中期,面对跨国公司发展的新情况和新变化,跨国公司理论的重点开始发生转移,一股以寻求创造性资产为核心的跨国公司理论思想开始兴起。由于这种思潮抛弃了垄断优势的既有前提,因而对传统的跨国公司理论范式形成了严重冲击。邓宁把自己的理论称为折衷理论,其意图是要集百家之长,熔众说于一炉,建立跨国公司的一般理论。越来越多的学者从发展中国家跨国公司与发达国家跨国公司存在本质不同,来试图找到发展中国家跨国公司的特点,在这个基础上研究发展中国家是如何结合母国的区位优势与发达国家的区位优势获得了最初的竞争优势,通过利用全球种族纽带网络和合资企业为进入市场方式,进一步发展其优势。

总之,随着时间的推移,跨国公司的对外直接投资理论不断得到发展。这是由于所处经济发展阶段的不同,当时所产生的理论势必会受到现实的限制。随着直接投资不断发展并呈现出新的特点,势必要求产生新的理论来解释新的现象。各个外国直接投资理论虽然各有所长、各有所短,但是其产生都揭示了特定对象国直接投资的部分动因、流向等,也为新理论的产生奠定了基础。

本章小结

1. 垄断优势理论认为只有具备垄断优势的企业才能从事对外直接投资,并把跨国公司对外直接投资所凭借的垄断优势分为四类:来自产品市场不完全的垄断优势、来自要素市场不完全的垄断优势、来自规模经济的垄断优势以及来自政府干预的垄断优势。正是市场存在的种种不完全性才构成了跨国公司拥有垄断优势的社会基础。

2. 产品生命周期理论论证了区位因素在对外直接投资中的重要性。国际产品生命周期包含新产品阶段、成熟产品阶段以及标准化阶段三个阶段。

3. 内部化理论认为只要内部化的收益大于外部市场交易成本和实现内部化而付出的成本,企业便拥有内部化优势,从而可以进行跨国经营。

4. 国际生产折衷理论认为企业要进行对外直接投资,必须同时具备所有权优势、内部化优势和区位优势。

5. 小规模技术理论、技术地方化理论及技术创新和产业升级理论为发展中国家对外直接投资提供了理论支持。小规模技术理论认为发展中国家具有适合发展中国家市场需求的小规模技术,这成为其对外直接投资的特定优势。技术地方化理论强调发展中国家引进发达国家的技术,并对其进行改造、消化和创新,这种技术化形成了发展中国家的竞争优势。技术创新和产业升级理论认为持续的技术积累可以促进一国经济发展和产业结构的升级,而技术能力的不断提高和积累又促成了企业的对外直接投资。

6. 投资诱发组合理论认为,国际直接投资就是建立在直接诱发要素和间接诱发要素的组合之上。

7. 国家竞争优势理论说明国内竞争可以促使企业发展对外直接投资,同时又为企业在国际竞争中获胜创造了条件。

8. 资源论假设企业具有不同的有形和无形的资源,这些资源可转变成独特的能力;资源在企业间是不可流动的且难以复制;这些独特的资源与能力是企业持久竞争优势的源泉。资源论把企业看成是资源的集合体,将目标集中在资源的特性和战略要素市场上,并以此来解释企业的可持续的优势和相互间的差异。

9. 产业集群理论认为产业或企业的集群布局可以实现服务或生产的配套,创造出一种产业配套环境,实现外部规模经济,大大节省原材料和零部件的运输与仓储等物流成本。

10. 非股权安排形式的国际投资是指外国投资者(如跨国公司)并没有在东道国企业中占有股权,而是通过与东道国企业签订有关技术或管理等方面的合同,取得对该东道国企业的某种控制管理权。非股权安排理论认为,跨国公司所具有的核心优势的特性是一些跨国公司选择非股权安排以及进行国际战略联盟的内在原因,如独特性、绝缘性、整体性和隐含性。

11. 外包生产理论也称贴牌生产或外部求援理论。与 OEM 相应的还有 ODM。OEM 已经发展成为跨国公司的一项重要的经营战略和海外投资途径,有相当多的外包业务都是在跨国公司母公司与海外分支机构以及跨国公司的分支机构之间进行的。外包生产与归核化有关,归核化强调一元化和集中化,强调把公司的业务归拢到有竞争优势的行业,把经营重点放到价值增值链上最重要的环节,重视核心竞争能力的培养、保护和发挥,重视战略性外包。

课后练习题

一、简答题

1. 跨国公司的垄断优势有哪些?

第三章 对外直接投资理论

2. 简述小岛清的比较优势理论。
3. 内部化理论对跨国公司竞争战略管理有什么影响?
4. 简述发展中国家跨国公司投资理论的主要内容。
5. 跨国公司投资新理论有哪些?

二、论述题
1. 论述发展中国家如何利用弗农的产品生命周期理论来吸引外国公司的投资活动?
2. 论述邓宁的折衷理论如何解释了跨国公司的存在?

三、案例分析题

海尔的国际化生产战略

海尔的国际化生产战略便是遵循着产品生命周期发展规律的原理。如今,海尔集团自1984年创立以来,从一个亏损147万元的濒临倒闭的小厂,由小到大、由弱到强、由国内到国外,一跃成为品牌价值为440多亿元人民币,全球销售额达768亿元人民币,拥有包括白色家电、黑色家电、米色家电在内的69大门类10800多个规格品牌群的具有一流国际化水平的国有特大型企业,成为中国家电名副其实的老大。根据欧洲2002年的统计:海尔位列全球白色家电企业五强。纵观海尔集团的发展历程,其生产战略按产品生命周期理论来划分,现可以分成以下两个阶段:

第一阶段为1984~1998年,根据产品生命周期理论,技术水平不高,只具有相对成本优势的海尔集团正处于中小企业阶层。这一时期,海尔集团的国际化生产战略便是不断吸收、引进国内外先进的生产技术,提升自己的管理水平,提升自己产品的附加值。海尔从1984年引进德国利勃海尔的亚洲最先进的四星级电冰箱生产线开始,通过与中国科学院、北京航空航天大学、菲利浦集团等国内外著名的科学研究所、大学、跨国公司合作,不断增强自己的科技水平。同时,通过兼并、控股等一系列资本运营手段,逐步壮大自己的综合实力,进而通过自己强大的技术水平和雄厚的经济实力,不断地进行技术创新、管理创新,不断进行技术管理和资本的积累,如此周而复始,使集团的年平均增长率达到80%以上。

第二阶段是从1998年至今,在这一时期,通过第一阶段的技术、管理和资本上的积累,使海尔集团已经迈入了国际化大公司的行列,海尔集团拥有的技术、管理优势与世界先进水平保持了同步的发展,部分甚至是领先世界先进水平。所有这一切,使海尔集团基本具备了产品生命周期理论中所阐述的对外扩张的生产战略的实力。因此,在这一阶段,海尔集团在"先有市场,再有工厂"思想的指导下,开始了在海外建立生产工厂、基地的历程。

总的来说,海尔这一阶段的国际化生产战略按照"先易后难"与"先难后易"相结合的原则,分为以下两个层次:

第一个层次是到1999年4月止,这一阶段的海尔的科研实力和技术实力还不足够强,他们选择了去技术、管理综合水平比其稍低的印度尼西亚、菲律宾、印度，以维持其所有权优势，并通过内部化优势表现出来，如1996年6月在印尼成立海尔莎保罗（印度尼西亚）有限公司，1997年在菲律宾成立海尔-LKG电器有限公司，在马来西亚组建海尔工业（亚细安）有限公司，就是这一国际化生产战略的体现。

第二个层次是从1999年4月始到现在，这一阶段，随着企业的技术、管理、资金等所有权优势的不断增加和前一层次国际化生产战略推行中的国际化生产战略经验的逐步积累，海尔集团已经基本具备了进入国际一流企业行列的条件。此时，海尔的国际化生产战略也发生调整。以1999年4月美国海尔中心在美国南卡罗来纳州首府哥伦比亚市附近的汉姆顿建立生产基地为标志，海尔集团先后在美国、日本、意大利等建立了生产基地，并依次分别组建了美国海尔、日本海尔、欧洲海尔，使其国际化生产战略延伸到了被誉为国际一流冰箱技术发源地的美国、日本、欧洲。对惠而浦、三洋、伊莱克斯、通用电器等全球家电巨头发起了冲击，并迫使通用这样的巨头退出了电冰箱行业。事实证明，海尔的这一国际化生产战略是正确的，海尔也因此获得了不俗的战绩，如海尔美国2002年就完成了10亿美元的销售额，其海外销售额达到59亿美元。

海尔国际化生产战略的启示

海尔以非凡的速度不断成长壮大，有赖于集团审时度势，适时调整其国际化的生产战略，而其对国际化生产战略的调整，恰恰是遵循着产品生命周期理论这一规律。因此，我们可以说，海尔的不断成长、壮大，是正确遵循产品生命周期理论的必然结果，它的成长，对于我们国家一些已经、正在或是将来走上国际化生产战略的企业来说，是很具有借鉴意义的，具体分成以下几点：

（1）企业的国际化生产战略要与企业的所有权优势相当，企业要不要实行国际化生产战略，实行什么样的国际化生产战略，与企业所掌握的技术、管理、资本等所有权优势息息相关。按照产品生命周期理论，越是企业所有权优势强的企业，其国际化生产战略的水平就越高。就中国具体企业而言，由于中国是个发展中国家，企业的综合水平不是很高。因此，大部分企业与国际一流企业相比，企业的所有权优势不明显，或者说处于劣势。因此，作为这一类企业，其国际化生产战略的方式只能是接受国际一流企业的所有权优势，通过吸引国外一流企业的技术、管理、资金等逐步发展壮大自己，或是为国际一流企业做OEM、ODM，通过这些方式，积累自己的企业所有权优势。当企业的所有权优势积累到一定程度，就可以考虑在技术水平在本企业水平之下的地区、国家推行国际化生产战略。

（2）企业所掌握的先进技术的多少与管理优势的高下是企业推行国际化生产战略的关键。产品生命周期理论告诉我们：企业能推行国际化生产战略，关键是其拥有技术等所有权优势和内部化优势。所有权优势和内部化优势的多少是企业国际化生产战略成败与否的关键所在。

资料来源:百度文库,http://wenku.baidu.com/link?url=tQHNeZne2k4eJW7amB5OubzfG7FB_0ESkRyLBtZPd-Brf Tvs35tMUCGKL2H0dyQgeh0TuU0GjuaBKWM7ZuJuPRiD1Ab2z03I7Jpd2K3jz0FO,2014-05-11.

讨论题:
请选择合适的跨国公司投资理论来分析海尔的国际化生产战略。

第四章 跨国公司对外直接投资

本章学习要求
* 掌握跨国公司对外直接投资的定义
* 理解跨国公司对外直接投资动因
* 清楚跨国公司对外投资的不同模式
* 了解不同投资模式的优缺点
* 了解跨国公司战略联盟的原因

本章主要概念

对外直接投资　跨国公司独资经营　跨国公司合资经营　绿地投资　兼并与收购　战略联盟

开篇案例　　　　　　**华凌集团收购格鲁吉亚贝西斯银行**

2012年6月11日上午，格鲁吉亚财政部部长 Dimitri Gvindadze、经济与可持续发展部部长 Vera Kobalia 在联合出席格鲁吉亚上海论坛中与新疆华凌工贸（集团）首席财务官张军公布了该公司即将完成收购格鲁吉亚贝西斯（Basis）银行的消息。

6月12日，中国驻格鲁吉亚大使馆经参处工作人员证实，该公司与 Basis 银行股东已经签署收购协议，同时国家开发银行一笔关于支持该项收购以及后续发展的贷款已在上周审批完成。

2012年6月28日，中国新疆华凌工贸（集团）有限公司（华凌集团）与欧洲复兴开发银行（European Bank for Reconstruction and Development，EBRD）、Zurab Tsikhistavi 先生及其他银行股东达成协议，收购 Basis 银行股份公司（"Basis 银行"）90%的股份。收购完成后，银行原最大股东欧洲复兴开发银行和银行创始人 Zurab Tsikhistavi 先生将各自保留银行少数的股份。同时，Zurab Tsikhistavi 先生将继续担任银行监事会主席一职。

7月3日，中国新疆华凌工贸（集团）有限公司在第比利斯宣布收购格鲁吉亚贝西斯银行90%的股份，从而成为第一家控股海外银行的中国民营企业，进而在格鲁吉亚开启了人民币跨境结算的进程。

资料来源：根据网上关于"华凌集团收购格鲁吉亚贝西斯银行"的资料整理而得。

第四章 跨国公司对外直接投资

跨国公司进入海外市场主要有三种方式：贸易型、契约型和投资型。贸易型即产品出口是跨国公司进入国际市场的一种最简单的模式。企业基于对利润、市场份额的追求，需要重新设计其参与国际竞争的模式，对外直接投资（Foreign Direct Investment，FDI）就是其重要的选择之一。跨国公司一般以对外直接投资为主。20世纪90年代以来，经济全球化和区域经济一体化发展趋势明显，对外直接投资迅速增长。跨国公司是对外直接投资的主体和载体。跨国公司拥有巨额的资本、先进的科学技术、现代化的管理手段以及世界性的销售网络，所到范围遍及全球各个市场，成为推动全球经济增长的重要引擎。

第一节 对外直接投资简介

对外直接投资是跨国公司最重要的活动形式，是大型公司全球生产和销售策略的重要组成部分。可以说，跨国公司既是对外直接投资的主体，也是对外直接投资的产物。

一、对外直接投资的定义

不同组织、国家或地区对对外直接投资给出了不同的定义，具体的操作也有所不同。

国际货币基金组织和经济合作与发展组织认为，对外直接投资是指一国（地区）的居民实体在其本国（地区）之外国家的企业中建立长期关系，享受持久利益与控制权的投资。美国商务部对对外直接投资的定义是：对外直接投资是指某一个人在某一个国家对位于另一个国家的企业具有持续性的利益或某种程度的影响。英国里丁大学教授邓宁将对外直接投资定义为：一个企业在其母国以外进行的投资，这种投资包括资本、技术、管理技能、进入市场的优势以及企业家的声誉，投资者对投资资金拥有控制权。从本质上讲，对外直接投资就是将货币或实物资本直接投向国外的国家或地区的生产领域中，跨国界建立或者扩展公司。至于投资者需要拥有多少股权才能对国外企业的管理行使有效的发言权这一问题，不同国家有不同的规定，如美国商务部规定的股份是10%以上，也有国家将这一比例定为25%以上，不过对于大多数国家而言，这一比例介于10%~25%之间。

综合上述定义，本书将对外直接投资定义为：企业以拥有或取得国外企业的经营控制权为特征，以获得长期投资效益等利益为目的的投资活动。也就是说，对外直接投资是一国投资者为取得国外企业经营管理上的有效控制权而输出资本、设备、技术和管理技能等无形资产的经济行为，是企业基于跨国经营方式的选择所形成的国际间资本转移。

二、对外直接投资的动机

综合来看，跨国公司对外直接投资的动机主要包括以下几个因素：

1. 扩展市场

扩展市场型对外直接投资是指企业希望通过开发东道国为他们的商品和服务寻找新的买家，或进一步实现市场扩展目的而进行的对外直接投资。

当东道国存在关税或其他贸易壁垒时，跨国公司会选择在东道国直接投资以代替出口来实现市场扩展。此外，出于对自己产品的信心或希望更好地满足东道国消费者的消费偏好，跨国公司也会选择在东道国投资建厂。

另一种常见的情形是产品在本国市场已经饱和，迫使企业必须向外寻求拓展。即若某些行业技术发展所需的最小市场规模已超过一国最大的市场容量时，跨国公司需要通过国际化经营以寻找新的市场机会。如雀巢早在1875年就开始通过航运向16个不同的国家输出牛奶，而促使其成为跨国公司的一个重要原因就是它的母国——瑞士太小了，雀巢在瑞士本国的资产仅占其全部资产的5%。

"追随潮流"（Band Wagon Effect）是处于寡占市场结构中的企业进行对外直接投资的另一原因。所谓追随潮流是指一旦有一个企业向国外扩张，同行业的其他企业为确保国内外市场的地位、维护自己的相对市场份额、保持竞争关系的平衡而竞相向国外扩张。

2. 降低成本和获取资源

以低于母国的成本获取生产资源来降低生产成本是跨国公司对外直接投资的主要驱动因素之一。产品虽然可以经由出口进入东道国市场，但是高额的成本，如交通运输成本，会推高消费者价格。因此，提供商品和劳务的厂商或经销商往往喜欢在商品市场的所在国生产和推销产品，其根本原因就是希望降低成本，以获取更高的利润。如20世纪80年代丰田采用的在美国投资建厂并直接在美国销售的生产销售模式，显然要优于在日本本国生产再通过新奥尔良来运输和分销的产品销售方式。

资源是跨国公司对外直接投资的另一重要驱动因素。跨国公司会出于追求稳定资源投入、避免因行业竞争而导致的上游产业不稳定所引发的资源紧缺而对外直接投资。资源追求型对外直接投资是20世纪20、30年代以来占主导地位的对外直接投资形态。

跨国公司期望获得的资源主要包括自然资源、劳动力资源、技术与管理技能等。生产中间产品的跨国公司，多以获取自然资源为目的。由于劳动力成本过高，发达国家企业则以获取廉价的劳动力资源为主。技术和管理技能则是发展中国家或新型工业化国家企业急需的资源类型。

此外，若某些在生产中所必需的资源属于本国的稀缺资源时，也可能迫使企业对外直接投资以获取国外的这类资源。

3. 寻求战略性资产

所谓战略性资产，是指对企业生存和长远发展具有战略意义的资源，主要包括研究与开发能力、商标、商誉、特许权和营销网络等。一般而言，难以从外部市场获得或在内部形成亦需要较长时间的资产均属此列。

企业在跨国经营中可以通过对外直接投资获得技术和市场上的协同效应，尤其是可以利用和获取国外竞争者、供应商、顾客、国家教育和创新体系所提供的创造性资产，从而增强全球创新能力和生产竞争力。例如，联想集团正是利用IBM的PC事业部打开了国际市场,并由此获得 PC 机的核心技术。2004 年 12 月 8 日至 2005 年 5 月 1 日,中国联想集团以实际交易价格为 175 亿美元(其中含 65 亿美元现金、6 亿股票以及 5 亿的债务)收购了 IBM 在全球范围的笔记本及台式机业务及相关业务,包括客户、分销、经销和直销渠道;"Think"品牌及相关专利、IBM 深圳台资公司(不包括其 X 系列生产线)以及位于大和(日本)和罗利(美国北卡罗来纳州)的研发中心。收购完成后,联想随即成为全球第三大 PC 厂商,并进入世界 500 强企业。

4. 追求效率

跨国公司为提高效率进行对外直接投资,目的是利用各国的生产要素、经济体制、政府政策等各方面的差异,在全球市场内配置资源以分散风险或获得规模经济。

企业经营在一定时期或特定阶段就会遇到效率问题,此时,跨国公司可通过对外直接投资来建立全球生产体系,实现资源的最优配置和经济效率的最大化目标。

在下述情形中,跨国公司可能会出于追求效率而对外直接投资:①企业在本国的生产成本高于在国外生产时,可通过对外直接投资方式在国外设厂生产,以降低生产成本、运输成本等,从而提高生产效率;②为实现规模经济,当企业发展受国内市场容量限制而难以达到规模经济时,可通过对外直接投资将其相对闲置的生产力转移到国外,以提高生产效率、实现规模经济。总之,企业的效率导向型跨国经营意在通过对外直接投资来降低成本、提高生产率。

跨国公司也可能通过重组他们的海外股份来应对更广泛的经济变化。例如,由于成员国可以享受到更低的关税税率,建立新的自由贸易协定会使协定内国家的企业更具竞争力。

5. 技术变革

技术变革,特别是交通和通信技术的变革是对外直接投资蓬勃发展的关键推动因素。过去 150 年里交通工具的进步——从帆船到汽船、水上飞机、现代喷气式飞机——意味着一个伦敦的经营者不用再漂洋过海几个星期与在孟买、雅加达或者纽约的同行进行协商。在此,值得一提的还有电子商务的快速发展。

电子商务是指通过计算机网络如互联网购买和销售信息、产品和服务。电子商务对许多行业包括银行业、博彩业、旅游代理和一般零售等产生了重要影响。毫无疑问,跨国公司的许多方面——供应、生产、营销、分配、票据和支付在过去十年间发生了革命性改变。计算机快速处理海量信息的能力使公司能够管理分布在世界各个角落的办事处和工厂。例如,英国石油公司凭借计算机不断调整提炼厂的产出和油轮船队的移动来应对全球石油产品需求的变化。通信技术的变革使新加坡的经营者能够即时收到在阿姆斯特丹、阿比让和奥克兰的同事发送的报告而不需花费几天的时间。这些技术进步切切实实地促进了国际经营的发展。

6. 社会变革

全球意识的扩散推动了多样化异国商品的销售,具有强文化特点的产品和服务也开始为越来越多的外国消费者所接受,进而促进了跨国公司的对外直接投资。比如,食品生产商试图打开欧洲市场和亚洲市场,但是欧洲人习惯吃面包和天然谷物,而亚洲人则偏爱鱼和米饭,这种明显的差异使得早期的产品生产者遭遇了巨大挫折。然而,经过长期、密集的广告活动以及人们思维的革新,类似的具有独特特色的产品开始在国外被更多人所接受,跨国公司的对外直接投资开始大幅增加。而与之类似的产品还包括来自法国的瓶装水、日本的电视机、德国的豪车等。

东道国特别是发展中国家东道国的优惠政策,使对外直接投资产生了强烈的吸引力,促进了世界对外直接投资的发展。这些优惠政策不仅可以减少其跨国经营风险,还可以降低经营成本(如税收优惠、土地优惠等直接降低了跨国公司在东道同经营的成本),从而获得高额利润。从这些东道国的发展来看,其第一代优惠政策以向跨国公司提供激励性措施为主,第二代则注重对外直接投资规制框架的自由化变革,第三代更强调当地企业与跨国公司之间的关联以达到带动国内经济发展的目的。

7. 分散风险

企业在进行跨越国界的经营过程中会面临种种风险,如经济风险(主要指汇率风险、通货膨胀、利率风险等)和政治风险(主要包括政治变动风险、政治动荡风险、国有化风险等)。企业通常采用谨慎的方式对待政治风险,尤其是尽可能避免在政治风险大的国家进行投资。而对于最常面对的经济风险,企业则采用多样化投资方式来分散或降低风险,主要是通过在世界各地建立子公司,将投资分散于不同的国家和产业,以便安全稳妥地获得较高的利润。

8. 转移产业

转移环境污染产业或夕阳产业已成为一些跨国公司进行对外直接投资的主要动机之一。越来越多的发达资本主义国家迫于日益严重的环境污染问题,严格限制企业在国内从事易造成污染的产品生产,从而促使企业通过对外直接投资,将污染产业向国外转移。因此,发达国家企业的对外直接投资,尤其是在制造业对外直接投资中,化工产品、石油和煤炭产品、冶金、纸浆造纸等高污染行业所占比重是相当高的。

在分析和理解对外直接投资的动机时需要注意,跨国公司对外直接投资的根本动机和目的是追求利润最大化,各类投资动机亦不是相互排斥而是互补的,即某一类投资项目往往是多种投资动机相互作用的结果。

第二节 绿地投资

对外直接投资的两种基本类型是:绿地投资和跨国并购。

一、绿地投资的定义

绿地投资又称新建投资(Green Field),是指跨国公司等投资主体在东道国境内依照东道国的法律法规设置的部分或全部资产的所有权归外国投资者所有的企业。由于绿地投资直接增加了东道国的生产能力,因而有利于在东道国集资并创造就业机会。

"绿地投资"这一名称源于在一片"绿色的"土地上如农田或森林逐渐修建设施。随着时间的推移,这个术语已经变得更具有隐喻意味。由于它可以创造新的生产能力和工作、转移技术和知识、直接为当地经济创造就业岗位、刺激经济发展，所以这是东道国吸引外资工作的主要目标。跨国公司则能够由此以更低的成本生产产品（因为先进的技术和高效的流程）和使用资源（半成品、劳动力等）、建立与国际市场的联系。值得注意的是，绿地投资所形成的利润并不会直接反馈给当地经济，而是回馈至跨国公司的本国经济。

二、绿地投资的形式

绿地投资的突出特点是经营权和所有权高度集中于东道国公司。其通常包括两种形式：全资子公司和合资企业。

1. 全资子公司（Wholly Owned Subsidiary）

全资子公司，顾名思义，是指母公司对子公司拥有100%的所有权和控制权，即投资主体在东道国境内依法设立的全部资本为外国投资者所有的企业。这种方式准许投资者独享投资收益、充分利用其内部优势的同时也要求投资者拥有较全面的经营能力并承担更多风险。在国外市场建立子公司可以采取两种途径：在东道国设立一个全新的经营机构或者收购一个已有的公司，借此直接在东道国市场中销售产品。

（1）全资子公司的优势。主要有：第一，当公司的竞争优势建立于技术能力之上时，全资子公司有助于保守专利技术，降低了对技术能力丧失控制的风险。为此，许多高科技公司都更倾向于选择这种海外拓展的进入模式。第二，企业可以通过全资子公司来严密控制它在各国的经营活动，这对企业的全球战略调整来说是十分必要的。同时，这种经营模式也确保了子公司和总部之间政策、战略、产品质量和销售计划的一致性。第三，如果一家公司试图实现区位和经验曲线经济（正是公司推行全球和跨国战略想要实现的目的），那么可能需要建立全资子公司。第四，不存在合作管理等摩擦与矛盾，便于经营管理。

（2）全资子公司的劣势。总的来说，在所有的投资模式中建立全资子公司的费用最高。公司必须承担建立海外子公司的全部费用和风险。如果公司选择收购东道国现有的企业，那些在新的文化环境中学习经营的风险就会小一些。但是，收购也会带来一系列的问题，如需要努力融合不同的企业文化，如果不能恰当解决这些问题可能也会对企业经营带来冲击。

此外，全资企业虽然也具备东道国的国际和当地法人资格，但仍然也会受到一些东道国法律政策的限制，如在经营范围和投资方向等方面。

2. 国际合资企业（International Joint Venture）

合资企业是由两家或以上的独立企业所共同拥有的企业。国际合资企业则是由跨国公司与东道国企业按照当地法律在其境内共同投资、共同经营的企业。此处需要注意的是，如果没有东道国企业的参与，那么这种形式的企业在东道国只能被视作外商联合投资（Consortium Venture），属于外商独资企业的范畴，而非合资企业。

（1）国际合资企业的基本形式。股权式合资企业和契约式合资企业是合资企业的两种基本形式。

① 股权式合资企业（Equity Joint Venture）。股权式合资企业指由两个或更多国家

的投资者在东道国以营利为目的依法成立，共同经营的企业。股权投资（也称股权安排）是指投资各方以资金形式进行的投资，是投资者共同经营企业并对企业拥有所有权和控制权的投资。股权就是所有权，一般而言，所有权与控制权呈正比例关系。所有权大，控制权就大；所有权小，控制权就小。按照公司对国外企业持有所有权的不同，跨国公司对外直接投资的股权参与方式可以分为：全部控权，即母公司拥有子公司股权在95%以上；多数控权，即母公司拥有子公司控股权在51%~94%之间；对等控权，即母公司拥有子公司股权的50%；少数控权，即母公司拥有子公司的股权在49%以下。

② 非股权式合资企业（Contractual Joint Venture）。非股权式合资企业又称契约式合资企业，指跨国公司和东道国投资者依据东道国法律法规，以各自的法人身份签订合作经营合同而建立起来的企业，投资各方的权利和义务完全由合同内容决定。非股权投资（也称非股权安排）是指跨国公司在东道国企业中不拥有股份，而是通过向东道国企业提供技术、管理、销售渠道等与股权没有直接联系的服务（无形资产）参与企业的经营活动，并由此从中获取相应的利益与报酬。非股权安排下的国际直接投资行为主要包括许可合同、特许经营、合同安排、技术咨询、外包和OEM等。

许可合同（Licensing）是指跨国公司（许可方）与东道国企业（被许可方）签订合同，允许东道国使用跨国公司独有的注册商标（Trademark）、专利（Patent）以及技术诀窍（Know-how）等，同时东道国企业按照协议支付一定的技术使用费。采用许可合同的经营模式，企业只经营不受进口限制的无形产品和服务，而不直接出口商品。当遇到目标国家突然实施关税或配额等贸易壁垒使出口受阻，或因竞争过于激烈和高运输费用使出口商无利可图，或目标国家货币持续贬值等情况时，涉外企业都可考虑由出口商品转向许可合同。许可合同的另一个优点是其政治风险比直接投资所涉及的政治风险小。另外，东道国采取的没收措施并不会影响许可合同，这是由于许可方在目标国家不存在实物财产。许可合同模式的缺点也是比较明显的：第一，被许可方有可能掌握购入的技术，使卖方失去技术垄断，从而增加新的竞争者；第二，由于许可方没有亲自参与东道国企业的经营管理，不能获得东道国生产和经营的经验，故无法真正控制市场；第三，这种许可证销售收益受买方产品销售额的影响很大，如果销售额太低，买方收取的提成费可能无法弥补各项支出。

特许经营（Franchise）是指特许方以合同约定的形式，允许被特许方有偿使用其名称、商标、专有技术、产品及运作管理经验等，让被特许方在本企业的监督与帮助下，利用本企业形象和商标经营本企业的特定业务的商业经营模式。它与许可合同的最主要区别就在于，在特许经营中，特许方需要对受许方的经营管理实行监督，以确保特许品牌在海外市场上的质量形象。例如，美国可口可乐公司通过特许经营方式在世界各地建立可乐装瓶厂；美国麦当劳和肯德基公司通过特许经营在世界各地成功经营快餐业务。特许经营可分为生产特许、产品商标特许和经营模式特许等类型。生产特许是指受许人以投资建厂或OEM的方式，使用特许人的商标或标志、专利、技术、设计和生产标准来加工或制造取得特许权的产品，然后经过经销商或零售商出售，受许人不与最终用户（消费者）直接交易。如可口可乐的灌装厂、奥运会标志产品的生产、电影和电视节目在本国发行以后将版权卖给海外分销商和电视网络等。产品商标特许经营是指跨国公司将其品牌化的商品或商标允许被特许方进行商业开发，并获取特许使用费。经营模式特许经营是指跨国公司将其整套经营模式（如名称、标志、经营方针、经营标准以及产品和服务质量标准等）授予受许方在一定时间和地域内使用。受许人有权使用特许人的商标、商号、企业标志以及广告宣传，并完全按照特许人设计的单店经营模式来经营；受许人在公众中完全以特许人企业的形象出现；特许人对受许人的内部运营管理、市场营销等方面实行统一管理，具有很强的控制力。特许经营方式在零售业、餐饮业和摄影业等服务业中普遍使用，特许方的利益来自一次性的加盟首期费、每年支付的特许费以及广告费。特许经营有三个优势：第一，特许方不需要太多的资本投入，便可以快速扩展海外市场。第二，有人形象地把加盟特许经营比喻成"扩印底版"，即借助特许方的商标、特殊技能、经营模式来反复利用，并借此扩大规模。加盟商借助特许经营"扩印底版"，可以享受现成的商誉和品牌，避免市场风险，分享特许方的规模效益，获取培训、选择地址、资金融通、市场分析、统一广告、技术转让等多方面的支持。第三，特许经营可以以较少的成本引进国外先进技术，容易得到东道国政府的欢迎。特许经营存在三个风险：第一，特许经营不可避免地会面临知识的外溢，可能会在东道国培养潜在的竞争对手。第二，特许方的控制权经常受到挑战，经营中出现新的问题和矛盾会增加协调成本。第三，特许经营不需要特许拥有者投入巨额资金，但管理成本不低，利润回报不稳定。

合同安排（Contract Arrangement）是指跨国公司以承包商、代理商、销售商和经营管理者的身份，通过承包工程、经营管理、技术咨询等形式，参与东道国企业的经营活动，获取一定报酬的经营方式。此类合同安排包括管理合同、制造合同、交钥匙合同等多种形式。在合同安排项下，跨国公司对东道国企业不参与股权，通过提供企业管理的经验和技巧，参与经营活动，获取利润报酬。

技术咨询（Technical Consulting）是指跨国公司对东道国企业存在的技术问题或技术论证方案提供咨询和解决方案。例如，埃森哲（Accenture）是一个集管理咨询、信息技术和经营外包服务于一体的跨国咨询公司，在中国的项目涵盖了广泛的行业和各种类型的解决方案：埃森哲为大型的国有企业提供企业转型的咨询和服务，帮助它们转变成更加以市场为导向的企业；埃森哲还为客户提供组织结构重组或人员绩效管理方面的咨询服务。此外，在电子商务和信息系统咨询服务领域，埃森哲在中国市场也一直占据领先地位。

外包（Outsourcing）是指企业将自己的一部分生产和劳务分包出去，利用外界的劳动力（通常较为低廉）来完成，从而减少本公司的雇员，达到节省劳工成本、提高竞争力的目的。早期的外包只是一些大企业把自己的非核心业务（如清洁卫生、餐厅等后勤服务）通过订立合同交给专业部门。后来，外包扩展到生产部门，制造业开始把整条生产线转移到低工资国家和地区。如 20 世纪 80 年代以来，美国各大公司蜂拥到中国和墨西哥等地投资建厂，而设计、核心技术及金融服务等部门留在美国本土。

OEM（Original Equipment Manufacturer，原设备生产商）生产，即贴牌生产、代工生产（俗称代工），指品牌的拥有者不直接生产产品，而是利用已掌握的关键核心技术负责设计和开发新产品、控制销售渠道,具体的加工任务则通过合同订购的方式委托同类产品的其他厂家生产,之后将所订产品低价买断,并直接贴上自己的品牌商标。OEM 其实是一种委托他人生产的合作方式,在本质上是一种双方在产品加工范畴内的合同关系。承接加工任务的制造商被称为 OEM 厂商,其生产的产品被称为 OEM 产品,在 OEM 合同的执行过程中,外资企业一般会给予一定的技术指导和扶持,帮助 OEM 的本地供应商提高产品质量,从而形成技术溢出效应的一个渠道,但是对本土企业自身技术创新能力的促进作用仍比较有限。

第二次世界大战后,苏联、东欧国家的国营企业与西方跨国公司在难以办成股权式合营企业的情况下,选择在工业生产、引进技术等方面广泛地采取非股权合作形式,使合作经营得到很大发展。20 世纪 70 年代以来,发达国家企业之间、发展中国家企业之间、发达国家与发展中国家企业之间,在非股权安排的数量和形式上有了很大发展。发展中国家乐意接受非股权安排是因为它可以免遭跨国公司的控制,又能利用跨国公司的优势;发达国家企业采取非股权经营方式进入发展中国家,是因为发展中国家与发达国家经营环境存在明显的差别,发展中国家的经济政策、投资环境和市场完善程度不能满足跨国公司在股权参与方面的要求,这导致发达国家的企业不愿花费过多的成本在发展中国家进行独资或合资经营。

与股权安排相比,非股权安排对发达国家的跨国公司来说,其好处在于:第一,跨国公司不用在东道国直接投资,减少了经营风险;第二,跨国公司不投入股金,不用承担东道国企业的财务风险;第三,跨国公司靠转让技术、提供服务、合作生产来获取利润;第四,跨国公司凭借其技术、管理、生产和营销上的优势对东道国企业实行一定程度的控制;第五,跨国公司不动用资金,不占有股份,不会激起民族主义的排外情绪,减少政治风险。在非股权安排下,发达国家的跨国公司对东道国企业可以实施积极控制和消极控制。所谓积极控制,是指跨国公司通过非股权形式将东道国企业纳入自己的全球经营网络中,在某种程度上,如同外国投资者享有股权控制一样。所谓消极控制,是指跨国公司将东道国企业经营活动与自己的国际化经营完全分离。因此,非股权安排对东道国企业控制程度的弹性是很大的。实际上,非股权投资已成为过渡到股权式合资经营的预备阶段。

(2)国际合资企业的优点和缺点。

①国际合资企业的优点。第一,通过建立合资企业,国外企业可以从合资伙伴那里了解东道国的竞争情况、文化、语言、政策以及商业系统等方面的情况,这有助于国外企业更好地适应当地情况;第二,当外国市场的成本和风险较高时,企业可以与当地伙伴合作分摊这些成本和风险;第三,在很多国家,基于政治因素的限制,合资企业可能是唯一可行的进入模式;第四,通过对东道国的合资经营,可以带动跨国公司机器设备、原材料、工业产权、专业技术等的输出。

②国际合资企业的缺点。第一,合伙各方有企业内部控制权和利润分配问题的矛盾。国际合资企业的不足之处,主要表现在投资各方的理念、经营目标等方面。出资各方的经营决策和管理方法不一定一致,难免会在经营决策和管理中产生摩擦、在市场意向和销售意向方面产生分歧,此外不同投资者的长短利益也难以统一。第二,培

养竞争对手。当投资者选用技术投资时必然会产生一定的知识或技术的外泄。投资者共同经营一家公司，其他投资者可以通过学习获得更高效的管理方式、知识和技术，投资者无疑会培养起自己的竞争对手，当合资方希望谋求更大利益时，就会脱离合资企业，成为国外投资者在东道国甚至世界市场强有力的竞争对手。第三，企业无法获得为实现经验曲线经济和区位经济所需要的对子公司的控制，而且这种形式也不能够使企业获得为协调全球竞争所需要的对海外子公司的控制。

（3）国际合资企业在经营管理中应注意的问题。

①投资比例问题。投资比例直接决定投资各方对企业的支配权和利润分配等问题。投资比例限额的大小须视东道国经济发展的需要而定。

②投资期限问题。确定投资期限，一般要考虑项目的资金利润率、资金回收期限、技术更新等因素。实践表明，投资期限的一般规定是10~20年，最多不能超过30年。

③投资方式问题。投资方式是国际合资企业的物质基础，可以用现金、外汇、土地、厂房、机器设备，以及专利、商标等工业产权及技术资料、技术协作和专用技术等折价出资。

④劳动工资管理。东道国为了解决本国就业问题，特别是为了培养本国的技术和管理人员，对合资企业的雇佣人员有一定的限制，一般会遵循两个原则：一是除了部分高级人员和专门技术人员由国外投资者推荐、董事会聘用以外，一般员工原则上需在东道国招聘；二是根据东道国的法令，各合资方根据国内工资状况和调动员工的积极性原则，制定工资标准、建立劳动管理制度，由东道国劳动管理部门监督，不得随意解雇员工，以保护劳工的合法权益。

⑤产品销售管理。国际合资企业的产品销售市场有三个：东道国内、外国投资者国内、其他国家和地区。对于东道国来说，前一个是内销，后两个是外销。投资者为了自己的市场销售网络，力争合资企业的产品销往东道国国内市场；而东道国极力主张外销，以增加外汇收入。在这种情况下，通常的做法是，根据东道国的有关法令、条例，由投资双方共同制定一个合适的内销和外销比例。

⑥利润汇出管理。一般来讲，投资方在利润汇出方面的立法原则上都保证外资原本回收金、利润和其他合法收益自由兑换成外币汇回本国。但是东道国实际上都有较严格的规定，以防止大量的转移资金给本国国际收支和国民经济发展带来不利影响。

⑦争端解决管理。目前，国际上通用的争端解决方法有四种：协商、调解、诉讼和仲裁。由于合资各方来自不同国家，其法律背景差别大，进行司法诉讼会有诸多不便且程序复杂、费用高昂、可能会导致合作各方关系破裂等问题。因此，合资双方多采用协商、调解的方式来解决争端。

第三节 跨国并购

在当今全球经济环境下,企业要想生存就必须不断成长,与另一家公司合并或收购其他公司往往是企业实现发展目标的最佳选择。

作为一种战略活动,尽管兼并和收购的前景看似十分乐观,但是相关研究结果表明,多数并购企业其后数年内的经营绩效并没有达到并购前的预期水平。由此,人们不禁会问,当研究结果并不支持企业的并购行动(预期绩效小于期望绩效)时,到底是什么因素驱动了并购行为的不断发生?另外,除了改善短期绩效之外,企业是否还有其他实施并购的原因?

一、跨国并购概述

1. 兼并和收购的定义

兼并和收购是以涉及企业的财务、管理和战略等领域的行为实现购买和/或与其他公司结盟的一种行动。虽然兼并与收购经常被用作同义词,但事实上这两个概念之间还是存在些许细微差异。

兼并(Merger)指两家或两家以上的独立的企业合并成为一家企业的市场行为,其中有一家企业属于优势企业。兼并完成之后,兼并方企业将享有被兼并方原有的所有权利与特权,但同时也要承担被兼并方的债务。

收购(Acquisitions)是指一家企业用现金或其他有价证券购买另一家企业的股票或资产,以获得该企业的全部资产或控制权。收购通常需要经过股东投票才能实施,即需要多数股东的支持。收购仅仅是兼并的一种特殊方式。收购属于公司的增长战略,比起企业的自我内部发展,考虑直接接管一个现有公司的业务和市场是更加有利可图的。收购可以是善意的也可以是恶意的。如果双方公司订立了一致的收购协议,该收购即为善意收购;而恶意收购则是指双方不具有相同的协议,收购公司需要积极大量购买目标公司的股份,以拥有多数股权而实现收购。

【专栏4-1】 兼并与收购的区别

兼并与收购的主要区别在于,兼并的最终结果是两个或两个以上的法人合并成为一个法人,因此,减少了企业的数量;收购的最终结果并不改变企业的数量,而是改变被收购企业的产权归属或经营管理权的归属。

但是,兼并与收购在意义上同时也存在很大的重叠,换一个角度分析,收购也可以看作是兼并的一种类型。因为在许多情况下,一个较为强大的公司可能会购入

第四章 跨国公司对外直接投资

一家相对较弱的企业,并迫使该企业向外宣称这只是一场兼并而非收购行为。收购实际发生时,企业通常都会将收购说成是兼并,其主要目的也是为了避免造成任何负面影响。故而,在理论研究和实业界,人们习惯于将兼并与收购合在一起,称为并购。

资料来源:宋军.跨国并购与经济发展 [M].北京:中国财政经济出版社,2004.

2. 跨国并购的概念

跨国并购(Cross-Border Mergers and Acquisitions,M&A)的概念是由企业的国内并购概念延伸而来的,是跨国兼并(Cross-Border Mergers)和跨国收购(Cross-Border Acquisitions)的总称,是指国际投资主体通过直接向目标企业投资或并购以支付现金、以股换股、发行债券等形式,依照东道国现行法律取得东道国某一现有企业的全部或可以实现经营控制权股份的行为。跨国并购所涉及的概念如图4-1所示。

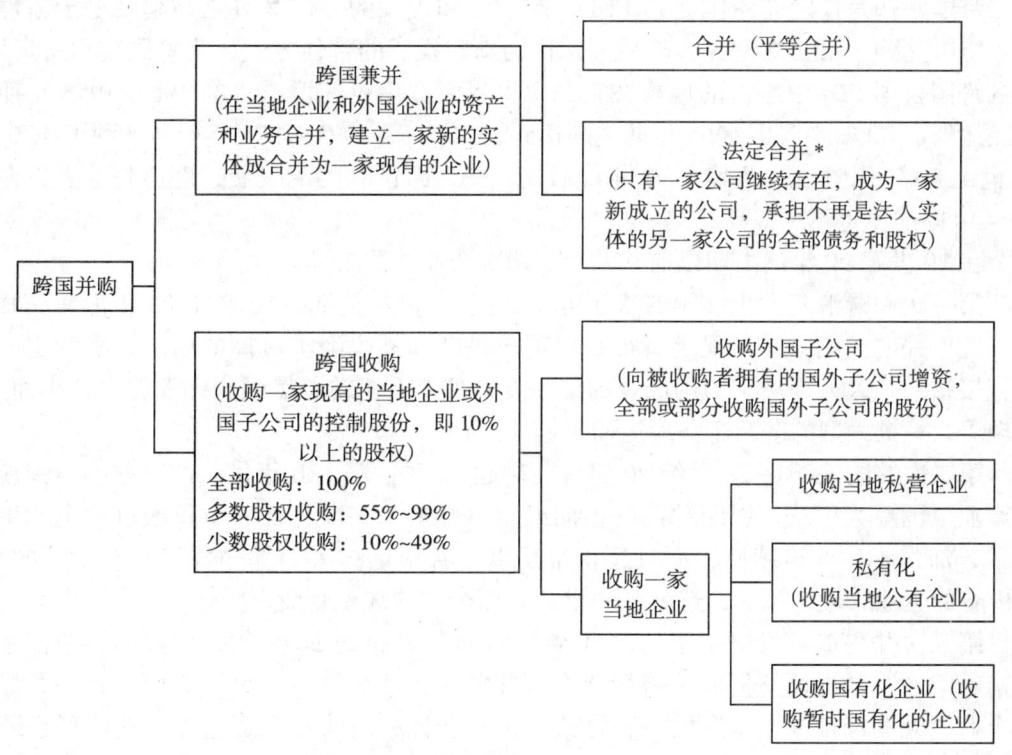

图 4-1 跨国并购的分类结构与定义

注:法定合并和全部收购的关键区别点在于,法定合并之后建立的是一家新的法人实体,而后者则没有。
资料来源:联合国贸易与发展会议编.2000年世界投资报告 [M].北京:中国财政经济出版社,2001.

尽管跨国并购包含跨国兼并和跨国收购两层含义,但从法律形式来看,跨国并购主要指跨国收购而非跨国兼并,因此,跨国并购有时常被称作跨国收购。

3. 股权并购与资产并购

股权并购或资产并购有助于实现企业的跨国并购。

(1) 股权并购 (Stock Acquisition)。股权并购是常见的并购方式，是并购方通过购入目标公司的股票来实现并购目的。从理论上讲，并购方取得目标企业51%的股份时，就取得了对目标企业的绝对控制权，但是在实践中，目标企业的股份如果较为分散，并购方可能只需要拥有目标企业20%或者更少的股权就能够以最大股东的身份获得目标企业的控制权。

(2) 资产并购 (Asset Acquisition)。资产并购是指并购方直接购入目标方部分或所有的资产/负债。所有资产都被并购则意味着目标企业的破产、清算，因此这种方式常见于对破产企业的并购，此外，如果并购企业只对目标企业的某些特定资产而非全部资产感兴趣，并购企业则更愿意使用资产并购策略。

二、20世纪90年代中期以来全球跨国并购浪潮的特征

跨国并购是伴随着跨国公司FDI一起形成和发展的，但其真正兴起则迟于新建投资。跨国并购于第二次世界大战后开始作为新建投资的替代方式，为跨国公司所运用，其在跨国公司FDI中所占的比重在第二次世界大战后迅速增长。在1951~1955年期间已经达到了30%，1960~1965年期间则达到了40.8%，1971~1975年期间达到了46.3%。20世纪80年代以后，尤其是90年代后期以来，跨国并购的发展速度更是惊人，在世界GDP中的比重不断提高。

在20世纪90年代中期以前共发生了四次企业并购浪潮。

第一次并购浪潮发生在第二次工业革命至20世纪初期，1898~1903年为其高峰时期，此次并购浪潮的一个显著特征是以追求垄断和规模经济目标的横向并购为主，一个直接结果是大大提高了美国产业的集中度，基本上扭转了美国产业发展中"小而全"的现象，一批大型的垄断企业应运而生。

第二次并购浪潮自20世纪20年代前后起一直持续到30年代，此次并购浪潮涉及的产业范围更为广泛，以跨部门的纵向或垂直并购为主要特征，不仅改进了企业生产技术，加强了生产连续性，而且还带来了以"看得见的手"部分替代"看不见的手"为内容的企业管理的革命，造就了一批"大而全"的规模企业。

第三次并购浪潮发端于第二次世界大战后的20世纪50年代，一方面，新技术革命推动的产业结构调整促成了跨行业混合并购的大规模进行；另一方面，并购开始成为企业"经营产权或资本"的一种方式，追求会计科目收益和通过多元化降低经营风险成为此次并购浪潮中企业的目标，其结果是产生了一批横跨多个产业部门的多元化大企业。

第四次并购浪潮发生于20世纪70年代，在80年代达到高峰，此次并购活动的一个突出特征是以金融并购为主，并且进一步将并购活动延伸到国际层面，由于金融并购活动带来的诸多不确定性影响，美国企业的公司治理结构问题开始受到关注，此次并购也因而对企业的公司治理结构产生了一定的影响。

开始于20世纪90年代中期的第五次并购浪潮表现出了不少新特点。而这些新特

点，是同信息技术革命、经济全球化和全球经济一体化等不同以往的背景条件密切相关的，主要表现在：

（1）跨国并购数量大，地理分布多元化。以往几次全球并购集中在少数发达国家的状况也逐渐改变，越来越多的发展中国家被卷入到此次并购浪潮之中，显然已经成为跨国公司 FDI 的主要形式。

（2）跨国公司更注重跨国并购的战略意义，金融并购和恶意并购所占的比重日益下降。据汤姆森金融证券数据公司提供的数据，20 世纪 90 年代期间所完成的恶意跨国并购在并购总价值中所占比重不足 5%，在并购总数中不足 0.2%，在 1987~1999 年期间仅有 104 例恶意并购案发生。除追求传统的规模经济和范围经济，跨国公司更注重充分利用各国的比较优势，在全球范围内谋求资源的最优配置，注重产业价值链的发展，发展企业的动态核心竞争力。

（3）并购涉及行业广且相对集中，主要集中在制造业和服务业，高技术行业跨国并购的比重在逐步上升。20 世纪 90 年代中期以来，制造业跨国并购的份额趋于下降，而服务业跨国公司的份额上升。同时，高新技术产业也日益成为跨国并购的重点，其中最明显的行业是通信业和制药业。

（4）强强联合型的跨国并购和超大型跨国公司不断产生。20 世纪 90 年代以来，发达国家企业的并购规模日益增大，所涉金额连创新高，诞生了许多超大型跨国公司。比如 1998 年德国的戴姆勒—奔驰公司和美国的克莱斯勒公司合并成立戴姆勒—克莱斯勒汽车公司，这一新公司的市场资本额在世界汽车业中名列第二。

三、跨国并购的优缺点

1. 跨国并购的优点

跨国公司通过并购海外企业进行对外直接投资的优点主要包括：

（1）取得规模经济。所谓的规模经济（Economies of Scale），是指在一定科技水平下生产能力的扩大，使长期平均成本下降的趋势，即当企业产量增加到一定规模时会降低产品的平均成本。平均成本越低，意味着消费者购买商品的价格也越低，这有利于企业形成价格优势。

（2）参与国际竞争，迅速实现对外直接投资的目的。跨国并购可以帮助企业应对竞争者的威胁，并在国际范围内竞争。

（3）跨国并购还可以有效降低跨国公司进入新行业的壁垒，降低企业的经营风险和成本。

（4）提高效率，在短期内发挥协同效应。

（5）容易获得目标企业各种现有资源。目标企业在东道国一般都具有比较成熟和丰富的资源体系，如成熟完善的销售网络；既有的专利权、专有技术、商标权以及商誉等无形资产；系统的管理制度和人力资源体系；稳定的原材料供应体系；成熟的客户关系网络等。这些资源能够有效降低并购方进入东道国市场的难度，降低投入成本，扩大市场份额，而这恰好是绿地投资可能面临的最大障碍。

（6）享受融资便利。与绿地投资相比，并购能够比较容易获得融资。并购完成后并购方可通过以下途径获得资金：以目标企业的实有资产作抵押，发行债券或直接从金融机构处获得贷款；通过与目标企业互换股票的方式控制目标企业，从而减少现金支付的压力。

2. 跨国并购的缺点

跨国并购必然会增加新公司的市场份额，并使新公司形成垄断，这不可避免地会对市场造成一定的影响：

（1）市场中产品总量下降，同时消费者剩余减少。

（2）由于市场内的竞争减少，可能会增加企业的自满情绪，使企业降低对产品质量的要求、减少在新产品上的投入。

（3）随着超额利润的增加，公司可以进行交叉补贴或掠夺性定价，进而增加行业进入壁垒。

（4）如果公司过大，可能会引发规模不经济。

此外，通过跨国并购进行对外直接投资还可能存在以下不利方面：

第一，目标企业通常都存在一定的经营风险，虽然经由收购可使跨国公司获得控制权，但这并不一定意味着能够经营成功。此外，对目标企业的资产评估通常也比较复杂且困难。

第二，跨国公司要面临被收购企业原有契约或传统关系的约束和麻烦，以及东道国政府对外国企业收购的管制等。

第三，跨国公司可以通过绿地投资的方式选择适合自己的全球发展战略要求的地点及其生产规模，而以收购方式则难以找到适当企业规模和适当地址的目标企业。

四、跨国并购的类型

1. 横向并购

（1）横向并购的定义。横向并购是指生产或销售相同或相似产品的企业间的并购，并购双方是处于同一市场之内并提供相同或相似产品或服务的竞争对手。这种类型是跨国并购中最为常见的类型。横向并购多见于企业数量较少的行业，这类行业中的竞争比较激烈，横向合并能够扩大产品的生产规模，使企业达到最佳的经济规模。此外，横向并购还容易引发垄断，使企业获取高额的垄断利润。因此，横向合并可能会对一个行业的竞争产生负面影响。较为典型的横向并购有可口可乐和百事可乐饮料部门之间的合并。

（2）横向并购的优点。主要包括：①范围经济。范围经济指由厂商的范围而非规模带来的经济，也就是当同时生产两种产品的费用低于分别生产每种产品所需成本的总和时，所存在的状况就被称为范围经济。只要把两种或更多的产品合并在一起生产比分开来生产的成本要低，就会存在范围经济。例如，一个电话公司和互联网服务供应商之间通过横向并购组建的新公司可以通过捆绑式服务提高生产效率。由此证明，仅提供一种服务使得高成本的电话运营商和互联网服务提供商间的竞争是非常激烈的。②统领市场。横向并购因可能会造成垄断而饱受指责，事实上横向并购也的确会帮助企业垄断某个特定的市场。③增加投资。降低开销和交叉推广有助于企业增加利润，这意味着企业将有更多的资金可用于研发投资,这对企业的成长是十分有利的。而公司增加在市场调查等方面的投资,则可以了解潜在客户对自己产品的看法。

2. 纵向并购

(1) 纵向并购的定义。纵向并购是指生产相同或相似产品但又处于不同生产阶段的企业间的并购,纵向并购通常发生在某一产业链中处于不同层面的两个或两个以上的企业之间。例如,汽车公司与零部件供应商间的联合就属于纵向并购。汽车部门能以这种并购方式以更加优惠的价格获得零部件并控制整个生产过程。由于纵向并购的企业多分散于不同的生产阶段,因此纵向并购对规模经济的影响较小。

一般而言,纵向并购的作用有两个:第一,实现生产或销售的一体化,保持生产的连续性,减少中间环节,降低成本;第二,强化垄断,降低市场竞争程度,提高利润水平。

(2) 纵向并购的类型。纵向并购是指同行业中出售不同产品的企业之间的合并。换句话说,这是两家有买卖关系的公司间的合并。通过纵向合并,企业旨在降低原料成本,减少交易、运输成本和其他成本。纵向并购可分为两类:①后向一体化——就是企业通过收购或兼并若干原材料供应商,拥有和控制其供应系统,实行供产一体化。②前向一体化——就是企业通过收购或兼并若干商业企业,或者拥有和控制其分销系统,实行产销一体化(见图4-2)。

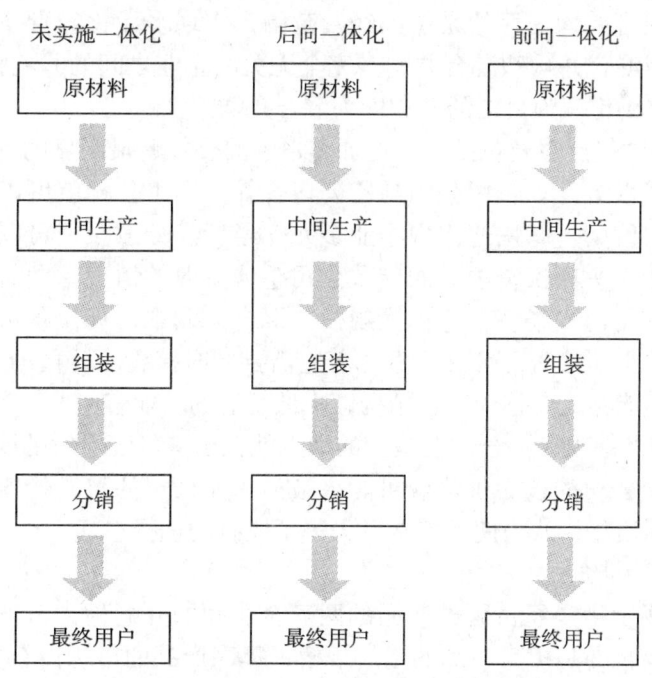

图4-2 后向一体化与前向一体化的例子

(3) 纵向并购的优点。纵向并购的优点可归纳为:①确保生产与销售。这一战略最大的优势就是能够保证未来的销售和供应。这意味着,如果企业能够自己生产某些零部件，而这些零部件因资源缺乏在市场上变得十分紧俏时，企业便可以免予竞争且能够保证稳定的供应。因此，在它有助于提高运营效率或具有某种战略意义的时候，这一战略是非常合理的。②增加收入。纵向并购同样具有提高收益和利润的能力。通常而言，企业的总利润会在实施纵向并购后有所增加，这主要得益于成本缩减。③削弱竞争。由于形成了垄断，纵向并购可能会抬高进入壁垒而将潜在竞争者阻拦在外，特别是当公司拥有原材料和成品的供应权时这种情况更为突出。此外，实施纵向并购的企业不需要设置专门的部门处理承包或定价问题。④降低生产及运营成本。由于减少了中间的销售或采购环节，纵向并购在降低成本方面的作用是十分突出的。垂直一体化的企业经营灵活，这意味着它们有能力适应产业创新以及技术变化。此外，由于新公司控制着产品的供应链；也就是说，它们拥有初级产品以及产成品的控制权，故此可以降低它们的运营成本。

（4）纵向并购的缺点。纵向并购实质上削弱了市场竞争，如果公司的规模较大且在市场中占据重要位置，此时的纵向并购则可能会诱发某些垄断行为。也正是出于对此问题的考虑，许多发达国家的法律都明令禁止可能会形成垄断的纵向并购。

3. 混合并购

（1）混合并购的定义。这类并购是指处于不同行业间的企业间的并购，它们没有特别的工序、生产、技术联系，既非竞争对手也不是现实或潜在的客户或供应商的关系，由并购形成的公司在其各自市场上面对的竞争与并购前两家企业各自面临的市场竞争是相同的。进行混合并购的目的是扩大经营范围，实现多元化经营。混合并购又可细分为两种类型：纯混合并购和混合并购。完全无关的企业之间的并购称为纯混合并购，而以扩大产品或市场份额为目的的并购即为混合并购。

（2）混合并购的优点主要包括：①增加客户。混合并购最明显的一个优势是，公司的客户数量会呈指数上升。若甲公司与乙公司合并，则甲公司就可以与乙公司共享原属于乙公司的客户网络。②快速实现企业多元化经营。分散投资可以帮助企业分散风险，从而避免了由于一项投资失败而导致公司整体失败的情况。同时充分利用闲置资金还能够使企业获得范围经济。③扩大规模。混合并购中，规模既可能形成优势也有可能变成劣势。甲公司接管乙公司，意味着它需要同时接管乙公司的所有员工及债务。同时，混合并购可能会改变整个行业结构，降低行业的就业容量。

（3）混合并购的缺点。混合并购最大的缺点就在于其可能引发的同质化现象。随着时间的推移，一个公司的核心价值观可能会被另一家公司的核心价值观所吞噬，而在新的公司中出现同质化，从而使得消费者失去了原有的选择空间。

4. 市场拓展式并购

在不同的市场中生产经营同种产品的两家企业间的并购称为市场拓展式并购。市场拓展并购的主要目的是扩大产品的生产规模，提高产品的市场占有率，以提高利润。戴姆勒—奔驰（Daimler-Benz AG）与克莱斯勒（Daimler-Benz and Chrysler）的对等并购就属于市场拓展式并购。

5. 产品延伸式并购

产品延伸式并购是指在统一市场中生产经营相关产品的两家企业间的并购行为。

两家公司通过此类并购，可以通过产品组合而扩大目标消费群，进而增加利润。

五、跨国并购与绿地投资方式的对比

跨国公司采取何种方式进行投资取决于东道国的经济发展水平、投资行业的规模、技术水平和管理等方面的因素。例如，由于最不发达国家不具备最基本的工业和生产技术，跨国公司对其只能采取绿地投资的方式，根本谈不上企业并购。此外，跨国并购也受到一些条件的限制，如东道国必须具备并购的条件和投资环境，具有可以并购的目标企业，具备能够确保投资商从事有效生产和经营的条件和政策。通过并购，跨国公司可以达到优势互补，增强其竞争力的目的。否则，跨国公司只能采取绿地投资的方式进行投资。上述这些条件的限制使跨国并购交易活动往往更集中在发达国家。因此，采取绿地投资还是跨国并购哪种方式进行投资主要取决于东道国的具体国情、行业及投资环境等因素。此外，跨国公司所进行的投资或并购还应达到互利的效应，因此采取何种方式进行投资还取决于双方的利益所在。在发达国家，跨国公司通过并购可将其优势与国外企业的强项相结合，形成协同优势；或通过并购获得带有垄断性、稀缺性资源，包括其具有特殊价值的人力资源和专有技术等。

从短期来看，尽管并购方式和新建投资方式的对外直接投资都为东道国带来国外金融资源，但并购方式所提供的金融资源并不总是增加生产资本存量，而在新建投资的情况下则会增加。并购方式不太可能转移新的或比新建更好的技术或技能，而且可能直接导致当地生产或职能活动（如研发）的降级或关闭，而新建并不直接减少东道国经济的技术资产和能力。当利用并购方式进入一个国家时，不仅会创造就业，还可能导致裁员，新建在进入时必定会创造新的就业。并购方式能够加强东道国的集中并导致反竞争的后果，而新建能够增加现有企业的数量，并且在进入时不可能直接提高市场集中度。

从长期来看，跨国并购常常跟随着外国收购者的后续投资，如果被收购企业的种种关联得以保留或加强，跨国并购就能创造就业，这两种方式在就业创造方面的差异更多地取决于进入的动机，而不是取决于进入的方式。并购和绿地投资都能带来东道国缺少的新的管理、生产和营销等重要的互补性资源。

总的来说，在并购方式中，现有资产从国内所有者转移至国外所有者手中，而在绿地投资方式中，有现实的直接投资资本或效益资本发生了跨国的流动，因此在东道国，跨国公司所控制的资产至少在理论上是新创造的。

随着经济全球化的不断深化，绿地投资在 FDI 中所占比例有所下降，跨国并购已成为跨国公司参与世界经济一体化进程、保持有利竞争地位而更乐于采用的一种跨国直接投资方式。随着全球投资自由化的进一步发展，这种趋势将更加明显地体现出来。

第四节　战略联盟

因经济全球化而引发的经济变革不仅推动了国际分工的进一步发展，同时也催生了跨国公司间的国际战略联盟。计算机和网络技术的发展为跨国公司战略联盟奠定了技术基础，国际市场的网络垄断型态势则成就了国际战略联盟的产业基石，国际反托拉斯法的推广亦为国际战略联盟的发展扫清了法律障碍。

一、战略联盟的内涵和特征

1. 战略联盟的定义

跨国公司的战略联盟（International Strategic Alliance）又称跨国战略联盟（Cross-border Strategic Alliance），是指不同国家的两个或两个以上的跨国公司为实现某一战略目标而建立的合作关系。结盟各方是通过合作关系而非企业内部增值的方式来提高企业的经营价值，实现彼此各方的优势互补与协作、利益共享与风险共担。

战略联盟的概念最早由美国DEC公司总裁简·霍普兰德（J.Hopland）和管理学家罗杰·奈格尔（R.Nigel）提出。他们认为，战略联盟是由两个或两个以上有着共同战略利益和对等经营实力的企业，为达到共同拥有市场、共同使用资源等战略目标，通过各种协议、契约而结成的优势互补或优势相长、风险共担、生产要素水平是双向或多向流动的一种松散的合作模式。战略联盟是一种超出企业间正常交易的合作协议。形成战略联盟的方式多种多样，其中既包括一些非正式的"握手"协议，也包括正式的合作协议。这些协议所涉及的内容包括共同研发、技术共享、共同使用生产设施、推广彼此的产品或基于长期合同协议而联合生产零部件、组装成品等。

这种联盟完全依赖契约约束，是一种非强制的、松散的联合体。也正是基于战略联盟的松散性，一家跨国公司可以同时与几家跨国公司在多个领域内联盟，而同时又在其他领域内竞争。

战略联盟可分为：非股权联盟、股权联盟、合资企业以及相互持股四种形式。在非股权联盟中，合作各方同意共同努力并采取行动。但他们之间的地位并不平等，同时也不愿意通过组建新的独立的公司来管控他们的行为。这类联盟通过合同进行管理。供应协议（一家公司同意为其他公司供货）和分销协议（一家公司同意销售其他公司的产品）都属于非股权战略联盟。

在股权联盟中，合作企业会进一步签订股权协议书。例如，当通用汽车开始进口五十铃生产的小型车时，不仅与五十铃汽车公司签订了供应合同，同时也购入了五十铃34.2%的股份。在合资企业中，合作企业共同出资创建一个在法律上具有独立地位的公司，并共享收益。

2. 战略联盟的特征

（1）战略联盟合作形式具有较大的灵活性和随意性。战略联盟与合资经营企业在合作方式上完全不同：传统的合资经营企业是一个独立的经济实体，对于资金投入、资源的承担、管理结构和利润分享均有法律上的约束性协议规定，是一种股权式的紧密型结合；而新型的战略联盟各方签订的则是一种非约束性的"谅解备忘录"，是非股权式的松散"联姻"。联盟契约仅仅表明合作各方的共同战略目标以及在生产和销售方面协调行动，其共同目标的实现完全靠协商而非法定的权利与义务。联盟成员之间具有独立人格，法律地位平等，不是控制与反控制的关系，而是一种松散的合作伙伴关系，这种关系可以随时对外部因素的变化进行调整。

（2）跨国公司战略联盟实现了"柔性竞争"。战略联盟将来自不同国家、不同企业的不同所有者组合在一起，形成了"你中有我，我中有你"的关系。它是竞争对手之间的合作，在合作中竞争，改变了传统的竞争与合作对立的观念，形成了所谓的"柔性竞争"。加盟的各方都有自己的目的：以对方之长补己之短，防御性地分配市场，进攻性地开辟市场，从而提升加盟者的整体竞争力。

（3）跨国公司战略联盟实行全方位合作，实现了组织结构创新。战略联盟不只局限于合资企业的相互参股、资本流动，还拓展到技术、市场、资金、人才、信息等方面的全方位合作。它把分散在各国的研究与开发、生产加工、市场营销及售后服务等环节上具有特定优势的不同企业联合起来，实行分工合作、优势互补、资源互用、利益共享。这样，加盟者既可以从对方获得各自所需，又可以确保各自的独立性。

（4）跨国公司战略联盟是一种深层次的合作形式。战略联盟是以技术、信息、知识共享为核心的利益共同体。战略联盟改变了以往企业单枪匹马自行研究与开发新技术、新工艺、新产品的传统做法，提升到共同研究与开发新技术，推出适应当地市场的个性化、优质化的产品和服务。这种"因竞争而合作，靠合作来竞争"的合作方式，使战略联盟的层次更深，更具生命力。

【专栏 4-2】　　　　　　　　　**战略联盟的发展趋势**

世界上大多数公司包括许多行业的领导者，都开始越来越重视并积极参与国际战略联盟，其中有三种趋势特别值得注意：

（1）战略联盟多发生在工业化国家之间；

（2）当代国际战略联盟的重点不再是分销现有产品，而是注重于生产新产品和发展新技术；

（3）如今的国际战略联盟维持的时间越来越短。

资料来源：陈立敏.跨国企业管理 [M].北京：清华大学出版社，2012.

二、跨国公司战略联盟的动因与战略目标

跨国公司与竞争对手结成战略联盟是为了实现一系列的战略目标。由于降低成本、获得互补的技能、为潜在市场协作提供一系列的产品等都是一个小批量供货商难以实

现的，结盟后的企业可以促成扩大技术交流、实现共同研发、缓解国际纠纷和避免过分竞争，共同承担进入新市场所需的营销和推广成本，获得资金和补助，获得所需的厂房及设备，提高议价能力，合作开展培训，改进性能和提高效率，从而提高生存的机会。

随着国际市场竞争愈演愈烈，跨国公司为保持生存与发展空间，纷纷开始利用结盟的方式，弥补技术、市场等的不足。

1. 跨国公司组建战略联盟的主要动机

促使跨国公司彼此结盟的直接动因在于以下几个方面：

（1）技术互补是加速组建国际战略联盟的重要原因。跨国公司若要保持技术竞争优势，或从一种优势转向另一种优势，就必须加大研究与开发力度。但新技术、新产品的研究与开发费用较高，任何企业都难以仅靠一己之力培养或集聚这些技能与资产，独家企业也难以应付巨额的研究与开发费用，只得借助于"联姻"，互补和分享最新的知识、有效协调的产销网络和灵活转换产品结构的能力。

联盟合作伙伴的选择与联盟关系的确立是联盟成败的基础，选择合适的伙伴，是联盟和谐共生、长期合作的首要问题。成功的企业总结出了联盟伙伴的"3C"原则，即兼容性（Compatibility）、贡献力（Capability）、诚信度（Commitment）原则。兼容性要求成员从经营理念到操作处事要协调一致。贡献力是指各成员应全力以赴投入自己的核心竞争力。诚信度是指各成员对联盟种种承诺的兑现程度。然后，以此建立联盟的信任机制。例如，2003年微软和东芝建立的旨在开发嵌入式微处理器（基本上等同于一个微型计算机）的战略联盟，在这一联盟中，微软贡献的是软件工程技能，东芝则提供开发微处理器的技术。

（2）采用联盟方式有助于扩大市场份额。市场是企业生存和发展的必要条件，自20世纪70年代能源危机以来，世界经济持续走低，经济不景气、低速增长，许多耐用消费品市场饱和、竞争激烈，贸易保护主义抬头，这一切都增加了跨国公司进入市场的压力。一般而言，拓展市场的途径有两个：其一，依靠公司内部资源，实现扩张。但是单一跨国公司的能力毕竟有限，而且受各方面限制，还不能随心所欲地将经营范围拓展至全球任意一个想进入的市场。其二，依靠跨国公司的外部力量实现扩展。利用外部资源，在优势互补、互惠互利的原则上共同开拓市场是既节约资本又能提高进入国际市场速度的最佳路径选择。跨国公司为了确保现有市场和扩大潜在市场份额，唯有走加盟的道路，促成优势互补，才能迅速加强自己的市场渗透能力。

（3）应对市场需求结构的变化。世界市场消费需求结构发生变化，各种产品的差异性扩大，市场日益细分化，迫使各国跨国公司改变传统的大规模标准化产品生产的模式，逐步走向个性化、优质化和小批量化的生产模式。

（4）增强企业竞争力。增强企业竞争力是促成跨国战略联盟的又一原因。过去，跨国公司用兼并的方法击败竞争对手，以增强经济实力。但有时对手的实力与自己旗鼓相当、不相上下，双方共同争夺某些资源和市场，又各不相让、正面厮杀，其结果是鱼死网破、两败俱伤。现在，跨国公司另辟蹊径，采用跨国联盟的方式，与昔日对手携手合作，在竞争中求发展。

(5)绕过贸易壁垒。自第二次世界大战以来,区域经济一体化趋势越发明显。据世界贸易组织统计,当今世界大约有200多个各种类型的区域一体化组织。区域经济一体化组织的形式有效保护了本区域及区域内各成员国的利益,但是这种保护却伤害了一体化组织以外的国家的利益。这也正是近年来各国贸易摩擦不断的重要原因之一。为此,一体化组织以外的跨国公司为绕过贸易壁垒,会积极与一体化组织之内的跨国公司联盟。

2. 跨国公司组建战略联盟的战略目标

(1)优化要素组合。优化要素组合是跨国公司间结成战略联盟的目标之一。任何一家公司所拥有的垄断优势各不相同。如一家跨国公司具备人力资源优势但却缺乏发挥该优势的资金支持,而另一家跨国公司恰好缺乏人力资源优势,但却具备雄厚的资金优势时,若这两家跨国公司结成战略联盟,就可以实现要素组合优化,获得规模经济效应和范围经济效应。这里所说的垄断优势可以具体体现为资金、技术、人力资源等。这类联盟的最大优点是,通过参与战略联盟,联盟各方都可以通过借助对方的力量为自己谋得利益。

(2)降低研发成本、分摊研发风险。现代高科技产品的研发成本与风险已经超过了一家跨国公司所能承受的范围。结盟不仅能够分摊各方的研发成本和风险、减少资金压力,而且还能以更快的速度形成新工艺、新技术与新产品,从而缩短研发时间,缩短战略资源的周转周期。如波音公司与日本企业共同研发波音787商业客机,耗资高达80亿美元,这种巨额投入无法由单一跨国公司承担;另外,美国福特汽车公司与日本马自达汽车公司合作研发的新型越野车曾获得美国"汽车新潮"最佳奖,则全部归功于前者精密的设计能力和后者完美的工艺质量的结合。

(3)避免过分竞争。跨国公司进入国际市场之后,不可避免地会与其他跨国公司形成竞争,而事实证明,这其中有很大一部分属于无谓竞争,即完全可以避免不必要竞争。这些竞争不仅无益于跨国公司的发展,而且还会引致社会资源的浪费,阻碍社会进步。通过联盟则能在消除这些无谓竞争的同时提高资源配置效率,形成更持久的垄断优势。如20世纪90年代,美、欧、日厂家在芯片生产上的竞争日趋激烈。为避免两败俱伤,美国国际商业机器公司与德国西门子公司联合日本东芝公司,共同合作研发了新一代的256兆位芯片并取得了空前的成功。

总之,国际战略联盟成为跨国公司国际化经营的主要方式。现代科技已将产品推向高技术化,使得一些大公司也望而却步;资源投入增加,提高了生产成本;产品生命周期缩短,要求加大研究与开发力度;消费水平的提高,迫使产品向高、精、尖方向发展;贸易保护主义加强,使得市场经营风险增长;汇率变动频繁,市场变幻莫测;引进核心技术更加困难等因素都促进了国际战略联盟的兴起和发展。

三、战略联盟的类型与形式

1. 国际战略联盟的类型

战略联盟依据不同的分类标准,可将其划分为如下不同类型:

(1)根据在价值链上所处位置划分。根据战略联盟企业在价值链上所处位置的不同，战略联盟可分为资源补缺型国际战略联盟、市场营销型国际战略联盟和联合研究与开发型国际战略联盟三种：

①资源补缺型国际战略联盟。它是指上游企业和下游企业间形成的国际战略联盟，主要包括两种情形：一种是拥有技术垄断优势的跨国公司，为了接近海外市场或利用对方的销售网络与具有营销垄断优势的跨国公司结成的联盟。前者可以借此进入目标市场，后者则可赢得声誉。另一种是跨国公司与用户之间建立的联合型国际战略联盟，直接将生产与消费、供给与需求联系起来。

②市场营销型国际战略联盟。它是指企业之间在各自下游环节结成的战略联盟。这类联盟多流行于汽车、食品和服务业等领域，重在互相利用各自价值链体系中的下游环节，目的在于提高市场营销的效率和市场控制能力。这类联盟是抢占市场的有效手段，能够较好地适应多样化的市场需求。例如，福特汽车公司和马自达汽车公司的营销联盟，使福特汽车顺利进入壁垒森严的日本汽车市场，也使马自达汽车在美国占有一席之地。这种联盟的不足之处在于，这类联盟以降低环境的不确定性为目的，而不是致力于提高联盟各成员的核心能力，因而不能带来持久的竞争力。

③联合研究与开发型国际战略联盟。这是在研究与开发领域开展的国际合作，即跨国公司间在各自上游环节结成战略联盟。参与联盟的公司通过充分利用联盟的综合优势，共享开发资源，互相协调，共同开发新产品和新技术，以求规避研发风险。如日本松下公司与美国 Intel 公司共同开发 16M 的 DMM 技术，就属于联合研究与开发型国际战略联盟。

这类联盟主要发生在高风险行业，如微电子、生物工程、新材料等高科技行业。其又可分为知识联盟与产品联盟，二者间的区别在于：第一，知识联盟的中心目标是学习和创造知识，以提高核心能力；产品联盟则以产品生产为中心，合作的目的在于填补产品空白、降低资金的投入风险和项目开发风险，以实现产品生产的技术经济要求。第二，知识联盟比产品联盟间的联系更加紧密，有利于跨国公司之间的学习、创造和加强专业能力，相关人员必须一起紧密工作。第三，知识联盟的参与者更为广泛，产品联盟通常是在竞争者或潜在的竞争者之间形成；而知识联盟能够在任何组织之间形成，只要该组织有利于提高参与者的专业能力。第四，知识联盟比产品联盟具有更大的战略潜能，产品联盟可以帮助跨国公司抓住商机、保存实力；知识联盟能够帮助其扩展和改善它的基本能力，有助于从战略上提高更新企业的核心能力。

（2）根据主体地位不同划分。根据主体地位的不同，可将国际战略联盟分为接受型国际战略联盟和互补型国际战略联盟两种：

①接受型国际战略联盟。它又称互惠联盟，多产生于差异性显著的公司之间，处于联盟的低级阶段，是依据跨国公司所在母国经济体制和经济发展水平的不同而形成的战略联盟。其目的是实现市场的进入，而不是为了削弱市场竞争，属于非对抗性的联盟。发达国家的跨国公司通过转让技术和设备与提供市场和劳动力的发展中国家的跨国公司所结成的联盟就属于此种类型。

②互补型国际战略联盟。它是战略联盟的高级阶段，多出现于同行业、同等发展水平的跨国公司之间，其特征为强强联合，是跨国公司双方存在互补性优势的基础上

形成的战略联盟。这种联盟的出发点是取得优势互补,提高市场竞争力,以期在对抗性极强的市场竞争中立于不败之地,因而是一种对抗竞争导向型联盟。互补型国际战略联盟的成员多为发达国家企业。

(3)根据联盟合作的范围划分。联盟企业既可以是全方位范围内的联盟,即合作领域覆盖价值链上的全部环节;也可能仅在某一环节或特定项目上达成合作协议,如研发工作,这种联盟被称作功能性联盟,战略联盟的协作程度将取决于每个合作伙伴的基本目标(见图4-3)。

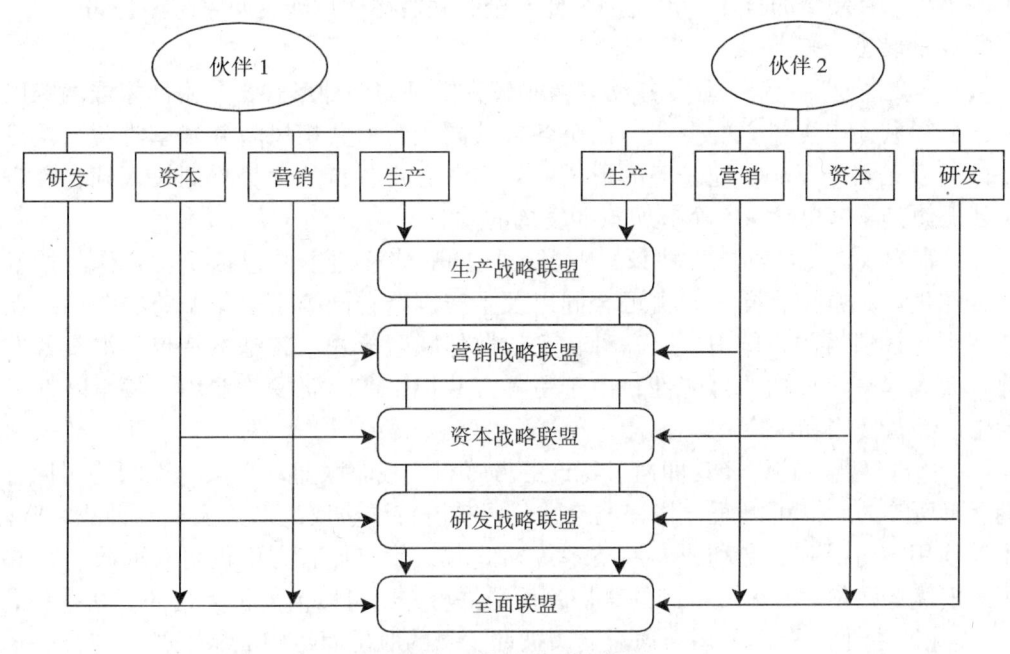

图4-3 战略联盟的范围

①生产战略联盟。这种战略联盟所涉及的范围较窄,主要包括生产、营销或研发活动,且不使用合资方式管理联盟。生产联盟属于功能性联盟,两个或两个以上的合作企业使用共享或公用的设备、设施制造产品或提供服务。这些共享或公用的设备设施既可能属于某个合作伙伴,也可能是所有联盟企业共建的新设施。

②营销战略联盟。严格来说,这也属于功能性联盟的一种,即两个或两个以上的合作企业共享营销服务或专业知识。如宝洁公司与戈德瑞之间的战略联盟就是一个营销联盟。

③资本战略联盟。这种战略联盟是公司希望减少与特定项目有关的财务风险而作的一种合作安排。联盟伙伴各自独立研发新产品或服务,并允许合作伙伴共享其任何的新技术。近年来,需求疲软、产能过剩以及苛刻的环境法规等迫使汽车制造商结成联盟,以节省各自数十亿的研发投资。

④研发战略联盟。研发战略联盟是企业战略联盟的一种类型,属于战略联盟范畴,是企业间基于共同的目标而结成的开发新技术、新产品或专业项目的竞争优势的战略联盟。通常,两个或是两个以上的企业在保持自身独立性、整合各自研发资源的前提

下，建立的一种以技术为核心的合作研发、转移等长期协作关系，这样可以实现合作企业共同分担成本及风险、提升企业的研发能力和市场竞争力的战略。这种协作关系既可以是纵向联盟，也可以是横向联盟，既可以涉及股权安排，也可以契约形式或非正式协议形成。

⑤全面联盟。合作协议覆盖生产的各个阶段如研发、设计、生产与营销。这类联盟主要以合资形式出现。作为一个独立的实体，合资企业可以独立处理所有的日常活动而不受不合作伙伴的干预，因而是管理全面联盟的理想形式。全面联盟很难形成，这种困难源于多领域的合作，也正因为此，全面联盟往往只涉及两家跨国公司。

2. 战略联盟的形式

（1）合资企业。合资企业是战略联盟中较为常见的一种形式，是由两家或两家以上的跨国公司共同出资成立的企业，出资各方共同经营、共担风险并共享收益，是目前发展中国家尤其是亚非等地普遍的形式。合作各方将各自的优势资源投入到合资企业中，从而使其发挥单独一家企业所不能发挥的效益。

（2）非股权形式的功能性协议。此类形式的战略联盟主要包括研发合作与技术转让、合作生产和营销合同、许可证合同以及生产制造合同等。多见于跨国公司间在一个或多个具体项目的合作中，是一种较为松散的联盟形式。其基本特点是汇集各方的优势，大大提高了成功的可能性，由于是各方共担生产、研发等费用，故也降低了各方的生产经营费用和风险。

（3）特许经营。特许经营即通过特许的方式组成战略联盟。当某一跨国公司拥有重要的无形资产时，其可以通过与其他跨国公司签署特许协议的形式形成一种战略联盟，授予其使用自身品牌、专利或专用技术等。此时，优势拥有方不仅可获取收益，并可利用规模优势强化对其无形资产的维护，而受许可方则可以借此扩大销售、获取利润。

（4）相互持股。跨国公司可通过购买彼此少量的股份而结成战略联盟。与合资企业不同，相互持股并不要求双方合并相关的资产和人力资源，联盟内企业仍保持各自的独立地位。

四、战略联盟的构建

一项对49个跨国联盟的研究表明，有2/3的联盟在最初成立的两年之内都会遇到严重的管理和财务问题，有1/3的联盟会失败。所以，要建立一个成功的战略联盟必须注意三个关键因素：合作伙伴的选择、联盟结构和联盟管理。

1. 合作伙伴的选择

一个好的合作伙伴要具备下面三个主要特征：

（1）拥有企业缺少的能力，并能帮助企业实现战略目标。这一目标可能是进入新市场，可能是分担新产品的开发成本和风险，也可能是赢得关键核心竞争力的机会。

（2）与企业对联盟目标的看法相一致。如果双方各怀异志，那么彼此间的联盟关系不可能和谐，迟早会分道扬镳。

（3）不会一味地贪图企业的技术诀窍而不思回报。合作伙伴要具有"公平游戏"的信誉，以维系双方良好的联盟关系。

为了选择一个好的联盟伙伴，企业应该做好下三项工作：第一，尽可能从公共渠道多收集潜在联盟伙伴的信息，比如媒体、报刊、网站；第二，从消息来源可靠的第三方获取信息，比如曾与潜在伙伴建立过联盟关系的企业、与其有过业务往来的投资银行以及潜在伙伴以前的雇员等；第三，要谨慎行事，多听取企业内部专业人士和管理者的意见，可以为此专门召开中层以上的经理会议进行讨论，以确保选择的正确性。

2. 联盟结构

在选择好联盟伙伴后，就要在联盟中建立保护措施，包括：①建立防护墙，隔断核心技术的转移，防止敏感技术的泄露。②将保护条款写进联盟协议，以防范联盟伙伴的投机行为。③联盟双方进一步允许交换对方渴望的技能或技术，以保证双方享有同等的机会，例如交叉许可协议就可以保证双方公平获取对方核心能力的机会。④要求联盟伙伴做出重要可靠的许诺，比如双方共同出资建立合资企业，进行生产和销售。

3. 联盟管理

一旦选择好联盟伙伴，并建立起恰当的联盟结构，企业面临的唯一任务就是使联盟利益最大化。要使双方从联盟中获得的利益最大化，就要彼此信任，并善于向伙伴学习。

（1）建立信任。要成功地管理联盟，就需要在联盟企业的管理者之间建立良好的人际关系。朋友式的人际关系有助于联盟企业建立互信、和谐的关系。此外，良好的私人关系也会培育出企业间的正常管理网络，进而有助于解决联盟内部的问题。

（2）向伙伴学习。通过对 15 家战略联盟长达 5 年的研究，伦敦商学院战略及国际管理教授加里·哈默尔（Gary Hamel）等得出结论：一个企业可以从联盟中获得多少益处主要取决于它向联盟伙伴学习的能力。为了使学习效应最大化，一个企业必须尽力向它的伙伴学习，并且将所学知识应用到自身企业中。

本章小结

1. 对外直接投资（Foreign Direct Investment，FDI），是企业以拥有或取得国外企业的经营控制权为特征，以获得长期投资效益等利益为目的的投资活动。刺激 FDI 发展的因素有：扩展市场、降低成本，获取资源、寻求战略性资产、追求效率、技术变革、社会变迁、政府贸易投资政策的变化、分散风险和转移产业。

2. 常见的 FDI 类型有两种：绿地投资和跨国并购。

3. 绿地投资是指跨国公司等投资主体在东道国境内依照东道国的法律法规设置的部分或全部资产所有权归外国投资者所有的企业。绿地投资是"实实在在"的投资，能够直接为当地经济创造就业岗位，刺激经济发展。

4. 跨国并购则是跨国兼并和跨国收购的总称，指国际投资主体通过直接向目标企业投资或并购以支付现金、以股换股、发行债券等形式，依照东道国现行法律取得东道国某一现有企业的全部或可以实现经营控制权股份的行为。常见的跨国并购类型有五种：横向并购、纵向并购、混合并购、市场拓展式并购及产品延伸并购。

5. 跨国战略联盟具有较大的灵活性和随意性、实现了"柔性竞争"、是一种有助于实现参与各方共同发展的新的合作形式和一种组织结构创新。这种联盟完全依赖契约约束，是一种非强制的、松散的联合体。战略联盟可分为：非股权联盟、股权联盟、合资企业以及相互持股四种形式。

课后练习题
一、简答题
1. 国际市场进入主要模式有哪些？
2. 简述跨国公司绿地投资的风险。
3. 简述跨国公司混合兼并的优点。
4. 简述跨国联盟的优点。

二、论述题
1. 试述对外直接投资迅速增长的原因是什么？
2. 跨国公司应当如何确定选择绿地投资还是跨国并购？

三、案例分析题

TCL的全球并购之路

2002年9月19日，TCL以820万欧元收购破产拍卖的德国施耐德电子公司，连同"施耐德"和"DUAL"两个世界知名品牌以及产品分销渠道，成为欧洲高端彩电主要生产商。

2003年上半年，TCL又悄无声息地收购了美国渠道商GO-VEDIO公司。同年11月，TCL同法国汤姆逊公司合并双方彩电和DVD业务，使彩电年销量达到1800万台，为全球第一，并占有10%的世界市场。2004年1月28日，TCL出资5.6亿美元，合并重组法国汤姆逊公司的彩电、DVD业务，并于2004年7月合资成立全球最大彩电企业TTE。然而就在收购的第二年，汤姆逊就出现巨额亏损。2006年TCL便遭受了收购汤姆逊彩电业务之后的19亿元巨额亏损。

2004年4月，TCL出资5500万欧元，并购了法国阿尔卡特手机业务，拿到了对方在2G/2.5G方面的专利技术，以及一年销售700万台的海外市场。

TCL在2004年先后完成了对法国汤姆逊彩电和阿尔卡特手机的并购，并在越南、菲律宾、阿根廷、澳大利亚、法国拥有多个海外生产工厂或品牌营销公司。

TCL集团于2004年前后并购美国GOVIDIO、德国施奈德、法国汤姆逊、法国阿尔卡特等企业，使得2005年TCL集团的总销售收入达到516.8亿元。这种并购既是相关多元化战略的实施，也是将企业增长的视野放诸全球的一种做法。全球化，看似一条不错的成长道路，但对中国家电制造企业来说，走起来很难。

尽管TCL并购汤姆逊和阿尔卡特以后，出现了较大亏损，但是TCL自身也通过并购，实现了企业的战略转型。

2007年，TCL相继收、并购了三个公司，拥有了TCL、乐华、施耐德和高威德这四个品牌。但是TCL的并购过程却走得相当艰难。TCL在并购时的动因是基于市场的，但是这种动因的并购使得TCL一度出现资金链断裂和现金流短缺的危机。在扩张的过程中，TCL对海外市场的风险没有足够的估计，导致了并购后并不能使用原有品牌在当地的渠道和市场价值，而不得不继续投资来开拓市场发展自己的品牌，提升被收购的没落品牌。

TCL投资控股的华星光电8.5代线于2009年10月12日正式量产，标志着TCL上下游液晶全产业链垂直整合优势初步形成。

2010年TCL全球营业收入达518.7亿元人民币，6万多名员工遍布亚洲、美洲、欧洲、大洋洲等多个国家和地区。在全球40多个国家和地区设有销售机构，销售旗下TCL、Thomson等品牌彩电及TCL、Alcatel品牌手机。2010年TCL在全球各地销售746万台液晶电视机、3622万部手机。

并购后，TCL除了获得欧美市场、知名品牌、专利技术等，TCL集团自身也在战略上有了一个调整，在国内家电厂商同质化严重的今天，TCL力求通过这次重组实现品牌知名度、美誉度的提升和产品差异化的实现。得益于产品的全球化设计，其产品设计上了一个台阶，而且通过引入汤姆逊和阿尔卡特的质量体系，其产品质量也有较大提高。

资料来源：TCL集团网站，www.tcl.com.

讨论题：

1. TCL实施跨国并购的主要目的是什么？
2. 为什么说"全球化，看似一条不错的成长道路，但对中国家电制造企业来说，走起来很难"？

第二部分 实务操作

第五章 跨国公司跨文化管理

本章学习要求
* 了解跨文化管理学的基本研究方法
* 掌握跨文化管理的主要内容
* 能运用跨文化管理的有关理论分析并解决跨国公司实践中的问题
* 通过案例讨论,培养学生的分析能力、表达能力及解决问题的能力

本章主要概念
文化 跨文化管理 个人主义 集体主义 权力距离 不确定性规避 男性化指数 女性化指数 长期取向 短期取向 文化适应 文化变迁 文化相容 文化规避 象征性文化团队 双文化团队 多文化团队 跨文化沟通

开篇案例　　　　　　　　　**不同文化价值观的冲击**

一个合资企业人事主管在培训时给员工讲了这样一个案例:

有一个公司规定任何人走进车间都要戴安全帽、穿绝缘靴,并有一个员工专门负责监督此事。有一天,该公司董事长亲临视察,在他进入车间时,负责安全的人拦住了他,用紧张得发抖的声音说"我知道您是董事长,但除非您按规定戴好安全帽、穿好绝缘靴,否则您不能进入车间"。董事长制止了想要批评安全员的管理人员,戴好帽子、穿好靴子才进入车间。

培训主管的本意是希望大家讨论得出这样一个结论:每个人都必须遵守规则,连最高层管理人员也不例外。但他没想到:

中方员工说:"这个安全员太不识相了,太认真,别看董事长这次没说他,没准想批评他的管理人员下次就会给他穿小鞋。"

美方员工说:"如果真的是规则面前人人平等,为什么那名安全员会紧张的声音发抖?"

德方员工说:"如果从董事长到普通员工,大家都能遵守规则,为什么还要设一个专人来管这件事?"

法方员工说:"我们对这条规则本身表示怀疑,它到底是保护工人利益的,还是只用来管理工人的?如果是保护工人利益的,为什么董事长没有自觉遵守规章制度?"

> 主管听得汗都冒出来了。他经历了一次不同文化价值观的冲击,这是他在国内培训所没有遇到的。
>
> 资料来源:豆丁网,http://www.docin.com/p-412371458.html,2012-12-20.

第一节 文化与管理

一、文化

1. 文化的涵义

泰勒的定义,文化是一个复杂的整体,它包括知识、信仰、艺术、法律、伦理道德、风俗和作为社会成员的人通过学习而获得的任何其他能力和习惯。

霍夫斯泰德(Hofstede)的定义,文化是同一组织成员或者同一种区划下的人群的"共同心理程序"。文化不是一种个体特征,而是具有相同的教育和生活经验的许多人所共有的心理程序。

克罗伯和克拉克洪对文化的定义是:文化是外显的和内隐的行为模式和价值观念及其在人工制品中的体现,它通过象征来获取和传递,并构成各人类群体的独特成就。文化的本质内核是由传统的(历史衍生的和选择的)观点,尤其是其所附带的价值观构成的。从广义上说,文化是人类所创造的一切物质财富和精神财富的总和。

美国文化语言学奠基人萨丕尔认为,文化是被民族学家和文化史学家用来表达在人类生活中任何通过社会遗传下来的东西,包括物质和精神两方面。

英国学者威廉斯提出,文化有三种定义:"理想"的文化是人类完善的一种状态或过程;"文献式"文化是知性和想象作品的整体,这些作品以不同的方式详细地记录了人类的思想和经验;"社会"文化是对一种特殊生活方式的描述,不仅表现艺术和学问中的某些意义和价值,而且也表现制度和日常行为中的某些意义和价值。

综上,文化是在人类文明进程中,不断习得和积累的,并为自身所默认且潜在主导人的思想、行为和习惯等的一系列知识、经验、感受的总和。

2. 文化的特征

(1)普同性。文化的普同性表现为社会实践活动中普同的文化形式,其特点是各个不同民族的意识和行为具有共同的、同一的样式。世界文化的崇高理想自古以来一直使文化有可能超越边界和国界。文化的诸多领域,如哲学、道德、文学、艺术和教育等不但包含阶级的内容,而且包含全人类的、普同的原则。这些原则促成各国人民的相互接近、各民族文化的相互融合。目前,高新技术迅速普及,经济全球化进程加快,各民族生活方式的差距逐渐缩小,各地域独一无二的文化特征正在慢慢消融,民族特点正在淡化,整个世界文化更加趋向普同。

（2）多样性。不同的自然、历史和社会条件，形成了不同的文化种类和文化模式，使得世界文化从整体上呈现出多样性的特征。各民族文化各具特色，相互之间不可替代，它们都是全人类的共同财富。任何一个民族，即使是人数最少的民族，其文化成果如果遭到破坏，都会是整个人类文化的损失。

（3）民族性。文化总是根植于民族之中，与民族的发展相伴相生。一个民族有一个民族的文化，不同民族有不同的民族文化。民族文化是民族的表现形式之一，是各民族在长期历史发展过程中自然创造和发展起来的具有本民族特色的文化。民族文化就其内涵而言是极其丰富的，就其形式而言是多姿多彩的。常常是民族的社会生产力水平越高，历史越长，其文化内涵就越丰富，文化精神就越强烈，因而其民族性也就越突出、越鲜明。例如，美国十分强调个人的重要性，是一个高度个人主义的国家。美国也是一个高度实用主义的国家，强调利润、组织效率和生产效率。它重视民主领导方式，倾向于集体决策与参与。它对风险具有高度的承受性，具有低程度的不确定性的规避倾向。日本文化则具有深厚的东方文化色彩，具有群体至上和整体献身的忘我精神。它注重人际关系，有强烈的家庭意识和等级观念。日本文化还具有对优秀文化兼收并蓄的包容能力和强烈的理性精神。英国文化的典型特征是重视经验、保持传统、讲求现实主义。法国文化则是崇尚理性的，喜欢能够象征人的个性、风格和反映人精神意念上的东西。

（4）继承性。人类生息繁衍，向前发展，文化也连绵不断，世代相传。继承性是文化的基础，如果没有继承性，也就没有文化可言。在文化的历史发展进程中，每一个新的阶段在否定前一个阶段的同时，必须吸收它的所有进步内容，以及人类此前所取得的全部优秀成果。

（5）发展性。文化就其本质而言是不断发展变化的。19世纪的进化论人类学者认为，人类文化是由低级向高级、由简单到复杂不断进化的。从早期的茹毛饮血，到今天的时尚生活，从早期的刀耕火种，到今天的自动化、信息化，这些都是文化发展的结果。没有文化的发展，也就没有现代社会和现代文明。以马林诺夫斯基为代表的功能学派认为，文化过程就是文化变迁。文化变迁是指由于族群社会内部的发展或由于不同族群之间的接触而引起的一个族群文化的改变。总的来说，文化稳定是相对的，变化发展是绝对的。

（6）时代性。在人类发展的历史进程中，每一个时代都有自己典型的文化类型。例如，以生产力和科技水平为标志的石器时代的文化、青铜器时代的文化、铁器时代的文化、蒸汽机时代的文化、电力时代的文化和信息时代的文化。又如，作为文化的有机组成部分，赋、诗、词、曲分别成为中国汉、唐、宋、元各朝最具代表性的文学样式。时代的更迭必然导致文化类型的变异，新的类型取代旧的类型。但这并不否定文化的继承性，也并不意味着作为完整体系的文化发展的断裂。相反，人类演进的每一个新时代，都必须继承前人优秀的文化成果，将其纳入自己的社会体系，同时又创造出新的文化类型，作为这个时代的标志性特征。

3. 文化的两个比喻

（1）文化层次论。著名美国组织行为学家薛恩（E.H.Schein）给文化的定义颇为复杂:文化就是某一特定的人群,在学会如何对付适应外界和整合内部过程中遇到的问题时,所发明、发现或开发出的一套基本性假设的模式,这套模式一直运作良好而被视为有效,因而它当作感知、思考和感觉那些问题的正确途径而传授给该人群的新成员。薛恩在其名著《组织文化与领导》中,将文化分解为三个由表象至基础的层面。在创建组织文化时,人们是由基础往顶层砌筑的;但在认识它时,却是由可见的表象,逐层深挖到它隐含的基础中去。这三个文化层面就是:①表层:包括一些可见的事实,如成员的行为模式,许多有形的,但具有象征性标识意义的事物;②中层:包括群体或组织共同信奉与提倡的精神、原则等是对表层所含内容的解释与说明;③基础(核心)层:这是那些人们外显行为的基本假设和理念。

(2)文化的冰山比喻。如图5-1所示,这个比喻把文化看成由两部分组成:显性部分,即浮在水上的可视部分;隐性部分,即藏在水下的不可视部分。从图中可看出,水下隐藏的冰山比浮出水面的要大出很多,因此,我们平时观察到的文化表象只是冰山一角,真正造成表象不同的部分都藏在水下。

图5-1 文化冰山论

二、文化差异

文化差异主要是指文化价值取向的不同和由此而产生的文化冲突。

1. 文化价值取向

文化价值取向反映群体成员的价值观、态度和行为之间相互作用、相互影响的倾向。每个个体通过其人生观、世界观和价值观表现文化及其特征。这些价值观决定了他们的态度,这一态度又给特定条件下什么行为是适当的和有效的提供了标准。同时,个体和群体不断变化的行为模式又会影响社会的文化。价值观影响着人们对模式、手段和行为目标的选择,并形成一定的偏好。管理人员的价值观影响着企业的组织行为,包括组织中的评价、选择、奖惩制度、上下级关系、群体的行为、组织成员的交往、领导以及冲突等。态度是价值观的直接体现,它驱使人们向着某一特定的方向行动或做出反应。行为是人的行动方式,是对人们在特定情况下应该怎样行动的思想和感受的期待。人们的行为是由他们所处的文化决定的。

2. 文化冲突

文化冲突是指不同形态的文化或者文化要素之间相互对立、相互排斥的过程，它既包括跨国公司在他国经营时与东道国的文化观念不同而产生的冲突，又包括在一个公司内部由于员工分属不同文化背景的国家而产生的冲突。

例如，当跨国公司进入另一种文化制度时，常会遇到不同文化背景下各种各样陌生的人的行为和方式，有时甚至会使人产生烦恼和不安全感，这就是文化冲突。产生文化冲突的主要原因有种族优越感、管理定势、沟通误会、文化态度等。

种族优越感主要指某个种族认定自己种族优越于其他种族，自己的文化价值体系比其他文化价值体系优越。所谓定势，即指主体状态的模式对以后心理活动趋向的制约性。企业作为一个特殊的机构，它面临的环境经常变化，市场又起伏不定。特别是企业跨国经营，这就决定了企业管理科学的博大而高深，其中法、理、情三大脉络相互融合，又条理分明，它发挥着约束、聚合、引导、激励等功能及作用，支配着人力资源、物质资源、资本资源、市场资源的有效整合，这就说明，企业管理是有定势的。沟通误会是由于处于不同文化背景的人们对时间、空间、风俗习惯、价值观等的不同认识，以及语言障碍与非语言的沟通方式的不同所造成的。文化态度是一个人对一定社会文化体验而产生的观点、看法和由此表现的行为方式。当管理者在遇到另一种与自己母国文化不同的文化时，若能理解并正确对待这种文化及由这种文化所产生的个性特征，那么，这位管理者就顺利解决了在跨文化管理中的重大问题。因此，文化态度是决定一位跨文化人力资源管理者在他国文化中的管理和经营是否有效的关键。

三、文化与管理的关系

1. 文化因素影响跨国经营战略

（1）文化影响市场选择。对一个国家文化的理解，将影响跨国公司经营战略中对市场领域的选择。国际上一些著名学者对这一问题有以下认识：市场营销专家认为，国与国之间的创新倾向主要取决于国与国之间的文化传统和新产品进入市场的时间。创新波及理论认为，新思想的传播或交流，在文化背景相同的群体内部较容易，否则就很困难。社会学家认为，世界文化分为"高背景"和"低背景"两大文化类型。在高背景文化中，内部同文同种，约定俗成相同，因此信息容易传播。而在低背景文化中，社会内部差异大，存在许多"亚文化"相互独立。这样信息既不易传播，也不易被接受，在商业上表现为新产品的创新过程中模仿者较少。例如，研究表明，日本、韩国、中国台湾三个高背景文化市场的"模仿倾向系数"都大于美国。他们的新产品引进比较晚，但普及速度都比美国快。

（2）文化影响提供的产品和服务。在决定向国外市场提供什么样的产品和服务时，必须考虑文化差异。例如，中国冰清玉洁、高贵典雅的荷花图案，在日本却表示祭典之意。"美国加州牛肉面"只在洛杉矶有一家分店，而在中国却有 77 个分店，对中国大众极具吸引力。美国"Coca Cola"的国际营销战略的胜利，取决于其广告制作适合于各国国情，如今"可口可乐"已深植于中国人民心中。

2. 文化对组织架构设置的影响

（1）文化不同，企业管理层次不同。比较美国的企业和中国或者韩国的企业，可以看见美国的企业结构比中国或韩国的企业要扁平一些，层级更少。相对来说，西方国家强调平等的理念比东方国家要强一些。

（2）文化影响企业的决策程序，是自上而下为主，还是由下而上为主。亚洲国家的企业决策通常是自上而下，一般都是上面做好决策之后往下传达贯彻，很少有听取下面意见之后再做决策的习惯；而西方社会就更多是由下至上的决策，有时即使不是完全从下开始，一般也都会给下面的员工反馈的机会，以便修正原先的决策。

3. 文化对企业制度建立和执行的影响

西方文化强调理性的思维习惯和强调公平的意识表现在社会制度上是以法治国，表现在企业运作上则是企业制度的建立和完善。首先，制度是理性思维的产物，是对企业内部流程，对员工工作动机，对企业所处的经济大环境全面充分分析的结果，而不是个别人拍脑袋的产物。其次，因为有了制度，才有了客观可依赖的标准，才可能对每个员工一视同仁，才能实现真正的公平。

在这种文化理念的影响下，西方国家（尤其是美国）企业的制度建设通常非常完善，小到每个工作岗位的职务分析，大到绩效考核的整套方案，都有完整的书面材料。但制度的建立不止到此为止，更重要的是监督执行的过程，任何流于表面的制度等于不存在。在这一点上，美国的企业也是做得很到位，有时可以说是"滴水不漏"，即使是对很难监督的工作，都会设计出完善的监督系统来实现考核的目的。比如，在迪斯尼工作的员工，大家都在户外与游客打交道，很难监督，但为了保证不同卡通形象确实是在扮演自己的角色，如米老鼠做的每一个动作都是米老鼠应该做而不是唐老鸭应该做的动作，就需要有考核。但管理人员又不能整天跟在这些卡通形象后面，这就要求设计特殊的监控系统。于是迪斯尼乐园里设有许多摄像头，在闭路电视中可以观察员工的行为。

相反，中国人的传统管理思维都是以人治为主，如果公司的CEO或工厂的厂长能力强，办事公道，这个公司很可能就经营得好，但如果这个CEO或厂长离任了，那么，情况如何就很难说了。较少的管理者注重制度和程序的建设，一般都是上任者根据自己的喜好各干一套，延续性很差。这样的管理思路与中国文化中两个重要特征——强调等级和人际关系是一脉相承的。

4. 文化对领导和员工行为的影响

文化影响企业管理者与员工的行为从多个方面表现出来。从管理者的角度，什么样的管理风格更占主导，管理者的角色和责任的定义和内涵，如何看待管理者与被管理者的关系都会因文化的不同而不同。从员工的角度，如何看待自己的企业，喜欢管理者采用什么样的风格，对管理者的角色和责任的理解，自己与管理者之间应保持什么样的关系也都受到员工自己身处的文化环境影响。

【专栏 5-1】 文化对领导和员工行为的影响

法国管理学者劳伦特曾经在西欧9个国家、亚洲3个国家和美国对企业管理者和员工调查他们对工作中六个问题的看法，结果发现不同国家的人对同样的问题的答案很不相同。

其中一个问题是这样问的：

"企业建立金字塔形的组织结构的主要原因就是每个人都清楚自己的位置，并知道谁对谁具有权威。你同意吗？"

研究发现，美国管理者大部分都不同意这样的说法，只有17%的人同意。相反，他们认为，建立金字塔组织结构的主要原因是为了能够对工作任务有序组织以推进问题解决的速度。同时，他们认为，要加速解决问题的速度，组织结构应该扁平化，上司和下属应该是同事，可以平等讨论问题，而且坚信扁平化一定可以做到。

大多数从关系导向文化中来的管理者，如南欧人、亚洲人、拉丁美洲人和中东人则非常同意这样的说法。比如，有42%的意大利人，43%的法国人，50%的日本人，70%的中国人和83%的印度尼西亚人表示赞同这样的说法。印度尼西亚人甚至不相信一个企业可以离开金字塔结构而存在，更不用说取得成功了。

另一个表现是：关注的焦点是工作任务还是人员关系。

美国人最关心的是工作，一般都是确定了工作目标等以后再考虑安置人员，而印度尼西亚人恰恰相反，先看谁有可能去参与某个工作，谁会担任某项目的领导，再确定工作目标和程序。

另一个问题是这样问的：

"为了工作效率，常常有必要越级处理事情。你同意吗？"

对这个问题的回答同样显示很大的文化差异。有74%的瑞典人，68%的美国人和65%的英国人同意，但只有49%的印度尼西亚人，44%的意大利人，41%的中国人和26%的西班牙人同意这样的说法。显然，瑞典文化、美国文化和英国文化都以工作任务为导向，只要是为了更有效地完成工作，越级当然问题不大；但在强调等级和关系的中国、西班牙和意大利文化中，越级就是对直接上级的不尊重，就会破坏与直接上级的关系。而且，意大利人会把需要经常越级看成是组织设计的问题，而重新设置组织构架。

还有一个问题是关于管理者的角色：

"管理者应该有足够的知识和技能回答下属提出的有关工作的任何问题。你同意吗？"

结果发现，大部分美国人（28%）认为管理者的角色应该是帮助员工解决问题，寻找解决问题的途径和方法，而不是直接提供答案。而且提供答案会降低员工的主动性和创造性，不利于提高他们的工作效率。相反，多数法国人（53%）认为管理者就应该是专家，应该为员工答疑解惑。如果不能，就没有资格当管理者。这种倾向在日本(78%)、西班牙(77%)和印度尼西亚(73%)甚至更强烈。

当两个来自不同文化的管理者和员工在一起工作时,就会出现不理解甚至冲突,从而造成无法有效地完成任务。

试想一个来自美国的管理者告诉一个来自法国的员工说:"我不知道答案,你可以去问一下市场部的西蒙,他说不定知道。"这个法国员工肯定会认为他的老板不称职。同样,当一个美国员工从法国管理者那儿听到详尽的答案时,他可能会认为这个法国老板太自以为是。他会想:"为什么这个法国老板不说市场部的西蒙会有更好的答案呢?"误解很可能由此产生。

资料来源:陈晓萍.跨文化管理 [M].北京:清华大学出版社,2009.

综上所述,文化与管理似乎有着不可分割的联系。要经营好国内的公司,必须对国内的文化有深刻透彻的理解,而要经营好跨国公司,就必须对不同国家的文化都有较正确的理解,以避免运作过程中可能出现的误解,事倍功半不说,还可能破坏彼此间的信任。

第二节 跨文化管理理论

一、文化维度理论

霍夫斯泰德关于文化的观点是在他做的关于文化差异的实验性研究基础上形成的。20世纪70年代,尽管IBM公司想在全球各工厂建立一套共同的管理程序和标准,但是在不同国家,如巴西和日本的管理程序和标准仍存在很大差异。霍夫斯泰德通过采访和问卷调查的方式发现这种差异在很大程度上与员工所在国家的文化有关系。他把文化描述成是"人的头脑中的一种集体共有的程序,它能将一类人与其他人区分开来"。经过几轮的研究,他把文化差异归纳为四个基本的维度。他指出所有的差异都可追溯到基本维度中的一个或几个中。这些维度是:个体主义/集体主义、权力距离、不确定性规避和男性化社会/女性化社会。经过进一步的研究,他又增加了时间取向维度。

1. 个人主义/集体主义

个人主义/集体主义(Individualism/Collectivism)表示个人与群体间的关联程度。个人主义文化注重个体目标;相反,集体主义文化则更强调集体目标(见表5-1)。个人主义文化中,人们应当自己照顾自己和直系家庭,而在集体主义文化中,人们期望他们的内群体或集体来照顾他们,作为这种照顾的交换条件,他们对内群体具有绝对的忠诚。个人主义没有圈内(In-group)和圈外(Out-group)的明显差别,而集体主义却有明显的圈内和圈外的差别。

在霍夫斯泰德的研究中,一个社会的个人主义/集体主义倾向是通过个人主义指数

(Individualism Index) 来衡量的。这一指数的数值越大，说明该社会的个人主义倾向越明显，如美国；反之，数值越小，则说明该社会的集体主义倾向越明显，如日本和亚洲大多数国家。

表 5-1 集体文化与个体文化的差异

集体文化	个体文化
更多地使用"我们"	更多地使用"我"
决定由代表送回企业	决定由代表当场做出
以合作的形式完成任务并认为那是大家共同的责任	人们总是想独立完成工作并认为那是自己的责任
很多人一起度假	两个人甚至一个人度假
人贵在认同、返依，理想境界是成为集体的一员	人人应当自立自主，人的特征是自我，是个人。人贵在个人首创精神，理想境界是发扬个人领导能力
相信群策群力，提倡集体决策	强调遇事果断，崇尚个人决策
感情上与企业认同	感情上独立于企业
大企业更有吸引力	小企业更有吸引力
"以厂为家"，献身于企业的事业	个人与企业是各打算盘的利益关系
人不能只顾自己，不顾他人	人人为己，天经地义
人分圈内圈外，为朋友两肋插刀	人际关系一视同仁，生意就是生意
保住职位对管理人员更重要	管理自主权对管理人员更重要
人的价值在于承担责任	人的价值在于享受人生
环境不以个人为转移，重在适应	只要有决心总会有办法
人的社会关系先天决定	社会关系、朋友自行选择

资料来源：潘燕飞. 浅析中美文化中的个体主义和集体主义的差异 [J]. 青年文学家，2011（6）.

2. 权力距离

权力距离指的是一个社会中的人群对权力分配不平等这一事实的接受程度。接受程度高的国家，社会层级分明，权力距离大；接受程度低的国家和民族，人和人之间比较平等，权力距离就小（见表 5-2）。把中国与美国相比，很显然中国的权力距离比美国的要大。中国文化中的一个重要组成部分就是权力距离，从孔孟提倡的君君臣臣、父父子子和三纲五常，到现代社会强调的在家听父母的话，不与父母顶嘴，在单位在学校尊敬领导、尊敬师长，讲求的都是社会的秩序和人与人之间的距离和等级。

3. 不确定性规避

不确定性规避是指组织或群体面对不确定性时所感受到的威胁以及试图通过制定安全规则和其他手段来避免不确定性的程度。霍夫斯泰德认为，人们抵抗未来这种不确定性的途径主要有三种：科技、法律和宗教。人们用科技来抵抗自然界的不确定性，用法律来抵抗来自其他社会成员的不确定性，而宗教则被人们用来化解无可抵抗的死亡和来世的不确定性。霍夫施泰德的调查表明，不同民族文化之间在不确定性状态的回避倾向上有很大的不同，有的民族把生活中的未知、不确定性视为大敌，千方百计加以避免，而有的民族则采取坦然接受的态度，认为"是福不是祸，是祸躲不过"。

表 5-2 权力距离的表现

低权威差距文化	高权威差距文化
• 不平等应当被限制在最小的可能程度之内,有权的人和无权的人应当有一定程度的相互依赖,二者根本上是和谐的 • 父母平等对待儿女,儿女平等对待父母 • 教师期望学生在课堂上发挥主动性,学生平等对待教师 • 受教育更多的人比受教育少的人拥有更少的权威价值观 • 组织中的权威等级关系只是因工作方便而创立的角色上的不平等;盛行分权 • 组织高管层与基层人员工资差距不大 • 下属期望上级在决策时被征求意见 • 理想的老板是一个应变能力强的民主型领导 • 反对特权与特殊地位	• 人们之间的不平等是应当的;无权的人应当依赖有权的人;实践中,无权的人要么依附,要么反依附 • 父母教育儿女要服从,儿女尊重父母 • 教师主导课堂;是传授知识的权威,学生尊重老师 • 受教育多和受教育少的人都接受权威价值观 • 组织中的权威等级关系反映了上层和下层天然的不平等;集权盛行 • 组织高层与下层之间的工资差距很大 • 下属期望被告知做什么工作 • 理想的老板是一个仁慈的独裁者或是一个好父亲 • 经理人员的特权和地位象征是正当的

资料来源:佛恩斯·汤皮诺. 跨文化管理 [DB/OL]. 百度文库,http://wenku.baidu.com/link? url=Fxpxyp9OoQYtVJajg30CdeJ00y_elG5xSa9vYGiw40QS7XZDnNzn7RBik77BDOttPnsbIli3P4e1ASWPQYECi29DqrLh11hIJC_QeGMzdAG,2013-02-22.

避免不确定性的强弱程度可以通过不确定性回避指数(Uncertainty Avoidance Index)来体现。回避程度高的文化通过规章制度、安全措施以及对于绝对真理的信仰尽力回避各种不确定因素。因为这些文化在心理上难以忍受模模糊糊的事,对事比较"较真儿",它们以制定一系列的行为规范来减少不确定性,这类文化包括希腊、葡萄牙、比利时、日本、秘鲁、法国、智利、西班牙、阿根廷。不确定性回避程度高的国家的人民比较更忙碌,常常坐立不安,喜怒形于色,积极活泼,其文化对法律、规章的需要是以情感为基础的,这不利于产生一些根本性的革新想法,但却可以培养人们精细、守时的特质,因而善于将别人的创意付诸实施,使之在现实生活中生效;而回避程度低的文化很有能力对付模模糊糊、模棱两可的事,对此没有心理压力,对于反常的行为和意见比较宽容,他们的规章制度比较少,在哲学和宗教方面容许不同的主张同时存在(见表5-3)。属于这类文化的国家和地区有新加坡、丹麦、瑞典、中国香港、爱尔兰、英国、印度和菲律宾。这些国家和地区的人们则显得更沉静,也更矜持,随遇而安、怠惰、喜静不喜动、懒散,人们对于成文法规在感情上是接受不了的,除非绝对必要,社会不会轻易立法,其文化能容忍各种各样的思想和形形色色的主意,因而有利于产生一些根本性的革新想法,但却不善于将这些想法付诸实施。

表 5-3 不确定性规避的表现

不确定状态回避倾向弱	不确定状态回避倾向强
• 不确定状态是生活的题中应有之义,只须随遇而安、不要紧张和听其自然 • 不同意见和情感不应当表露 • 在模糊、不熟悉、有风险情形下处之泰然 • 对儿女管教不严厉;容忍不同意见和好奇心 • 学生们喜欢开放讨论式学习 • 教师们可能回答:我不知道 • 规章制度越少越好	• 不确定状态是人生的大敌,应当尽量消除;高度紧张和不安感强 • 不同意见和情感在适当的时间和地点可以流露 • 接受熟悉的风险;惧怕模糊、不熟悉风险情形 • 对小孩管教严厉;不同的即是危险的 • 学生们习惯于结构化学习环境,关心答案正确与否 • 教师应当回答所有问题 • 希望凡事都有规章制度,即使这些制度无法执行

不确定状态回避倾向弱	不确定状态回避倾向强
• 有的是时间；勤劳不是美德；精确与准时必须学习才能做到	• 时间就是金钱；努力工作是一种内在冲动；精确和守时是自然的
• 容忍离经叛道和创新思想与行为	• 压制异端思想和行为；抵制创新
• 受成就、自尊或归属感激励	• 受安全和自尊、归属感激励

资料来源：佛恩斯·汤皮诺. 跨文化管理 [DB/OL]. 百度文库，http://wenku.baidu.com/link?url=Fx-pxyp9OoQYtVJajg30CdeJ00y_clG5xSa9vYGiw40QS7XZDnNzn7RBik77BDOttPnsbIli3P4e1ASWPQYECi29DqrLh11hIJC_QeGMzdAG，2013-02-22.

4. 男性化社会/女性化社会

男性化社会/女性化社会维度表明性别对一个社会中男性和女性扮演什么角色的决定程度。霍夫施泰德把这种以社会性别角色的分工为基础的"男性化"倾向称之为男性或男子气概所代表的维度（即男性度，Masculinity Dimension），它是指社会中两性的社会性别角色差别清晰，男人应表现得自信、坚强、注重物质成就，女人应表现得谦逊、温柔、关注生活质量；而与此相对立的"女性化"倾向则被其称为女性或女性气质所代表的文化维度（即所谓女性度，Feminine Dimension），它是指社会中两性的社会性别角色互相重叠，男人与女人都表现得谦逊、恭顺、关注生活质量。

男性化社会/女性化社会的倾向用男性度指数（Masculinity Dimension Index，MDI）来衡量，这一指数的数值越大，说明该社会的男性化倾向越明显，男性气质越突出（最典型的代表是日本）；反之，数值越小，说明该社会的男性化倾向越不明显，男性气质弱化，而女性气质突出（见表5-4）。

表5-4 男性化与女性化文化的表现

男性化文化	女性化文化
• 成功是人生的真正尺度	• 人生重要的是生活质量
• 金钱和物质导向	• 人情导向、友谊和环境更重要
• 人最理想的状态是独立	• 同舟共济、相互依赖最理想
• 敬慕成功的强者	• 同情生活中的弱者和不幸者
• 美在规模、速度之中	• 美在小巧、缓慢之中
• 男人要有主见，女人应当关怀体贴	• 男人也应体贴关心
• 人生在于工作	• 工作是为了生活，而不是相反
• 收入比闲暇更重要	• 闲暇比收入更重要
• 相信X理论（人生厌恶工作）	• 相信Y理论（人生乐在劳作之中）

资料来源：佛恩斯·汤皮诺. 跨文化管理 [DB/OL]. 百度文库，http://wenku.baidu.com/link?url=Fx-pxyp9OoQYtVJajg30CdeJ00y_clG5xSa9vYGiw40QS7XZDnNzn7RBik77BDOttPnsbIli3P4e1ASWPQYECi29DqrLh11hIJC_QeGMzdAG，2013-02-22.

在男性文化的社会里，其社会性别角色非常明确，如男人被认为总是武断的、坚强的、注重物质成就的；而女人被认为总是更谦和、更温柔和更关心生活质量。在女性文化的社会里，其社会性别角色是重叠的，如男人与女人都被认为是谦和的、温柔的并都关心生活的质量（Hofstede，1991）。在男性气质突出的国家中，社会竞争意识强烈，成功的尺度就是财富功名，社会鼓励、赞赏工作狂，人们崇尚用一决雌雄的方式来解决组织中的冲突问题，其文化强调公平、竞争，注重工作绩效，信奉的是"人生是短暂的,应当快马加鞭,多出成果",对生活的看法则是"活着是为了工作";而在女性气质突出的国家中,生活质量的概念更为人们看重,人们一般乐于采取和解的、谈判的方式去解决组织中的冲突问题,其文化强调平等、团结,人们认为人生中最重要的不是物质上的占有,而是心灵的沟通,信奉的是"人生是短暂的,应当慢慢地、细细地品尝",对生活的看法则是"工作是为了生活"。

在男性化社会,其成员重视表现、抱负、物质、权力和自信。在女性化社会,其成员重视生活质量、服务、关心他人和擅长养育。Hofstede(1998)指出在男性化社会里,女人被赋予温柔和关心的角色。相反,在女性化社会里,男人与女人都该做这些事。在男性化社会里,父亲通常处理孩子情感以外的问题,情感问题由母亲来处理,正所谓严父慈母。在女性化社会里,父母亲都关心孩子的这两方面的问题。在男性化社会里,雇员们生活是为了工作;在女性文化里,雇员们工作是为了生活。男性化社会注重自我的发展,女性化社会注重相互关系的进展。在一切社会中,都存在男性和女性文化现象,但总有一个占主要地位。男性文化为主的国家和地区有:阿拉伯、奥地利、德国、意大利、日本、墨西哥、新西兰、瑞士、委内瑞拉等。女性文化为主的国家和地区有:智利、哥斯达黎加、丹麦、东部非洲、芬兰、荷兰、葡萄牙和瑞典等。

需要说明的是,以上四个价值维度是衡量一个文化和一个社会具有该价值的相对程度。

5. 长期取向/短期取向

考虑到孔子的儒家思想对东方国家特别是中国的影响之后,霍夫斯泰德在前四个文化尺度的基础上增加了第五个维度——长期取向/短期取向。长短期取向是霍夫斯泰德在后来的研究中加进去的一个重要评价维度,指人们对战略的看法是否具有长期的眼光。

长期取向高的社会,人们倾向于节俭、积累、容忍和传统,追求长期稳定和高水平的生活;长期取向的文化关注未来,重视借鉴和毅力。相反,短期取向的文化的价值观是倾向过去和现在的。

综上所述,若干国家文化差异的得分情况如表 5-5 所示。

表 5-5 若干国家文化差异的得分

国家/地区	个人主义	权力化程度	不确定性回避	男性化
加拿大	93	28	24	57
意大利	89	38	58	93
希腊	45	50	100	67
丹麦	85	6	6	8
挪威	77	12	30	4
瑞典	82	12	8	2
巴西	52	75	61	51
印度	62	82	17	63
以色列	66	4	66	47
日本	55	32	89	100
澳大利亚	98	25	32	72
英国	96	21	12	84
美国	100	30	21	74

续表

国家/地区	个人主义	权力化程度	不确定性回避	男性化
中国	39	89	44	54
新加坡	26	77	2	49
奥地利	68	2	56	98
德国	74	21	47	84
瑞士	75	17	40	93
墨西哥	42	92	68	91
法国	82	73	78	35

资料来源：Hofstede G. Cultures and Organizations: Software of the mind [M]. London: McGraw-Hill, 1991.

二、文化架构理论

荷兰经济学家和管理咨询家强皮纳斯（Trompennas, 1998）历经10年，对来自47个国家15000名经理人进行了人际沟通方面的调查后，提出了文化架构理论七个文化维度。这七个维度是：

1. 普遍主义—特殊主义：社会的或个人的责任

在普遍主义文化中，人们认为判断对和错有一定的客观标准，可以应用在任何人身上和任何时间、任何场合。特殊主义文化则认为，在判断对和错的时候，特殊情况和关系起到更重要的作用，而不是由抽象、刻板的条例决定。

这个维度体现在商务活动中，就是在不同文化中合同重要性的差异。在普遍主义文化中，合同的重要性体现在它已成为人们的一种生活方式；而在特殊主义文化中，人们更多地依赖与他人的关系达成和执行交易。商务活动中，普遍主义者和特殊主义者碰到一起时，双方都会对对方的信用产生怀疑。普遍主义者会想："你怎么可以信任他们（特殊主义者），他们总是帮助他们的朋友！"特殊主义者则会想："你不能信任他们，他们连朋友都不愿帮！"

在这个维度得分上的分布体现了东西方以及南北方的差异。美国、奥地利、德国、瑞士、英国等更趋向普遍主义，而委内瑞拉、俄国、印度尼西亚、中国等更趋向特殊主义。

对于英语文化来说，客观的"事实"——关于真正发生的客观情况，比人际关系更为重要，人们相信规律和制度应该适用于每个人。在拉丁文化中，事实必须在不同关系和环境的实质下进行考虑，家人和朋友先于其他人被考虑。

【专栏5-2】　　　　　　　普遍主义和特殊主义的测试

一个例子就是"开车误撞行人"的情境：有一天你和朋友驾车外出，在一条小街上行驶时，你发现朋友的车速为每小时40千米，而当时允许的车速为每小时30千米。开到街角时，突然有行人从路边出来，朋友来不及刹车，就把行人撞倒了。

当时没有其他目击者。警察来了,让你提供目击者口供。假如你不作伪证,你的朋友将承担严重后果。

请回答以下两个问题:

问题一:你觉得在多大程度上你的朋友有权力要求你为他/她作伪证,即他/她实际时速为每小时 30 千米?

A. 我的朋友有绝对权力要求我为他/她作伪证;

B. 我的朋友有一些权力要求我为他/她作伪证;

C. 我的朋友没有任何权力要求我为他/她作伪证。

问题二:你会为他/她作伪证吗?

A. 我会为他/她作伪证。

B. 我不会为他/她作伪证。

在美国学生中,一个 40 人左右的班上大约有三五个人会举手认为朋友有一些权力要求自己为之撒谎,没有人会赞同朋友有绝对权力,但几乎所有的人都会说朋友没有任何权力要求自己为之作伪证。在中国学生中,情况就很不一样,几乎没有人赞同"朋友没有任何权力",而绝大多数人都认为"朋友有一些权力"。对问题二的回答差异更显著。在美国,只有一两个学生愿意为朋友作伪证。而在中国,大约有半数以上的人举手表示愿意为朋友撒谎。

当让他们各自说明自己选择的理由时,不作伪证的人如是说:

①如果朋友会期待我为他/她撒谎,那他/她就不是我的朋友,我不与那样的人交朋友。

②朋友超速发生了事故,应该为自己的行为负责,如果我为他撒谎,反而是害了他。

③作伪证是违法行为,我自己会因此受到惩罚。

④撒谎是不道德的行为,我作为一个正直的人,应该说真话。

⑤受伤的行人应该有权力讨回公道,我撒谎是为虎作伥。

而选择作伪证的人则如此说明自己的行为:

①作为朋友,他/她有权力期待我为他/她撒谎,这是朋友应该做的。

②朋友超速发生了事故,有可能吊销执照甚至进监狱,作为朋友,我应该帮助他/她避免坏的后果。

③虽然撒谎是不良行为,但我是为朋友而不是为自己撒谎,这属于"两肋插刀"行为,不惜自己冒风险而拯救朋友,是义举。

④撒谎并不一定是不道德行为,得看动机和结果。

⑤行人已经受伤,不会因为我的行为而有任何改变,而我的朋友可就指望着我了。

双方给出的理由看来都合情合理。但把事件的变数推向极端时,比如说开车的人不只是你的朋友,而是你的亲人(如父母、子女、配偶);再比如被撞的行人不仅受了伤,而且进医院后不久就告别了人世。看他们的选择会不会发生改变,结果发

> 现在"亲人"的状态下,因为与自己的利益关系极近,少数人从不撒谎改成了撒谎;但在"去世"的情境下,几乎所有的人都对原来自己的选择更加坚定。主要理由如下。
>
> 不撒谎:对方已经死了,朋友更应该负责;对方也是人,与所有的人一样享有基本人权,应该对他/她公道。
>
> 撒谎:对方已经死了,谁也无能为力;而朋友则真正陷入了困境,是真正需要帮助的时候;身为朋友,此时不帮,更待何时?
>
> 在此,我们暂且不管谁对谁错,因为各人有自己的逻辑推理和基本假设,并且都自圆其说。但对该问题的不同回答清楚地显示了文化差异这一点肯定是不可争辩的事实。
>
> 资料来源:陈晓萍. 跨文化管理 [M]. 清华大学出版社,2009.

表 5-6 概括了在商务管理领域普遍主义者和特殊主义者的不同特点。

表 5-6 普遍性文化与特殊性文化的差异

普遍性文化	特殊性文化
• 对于规则的关注要比对于细节的关注要多	• 对于事物间关系的关注要比对某些规则的关注多
• 法定合同易于拟定	• 法定合同易于改动
• 值得信赖的人是指那些能够遵守诺言和履行合同的人	• 值得信赖的人是指那些能够尊重相互间变化的人
• 认为只有一个真理	• 对于真理的解释有很多种
• 就事论事	• 牵涉人事关系

资料来源:佛恩斯·汤皮诺. 跨文化管理 [DB/OL]. 百度文库,http://wenku.baidu.com/link?url=Fxpxyp9OoQYtVJa-jg30CdeJ00y_clG5xSa9vYGiw40QS7XZDnNzn7RBik77BDOttPnsbIli3P4e1ASWPQYECi29DqrLh11hIJC_QeGMzdAG,2013-02-22.

2. 个人主义—集体主义:个人或集体目标

与霍夫斯泰德的研究结果相似,个人主义与集体主义这个维度关注群体如何解决问题:个体更看重他个人还是把自己看成是群体中的一员。进一步讲,社会应该更重视个体对社会的贡献,还是应该首先考虑集体,因为集体是由许多个体所构成的。

在强调集体主义的社会中,人们愿意归属的群体各不相同:工会、家庭、民族、公司、宗教、职业或政党组织。例如,日本人认同他们的国家和公司,法国人认同他们的国家、家庭和职位,爱尔兰人认同罗马天主教堂。

跨文化管理深深地受到不同国家中个人主义/集体主义倾向的影响。谈判、决策和激励是受影响最关键的领域。在群体中,对成就的认可以及计件工资的发放必须根据各人的贡献区分开来,并且每个人对共同承担任务的贡献是区分的,贡献多的应该受到表扬或奖励。这是个人主义文化中的情形。如在美国,在工作中将薪水和工作表现联系起来是十分合理的。只要不断努力,每个人都可能成功。如在苹果电脑公司,薪水是没有上限的,优秀的表现可以获得相当于基本工资两倍的月薪,无须考虑部门中是否要平衡。

相反,在集体主义文化中,这是不可能的。在许多亚洲国家,集体逻辑非常盛行。例如,一个跨国公司在推行为了提高生产率而为工人提供营养午餐时遇到阻力,因为当地的雇员要求把午餐费用直接支付给他们，从而使他们可以养活家人。这种态度就是："我们在家人挨饿的时候怎么能够吃得下呢？"又如，印度尼西亚人是以群体方式处理他们的文化的，每个人都在群体中联系在一起，在一个群体中，以不同的标准发薪水是不妥当的，按表现分配也是不适合的。在日本也是如此，人们担心按业绩分配会破坏内部和谐，并可能同时引发追求短期效益的想法和做法。

3. 中性化—情绪化关系：相互关系中的情绪化倾向

在中立与情感的问题上，人类的理性和感性会起一定的作用。理性和感性哪个占主导地位，取决于采用的方法中所持态度是中立的还是带情感的。

在中性化文化中，人们倾向于认为在工作场合表现出诸如愤怒、高兴或紧张等情绪是"非职业化"的；相反，在情绪化文化中，人们会认为他们的中性化同事是没有情绪的，或是把他们的真实感情掩藏在假面具中。在中性化文化中，人与人之间很少身体接触，人与人之间的沟通和交流也比较微妙；而在情绪化文化中，人与人之间身体接触比较自然公开，交流沟通时表情丰富，充满肢体语言（见表5-7）。

表5-7 中立文化与情感文化的差异

中立文化	情感文化
● 不表现他们的思想或感觉	● 以语言或非语言的表达方式表达他们的所思所感
● 可能（偶尔地）会通过面部表情或手势来表达他们的紧张	● 很明显地表示出他们的紧张情绪
● 冷静和自控能力很令人钦佩	● 没有任何顾忌地流露自己的情感
● 肢体语言和面部表情都被视为禁忌	● 崇尚热情而有生命力的表达方式
● 总以一种语调来叙述事情	● 总是抑扬顿挫地高声朗诵

资料来源：佛恩斯·汤皮诺. 跨文化管理 [DB/OL]. 百度文库，http://wenku.baidu.com/link?url=Fxpxyp9OoQYtVJa-jg30CdeJ00y_clG5xSa9vYGiw40QS7XZDnNzn7RBik77BDOttPnsbIli3P4e1ASWPQYECi29DqrLh11hIJC_QeGMzdAG，2013-02-22.

中立文化与情感文化差异具体表现为：

（1）幽默与情感表达。幽默在保持中立态度的人和感情用事的人身上的作用是不同的。很多保持中立态度的英国人都会用幽默来缓解气氛，他们为此发明了"轻描淡写"这一说法。假如一个英国人对某人说，他为那个人的演讲所折服或者表现出有节制的喜悦，那么这就是一种有所控制的表达方式了。同时，他们会以微笑的形式来表达感情，而更偏向于情感的法国人和美国人则宁愿采用更为夸张的表达方式。

（2）讨论方式的差异。在不同的环境下，应该采取完全不同的讨论方式，例如在英国人或撒克逊人之间，当A停下来之后B才会说话，因为他们认为打断别人是不礼貌的。

而比较直接的拉丁人在谈话时则会完全乱成一团。B会经常性地打断A，反过来也一样，这样才能显示出他们对对方正在谈论的事情是多么的感兴趣，B也有可能在A停下来之后什么都不说，这种东方语言的无声的交流方式把西方人可吓坏了，因为西方人一般认为沉默是失败的交流，但这却是一种误解，因此应该考虑到不同的文化环境的差异。

（3）语调。语调和其他的表达方式一样，同样受到不同语言环境的影响。一位英国经理调到尼日利亚后发现，在重要的会议上提高声音对他的工作很有效，他在尼日利亚的下属们认为，只有一位具有自制力的经理才会发出这种高音调，这是具有超凡洞察力的表现。在尼日利亚获得了成功之后，该经理被调到马来西亚，而在那里大声喊叫是一种丢脸的表现；这使得他的同事不肯接受他，于是他又被调走了。

【专栏5-3】　　　　　　　　中性化与情绪化的差异

日本的中性文化表现在很多方面，其一是人与人之间感觉舒服的空间距离比较远，在米以上，一般见面则鞠躬，不做任何身体接触。讲话时表情中性，喜怒不形于色，让从相对情绪化文化中来的人不知所措。最有趣的是电影《恭贺》中的一个情境。美国人亨特从美国飞去日本请日本的一家汽车公司去他所居住的城市开厂，因为原先的美国汽车厂倒闭关门，现在空置，全城的人差不多都失业了。亨特很幽默，尽量想逗日本人笑，然后说服他们去开厂。没想到他一个人说了十几分钟，放了十几张幻灯片，底下坐着的日本管理人员没有一点反应，既不笑，也不生气，而是面无表情，直直地看着他。他以为他们听不懂英文，就问："你们说英文吗？"一个年长的立刻就说："我们都会说英语，你接着说。"亨特很尴尬，只能又说了几句，但还是没反应，所以就草草收场了。返美的路上，他一直很沮丧，觉得自己完全失败了。回到家里，马上开始看报纸上的招工广告，准备给自己找份工作。没想到，一个星期后，日本人来了，而且宣布开厂，并说他们之所以作出此决定主要是因为亨特的精彩演说。可以想象亨特是多么得震惊，当然更别提有多高兴了！

与日本人相比，美国人相对就比较情绪化；但与希腊人比，美国人就显得不情绪化了。在电影《我的肥大希腊婚礼》中，可以明显看到这种反差。一个成长于非常传统的希腊家庭的女孩爱上了一个美国男子，当她把男子带到家里去见父母时，那个男子看到的不只是他的父母，而是她的"全家"，包括所有远近亲戚，而且大家都争先恐后地冲上来与他拥抱，七嘴八舌，亲热无比。当他把她带去见父母时，情形就完全不同了。儿子与父母本身就很生分的样子，彼此之间温文尔雅、彬彬有礼，见面时除了握手，基本没有其他的身体接触。父母见了女孩就问姓名，又因为她的姓比较奇怪，进而猜测她来自的国家，当然猜得牛头不对马嘴，显示出美国人对外国的无知。吃饭时大家也沉默寡言，整个气氛是冷清而尴尬的。

资料来源：陈晓萍．跨文化管理[M]．北京：清华大学出版社，2005．

4. 关系特定—关系散漫：相互关系中投入的程度

这个维度表示个人和他人交往中的投入程度。每个人的个性不同，有些更外向，有些更内向。但是，在不同文化中，人们的公共空间和私人空间大小是有差异的，而且愿意与他人共享这些空间的程度也是各不相同的。在关系特定的文化中，人们有更大的公共空间和更小的私人空间，守卫自己私人空间，把私人空间封闭起来。但是，在关系散漫的文化中，公共空间通常难以进入，而一旦进入公共空间，私人空间就比关系特定文化更容易进入（见表5-8）。

表 5-8　特定文化与散漫文化的差异

散漫文化	特定文化
• 以一种间接的、迂回的、看似无目的的方式阐述事情	• 直接、有针对性地叙述事情
• 做事老练，有些模棱两可甚至于让人难以理解	• 做事直率，力求精确，并且让人很容易接受
• 低流动性	• 高度流动性
• 工作和私人生活紧密相连	• 将工作和私人生活分开
• 在不同场合用同样的称呼	• 在不同场合用不同称呼

资料来源：佛恩斯·汤皮诺. 跨文化管理 [DB/OL]. 百度文库，http://wenku.baidu.com/link?url=Fxpxyp9OoQYtVJa-jg3OCdeJ00y_clG5xSa9vYGiw40QS7XZDnNzn7RBik77BDOttPnsbIli3P4e1ASWPQYECi29DqrLh11hlJC_QeGMzdAG，2013-02-22.

两种文化抵触尖锐的几个领域表现为：

（1）批评与丢脸。很有针对性的荷兰人与喜欢冗长的意大利人正在开会，当荷兰人说意大利人的想法很蠢的时候，意大利人就认为是说他们自己很愚蠢。荷兰人认为可以公开的事情（比如利害关系），对于意大利人而言，都是私事，他们的想法不会和他们本身特点脱离开。因此最危险的地带就是有针对性的人们认为是公开化的问题，到了偏向于爱将问题扩大化的人们那里，则认为是隐秘性的私事，说别人的想法愚蠢就相当于是说他们自己愚蠢。

如果美国人在一次代表会上遭到批评，那么他们只会为自己的思想辩护，而不会觉得那些批评是对其个人的不敬，这就可以解释为什么独创性意见在特定的文化环境中可以发挥很大作用了。美国人愿意把他们的思想摆在桌面上来谈，如果这个想法被认为是"好的"，那当然很好；如果这个想法被驳回了，也没有关系，下一个想法很快就会冒出来。在扩散性的文化氛围中私事的外延扩大，人们不愿意把他们的思想摆在桌面上，对于他们而言，对个人思想的批评似乎也是对个人隐私的一种冒犯。

因为美国人把生活的不同领域分得很清楚，而且领域与领域之间不渗透，不重叠，所以，什么事情都是一是一，二是二，不混淆。例如"对事不对人"就是将事与人分开的思维习惯的结果。他们常常挂在嘴边的一句话就是"不要将这件事个人化"或"这不是针对你这个人的"（Don't take it personally）对他们来说，这比较容易做到。

相反，关系散漫文化中的人倾向于把所有的生活领域都联系起来，所有的事物之间也都有千丝万缕的联系，因此，对他们来说，不将具体发生的事情个人化是不可能的，"Everything is personal"。说我做的事情不好就是说我不好，当面指出我工作中的错误就是看不起我，不给我面子，让我下不来台；说我的好朋友品行不端就是对我的污蔑，贬低我的父母就是贬低我，说我公司的产品质量不好就是影射我的公司形象。生活在关系散漫文化中的人有一个重要的特征，那就是特别顾及面子，而任何芝麻绿豆的负面小事，只要与己有关，就都会觉得会损坏自己的面子。所以，在这样的文化中，管理人员应特别关注维护他人的面子，尽量在批评的时候讲清楚不是针对个人，而是针对不良业绩本身，否则不但达不到效果，还把人的自尊伤害了。

（2）日程安排。面对一桩生意，你可以采用两种方式来完成：一是经过一番深思熟虑来描述产品的优点，尽量做到不浪费客户的时间，并尽量严格遵守议事日程；二是首先简单向客户介绍公司的历史，然后花一周的时间来了解未来的客户，如果不了解他们，似乎就无法和他们做生意。

以上两种方法都声称是节省时间的。通过散漫方式，你不会和不真诚的伙伴建立关系，因为你能提早识破任何不利因素。通过特定方式，你也不会浪费时间，对于一个不可能成交的生意，你当然就不用请对方吃饭。一个美国人可能会选择其个性中的一个因素作为标准来挑选合作伙伴。但是更多以散漫（广义）文化为特点的国家的人们，会拒绝在与生活偏离的"工作"氛围中做生意，对于他们而言任何事情都是相互关联的，他们很想知道你在哪里上学，你对于政治、艺术、文学、音乐有什么见解。这不是"浪费时间"，因为这些爱好会揭示你的性格，使他们更容易和你结成友谊，也使欺骗变得不可能。

特定文化非常直接，直指所做生意的目标。特定文化的人们在交友的时候带有很强的目的性，而在散漫的人群中做生意是很耗时的，因为他们会做一些与生意无关的事，而且目的性不强。

(3) 内部交流。内部交流是特定文化与散漫文化对比最为强烈的领域。特定文化要求非常精确、率直、明确和高度透明，而散漫文化则表现为不可捉摸的、圆滑的、含糊的甚至是晦涩的。这两种文化的对比，就像是把简洁陈述的《华尔街日报》和以富有哲理和含蓄著称的法国《世界报》比较一样。

以美国人与荷兰人为例，为了将某系统引进荷兰，一位美国经理给荷兰的合作伙伴发了一个传真，内容如下："我们建议采用一种新的奖励体系，特征如下……"三个月后他才知道，荷兰方面收到消息后反应不是很积极，他们并不认同这一建议，并且没有实施这种体系，但他们并不承认自己什么都没有做。

(4) 称谓的使用。称谓在特定时刻、特定的人、从事特定的职业是一个特定的"标签"。一旦一个人的称谓改变，这个人也就随之改变了。例如在公务交往中，人们称某人为"特洛姆皮纳尔博士"，然而在朋友聚会上，人们则把他称为"冯·特洛姆皮纳尔"。此外，即使是同一个称谓，在不同的国家、不同的文化背景下，也具有不同的含义。

(5) 人员的流动和更新。特定的人际关系是高速流动的结果；反过来，它又促进了高速流动。散漫的人际关系导致流动性低，这时获得流动性唯一的方法，就是整个家庭都要进行搬迁，因此人际关系仍然要受到重视。英国人已经通过在世界范围内建立英国的俱乐部解决了人际交流这个问题。由于考虑到雇员的忠诚和工作关系的多样性，散漫文化倾向于减少人员更新，他们不会寻求猎头公司，也不会用高薪来"挖"别的公司的职员。以上都说明了从散漫到特定，无论从个人还是从公司的角度来看，人的参与或许是保持平衡极为重要的一个因素。

5. 注重个人成就—注重社会等级：权力和地位的合法性

注重个人成就—注重社会等级这个维度是关于社会中的地位和权力是如何决定的。社会可能以一个人的出身或者取得的成就、付出的努力或机遇评价其地位。个人的地位可能基于这个人做什么或是这个人是什么。不同的社会文化在这方面是不同的。

(1) 成就型文化和等级型文化的区别。注重个人成就的文化是指在这种文化中，一个人的社会地位和他人对该人的评价是按照其最近取得的成就和业绩记录进行的。注重社会等级的文化则意味着一个人的社会地位和他人的评价是由该人的出生、血缘关系、性别或年龄决定的，或者是由该人的人际关系和教育背景决定的。这个维度的定义总体比较混乱，但是有一点清楚的是，一个人的社会地位是否应该完全由这个人的个人成就决定是区分不同国家在这个维度上看法异同的关键所在。在有些国家，出生于皇家贵族的人生来就具有了一定的社会地位，不管该人的个人能力如何，为国家和社会做过什么贡献。而在有的国家，即使是总统的子女，也不意味着自然就能赢得人们的尊敬，就具有了一定的社会地位。

在商业行为上的一个显著表现可以从名片上包含的内容看出来。在美国公司工作的员工或管理人员，名片上的内容都很简单，一般就是一个名字，然后是目前工作的性质（如软件工程师、教授）或头衔（总经理），其他就是公司地址、联络信息等。但在中国人的名片上面印的东西就要广泛得多，从学位（如博士、硕士）到曾经有过的行政头衔（如某某学会会长），从与目前职位没有直接关系的职务（如人大或政协委员，某机构会员）到现任的职务（如公司首席执行官），全部都有，大有恨不得把自己的履历统统搬上去的架势。为什么？因为在中国，你的学位、头衔、职务都对他人衡量你的社会价值有重要的作用。在日本，名片上的内容甚至会决定你对这个人应有的尊敬程度，包括应该鞠躬的深度。而在美国，个人过去的成就就没有那么重要，重要的是你目前的状况，是与你当前从事的职业直接有关的信息。这也可能是为什么在美国许多往日的"英雄"（如奥运会金牌获得者）都很谦逊，一点也没有因为昔日的功劳而趾高气扬的缘故。

（2）成就型文化与等级型文化对国际谈判的影响。当一组等级型的谈判者有人在背后指使，完全听凭指使人的任何意见和作变更时，成就型文化的管理者是极易产生不悦的。他（通常是男性）不会说他想要什么，但就是希望别人能够顺从他。当然，在把知识作为弹药，时刻等待对手投降的年轻人推动成就型谈判组运转的时候，等级型管理者会同样感到心烦。对于他们而言，这就像和初学走路的孩子玩玩具手枪一样，许多声音都出自没有权力和地位的人。派"毛孩子"和与他们相差 10~20 岁的等级型的人谈生意时，这些"毛孩子"经常会触怒等级型的人。

在等级型文化中，将身份地位和组织联系起来是很重要的。实际上个人的成就与组织的评价标准相比是会被打折扣的，因此你不仅要说你是一个经理，而且要说你是一个负责市场、财务、人力资源或销售方面的经理，这一点很重要。在拉丁和东方文化背景下，许多生意之所以失败，就是因为公司的代表被人认为在组织内部的地位不高。等级型文化可以确保你的组织对你很尊重，而且使你已经属于或已经接近最高层管理者了。

（3）成就型文化与等级型文化对称谓的影响。在等级型文化中，称谓的作用与以成就定位的文化中的作用大相径庭。在成就型文化中，其他人首先要问的是"你学的是什么"，然后可能问你"你是从哪里毕业的"。而在等级型文化中，他们会先问你毕业于何处。如果你的毕业院校不太出名，为了给你留面子，他们才会问你学的是什么，如果是牛津、剑桥大学或里昂高等管理学院毕业的，那第二个问题通常就不会提及了。

（4）成就型文化与等级型文化对人员评价的影响。西方人看待等级型地位的方式到底是什么呢？只看过去几个月的成绩就足够了吗？一位为美国公司工作的年轻女士在

第五章 跨国公司跨文化管理

英国区担任市场部经理，获得了很大的成功，于是就被认为是最有前途的女性经理。这种自信让她接受了去土耳其的安哥拉分公司当执行经理的任务。刚开始的几个月，她努力地工作，可是她发现她的权力在逐渐变小。极富经验的土耳其人——哈桑先生慢慢地接管了她失败的工作，哈桑先生比她大30岁，可他市场方面的知识只是她的一小部分。她不得不眼睁睁地看着他插手去管那些她做的不是很令人满意的事情。后来她获悉总部和哈桑先生的交流越来越多，并且没有通过她。她的例子说明了土耳其文化的特点：更偏向于等级型，而不是成就型。

【专栏 5-4】 **成就型文化与等级型文化**

　　一位瑞典经理在巴基斯坦执行一个项目，有一位人员空缺必须马上补齐。在认真地评估后，他选择了两位很有前途的雇员中的一位。这两位雇员都受到过高等教育，都是机械管理的硕士，而且都是该领域的专家。然而 Kahn 先生由于近期的成绩最终得到了提拔。Saran 先生落选了，看到结果后很难过，就去找他的瑞典老板要求一个解释。他的老板向他说明，因为只有一个空缺，所以两个人中只能有一个当选，且你的进步没有 Kahn 先生大。

　　最后他知道 Saran 先生早于 Kahn 先生两年从美国同一所大学获取了学位。因此，Saran 先生自认为很有希望比他的同事有更高的地位。

资料来源：陈晓萍. 跨文化管理 [M]. 清华大学出版社，2005.

实际上，文化偏好是经常受法律约束的。一般不应该派年轻的女性经理去伊斯兰宗教气氛浓厚的土耳其，因为在那里女性出头露面可能是不合法的。如果那样，会让她们面对一些本不是因她们的过错而引起的、她们本身无法克服的困难。较好的策略应该是派一位年轻的女性助手或顾问给当地的经理，他们在利用当地资源的时候可以通过这些助手或顾问弥补在知识上的不足。在成就型文化中，这种调度也是要优先考虑的。如果你想在土耳其有效工作的话，你不可能用美国的文化模式来代替本地的模式，这么做长期看来很有效，而短期内的成本代价可能会比较大。

6. 人与时间的关系—线性时间/同步时间

人与时间的关系—线性时间/同步时间这个维度是指我们是否立即做事？一次做一件还是做几件？线性时间认为时间是呈线性序列的，一次只能做一件事情；同步时间则认为，人们可以同时做几件事情，时间是灵活的、无形的。

7. 人与自然的关系—内控文化/外控文化

人与自然的关系—内控文化/外控文化等级这个维度是指人们相信环境控制人还是被环境控制？我们是否控制我们的环境或者我们是否被环境所控制？内控文化中，人们认为大自然是复杂的，但是，是可以控制的，即相信人们通过努力可以控制自然。内向型的人希望控制环境，并希望外界适应他们的语言；外控文化中，人们认为人是自然的一部分，因而应该与大自然和谐共处，人们应该调整自己适应环境。外向型的人习惯于适应环境，会吸取东西进行改良，这是一种对环境的优化。

三、六大价值取向理论

较早提出跨文化理论的还有两位美国人类学家——克拉克洪与斯乔贝克（Kluckhohn & Strodtbeck, 1961）。他们认为，不同文化中的人群对人类共同面对的六大基本问题有不同的观念、价值取向和解决方法。这六大问题包括：对人性的看法；人们对自身与外部自然环境的看法；人们对自身与他人的关系的看法；人的活动导向；人的空间观念和人的时间观念。

1. 对人性的看法

这一问题关注于文化把人视为善的、恶的还是两者的混合物，探讨人在本质上是善还是恶，人性可以改变还是不可以改变。

不同文化中的人对人性的看法有很大差异。比如，美国文化对人性的看法比较复杂，不单纯地认为人生来善良或生性险恶，而认为人性可善可恶，是善恶混合体。他们同时认为人性的善恶有可能在出生以后发生变化。基督教的原罪说反映的是人性恶的理念，通过忏悔和行善可以洗脱罪孽、升上天堂，反映的则是人性可变的信念。相反，有的社会对人性采取较单一的看法，比如，中国的"人之初，性本善"表现的是对人性的乐观态度，而"三岁看老"则有一点人性难变的假设。

这种对人本质认识的差异会影响到管理者的领导风格。如果关注的是人的邪恶一面，则采用更为专制的风格规范人的行为；在强调信任价值观的文化中，参与甚至自由放任的领导风格占主流；在混合型文化中，领导风格可能会重视参与。同时拥有严格的控制手段以迅速识别违规行为。

这些差距表现在管理上，美国强调制度，尽可能考虑人性恶可能带来的后果，在设计制度时严密仔细，设置种种限制以防止坏行为的发生；而中国则从人性善的角度，假设人不会做坏事，所以制度缺乏，漏洞百出，到坏事发生的时候再去修补制度。

2. 对于自身与外部自然环境的看法

这个问题关注人们是屈从于环境，还是与环境保持和谐关系，抑或能够控制环境。虽然在一些文化中自然是可以控制的，然而在另一些文化中它被当作恩赐而被迫接受，命运和宿命早有定数，人们不是试图改变命运或者主动使事情发生，而是被动地顺其自然、任其发生。在一些国家，伊斯兰教占有重要的地位，人们对于自然的态度从俗语"如果主希望"可以得到充分地反映事物的发生是不可控制的。如果试图去控制，则会被认为是"愚蠢的或者是反宗教的"。相似的，在葡萄牙有一句意义相同的话"如主所愿"，它又一次反映了宗教在日常生活中的重要性，人们要接受自身的命运或者说是宿命。相反，美国人和加拿大人则相信他们能够控制自然。介于两个极端之间的是一种更为中立的看法，即希望寻求与自然的和谐关系。例如，很多远东国家的人们对待环境的做法就是以它为中心的活动的。

很多中国人讲求"风水"，选厂址、造房子、建工厂，都得先看风水才能决定。另外，房子的朝向、形状等也都得与周围的自然环境相和谐，那样才能人丁兴旺，生意兴隆。像海尔的工作大楼四面看上去都一样的设计恐怕就与此有关。而美国人就几乎不考虑建筑与风水的关系，强调的更是人通过改变自然环境去实现自己的创作意图，达到自己的目标。因此，人主导环境是美国文化的特色，而人与环境和睦相处即为中国文化的特点。这样的价值取向影响人们的思维方式和对事件的反应。

比如，2005年在印度尼西亚发生的海啸事件，虽然大家都认为是天灾，但对天灾的归因却能反映出文化的差异。大部分的东南亚人将此事归结于命运，赶上了算是天意，虽然悲痛，但没有什么可以太抱怨的。也有的东南亚人认为此天灾的降临是人冒犯自然的结果，是人得罪了老天遭到的报应。美国人有完全不同的反应，他们认为，这是人类预测不准确，对可能的灾难预防准备不够的结果。所以，如果能设计更科学精确的仪器，或对可能发生的灾难提前准备好逃脱方法的话，这样的灾难就完全可以避免。

这些对待环境的不同看法会影响到组织的实践活动。例如，组织的目标设置，在屈从环境的社会中，目标的设置并不普遍。在一个与环境保持和谐的社会中，可能会使用目标，人们预期到它会发生偏差，并且对未能达到目标的惩罚也是极轻的；而在一个控制环境的社会中，广泛地使用着目标，人们希望实现这些目标，对未能达到目标的惩罚也是很严重的，如美国重视"目标管理"。

3. 对自身与他人的关系的看法

文化必须以可预期的方式架构人与人之间的关系，这包括三个方面：个人、群体和等级关系。前两个方面强调的是个人还是群体主导社会关系，第三个方面强调对等级关系的考虑，或强调人们之间或群体之间的地位差别。

中国人把个体看成是群体的一员，个人离开群体很难生存。个人不应有与他人不太相同的特征，应该尽量合群，左右逢源。一个人如果个性太突出，太与众不同，就可能遭到排斥，而变得格格不入。在个人利益与群体利益发生冲突时，个人则应该牺牲自己的利益保全集体的利益，应该大公无私，毫不利己，专门利人，应该牺牲小我，成全大我。长期以来，中国宣传的英雄人物几乎都是或多或少具有这些品质的。

亚洲、拉美和中东的管理者更喜欢与他们认识的人做生意。在交易之前，必须要建立一种关系。如果没有这个基础，你如何相信这个人能执行合同或者完成他的工作？公司更喜欢雇用家里人或亲戚，因为他们可以相信彼此的品行，他们的可信任程度已经被认可。公司因此可以依赖更加非正式的社会化控制保证雇员的表现，任何事情都不得不通过关系办理已经成为想当然的事情。

美国文化恰恰相反。他们认为人应该是独立的个体，每个人都应与众不同，都应有自己的独特之处，否则上帝没有造你的必要。每个人都应该对自己负责，而不是对别人负责；或者说是先对自己负责再对别人负责。比如在飞机上，当有意外要发生的时候，指导语写的是："先救自己，再救别人。"而不是不顾自己，"救'同志们'要紧"。另外，他们强调人的独立性，而证明独立性的重要一点就是成年之后离开父母生活，自己打天下。所以，美国青年18岁就离家生活，即使自己的学校或工作地点离父母家很近，也一定会自己另找房子，独立生活。另外，父母即使再不愿意，也不得不将孩子送出家门，以培养他们的独立精神。

英国人和法国人则依赖于等级关系，这些国家中的群体分成不同的层次等级，每个群体的地位保持稳定，不随时间的改变而改变。文化的这一差异对于组织中的工作设计、决策方法、沟通类型、奖励系统和选拔活动均有着重要影响。这也是为什么在美国选拔人才时，个人简历十分流行，而对裙带关系却持有消极看法。

4. 人的活动导向

这一问题描述的是一个文化中的个体是否倾向于不断行动。对活动导向的差异可以显示人们是怎样对待工作和娱乐的，以及人们的偏好是怎样的。在人们的做事方式上，文化可分为"存在型"和"实干型"。"实干型"文化中，人们强调行动和通过努力工作把事情做完。他们重视做事或活动，强调成就。例如，北美人生活在做事取向的社会中。他们认为，人必须不断地做事，不断地处在动之中，才有意义，才能创造价值。更有甚者，不仅要动，而且要快。他们工作勤奋，并希望因为自己的成就而获得晋升、加薪以及其他方式的认可。"别只是站在那儿，去做些事情"，成为许多美国管理者的经常性的命令。美国和北欧的管理者更喜欢做些什么，并且很快地作出决定。美国的这种行动文化已越来越成为商业社会的重要特点。

另一些文化重视存在或即时享乐，人们对当前的情况作出自然的、富有感情的反应是"存在型"文化的特征。如在许多亚洲社会里，静态取向、安然耐心仍然被视为美德之一，而非无所事事的表现。有时候，甚至提倡"以静制动"，"以不变应万变"，强调无为而治。他们强调体验生活并寻求对欲望的满足。还有一些文化重视控制，他们强调使自己远离物质而约束欲望。

5. 人的空间观念

这一问题关注特定文化环境中对空间的拥有程度。一些文化非常开放，倾向于把空间看成是公共的东西，没有太多隐私可言，并公开从事商业活动。另一些极端的文化则倾向于把空间看成是个人的私密之处，极为重视让事情在私下进行。大多数社会文化是两个极端的混合物，并落在中间某一处位置上。例如，日本的组织表现出社会的公开特性。那里几乎没有私人办公室，经理和操作工人在同一间屋子里，在中间不分隔的桌子上办公。一个小组的低级职员面对面坐在成行的桌子前，小组的领导在这一行端头的桌子前工作，而一个部门的领导会坐得稍微分离一点，视察着若干个小组。对于不习惯此种结构的欧洲人来说，这种办公室看起来或者感觉起来有些像银行里的一个交易室：开放、吵闹、狭窄、过于密集而相互影响，每一个人都知道别人在干什么。在德国是另一番情形，人们会发现一些单独的办公室，紧闭的门上写着这个办公室主人的名称。德国人很难在一个敞开的大办公室里办公，因为能够听见他人谈话显然是一种缺乏隐私权的表现。

北美人的公司也反映出他们文化的价值观。他们通过一个人使用的办公室和拥有的秘密反映这个人的地位，重要会议都要在关着门的房间里进行，空间常常是除本人之外其他人无权使用的。虽然开放式的办公室在美国也较流行，但是空间大部分是被搁板隔开的。这些单独的小隔间有着各种个性化的装饰卡通图形、照片、格言或者植物。大家彼此看不到，从而保持了一种隐私的感觉。

这些不同导致了在纽约的IBM总部中的IBM、东芝和西门子联合企业中的问题。日本人感到很不愉快，他们希望敲开那些阻止非正规交流的隔板。德国人则抱怨说，没有朝外的窗子让他可以看到外面,而且他们对于办公室中那些朝内的窗子感到不舒服,因为别人能看见他们。他们把自己的大衣挂在朝内的窗子上,希望由此得到隐私权。

再以日本花王公司的总部设计布局为例,在第十层楼,也就是通常高级管理人员所在的楼层,办公的有董事会主席、总裁,以及四位执行副总裁,还有一些秘书。这一层的大部分空间都是开放式的,有一张大的、两张小的会议桌,还有椅子、黑板以及零星安放于各处的投影幻灯机。这就是作决策的地点,也就是所有讨论,包括员工与高层管理人员以及高层管理人员之间进行讨论的地方。任何从这里经过的人,包括总裁,都可以坐下并参加关于任何话题的讨论,而且在讨论中人人平等。任何一个管理人员都有可能发现自己与总裁相邻坐在同一张桌子旁边,而大家也经常可以看到总裁同样在花王东京的咖啡店里排着长队,并且对此已经习以为常了。

在具有混合取向的社会中,隐私和公开也是交融在一起的。特定文化下在空间概念方面的差异,势必对跨国公司的管理产生影响,进而影响其效率。

6. 人的时间观念

对时间的看法主要涉及两个层面。一层是关于时间的导向,即一个民族和国家是注重过去、现在还是未来。另一个层面是针对时间的利用:①时间是线性的,应在一个时间里做一件事,按计划和时间表行事;②时间是非线性的,在同一时间里可以做多件事,不应该绝对按照时间表行事,应该灵活机动。

(1) 时间导向。文化对于时间有过去、现在和未来三种取向。这个问题关注的是一国的文化注重的是过去、现在还是将来。过去取向文化的人们强调传统,炫耀过去;现在取向文化的人们倾向于只争朝夕地生活,几乎不作明天的打算;未来取向文化的人们相信今天发生的一切将来会有回报(见表5-9)。关于时间的导向,中国文化关注过去和现在,较少注重未来;而美国文化则很少关注过去,基本着眼于现在和未来。美国人喜欢一句谚语:"不要为泼出去的牛奶而哭泣。"这意味着,不要为已经发生的事情而后悔,即便是现在,相对于将来来说也是不重要的。这些从中美两国创造的文学、电影作品中可见端倪。中国的电视频道、电影院里,充斥着各种唐代、宋代、清代的古装电影、电视剧等;而美国是科幻小说、科幻电影大国,从外星人入侵到星球大战爆发等,都是美国文化的产物。

表5-9 三个时间范畴

过去	现在	将来
●谈论过去、家庭血统和国家	●认为即时的活动和享受是最重要的	●更多谈论的是前景、潜在的东西以及未来可获得的成功
●激励自己去重建辉煌	●很少反对计划但也很少执行	●很有热情的计划、策划
●尊敬长辈	●对现在的关系很有兴趣	●对新生的、潜在的东西很感兴趣
●每件事都认为与传统和历史有关	●每件事情都被认为由同时代的影响和风格决定的	●过去、现在开发或使用的东西都是为将来利益着想的

资料来源:佛恩斯·汤皮诺.跨文化管理[DB/OL].百度文库,http://wenku.baidu.com/link?url=Fxpxyp9OoQYtVJa-jg30CdeJ00y_clG5xSa9vYGiw40QS7XZDnNzn7RBik77BDOttPnsbIli3P4e1ASWPQYECi29DqrLh11hIJC_QeGMzdAG,2013-02-22.

（2）时间利用。不同的社会对时间的价值观也不一样。在美国文化中，更趋向于把时间看成是有限的，就像金钱，是被花费的。美国人关注的是现在和近期对于员工的绩效评估，典型的北美组织每六个月或一年对员工进行一次评估。相反，日本的员工常常用十年以上的时间证明他们的价值。还有一些文化关注的是过去，如意大利人就追随着他们的传统，并寻求保护他们历史的实践活动。

时间观念还涉及对时间的利用，即时间是"单向性"的，构建在一个有序和线性的形式上，应在一个时间里做一件事；时间还是"多向性"的，在同一时间里可以做多件事。美国人、德国人倾向于把时间看成是线性的，一段时间内只做一件事，做完一件再做另一件。他们总是希望制订以小时或者半小时为单位的时间安排计划。事实上，如果他们参与一个讨论，他们会在一个新人加入之前结束谈话。"单向性"的管理者实际上会很重视会议的按时召开，并且有效率地花费时间。相反，意大利人、中东人等则把时间看成是似乎无限的，并且同时是"多向性的"。从这些国家来的管理者更相信几个行为可以同时进行，因为时间是可以延伸的，某些欧洲国家的管理者可能会因为在走廊上遇到同事或者朋友而停下来聊聊天或者问候一下，从而可能因此在一个商务会议上迟到。朋友不可以被忽略，因此商务会议可能会被电话或拜访者打断而分成很多部分，而且可能几个讨论题目同时进行。管理者可以不必按部就班地按计划表行动，而必须根据当时情况随机应变，及时调整时间安排。

时间的趋向也影响了对待改变的态度。美国人认为变化总是好的，所以对做事的新方法或者更好的方法总是进行不断的探索，并且乐观地把未来看作是过去的发展。对于中国人来说，变化经常被看成是危险的，因为它威胁到一直以来的传统。过去的经验总是被作为不去做某件事的理由："这是不可能的，因为以前从未做过。"这意味着现在和未来都是由过去所发生的事情决定的。

这种导向还反映在做事的计划性上。在商业运作和管理中，美国人更讲究计划性。一个美国经理人可能对未来几个月甚至一年的安排，包括商务活动、出差计划、谈判、休假等都已计划好。

另外，作出决策的速度也反映了人们普遍对待时间的态度。例如，北欧和美国的管理人员经常抱怨日本公司在作决策时速度"太慢"。而日本的管理人员则经常抱怨美国和欧洲的管理人员用来贯彻执行决策的时间过长。在日本，尽管会用更长的时间达成决策，但是一旦决策开始被执行，就会被更为迅速地贯彻。管理人员认为，一个迅速作出的决策会意味着这个决策本身是缺乏重要性的；否则，就应该花更多的时间考虑、深思并讨论，从而予以足够的保证。因此，在日本，快速作出决策并不一定被认为是一种有决断力并有极强领导力的特征，而且还反而会被认为是一种不成熟、不负责任的表现。

四、个人主义—集体主义理论

个体主义—集体主义理论是蔡安迪斯经过近30年对文化差异的研究之后提出来的。蔡安迪斯出生于希腊，早年移民美国，从事心理学研究工作，以关于个体主义—集体主义的跨文化研究闻名。1995年，他出版了《个体主义与集体主义》一书，总结了他自己几十年来以及他的弟子和其他跨文化心理学家的研究成果。

前面介绍霍夫斯泰德文化维度理论的时候曾提到个体主义—集体主义这一维度，很显然，霍夫斯泰德认为个体主义/集体主义是同一维度上的两极，一种文化如果在个体主义上得分高，就意味着在集体主义上得分低；反之亦然。一种文化不可能既强调个体主义又强调集体主义。蔡安迪斯完全不同意霍夫斯泰德的观点。他认为，个体主义—集体主义不是一个维度的概念，也不是两个维度的概念，而是一个文化综合体（Cultural Syndrome），包括许多方面。此外，蔡安迪斯将这个概念降到个体层面，用它来描述个体的文化导向而非国家或民族的文化导向。

蔡安迪斯提出五个定义个体主义—集体主义的重要特征：个体对自我的定义；个人目标和群体目标的相对重要性；个体对内群体和外群体的区分程度个人态度和社会规范决定个体行为时的相对重要性；完成任务和人际关系对个体的相对重要性。

1. 个体对自我的定义

个体主义者和集体主义者在对自我这个概念上的理解和定义大相径庭。一般来说，个体主义者将自我看成独立的个体，可以脱离他人而存在，而且作为独特的个体，应该与众不同。别人对自己的看法常常用来验证自己对自我的定义，而不直接影响或进入自我概念的范畴。相反，集体主义者则把自我看成群体中的一员，与他人有相互依存的关系，不能脱离他人而存在。个人应该属于某一个群体，如果找不到"组织"，会有很强的失落感，一下不知道自己是谁。别人对自己的看法至关重要，常常会影响到自己对自我的评价。

其行为表现存在差异：

（1）个人对行为的负责态度方面。自我定义不同的人在方方面面的行为表现和对事物的反应都有所不同。其中一个方面是对自己行为的负责态度。许多研究结果都显示，西方国家的人个体主义者为多，最典型的是美国人、加拿大人和澳洲人。而东方国家中则集体主义者居多，典型国家如中国、日本和印度。具有独立自我定义的人强调个人对自己的行为负责，对自己行为的结果负责，而不归咎于外在原因，不找借口。

相反，具有互赖自我定义的个体则有把自己的行为归咎于不受自己控制因素的倾向。因为他人与自己有着千丝万缕的联系，自己的行为当然不能完全由自己控制，而受到别人和别的事件的影响。这些人有将自己的行为作外归因的倾向。同时，对他们来说，依靠别人的帮助解决自己的问题也是完全在情理之中的事。通过自己的朋友、家人或关系办成事情甚至还会感到值得骄傲。父母为孩子处理生活中的大事，如考大学、找对象、办婚礼、带孩子，都顺理成章，做父母的觉得尽心，做子女的感到欣慰。

【专栏5-5】　　　　　　　　　　　对自我行为负责

英国的著名管理学者查尔斯·汉迪（Charles Handy）曾讲过一个他自己的故事。有一天他去看心理医生，预定一个小时，一个小时费用很高，大概要500英镑。因为那天交通比平常拥挤，所以他晚到了半个小时。疗程开始后半个小时，医生就告诉他时间到了，就此结束。他说不是才半个小时吗？我付的是一个小时的费用。医生说你迟到是你的问题，不是我的问题，我一直在办公室等你，你应该为自己的迟到负责，说得汉迪哑口无言。从此不敢迟到。

自我负责、自我依靠是西方社会最基本的价值观之一，用这样的理由说理别人都没有辩驳的余地。

资料来源：吉林小说网，http://www.jlgcyy.com/jlgcyy/180/180082/14704768.html，2013-10-20。

（2）自己所持的态度是否应该与众不同。具有独立自我的人希望自己与众不同，越有个性特点，越值得骄傲。对这些人，别人看他们的异样眼光对他们是鼓励，是肯定，令他们兴奋。相反，如果有人说"你就像平常人一样，没有什么特别的"，那对他们简直是天大的侮辱，是难以忍受的噩梦。在美国社会，从小对孩子说的话就是"每个人都是特殊的"(everyone is special)，不要为自己与他人不同的地方感到羞耻，而应该利用这个特点做出与众不同的事，取得成功，让别人刮目相看。

相反，具有互赖自我的个体则希望自己能融入群体，被大家接受，而非格格不入，孤芳自赏。在集体主义社会中，能在群体中如鱼得水的人感觉就比较良好。对这些人，如果有人对他们说，"你这个人怎么这么特别，与我们太不一样了"，那就如同到了世界的末日。若被赶出团队，开除出去，更会令他们无地自容，无脸见人，甚至完全失去对自己的信心。这些人自我中的很大一部分是由他人进行定义的，当他人对他们否定的时候，自我就变得消极；相反，则积极。

2. 个人目标和群体目标的相对重要性

个人主义社会中，个人利益高于集体利益。在集体主义社会中长大的人从小所受的教育正好相反。个人利益是阴暗的东西，不仅不能提倡，还应加紧防范。追求个人利益被看成是自私的表现。要"大公无私"，要排除私心杂念，要"毫不利己，专门利人"。当个人利益与群体利益发生冲突的时候，应该毫不犹豫地牺牲个人利益，而不是牺牲集体利益。强调的就是"没有国哪有家，没有家哪有我"，先有国家，再有小家，再有个体，顺序不能颠倒。

在这种理念指导下，那些想为自己谋利益的人就得想出各种各样的方法借口或伪装，使自己的行为合理化。其中一个与强调集体利益相一致的最好手段就是借用集体的名义。在中国社会，如果一个人为了个人私欲犯了法，大家都会认为不可饶恕；但如果一个人为了集体的利益违规，那么评价就可能很不相同。因此同样一种行为，如果终端受益者为个人，那么就会遭到一致谴责；如果终端受益者为集体，那么就会获得同情。

3. 个体对内群体和外群体的区分程度

内群体是指与个体有密切关系的群体，如家人、工作中的团队，在有的情况下，甚至包括同乡、同胞。外群体则是指与自己毫无关系的人的总和，如其他公司的人、外国人或完全的陌生人。当然，内外群体的边界非常有弹性，随时间、地点、场合而变。

在对内外群体的区分上，个体主义社会与群体主义社会有非常显著的差别。一般而言，个体主义社会不强调内外之分，常常对所有人一视同仁，没有太多厚薄之分。相反，集体主义社会却对内外群体严格区分，"内外有别"，内则亲，外则疏，不可同日而语。他们常常称"内群体"成员为"自己人"。当集体主义者与"自己人"共事时，他们慷慨大方，乐于合作，情愿自己吃亏也不愿他人难受。在与内群体成员谈生意时，也是多从合作的角度出发而不是竞争。

类似的差异还体现在人们的从众行为上。例如，在面对陌生人群体时，日本学生比美国学生的从众比例要低。在与内群体交往时，一个群体的内聚力越高，从众趋势就越强。此外，集体主义者在对待个人隐私上也表现出内外有别。内群体成员之间不应该有隐私存在。如在中国，夫妻之间、父母子女之间很少保留各自的隐私，父母拆看子女的信件是很平常的事，父母还会干涉子女交友的事，另外未经邀请或预约就登门拜访的事也常有发生。在关系比较亲密的情况下，如果对任何事情都说"谢谢"，那就会被看成是把自己疏离于群体之外。当中国人真的说"谢谢"时，那可能就意味着是一种疏远了。在这点上，个人主义者正好相反，他们通常不需要通过为别人考虑、帮助别人证明自己在群体中的地位或好的形象，他们帮助别人是因为他们认为这样做是正确的，或是通过帮助别人使自己快乐、得到满足。

差异还体现在对待陌生人的态度上，个体主义者与集体主义者更是大相径庭。因为外群体成员的看法对集体主义者的互赖自我没有重要意义，所以他们在对待与己无关的群体或个人时可以相当冷漠，不合作，有时甚至无情。"各人自扫门前雪，莫管他人瓦上霜"表达的就是这个意思，这里的他人当然指的是与己无关之人。在中国，乘坐公共汽车时，陌生人之间你拥我挤、争抢座位，遇到需要照顾的乘客也少有人让座；而对待熟人的态度就大大不同，大家会互相谦让。

4. 个人态度和社会规范决定个体行为时的相对重要性

一个人的行为是由什么因素决定的？社会心理学中的合理行动理论指出，影响个体行为的因素不外乎两个，一个是个体对该行为的态度和兴趣，另一个则是个体感知到的别人对该行为的看法。这两种因素对个人行为影响的重要性程度是不同的。当个人的态度和兴趣与他人的看法一致时，个体的行为比较容易预测；而当两者不一致或存在冲突时，个体的行为预测就变得比较困难。因此，要看这两个因素中哪一个更占主导地位。这就体现出个人主义文化和集体主义文化的差异。

许多关于跨文化的研究结果表明，在以个人主义为主要导向的社会中，个人行为更多地取决于自己对该行为的态度和兴趣；而在以集体主义为主要导向的社会中，个人行为的主要动因来自个体对他人可能所持看法的认知。在个人主义社会中，个人的态度决定个人的行为，个人遵循的是："走自己的路，让别人去说吧！"每个人都是自己对自己的行为负责，个人行为的出发点是满足自己的利益，而非他人或群体的利益。

在集体主义社会中，人们更多地考虑他人的看法，更多地随波逐流，即使自己的态度与别人的看法或社会规范不同，个人的行为还是更多地迎合大众的态度和看法。个人为了与群体中的大部分成员有良好关系，不至于被排斥到群体之外，至少会在行动上与大部分人保持一致。

5. 完成任务和人际关系对个体的相对重要性

个体主义社会中的个人因为强调独立的自我，理性对个体来说就比关系要重要得多。一个例子是他们对完成工作任务的态度，因为是否胜任某个工作或完成某个任务能显示个体的能力和特点，是自我定义中的一个重要组成部分，因此，个体主义者把完成任务看得很神圣、很重要。同时，与他人的关系并不直接影响个体对自身的评价，因为个人只能通过自己的行为举止，而非通过与他人的关系证明自己，就像《圣经》中所言，"上帝只帮助那些自己能拯救自己的人"。所以相对于完成工作任务而言，人际关系便不那么重要。

对于集体主义者来说，一切正好相反。对于他们，任务是可以用来帮助个体与他人建立关系的工具，而不是终极的目的。他们的自我概念，包括自尊和自我价值，都与那些与他们有密切关系的人对他们的评价密切相关，因此，与他人保持良好的关系就变得至关重要，变成个人存在的目的。

一个美国经理在法国的痛苦经历引发了他对在法国取得经营绩效的新方法的研究。开始，他把所有的希望都寄托在建立员工对他的信任上。为此，在一年多的时间里，他费尽了心机制定明确的目标，工作时间比任何人更长，参加到每个项目的核心与边缘工作中，并维持一种开放式的政策，光顾每个经理的办公室。但是，最终，他得到的想在法国长久工作的建议却是：一个一个约他们共进午餐。

6. 个体主义—集体主义理论新进展：水平/垂直个体主义、水平/垂直集体主义

这个理论依然不能解释另外一些现象，比如同为个体主义文化，美国与澳洲并不相同：美国人强调竞争，澳洲人却更为悠闲自如。再比如同为集体主义文化，中国与以色列的"科布兹"也很不同。中国人爱攀比，喜欢"出人头地"，希望"我们比他们强"，而科布兹人更喜欢群体之间平等友好。针对这一点，蔡安迪斯在后来的论著中又提出了"水平/垂直个体主义"和"水平/垂直集体主义"的概念。水平个体主义指的是该文化中的个体追求个人利益的最大化，但他们并不在乎自己是否比别人得到的更多，并不追求自己高于别人；而垂直个体主义者不仅追求个人利益最大化，而且要求自己好过他人。

水平集体主义则指该文化中的个体追求内群体利益的最大化，但并不太关心自己的群体是否高过其他群体；而垂直集体主义者既关心内群体利益的最大化，还追求自己的群体好过他人的群体。

第三节　跨国公司的跨文化管理

一、跨国经营中的文化差异

不同国家有着不同的管理文化，而管理文化又在很大程度上决定了公司内部管理效率的高低。文化差异的客观存在，可能在公司中造成文化间的冲突，从而成为跨国

公司经营的重大挑战。戴维·A. 利克斯指出，大凡跨国公司大的失败，几乎都是仅仅因为忽视了文化差异——基本的或微妙的理解所招致的结果。在跨国公司中，处于不同文化背景的各方经理人员由于不同的价值观念、思维方式、习惯作风等的差异，对企业经营的一些基本问题上往往会产生不同的态度，这种文化上存在的冲突也就给企业的全面经营埋下了危机。

1. 员工需求差异

文化差异使来自不同文化背景的职员有不同的需求和期望，从而增加了工作意义的不明确性和复杂性，甚至会导致跨国公司管理中的混乱和冲突。

2. 决策分歧

文化差异使来自不同文化背景的经营管理人员难以达成一致协议，使跨国公司的决策活动变得更加困难。因为决策者往往依据自身文化，对来自不同文化背景的信息作出价值判断，都希望实现自己的期望目标，以致产生分歧，增加决策难度。

3. 员工理解差异

文化差异使不同文化背景的职员对决策方案和管理制度理解不同或执行程度不同，从而使跨国公司的决策实施和统一行动变得更加困难。

二、跨国公司的跨文化管理方法

一个跨国公司不仅要包容文化的多样性，而且应该能够利用文化多样性的价值。文化的差异性虽然会成为跨国公司打开国际市场的障碍，但是文化的多样性对于跨国公司来说并非完全是洪水猛兽，对其合理利用反而能够为跨国经营提供新的竞争优势。但是，对文化差异性的合理利用是以采用合理的跨文化管理方法为前提的。跨国公司通常采取的跨文化管理方法主要有四种：文化适应、文化相容、文化变迁和文化规避。

1. 文化适应

文化适应方法是跨文化管理中最基础的方法，也是企业进入国际市场、开展国际化经营活动时通常采用的模式。所谓文化适应，是指企业通过对目标市场文化环境的了解和把握，在制定战略和决策时，充分考虑目标市场的文化特质；在进行管理活动时，绝对尊重和适应当地的风俗习惯、文化传统和宗教信仰等，避免与其文化产生冲突，从而顺应目标市场上顾客的需求，将产品、服务、管理手段、管理人员等最大限度本地化的一种管理模式，即"入乡随俗"。该方法宜在目标市场所在国文化开放性较差、变动性较弱，且企业自身文化与目标国文化差别较大，以及企业本身较弱小的情况下采用。跨国公司实施文化适应策略，一方面有利于在新的国际市场上迅速站稳脚跟，巩固地位，拓展市场；另一方面也有利于与当地文化相融合，增强当地社会对外来资本的信任，减少敌对情绪，消除摩擦。

2. 文化相容

文化相容方法根据其程度可以细分为两个层次：文化的平行相容和文化的和平相容。文化的平行相容是文化相容的最高形式，又叫作"文化互补"，即跨国公司在国外的子公司不以母国或东道国中任何一方的文化为主流文化，而是使两国文化相互补充，运用在公司的运营中。这样,母国文化与东道国文化之间虽然存在巨大差异,却不会相互排斥,反而互为补充,将文化差异造成的劣势转化为优势,不仅使一国文化的不足被另一国文化弥补,同时也可以改变单一文化造成的单调性。文化的和平相容是指在跨国公司日常经营中,管理者刻意忽视或模糊母国与东道国之间存在的巨大的文化差异,尽量隐去两国文化中最容易导致冲突的主体文化,而将其中较平淡和无足轻重的部分加以保留,从而使得不同文化背景的人员不再受其主体文化对自身的影响,不同国籍的人员能够在同一企业中合作共事,即使发生意见分歧,也容易通过双方共同的努力协调解决。

3. 文化变迁

跨国公司可以根据东道国文化特质采用文化变迁方法进行管理。文化变迁方法是指在母国文化具有强大优势的前提下,把握住东道国文化变迁的时机,使东道国的文化顺应自身的需要产生、发展和变迁,使自身文化在新的环境中成为主导文化,为在新的国际市场中的拓展清除文化上的障碍。可口可乐、麦当劳、肯德基和必胜客等美国企业之所以能够对中国快餐市场产生巨大的冲击,正是借助了文化变迁的力量。相对而言,开放性较强、亚文化类型较多或文化正处于重新形成阶段的国家较适于采用这种文化变迁的管理方法。这种方法要以母国文化具有较大优势且企业本身有较强的经济实力为前提。

4. 文化规避

在有的跨国公司,母国文化气氛非常浓烈,在整个公司中占主体地位。由于母国文化与东道国文化之间存在着巨大的差异,在母国文化的地位不可撼动,同时也无法冷落或忽视东道国文化的存在时,母公司所派遣的管理人员要特别注意在双方文化的重大冲突之处进行规避,或借助第三方的文化作为沟通的桥梁,不要在某些"敏感地带"造成彼此文化的严重冲突。这种方法适用于母国文化与东道国文化之间存在巨大差异,而短期内东道国又无法接受母国文化的情况。采用这种策略,可以避免母国文化与东道国文化发生正面冲突。尤其在宗教势力强大的国家,更要特别注意尊重东道国的宗教信仰。

三、跨文化团队建设与管理

团队是为实现一个共同目标所进行的组织内部人员之间或内外部人之间的任何形式的协作。团队的构成要素总结为5P,分别为目标(Purpose)、人(People)、定位(Place)、权限(Power)、计划(Plan)。

1. 跨文化团队的类型

根据团队成员文化背景不同,可以把跨文化团队分成三种基本类型:象征性文化团队、双文化团队和多文化团队。

(1)象征性文化团队。象征性文化团队(Token Group)指的是一个团队中,只有一个或两个队员来自不同的文化,其他成员全部来自同一种文化。在这种团队中工作的少数成员可以称为"象征性成员",他比较容易处于某种困境中,如常常感到自己的特殊性,因此与多数成员并不平等,甚至孤独无援。由于自己在团队中充当的主要角色是"象征"和"代表",要实现与多数成员的平等交流相当困难。象征性文化团队中的象征性成员常常遭到多数成员的打击,或者被戴上有色眼镜看待,或者常被忽视。因此,如果不是出于无奈,在组队时应尽量避免象征性成员。

(2)双文化团队。双文化团队(Bicultural Group)指的是一个团队的成员基本来自两种文化,而且来自不同文化的人员数量相当。在双文化团队中,因为彼此势均力敌,双方就都不害怕说出自己的观点,也不掩饰自己的文化特色,能够更加正视双方的差别,坦率地讨论问题,就可能具备产生有创意的解决方案的潜力。

双文化团队与象征性文化团队最大的本质差别就是来自两种文化的成员数量。数量的变化导致质量的变化,导致成员截然不同的心态。在这种跨文化团队中,双方完全平等,不存在一方主导、一方被压的状态。当然,如果不能形成严格的数量对等,那么人数上的微弱优势通常足以转化为文化优势。双文化团队虽然文化平衡,但却是可能产生最多冲突的团队。这有两个方面的原因:首先,因为长相、语言、生活习惯的不同,来自两个文化群体的成员之间容易产生明显的鸿沟,并将自己文化的成员视为"内群体成员",而将对方文化的成员视为"外群体成员"。当形成内外群体的认知时,会有夸大双方文化差异,并用成见看待对方的倾向。其次,两个文化的成员因为外貌和价值观念的不同,再加上原先见面次数不多,不但不容易产生彼此的人际吸引,而且容易产生"社会距离"(Social Distance)。

(3)多文化团队。多文化团队(Multicultural Group)指的是一个团队中,至少会有数量相当的来自三个或三个以上文化的成员。这时,团队内部互动的复杂程度增加了很多,许多问题和现象同时出现,人与人之间如何相识、如何沟通,从何处着眼分析问题,从何处着手处理问题等,都没有统一的规则和大家公认的方法。在这种情况下,常常出现两个误区:一是完全忽视所谓的"文化差异",直接进入工作状态。二是认为文化多元会带来很多问题,人们常常能够举出许多多文化团队失败的例子,却很少能想出成功的案例。

多文化团队最为主要的一个特征就是多样性,这种多样性同时体现在团队中的管理者、普通成员以及团队管理模式上。团队管理者的管理风格和决策方式往往会带有比较鲜明的文化特色,团队中的普通成员也仍然保留着各自文化所特有的基本价值观,从而决定截然不同的需求以及满足这种需求的不同思考和行为表现。除了文化多样性外,团队各级成员由于各自国家的教育体制的不同,在团队中所表现出来的知识结构和技能趋向也是大相径庭的。从管理模式来说,团队管理者来自于不同国家也决定着在管理方式上存在着的各自的民族特性。

多文化团队的另一个主要特征是多样性,既然文化差异不可避免,那么融合文化差异就成为了一条必由之路,因此多文化团队必然是一个学习型组织。团队成员常常通过深度会谈与讨论避开对于陌生文化的习惯性防御,通过不断学习消除抵制协调的无形力量,最大限度地保证由多元性所带来的创新性与多角度。在管理方式方面,双方利用多文化的优势,进一步补充和吸收管理能力和经验较强的一方的文化。

2. 跨文化团队的挑战

(1)信息交流。文化多样性会干扰交流。单从语言的角度来说,当团队成员不能都非常流利地使用一种团队的工作语言时,交流效果就会大打折扣。许多成员的外语水平有限,有的甚至时时刻刻需要翻译在场。这样交流的速度大大降低,出现错误的几率则大大增加。一位法国跨国集团中国区的人力资源总监就抱怨说:"我们人力资源部的中国高级主管在简历上都说自己英语流利,可实际上他们的英语水平很有限。我说的他们大都听不懂,后来干脆不懂装懂。"事实上,这位来自印度尼西亚的人力资源总监自己的英语水平也很难称得上合格。

与语言障碍相比,体现在对交流目的不同理解上的更深层次的差异则更加棘手。虽然本质上交流的目的是实现信息的交换,但是在不同的文化背景下,交流者对交流这一行为本身或者说过程的期待是不一样的。

【专栏5-6】　　　　　　德国人和法国人团队会议的分歧

在法国人和德国人组成的团队中,每次开会都会多多少少引起一方的不满。如果在会议进行了很长时间,却未能就所议问题达成一致的意见,并作出一个明确的决定时就草草结束,德国人就会对这一浪费时间的做法表现出强烈的抗议;而法国的参会人员,即便在已经形成多数派意见的情况下,仍然会喋喋不休地进行激烈争论,这就是德国人认为法国人浪费时间的原因。明知自己的想法毫无被采纳甚至被考虑的可能,也要坚持表达自己认为合理的主张,这种做法在德国人看来是不可接受的。之所以不可接受,就是因为德国人用德国文化而不是法国文化的逻辑认识法国人的行为。这就是问题的症结所在。

在德国文化(更宽泛地说是日耳曼文化)中,集体意志已经产生而个体仍旧竭力表达自己的主张这样的举动往往会在民主/独裁的范畴内被解读,即不服从自己参与其中的集体意志就是强加个人意志,进行个人独裁的表现。在法国文化中,这种行为却被以截然不同的方式解读。在理性真理的名义下大声疾呼出自己的主张是个人荣誉的集中体现:自己越是少数派,这种"真理斗士"的荣誉感就越强。更让人不可思议的是,法国人对荣誉的追求通常点到为止,即主张表达出来了。至于是否为集体意志所采用,法国人并不太在意。当然,在意见纷争之后是要作出一个决定的。在他们看来,最后的决定很自然地应由代表最终理性的领导进行裁决作出。但是,即使对作出的决定,每个人仍可以持有保留意见,按照自己的方式去执行。德国人关注的是决定本身,而法国人看重的是决策过程,这个分歧才是两者交流的真正障碍所在。

资料来源:王朝辉.跨文化管理[M].北京:北京大学出版社,2009:220.

---

(2)目标分享。团队合作中,只有在所有成员对工作目标的认识高度一致,或至少偏差不大的前提下,才能形成统一的行动步调,朝着目标的方向前进,而实现对目标的一致认识却不是一件易事。由于文化的不同,团队成员对目标的认识常常各自为政,

第五章 跨国公司跨文化管理

甚至相互抵触,由此产生冲突也司空见惯。文化的多样性对团队成员分享目标产生的负面影响比较集中地体现在两个方面:一是目标应由谁制定,二是目标的实现应如何考核。

目标由谁制定的问题不仅反映了管理中集权/分权这一通常被放在战略高度考虑的矛盾,而且或许更多地折射了政治文化在职业精神上的体现。政治文化的不同会导致跨文化团队成员在这一问题上的重大分歧。例如,由于法国人在组织生活中把捍卫荣誉看得至关重要,所以他们表现出非常强烈的职业荣誉感。这种荣誉感不仅体现在对自己的工作尽职尽责、一丝不苟上,而且转化为一种高度的自主意识。它可以概括为:"我对我的工作最了解、最在行,只有我才是权威,而且是唯一的权威,我不需要别人告诉我该做什么、该怎么做,别人没有资格对我的工作指手画脚。"需要强调的是,这里的"别人"不仅仅指的是处于同一个等级面上的同事,而且也包括上级领导。在法国,即便是领导也很难干涉下属的工作。这样,目标由谁制定的问题的答案对法国人而言就很清楚了,那就是自己。当然,在出现严重分歧和冲突时,法国人对由上级作出裁决并不排斥。

对美国人来说,情况截然相反,认为自我保护最有效的途径是将组织生活契约化。明确权利和义务的美国人,把团队成员的合作关系也看成是一种契约关系。在美国,在下属与上级的对话中,甚至同事与同事在讨论工作时,经常会听到:"我是在为你工作,你想让我做什么?"要求别人(通常是上司)把自己要达到的目标明确表述清楚是美国人一个显著的特征。

目标的考核向来是管理的一大难题。为了尽可能减少权威随意性,增加评估的透明度和客观性,美国人费尽心机地要实现评估指标的量化,以增强评估工作的可操作性。这种做法虽然在管理理论上被冠以"科学、客观、公平、公正"的头衔,被认为具有普遍性,并在世界范围内广泛流行,但在实践中却遭受了十分顽固的抵抗。一家日资银行由美、日成员组成的高管团队对"目标"这一概念发出的不同声音足以使我们对这一问题有深刻的认识。

【专栏5-7】 目标分享

一个在一家法国集团美国分公司刚刚上任的法国经理在对所领导部门的美国下属的工作进行评估时就遇到了麻烦。

年底总结时,这位经理给一个美国员工评了C级,即工作业绩一般。这位美国员工就找到经理要求给出一个合理的解释,也就是要明确指出不足之处。因为法国经理是工程师出身,十分了解该员工工作的每一个细节,所以毫不费力地指出了他的工作应该改进的地方。听过之后,美国员工回答道:"你讲的我都同意,我也不是没有想到。可是,你一开始并没有告诉我。你的前任(美国人)讲得很清楚,该怎么做,达到什么样的目标。因此,我还是按照原来的要求去做。"

> 评析：法国经理显然是在按照与法国工程师打交道的方式与美国人合作，对他们的职业精神寄予厚望，可事实证明这种"不干涉"政策在美国被以另外一种完全不同的方式进行解读，是不受欢迎的"不教而诛"的做法。
>
> 资料来源：王朝辉.跨文化管理 [M].北京：北京大学出版社，2009.

（3）管理创新。在理论层面上，文化多样性正在得到越来越多的承认与重视。但是，长期以来，美国凭借其强大的社会经济实力主导着现代企业制度发展的方向，一切管理创新几乎都来自美国。直到20世纪80年代，随着日本企业的崛起，日本的管理模式才开始在美国模式一家独霸的背景下争得一席之地。日本在经历了两个多世纪的西方资本主义模式的发展后，已经成为完全意义上的"现代社会"，其管理模式也顺理成章地被戴上了"现代企业制度"的帽子。在经济全球化如火如荼的今天，越来越多的仍被称为"传统社会"的新兴经济国家参与到世界经济合作中。西方资本主义经济体与这些国家的经济交往越来越频繁和紧密。因此，我们必须对由传统文化和现代文化两种背景成员组成的团队管理问题给予特别的关注，在前者的弱势地位与后者的强势地位严重失衡的情况下，一切传统社会的管理方法都被认为是落后的，应该被摒弃；而所有现代社会的管理经验（尤其是美国的管理经验）都是先进的，应该被广泛学习和传播。事实并非如此，很多新兴经济国家在借鉴西方管理模式时，也结合了自己的文化特征，并创造出行之有效的管理方法。

3. 跨文化团队的建设和管理

（1）象征性文化团队的建设和管理。作为象征性成员，必须认识到自己需要承受的压力，并想办法不断使自己放松；与其他象征性成员沟通，分享自己的感受，得到他们的支持；发展自己的技术专长，并宣传自己的技术和才能，而不是突出自己与他人不同的文化特征；清楚地让别人知道自己在团队里是来一起帮助解决问题的，并努力寻找各种机会表现自己的能力；主动与多数成员沟通，向他们请教问题，把他们当成专家和自己学习的资源；学会通过一些外交手段处理令人尴尬的象征性成员与多数成员交往的情境；培养自己的幽默感，避免把每件事情都看得过于严重；寻找机会与多数成员建立个人联系，以免自己每次都是面对一个群体；强调自己与多数人之间的共同之处，避免总是充当少数人的代表。

从多数成员的角度而言，为了使象征性文化团队工作更有效，应该：理解身为象征性成员的难处，并经常检点自己对待他们的行为；给象征性成员提供与多数成员一起工作的机会；不强迫象征性成员之间必须交往，他们虽来自同一文化，但也可能没有完全相同的价值观；敢于面对尴尬处境，指出象征性成员的行为欠妥之处；公平分配资源，确信每个人都能得到取得成功所需要的技能和信息；帮助象征性成员与多数成员建立关系；让象征性成员与资历深的多数成员搭档，以便使他们学到发展自己所必要的方法；意识到象征性成员之间也是有不同的，不轻易将他们归成一类。

除此之外，团队应建立公开的程序让象征性成员有与他人一样的发言权，使他们的声音能被所有人听到。如果不建立公开的程序专门留给象征性成员说话的时间，他们也许就没有表达想法的机会，而别的团队成员还可能怪他们不愿对团队的讨论做贡献。

（2）打造优秀的双文化团队。打造优秀的双文化团队，必须冲破内外群体的隔阂，消除社会距离的空间。这可以从两个方面着手：

第一，增加双方文化群体成员之间的接触，尤其是正面积极的接触对淡化彼此之间存在的成见会很有益处。双方应该主动创造社交机会，让大家在非工作状态下放松自如地与对方交往。大家一起吃饭、看电影、去酒吧，在轻松愉快的场合卸除伪装，展露真实的个性特征。其结果可能是发现事实上我们并不像想象的那么不同，或者对方文化中的某个成员事实上与自己有很多共同的兴趣爱好，甚至相似的个性特征。这样，随着了解的慢慢加深，原先的成见就会越来越淡，而开始把每一个个体看成独特的个体，而不只是某个群体中的一员。同时，彼此间的接触也可能导致文化的渗透而使彼此变得相像。

第二，让双方关注高于自身文化群体的目标，即所谓的"超常目标"（Super-ordinate Goal）。在双文化团队中，这个超常目标就是跨国公司的成长和发展，而不是我方付出的多、你方付出的少，或者我方获利少、你方获利多。双方都应明确认识到，整个企业的发展有利于做大利益的整块"大饼"，对双方都有极大的好处。这样，大家就会有努力的共同方向，就更可能积极地想办法解决彼此由于文化不同所带来的冲突，而实现文化融合的目标。

（3）打造优秀的多文化团队。打造优秀的多文化团队要注意以下几点：

第一，了解其他团队成员。对每个成员的文化背景、技术特长、性格特征、兴趣爱好以及家庭状况作尽可能全面的了解，而不是只了解与工作有关的层面。

第二，对团队成员的民族构成有所意识。即对个体成员的文化导向有一个大致的意识，采取尊重的态度对待不同的文化导向。

第三，确定团队具有合适的资源、权威和必要的训练去达到目标。对团队面临的工作任务作比较全面的分析，同时分析人员的技能水平，思考可能得到的资源的方法。

第四，开好第一次会议。第一次会议之所以重要，原因在于这会定下整个团队未来合作的基调。在许多亚洲国家，因为重视人际关系和长期导向，一般第一次会议都不谈具体工作，而是提供机会让大家相识。

第四节　跨文化沟通

跨文化沟通指在一种文化中编码的信息，包括语言、手势和表情等，在某一特定文化单元中有特定的涵义，传递到另一文化单元中，要经过解码和破译，才能被对方接收、感知和理解。当信息的发送者和接收者不属于一个文化单元时，我们就说存在跨文化的沟通。

一、跨文化沟通中文化差异的影响

1. 文化差异影响跨文化沟通的形式

文化差异使跨文化沟通表现为多种形式。在集体主义文化中，沟通多以征询、参与的形式进行；在个人主义文化中，沟通多以叙说、说服的形式进行；在独裁文化中，沟通的形式表现为单向沟通；在民主文化中，沟通的形式表现为双向沟通。

2. 文化差异影响跨文化沟通的信息策略

根据文化的差异，在跨文化沟通中应采取不同的信息策略。在快节奏文化中，可直接切入主题；而在慢节奏文化中，只可间接切入主题。在权威文化中，沟通自上而下进行；而在开放文化中，沟通自下而上进行。

3. 文化差异影响跨文化沟通中的听众偏好

由于文化的差异，在沟通过程中，听众的立场、传统、准则等各不相同，这些因素直接影响着听众对待沟通方式、沟通内容等方面的态度。文化差异也使跨文化沟通过程中听众对不同的沟通者表现出各不相同的信任度。

【专栏5-8】　　　　跨文化沟通中的文化差异

如一外方管理人员发现，让中方员工做好自己工作地点的清洁卫生很难，尤其是随地吐痰、擤鼻涕等习惯难以纠正。也就经常有意识地在车间里表演如何吐痰、擤鼻涕在手绢中，他以为这种言传身教能感染员工，不想他在餐厅无意中听到的一段对话，让他再也不愿在公众面前做这个动作了。

"你看到了吧，咱们的主管好像又伤风感冒了，一个劲儿吐痰、擤鼻涕。"

"别提了，再提我就吃不下去饭了，他好恶心呀！竟然把那么脏的东西包在手绢里，而且还放在口袋里。"

"是呀，这么脏，真让人受不了。"

这位主管后来才明白：在中国，脏的东西留在自己身上是不洁的，把痰吐到地下在大部分人看来是"干净"的；而在他自己的国家，脏的东西暴露在别人面前是不干净的，放在自己身上是"干净"的。

这位主管后来提出的建议是：聘请香港美容师直飞过来，到企业为员工讲解个人形象设计，并为员工免费理发、美容。员工个人形象改变了，不仅精神面貌为之改变，而且为了让环境与整洁大方的个人形象协调，主动保持环境整洁。考虑到中方员工不习惯用手绢把"脏"东西放到口袋里，就在车间摆放了痰盂、卷筒纸等来解决。至于随地吐痰、擤鼻涕，很少有人再这样做，偶尔有，也会遭到大家一致批评。

这位主管直接改变员工行为的做法失败了，但他从认知和情感入手的努力，获得了成功。

资料来源：豆丁网，http://www.docin.com/p-488992508.html，2013-11-10.

二、口头沟通的跨文化差异

1. 高语境与低语境

在低语境文化中,缺少共同的经历意味着"每次他们和别人交流的时候都需要详细的背景信息"。在低语境文化中,语言传达了大多数信息,语境和参与者方面只包含极少的信息,这一特点反映在多个方面。西方人的交流方式常常比较直接和坦率。也就是说,所有事情都需要说明白,而且是越明白越好。

高语境文化的结果是在日常生活的大多数正常交流中,他们并不需要也不期望详细深入的背景信息。"高语境文化更加依赖和熟悉非语言交流。"在高语境文化中,通过环境就可以获得许多信息,没有必要把所有事情说出来。亚洲人的交流方式常常比较隐晦、间接和含蓄。

2. 直接与婉转

说话的直接与婉转恐怕是语言沟通跨文化差异中较显著的一个。美国人说话直截了当,开门见山;而中国人则喜欢拐弯抹角,犹抱琵琶半遮面。比如说拒绝别人的要求,一般来说美国人如果不喜欢,就直接说"不";而中国人通常会说"让我考虑考虑"。美国人若不了解中国人的说话方式,会以为那人是真的去考虑了,过两天说不定又会回来问:"考虑得怎么样了?"在谈生意的时候也常常见到这样的风格差别。中国人谈具体的生意之前总要把自己公司的背景、公司的组织结构和人员组成等情况详细介绍清楚,一两个小时后也许才谈及真正要谈的生意;而美国人很可能一上来就直奔主题,所以常常会产生误解。

比如下面这番对话(Storti, 1993)[①]。

李女士:这就是我们公司创建者的部分远见。

霍特先生:我知道了,贵公司有一段悠久有趣的历史。如果你不介意的话,我们或许该谈谈我们该怎样合作。

李女士:你没有要补充的吗?

霍特先生:关于我们?没有了。你是知道的,我们是个年轻的公司,和贵公司不一样。

李女士:好,那么我们可以谈谈业务上的事情了。有了你的承诺,我们从描绘我们公司的组织结构开始吧,然后再说说这样的组织结构是怎样影响到我们公司的行事原则的。然后,你也说说你们的公司。

霍特先生:我知道了,然后我们谈谈具体条款?

李女士:条款?

霍特先生:你知道的,就是一些基本事项。

李女士:我们不是正在谈基本事项吗?

显然,李女士与霍特先生对所谓"基本事项"的理解很不相同:一个认为公司

---

① 转引自陈晓萍. 跨文化沟通 [EB/OL]. http://www.itgov.org.cn/Item/1325.aspx, 2010-01-14.

的基本背景才是基本事宜,而另一个认为具体的生意条目才是基本事宜,误解由此产生。

再比如拒稿信。美国人写的拒稿信一般在第三个字就看见了:"I'm sorry to inform you...(我很遗憾地通知你……)"但中国人的拒稿信则要婉转数倍。据说有个英国投稿人收到了来自北京一家经济类刊物的一封退稿信:

"We have read your manuscript with boundless delight. If we were to publish your paper, it would be impossible for us to publish any work of a lower standard. And as it is unthinkable that in the next thousand years we shall see its equal, we are, to our regret, compelled to return your divine composition, and beg you a thousand times, to overlook our short sight and timidity."

中文翻译为:

"我们满怀喜悦地阅读了您的大作。如果我们发表您的作品,就将无法再发表其他水平更低的作品。以后我们要发现与您文章同等水平的作品几乎是不可思议的事,所以我们非常遗憾,不得不将您夺目的大作退还于您,并请您千万次地饶恕我们的短视和懦弱。"

弄得这位英国作者云里雾里看了半天也不知自己的文章究竟是太好了还是太糟了。

谈到说话的婉转,日本人可能比中国人更有过之而无不及。大家都知道日本人从不愿直接说"不"字,所以要表达"不"的意思就要借助各种有创意的手法。记得美国的幽默作家大卫·贝雷[①]曾经在日本遇到过这样一件事。他要坐飞机从东京去大阪,临时去飞机场买票。

大卫:我买一张从东京去大阪的机票。

满脸笑容的服务员:嗯,去大阪的飞机票……请稍等。

大卫:多少钱?

服务员:从东京坐火车去大阪挺不错的,沿途可以看风景。是不是要买一张火车票?

大卫:不要。请给我买一张飞机票。

服务员:那……其实,坐长途巴士也很好,上面设备齐全,豪华舒适。要不要来一张巴士票?

大卫:不要。请给我买一张飞机票。

……

这样来来去去了好几个回合,大卫才搞清楚原来机票早已售罄,而服务员又不好意思直接告诉他,才拐弯抹角地试图用其他手段来帮助他到达目的地,真算是到了婉转的极致境界。

同是英语国家的人,英国人就远不如美国人来得直接。英国人用词比较谦虚含蓄,喜欢让自己的观点藏而不露,以便使争论不那么白热化,但同时又在其语调中表示出自己是正义的化身。他们会恰到好处地含糊其词以显示自己的礼貌涵养,避免尴尬的

---

① 转引自王朝晖.跨文化管理[M].北京:北京大学出版社,2009:176.

冲突；有时也会为了拖延时间而适当胡扯几句。英国人认为说话语气平和，始终保持低调才是在争论中占上风的表现，大喊大叫本身就是失败。

说话婉转的人可能爱动脑子，可能胆小羞怯，也可能爱操纵别人。说话婉转的人同时喜欢猜测别人话里行间的意思，有时也很搞笑。美国人一般喜欢赞赏别人，所以到中国人家里做客，总会说这个工艺品漂亮，那张画好看。有的中国人以为称赞的言外之意是他/她也想要，会在晚会散席的时候将那件物品当礼物送给他/她，弄得别人瞠目结舌，不知所措。

3. 插嘴与沉默

在语言沟通中，另一个文化差异表现在讲话的合理程式上。是一个接一个有条不紊地讲话，还是大家彼此打断、七嘴八舌？是一问一答，你说完一句我说下一句，还是你说完我想一想再往下说，或者你没说完我就插话？什么样的说话程式在某一文化中被视为平常合理？不同民族、文化的人在这一点上有明显的不同。

如果我们把全世界的人简单划分成三大类：盎格鲁—撒克逊（欧美）人、拉美人和东方（亚洲）人。

对盎格鲁—撒克逊人来说，A 先说，说完时 B 接上，然后 B 开始说，说完停下时 A 再接着说，一来一往，有问有答，顺序清楚，是良好的对话方式。如果一个人在别人还没说完话就插进来，会被视为不礼貌，遭到白眼。

但对拉美人，这样的方式却未必被视为有效。他们的对话方式是，A 开始说话，但在 A 尚未停下时，B 就应该插嘴，打断对方，并自己接着往下说。然后 B 在还未结束时，A 插进来继续。打断对方被看成是对对方的谈话感兴趣，而且自己也有很多感受要分享。如果不插嘴，则说明话题无趣。

再看看东方人。A 先开始说，B 在接 A 的话之前两段线有一丝小小的非重合区间，这段空白表示沉默。也就是说，在回答或接另一个人的话题时，应该有一个小小的停顿。这个停顿可能只有几秒钟的时间，显示的是你在思索对方的话，思考之后再回答。因此，沉默是对对方尊重的表现，同时也表现自己的深思熟虑。

当 A、B 二人处在相同的文化背景下时，即为同一"类"人时，彼此在对话方式上会有共识，所以不容易发生误解，但当这两个人不属于"类"时，问题就发生了。

此外，沉默在不同文化中的褒贬意义也不同。比如说，在中国心直口快会给人以急躁不牢靠的印象；而在美国则被视为反应快、思维敏捷。在中国沉默寡言让人觉得稳重、有城府、能成大器；在美国却很可能被看成迟钝甚至木讷。在美国的课堂上，老师经常提问，而且学生成绩中的很大一部分来自上课发言的次数和质量，这就难倒了来美国留学的亚洲学生。首先他们的母语不是英语，发言得经过翻译的过程；其次是他们习惯在问题与答案间有时间停顿思考，所以在停顿时，就被其他来自拉美文化或盎格鲁—撒克逊文化的人抢去发言权，等想好要说时，已经太晚，错过了讨论的话题。另外，美国的老师鼓励个人思考，而不是照本宣科，所以要求学生上课提问，而亚洲学生习惯了上课听讲记笔记，提问也成了挑战。经分析，亚洲学生不提问有几个原因：一是尊敬老师，潜意识中认为提问老师是对老师的不敬；二是怕自己提的问题太简单，会遭到同学和老师的嘲笑（"这个人怎么这么笨，连这么简单的问题都搞不清楚"）；三是怕提问题浪费其他同学的时间("可能只有我一个人不懂,不如下课再问老师")。

4. 倾听与对话

倾听是实现有效沟通的另一个重要方面。不同的民族和文化之间在倾听的特点上也有许多的不同之处。有的民族比另一些民族更安静、更乐于倾听,有的民族比另一些民族更善于倾听,倾听得更仔细,更认真严肃。英国语言学者理查德·路易斯曾在他的《文化碰撞》一书中提出了"倾听文化"和"对话文化"的概念,来区分文化在这个层面上的差异。他对"倾听文化"的描述是这样的:"……倾听文化中的成员很少主动发起讨论或谈话,他们喜欢先认真倾听搞清别人的观点,然后对这些观点作出反应并形成自己的观点。"在这种文化中,人们偏向的沟通方式是自言自语—停顿—反思—自言自语,而且尽可能让对方先开始自言自语。相反,在"对话文化"中,人们常常会用发表意见或问问题的方式打断对方的"自言自语",以此显示自己对话题的兴趣。

(1)倾听文化。具有最典型"倾听文化"特征的国家是日本,然后是中国、新加坡、韩国、土耳其和芬兰。在欧洲国家里,芬兰具有最强的"倾听"特质,英国、土耳其、瑞士偶尔也表现出较强的倾听特征。这些国家中的人在听别人讲话时,专注、不插嘴,回复时也不会用太强烈的语言。此外,他们常常会通过问题来让讲话者澄清意图和期望。日本人经常会在一个问题上反复、来回以清楚彼此之间不再有误解。芬兰人即使有时在结尾时会比较突兀或直接,但总是尽可能避免正面冲突,想办法用适合对方的手段来沟通。芬兰人有时甚至比日本人还要来得"沉默",日本人至少还会用点头的方式显示自己的礼貌或满意,芬兰人则可能一点反应都没有。

倾听文化中的人对沉默的态度也与对话文化中的人迥然不同。他们不但容忍沉默,而且觉得它是有意义的对话中不可或缺的一部分。深思熟虑的话语值得思索——思索的时间需要沉默。比如一个美国商人在赫尔辛基做完讲演然后身体前倾说道:"你们怎么想?"如果你这么问芬兰人,他们就真的会开始"想",用沉默来想。如果你这么问另一个美国人,他可能马上就站起来说,"我告诉你我怎么想的",不加停顿。

此外,倾听文化中的人会根据语境去回答对方的问题,并在表达自己思想的时候常常只说一半,而让倾听者去填补其余,以表示对对方的赞赏。这一点常常使西方人感到困惑。同时,他们还沉迷于说一些笼统的词(如大概),或指谓不明的词(如某人走了),或被动语态(如有一部机器被搞坏了),以避免指名道姓让某个人直接承担责任,或者以示礼貌。

倾听文化的沟通顺序:认真倾听,理解对方的意图,沉默片刻以作评判,进一步提问澄清,提供建设性反应,保留一定的模糊性,模仿对方的长处或产品,加以改善,再改善,从而达到完美。

(2)对话文化和数据文化。最典型的对话文化为意大利和拉丁文化、阿拉伯文化和印度文化。法国和西班牙文化也属对话文化。美国文化、德国文化、瑞士文化则处于倾听文化和对话文化之间,他们热衷于数据、事实和逻辑,被路易斯称为数据文化。

对话文化中的人特别注重人和人际关系,一般来说,工作也好,任务也好,时间作息表也好,一切让位于人。他们喜欢聊天,说个不停,在对话的过程中获取各种各样的信息(这是他们传播信息的主要渠道),建立各种各样的人际关系,然后用这样得来的信息和建立起来的人际关系去解决各种各样的问题。从人的角度思考问题、解决问题是对话文化的一个浓重特色之一。而数据文化注重的是来自报纸、杂志和其他书面媒体的信息，言传的信息不被认真对待。一般很难想象让一家法国公司像美国公司一样运作：五年预测，季度报告，每半年审计，一年一次绩效评估。同时，也很难想象让一家德国公司在开发新产品时不先做一个市场调查。对话文化和数据文化的区别由此可见一斑。

世界上经济发达的国家大部分来自数据文化，日本是一个例外，来自倾听文化。但是，日本人注重信息、注重搜集数据这一点却是不可否认的事实，虽然它更强的特点为倾听而非数据。当然经济发达与否还受到其他很多因素的影响，信息数据只是其中之一。

三、非口头语言沟通的跨文化差异

非口头语言沟通是指在沟通中不通过语言传达信息的过程，这些非口头语言包括语音语调、眼神交流、身体接触、脸部表情、空间距离等。

1. 语音语调

强皮·纳斯和汉普顿·特纳曾经在他们的书中分析了三类人：盎格鲁—撒克逊人、拉美人和东方人，认为他们在说话的语音语调上有相当鲜明的不同。其中，盎格鲁—撒克逊人说话抑扬顿挫，跌宕有致；拉美人说话语调很高，而且保持亢奋状态，情绪激昂；东方人则语调平缓单一，不紧不慢。在说话时，有的文化崇尚小声说话，而有的文化却崇尚大声说话。

2. 目光接触

在美国和其他盎格鲁—撒克逊文化中，没有眼光接触的沟通几乎是不可能的事。在更大范围的文化中，各种子文化在眼神定位方面所存在的不同，也可能导致很多误解。此外，社会阶级或阶层还会影响选择直接的还是间接的目光定位。

3. 面部表情和身体语言

人类的面部表情和身体语言的丰富程度是自然界其他动物望尘莫及的。在面谈中，这两者的特点是流露真实感情。如果语言表达和这两者矛盾，那么，后者是真实的。一个人一边说"我同意您的看法"，一边怒气冲冲地盯着对方，那么他真正的话是"我根本不同意你！"在东西方文化中，东方人比较含蓄，所以面部表情也不习惯过于直露；而西方人则直爽，习惯把喜怒哀乐写在脸上。有时同样一个姿势，在不同文化中涵义可能不同，甚至相反，如用手指敲打或钻捻太阳穴部位，在美国表示"太愚蠢了"、"太令人乏味了"，但在荷兰表示"真聪明"、"有智慧"。

4. 空间距离

人需要一定个人的空间，如果有人"入侵"这个空间，就会给个体带来一种负面情绪。个人空间的大小，在不同文化中有不同的约定俗成。到东方国家工作的西方人，屡屡觉得个人空间被入侵，如果一个美国人和一个日本人谈话，我们会发现美国人可能会碎步后退，而日本人会碎步紧逼。如果录像后快速放出来，就会像日本人在带着美国人跳舞，领舞的人是日本人。这主要是美国人的谈话空间为46~122厘米，而日本人的谈话空间为25厘米，双方据此在不停地调整各自的空间范围。按美国人的理解，日本人"入侵"了他的空间,所以他感到不安而后退,但按日本人的个人空间定义,他为了保持适当的距离不得不步步跟上。

在美国,心理学家们定义了四种个人空间:亲近空间,是个体伸开手臂的距离,只有亲近的人可以进入,其他人的进入会让个体感到愤怒或逃避;个人空间,从一个人的手臂长度到离身体3~4英尺的距离,这个空间不能被陌生人入侵;社会空间,指距人身体4~8英尺的空间,是社会和工作接触的距离;公共空间,8~10英尺的距离是人在公共场合的个人距离。合资企业的办公室空间布局要充分考虑这一点,让不同文化背景的员工有安全、舒适感。

在组织中,有些空间布局的方式也能传递出沟通信息:如果在办公室中,有一张办公台处于中心位置,而且正对着门,一般说来,办公台的位置就表明:这儿是信息沟通的中心,所有的信息先汇总到这里,再从这里发散出去。在谈话时,双方之间没有障碍或只有较低的桌子,则较有利于双向沟通。

本章小结

文化是影响某一群体总体行为的态度、类型、价值和准则,是在一定环境里人们的集体精神的程序编制。文化具有普同性、多样性、民族性、继承性、发展性和时代性的特征。文化差异主要是指文化价值取向的不同和由此而产生的文化冲突。文化对管理的影响主要表现在跨国经营战略、组织架构设置、企业制度建立和执行、领导和员工行为四个方面。

荷兰管理学家霍夫斯泰德提出的文化理论认为,管理者和员工在有关民族文化的五个维度上存在差异:个人主义/集体主义、权力距离、不确定性规避、男性化社会/女性化社会以及长期取向/短期取向。

荷兰经济学家和管理咨询家强皮纳斯提出了文化架构理论,包括七个体现国家与民族文化差异的维度,普遍主义—特殊主义、个人主义—集体主义、中性化—情绪化关系、关系特定—关系散漫、注重个人成就—注重社会等级、长期取向—短期取向以及人与自然的关系。在这七个文化维度中,前五个维度对商务领域的影响更大。

美国人类学家克拉克洪与斯乔贝克认为,不同文化中的人群对人类共同面对的六大基本问题有不同的观念、价值取向和解决方法。这六大基本问题包括:对人性的看法、对自身与外部自然环境的看法、对自身与他人的关系的看法、人的活动导向、人的空间观念以及人的时间观念。

个人主义—集体主义理论是蔡安迪斯提出的。他认为,个人主义—集体主义既不是一个维度的两极,也不是两个维度的概念,而是一个文化综合体,包括许多方面。他提出五个定义个人主义—集体主义的重要方面:个体对自我的定义、个人目标和群体目标的相对重要性、个体对内群体和外群体的区分程度、个人态度和社会规范决定个体行为时的相对重要性、完成任务和人际关系对个体的相对重要性。

第五章 跨国公司跨文化管理

根据团队成员文化背景的不同，可把跨文化团队分为三种基本类型：象征性文化团队、双文化团队和多文化团队。象征性文化团队指的是一个团队中，只有一个或两个队员来自不同的文化，其他成员全部来自同一种文化。双文化团队指的是一个团队的成员基本来自两种文化，而且来自不同文化的人员数量相当。多文化团队指的是一个团队中，至少会有数量相当的来自三个或三个以上文化的成员。企业需要从各方面考虑如何组建有效的跨文化团队。

跨文化沟通包括语言、非语言两种沟通形式。语言沟通中的文化差异有四种表现形式：高语境与低语境、直接与婉转、插嘴与沉默、倾听与对话。非口头语言沟通是指在沟通中不通过语言传达信息的过程，这些非口头语言包括语音语调、眼神交流、身体接触、脸部表情、空间距离等。实际生活与工作中，不同文化下的国家有着其默认严格遵守的沟通禁忌。

课后练习题

一、简答题

1. 文化对管理的影响主要表现在哪些方面？
2. 试分析文化架构理论对国际商务活动的影响。
3. 语言沟通中的文化差异有哪些表现形式？
4. 试分析跨文化管理团队的类型及其建设。
5. 跨国公司跨文化管理的方法有哪些？

二、论述题

1. 美、日、中三国企业文化各有哪些特点？
2. 相对于单一文化的团队而言，多元文化团队有哪些优劣？在管理跨文化团队的过程中，如何才能做到扬长避短，最大限度地发挥多元文化团队的优势？
3. 一位美国大公司的女营销经理在日本做成一笔生意，请所有日本男客户吃饭，饭后她付款，但却使几乎到手的合同告吹。试用文化差异理论解释原因。

三、案例分析题

麦当劳和印度文化

从许多方面都可以认为，麦当劳在开拓全球市场方面写下了精彩的篇章。全世界平均每天有 4.2 家新的麦当劳餐厅开业，到 2003 年，该公司已经在 121 个国家开设了 30000 家餐厅，每天服务的顾客总数达 4600 万人。

印度是进入麦当劳著名的金色拱顶的最新的国家之一，麦当劳是在 20 世纪 90 年代后期开始在该国开设餐厅的。尽管印度是个穷国，但其拥有的大量的、相对富裕的中产阶级（估计人数 1.5 亿到 2 亿之间）吸引了麦当劳，然而麦当劳在印度遇到了前所未有的挑战。数千年来，在印度文化中牛是受人尊崇的，印度教信徒们认为牛是上帝赐予人类的礼物，牛象征着赡养全人类的圣女。牛给予了犁地耕田的公牛以生命，牛奶营养丰富，可以用来做酸奶和奶油，牛尿在传统的印度药中有一种特殊疗效，牛粪可以做燃料。在印度国土上有约3亿头牛四处漫游，无拘无束，被视为圣物。牛随处可见，它们或在街头漫步，或在垃圾堆里寻食，或在寺院里憩息，到处是牛，只有盘子里例外，因为印度人是不会食用被视为圣物的牛的肉。

麦当劳是世界上最大的牛肉使用者。自从1955年该公司成立以来，不计其数的牲畜被宰杀以生产巨无霸。一家靠牛肉创造财富的公司如何在一个视食用牛肉为极大罪恶的国家里生存呢？用猪肉代替？但是在印度有1.4亿穆斯林，而穆斯林是禁食猪肉的。这样就只剩鸡肉和羊肉了。麦当劳为应对这一食物文化困境，发明了印度版的巨无霸——邦主汉堡（Ma-haraia Mac），这是用羊肉做的一种汉堡。菜单上的其他一些产品也与当地人的情感相吻合，如"MeAloo Tikki Burger"，这是用鸡肉做的。所有的食品都严格地按素食和非素食区分开来，以适应印度当地有许多素食者的特点。正如麦当劳印度分部的领导所言："我们必须彻底改造我们自己，以适应印度人的味觉。"过了一段时间，事情看上去有了些起色。然而在2001年，麦当劳公司遭到了意外的打击，三位居住在西雅图的印度商人在美国对其提出起诉，这三位商人都是素食者，其中有两位是印度教徒，他们投诉麦当劳"经常隐瞒"其在制作法式土豆条时使用牛肉的事实。麦当劳辩称其在做法式土豆条时用的是100%的纯植物油，但不久该公司又承认它在油里加了"微不足道"的牛肉汁。麦当劳公司花了1000万美元解决了这场诉讼，并公开表示道歉，道歉声明说："由于没有为顾客提供在我们的美国餐厅用餐时有关饮食决策所需要的信息，麦当劳公司真诚地向印度教教徒、素食者及其他相关人士表示歉意。展望未来，公司发誓要进一步做好食品成分的标识工作，并找到用于食用油里牛肉汁的替代品。"

但是，在21世纪，全球社会中新闻的传播十分迅捷，有关麦当劳在其食用油里添加牛肉汁事件的曝光足以将印度的民族主义分子集聚到德里的大街上，在那里他们捣毁了一家麦当劳餐厅，在另一家餐厅门口呼喊口号，在公司总部示威，并要求印度总理关闭在该国的27家麦当劳分店。麦当劳在印度的特许经营店业主迅速作出反应，否认其在食用油里添加牛肉汁，印度教极端分子对此的回答是：他们要把麦当劳的油送到实验室去化验，看看是否会查出牛肉汁。

但是，这些负面的公众行为对麦当劳在印度的长期计划似乎影响不大。公司继续开设新餐厅，到2003年在印度的特许店已达38家，它宣布到2005年还要新开80家分店。当被问及他们为何经常光顾麦当劳时，印度顾客指出，他们的孩子喜欢这种"美国式"的经历，食品的质量始终如一，而盥洗室永远是干净的。

资料来源：百度文库，http://wenku.baidu.com/link?url=otwVd9eSe48tfc_E7lHxCRRJGBBrwoMFPRE5srDCEBPnZ1ZPzRMFawsrA7J1xcJBbwbeXtFFtau7kir2DO3JOGgnCqDsHtFKVcy4dW7rLqq。

案例讨论题：

1. 麦当劳在印度的经验对于其他外国快餐连锁店和零售店有何借鉴意义？

2. 为预见或更好地应对来自在食用油里添加牛肉汁事件的负面公众反应，麦当劳可以做些什么？

第六章 跨国公司经营战略管理

本章学习要求
* 了解跨国公司经营战略的主要动机
* 掌握跨国公司经营战略选择
* 能运用跨国公司战略管理的有关理论分析企业实践中的问题
* 通过案例讨论，培养学生的分析能力与实践能力

本章主要概念
跨国公司战略　国际化战略　全球化战略　跨国本土化战略　跨国化战略　企业竞争力　战略投资　跨国战略联盟

开篇案例　　　　**联想并购 IBM 个人电脑事业部后的文化整合**

　　北京——中国最大的计算机制造商、联想集团的总部，巧妙采用自然光线的三层平台上，工作人员正将"生日蛋糕"分别推向三个办公间。

　　现在，联想集团的每名员工都会在生日当天收到一份生日礼物。在这个提倡温暖公司氛围的时代，很多跨国公司都倾向于这种做法。问题在于，中国人传统上不公开庆祝生日。但这种传统正在发生变化，联想也在变化。通过以 12.5 亿美元收购 IBM 个人电脑事业部，联想一跃成为了一间全球性的公司，为员工庆祝生日只是联想向跨国公司发展的一个方面而已。

　　同时，为了进一步实现全球化，联想将要采取更大胆的举措：把总部迁至 IBM 总部所在地——纽约 Armonk，并将继戴尔和惠普之后的这一全球第三大 PC 制造商的管理工作交到一些原 IBM 的高级管理人员手上。美国跨国公司将制造外包到中国，中国公司为何不能将管理工作外包去美国呢？

　　事实上，联想的管理人员坦承联想目前自身不拥有运行新公司必需的全球运作经验——联想公司 30 亿美元的收入中，98% 都来自中国市场。

　　联想创始人之一，时任董事局主席柳传志说："世界一流的管理团队及丰富的国际管理经验，是我们从收购 IBM PC 事业部中获得的最宝贵的资产之一。"实际上，联想管理层中，几乎没人对这一举措表示失望；相反，他们中的许多人都对收购这家蓝筹美国公司的业务感到兴奋。

联想（Lenovo）——原名 Legend，虽然是中国最大的计算机制造商，但在亚洲以外尚鲜为人知。联想高级管理人员表示，他们热切希望向其 IBM PC 事业部的新同事学习运行全球公司的经验，IBM PC 事业部在 150 多个国家开展业务，2003 年总收入达 90 亿美元。

联想公司已经在北京开展准备工作。过去几个月里，公司要求所有副总裁们每天至少抽出 1 个小时学习英语。公司现任董事局主席透露自己阅读关于 Bill Gates 和 Andrew Grove 的书。联想现任首席执行官将不再担任日常管理的工作，而将成为董事局主席。

他的新任务是往返北京和纽约之间，与联想将任命的新首席执行官 Stephen M. Ward Jr.（原 IBM 高级副总裁兼总经理，负责个人电脑事业部）协商工作。许多分析家都对联想将公司的大量管理工作外包至纽约的决定感到意外。

一直关注联想的瑞银集团（UBS）分析家 Joe Zhang 说："我赞赏联想的做法。尽管自己的职业升迁会受到影响，中国联想高级管理人员还是决定这么做。他们勇于为公司利益牺牲个人利益。"有参与 IBM 谈判的人士称，联想管理人员认为没有更好的选择。他们承认不能在北京进行相对巨大的 IBM PC 部门进行整合经营这一工作。

这些人士说，这便是为什么在收购谈判中如何在收购之后保持业务的经营状况成为主要话题的原因。IBM 有很多的 MBA 为其工作，但在中国政府持有部分股份的联想集团，其顶层管理人员中只有两人持有 MBA 学位，尚无一人拥有跨国企业的管理经验。

但分析家也说，作为中国最成功的公司之一，联想绝不轻易示弱。例如在中国，联想品牌的计算机销量多年来始终领先于戴尔、惠普和 IBM。

分析家说，虽然成立之初是国有企业，但联想始终坚持自主创业，成为中国大陆首批在香港上市的公司之一，也是首批实施公司员工股票期权计划作为薪酬奖励的公司之一，使得公司多位高管成了百万富翁。

联想宗旨：为客户利益而努力创新；创造世界最优秀、最具创新性的产品；像对待技术创新一样致力于成本创新；让更多人获得更新、更好的技术；最低的总体拥有成本（TCO），更高的工作效率。

联想核心价值观：成就客户——致力于客户的满意与成功；创业创新——追求速度和效率，专注于对客户和公司有影响的创新；精准求实——基于事实的决策与业务管理；诚信正直——建立信任与负责任的人际关系。

在上述表述中，联想没有按照国际跨国公司那样首先列出自己的愿景；相反，它先给出了自己的企业定位。定位既包含现在的状态，又包含未来的状态，我们不妨把它看作是一种基于现在状态的愿景的折中。在整个价值体系的逻辑表述中，联想没有犯错误，也许同海尔一样，正处于对企业愿景的动态摸索之中，他们已经看到了那扇门，一旦他们找到钥匙，他们就可能进入，并会看到我们看不到的新景象。

近些年来，联想管理人员一直称公司的企业文化已经从早期占主导地位的"半军事化"企业文化发展过渡成更加灵活、随意的高科技文化。

现在，在位于号称北京"硅谷"地区的联想新总部大厦中，大部分工作人员都是20~30多岁的年轻人，他们穿着随意，不断用手机进行会谈，脸上充满自信。

大堂内贴满了员工奖章、商业学校理论和新时代哲学，如"追求幸福"、"努力工作，享受生活"等。

联想新员工也能像在美国商业学校一样，接受同样的团队协作项目培训，培养团队协作的信心——比如"背摔"训练。

为了鼓舞员工士气，每天早上8:30，联想总部都会广播联想之歌，激励员工驾着企业之船顺利驶过危险的湍流。有一句歌词这样写道"啊，联想，联想，联想，乘风破浪向远方。啊，联想，联想，联想，我们再创辉煌！"

联想也尽量从外界获得好的建议，聘用了高盛公司、麦肯锡管理咨询公司、Weil, Gotshal &Manges纽约律师事务所及奥美公关公司等顾问。

据公司官员称，公司新的工作语言之一为英语，他们也正在学习美国商业史，首席执行官日常阅读的书籍中包括《哈佛商业评论》等。

联想是否能够在这次对IBM的并购中寻找到适合自己的企业文化，把二者的企业文化进行一个很好的整合，让我们拭目以待。

资料来源：黄旭.战略管理思维与要径（第二版）[M].北京：机械工业出版社，2012.

第一节 跨国公司国际化战略的主要动因

一、生产及研发的比较优势

生产及研发的比较优势体现在一个跨国公司在本国（尤其是发达国家）市场上推出了一款新产品或新技术，而其他国家对这项产品或技术也有需求，于是企业对该产品进行大量生产后出口，或将本国研发的产品生产后并出口到有需求的国家和地区。

跨国公司可以产生比较优势的生产要素，包括产品或服务（如原材料、土地和劳动力等）。国家层面的要素条件优势，可以转化为国内企业在国际上的竞争优势。例如，瑞士的语言能力为其银行业提供了显著优势，廉价的能源对北美铝工业的发展功不可没。再如美国油页岩的开发利用，开启了制造业的再度繁荣。

二、更大的市场规模

不同国家和地区的经济发展水平、产品的市场饱和度以及消费观念等存在着明显的差异性，当某种产品在一个国家的市场已经趋于饱和，同时在其他的一些国家却存在广阔的空间时，跨国公司往往会考虑推动产品进入新的国家来扩大市场规模。跨国公司通过进入国际市场的方式可以有效地扩大市场，有时扩大的程度甚至相当可观。

三、获取高额投资回报

在某个外国市场建设工厂、购买资产设备或进行研发所需的投资数额通常非常巨大，通常跨国公司管理层在投入前会充分考虑其是否拥有巨大的市场规模或空间。除了需要大规模的市场来回收工厂建设投资的折旧和在研发上的大量投入，同时，还要关注技术发展速度的加快、新产品生命周期的变短等因素。因此，投资就必须尽快地得到收回。

除此之外，跨国公司拥有的技术发展能力也会扩张。由于不同的国家专利保护法各不相同，新产品被搁置的可能性增加了。通过反向工程技术，竞争对手能够分解新产品，学会新技术，从而用相似的新技术生产出和原产品相仿的产品。由于竞争对手能够快速模仿，尽快收回投资成本的需求也就更迫切了。在某些行业中（如计算机硬件），扩张了的市场也意味着有更多的机会收回大量的资本投资和大规模的研发费用，所以国际化扩张具有特别的吸引力。但必须强调的是，投资国际市场最主要的原因还是取得更好的投资回报。于是我们从预期的投资回报就可以看出一家公司准备进军国际市场的意图。当然，不同国家的跨国公司有不同的期望，也用不同的方法来决定是否进入国际市场。

四、规模效应和学习效应

跨国公司市场扩张之后，可能为其带来规模效应，特别是在产品制造过程中更为重要。跨国公司根据产品在不同国家标准化的程度、生产工具的相似性来调整关键资源功能，这就有可能取得最优化的规模效应。同时，国际市场也为跨国公司开发核心竞争力提供了机会，因为可以为跨越国界的资源和知识共享创造条件。除了取得协同效应、帮助跨国公司以低成本生产高质量的产品、提供高质量的服务之外，跨国公司的海外工作经验也为管理者和员工提供了更广阔的学习机会。不同的市场和不同的实践为跨国公司提供了无数的学习机会，即使是发达国家的跨国公司也能从新兴市场的运行中学到很多有益的东西。

五、规避贸易壁垒

高额关税、低进口配额、进口管制等是贸易保护主义的主要手段。贸易壁垒主要是为了保护本国的民族工业。这里有两种情形，一种是某些发展中国家，由于经济落后，技术水平低，劳动生产率低，民族工业脆弱，经不起发达国家企业的竞争；也由于外汇缺乏，推行进口替代政策，减少外汇支出，缓和国际收支，并作为实现工业化的途径，往往通过某些保护措施，特别是关税保护，降低外国产品在国内市场上的竞争力，为民族工业建立温室，为工业化铺平道路。另一种是某些经济发达国家，由于第二次世界大战后国际政治经济形势发生了变化，有时也通过进口配额、苛刻的产品检验标准等手段，限制外国产品输入。例如，美国就利用进口配额限制中国和亚洲一

第六章　跨国公司经营战略管理

些国家与地区的纺织品进口，也通过不断提高质量标准而限制某些拉美国家的食品输入。当然，发达国家所保护的多是一些劳动密集型的传统产业。不过也有这种情况，那就是当较先进的行业受到国外更先进的技术竞争时而对其实行保护。

【专栏 6-1】　　　　跨国公司竞争力的主要来源

　　思科公司的成功是近年来最伟大的成功之一。两名斯坦福大学的科学家——Leonard·Bosack 和 Sandra lerber 在 1984 年创立了这家公司。在 20 年代 80 年代早期，斯坦福大学装配了许多分隔的计算机网络系统，每个网络的设备和内部沟通的电子语言都不一样，因此这些网络相互之间无法对话。Boscak 和 Lerber 当时刚刚结婚，他们分别是独立的网络经理，他们希望想出办法来将这些网络联系到一起。为这一工作抹上浪漫色彩的讲法是，他们做这些是为了能够相互传递电子邮件。他们提出的解决方案是一种被称为路由器的计算机，它可以联结不同的计算机系统。认识到这一成果可能具有商业价值，他们成立了思科公司并于 1987 年生产出第一台产品。1990 年，公司上市，此时它的年销售额为 7000 万美元。由于路由器是快速成长的互联网中的关键设备，思科公司的销售额开始以几何级数增长。到 1999 年，思科公司已经成为互联网网络设备——路由器、交换机和集线器——市场上居主导地位的供应商，年销售额超过 190 亿美元，无负债，投资回报率大于 22%。

　　思科公司的销售增长和高利润率很大程度上归功于它的产品创新，自公司上市后产品创新一直保持快速的步伐；同时还要归功于思科公司采用了电子商务的架构。在这方面思科又是创新者。这一架构令公司的效率极大提高，同时还向顾客提供了卓越的销售点服务和销售后服务与支持。思科是最早的一批将销售业务上网的企业。这一过程始于 1996 年，当时思科认识到传统的销售架构无法满足需求的快速增长。思科公司没有选择雇用更多传统的销售人员管理客户，而是试行在线销售。它开发了一种计算机程序引导顾客在网上完成订购设备的过程。这一程序的关键特性是能够帮助顾客选择他们所需要的配置，从而避免订购错误，例如有时顾客会订购不兼容的设备。1997 年，思科公司在网上销售了 5 亿美元设备。到 1999 年，这一数字膨胀到 100 亿美元，占公司销售额的 80%，思科公司成了世界上运用网络销售最积极的公司。

　　顾客看来很喜欢这种自动化的订购流程，主要是因为它可以最大限度地减少订购失误和提高订单执行的速度。例如，思科的一家主要客户斯普林特（Sprint）公司在签署合同后通常还需要等上 60 天才能完成网络安装。思科开通网上订购系统之后，这一过程已经缩短到 35~45 天。此外，斯普林特公司负责订购程序的职员人数也从 21 名下降到 6 名，极大地节省了成本。在思科公司，一支 300 人的销售队伍即足以负担起管理所有客户的工作，而在非网络的传统业务模式下可能需要 900 人的销售队伍。这一差别意味着每年节省 2000 万美元的开支。

> 思科公司还将顾客支持职能也放到了网上。所有的路由器顾客服务功能都在网上实现,一项计算机程序会将顾客的疑问转化为常见问题的标准陈述,然后给出四种最可能的答复,这样顾客就不必盲目摸索和浪费时间了。自从1996年建立这套系统以来,思科的销售已经增长了4倍,而工程支持部门的人数只增加了一倍,达到800人。如果没有自动销售系统的支持,思科公司估计至少需要增加1000名顾客支持方面的工程师,成本开支可能高达7500万美元。思科还将所有的支持软件的分销工作放在网上,而不是通过光盘或邮寄。这又为公司节省了2.5亿美元运营成本。
>
> 资料来源:[美]Charles W. L. Hill. 战略管理(第七版)[M]. 孙忠译. 北京:中国市场出版社,2008.

第二节 跨国公司经营的战略选择

一、跨国本土化战略

跨国本土化战略是指跨国公司将战略和业务决策权分配到各个国家的战略业务单元(Strategic Business Unit,SBU),由这些业务单元向本地市场提供本土化产品。跨国本土化战略注重每个国家或地区之间的竞争,认为各个国家市场情况不同,通常以国家界限来划分市场区域。跨国本土化战略采用高度分权的方式,允许每个部门集中关注一个地区或国家。每个国家的消费者的需要与需求、行业状况、政治法律结构和社会标准都各不相同,跨国本土化战略让各国子公司的管理者有权将跨国公司产品个性化来满足本地消费者的特殊需求和爱好。

选择跨国本土化战略通常会扩大当地的市场份额,因为跨国公司能关注当地顾客的特殊需求。但是不同国家的业务单元在不同的市场上采用不同的战略,将增加跨国公司整体的不稳定性。此外,本土化战略不利于跨国公司实现规模效应和协同效应。

二、全球化战略

与跨国公司的跨国本土化战略相反,全球化战略更加集权,强调由跨国公司完全由母国总部控制。跨国公司采用全球化战略是指在不同国家市场销售标准化产品并由总部确定竞争战略。采取国际化战略的跨国公司注重规模经济,有更多机会在跨国公司层面进行创新。

虽然全球化战略降低了跨国公司所承担的风险,但也可能忽略本地市场的一些发展机遇。全球化战略对本地市场的反应相对迟钝,并且由于跨国公司需要跨越国界去协调战略和业务决策,所以增加了管理难度和沟通时间。如果想要通过全球化战略达到有效率的运营,就需要跨国公司分享全球资源以及有效地协调合作。

三、跨国化战略

跨国化战略是让跨国公司可以实现全球化效率和本土化反应敏捷的统一。要达到这一目标显然并非易事，这意味着一方面需要全球的协调并紧密合作，另一方面需要本地化的灵活性。虽然跨国化战略实施起来颇具挑战，但该种战略在国际市场竞争中的必要性越来越明显，越来越被跨国公司的管理者所接受。全球竞争者的增多，加强了对成本削减的要求，而携带了更多信息流的市场复杂程度不断提高，对于生产针对客户需求的个性化产品的压力越来越大，要求跨国公司将产品差异化，甚至是针对本地市场进行本土化。文化与制度环境的差异，也要求跨国公司根据当地环境调整产品和运营方式。综合以上原因，越来越多的跨国公司开始实施跨国化战略。

四、国际市场的进入方式

对各个具体目标市场采取何种方式"登陆"，是跨国公司国际经营战略规划中的重要内容。根据美国麻省理工学院法默和里茨教授的研究，跨国公司对国际市场进入方式按是否涉及海外管理权可分为以下两类：一种是不享有国外管理权的方式，如进出口贸易、证券投资、对政府和金融机构贷款、技术转让、合同安排、国际租赁、国际咨询；另一种是享有国外直接管理权的方式，其中包括国外直接投资、国际服务经营、工业合作等。

【专栏6-2】　　　　　　　　**全球化企业的战略选择**

在20世纪90年代，许多企业试图应用新的信息技术特别是互联网为顾客提供新的或经过改进的服务。它们的目标是利用新技术的潜力找出在特定的产业环境下取得相对于现有企业的竞争优势的方法。在这一点上，没有比拍卖业更明显的了。

从传统上看，拍卖是在一些地点让买卖双方面对面以确定产品的公平市场价值。拍卖行种类很多，从高档的销售贵重的艺术品和古董的索斯比拍卖行和克里斯蒂拍卖行，到小型的拍卖室内财产的地方拍卖公司。

在20世纪90年代早期，皮埃尔·奥米迪亚（Pierre Omidyar）打算开办一家新型的拍卖公司——在线拍卖公司。他相信这一创新将会改变所有产品的销售方式：通过互联网将买卖双方召集到一起，不仅能够销售贵重的艺术品和古董，同样也能够销售其他任何东西，从汽车到芭比娃娃。他辞去了微软公司的工作，开始开发提供在线服务的平台软件。他努力的结果就是e-Bay，它于1995年5月1日投入运营。

在e-Bay的网站上，卖方可以在线描述自己的产品，上传一张照片，提出初始的价格供买方竞价，出价最高者赢。e-Bay对于产品陈列收取适度的价格，成交后再收取很低比例的费用。卖方的好处是通过e-Bay，他们的产品可以被全美国的人看到，只要一台计算机可以接入e-Bay的在线拍卖网站。只要在e-Bay的搜索引擎中输入适当的关键词,买家将拥有数量巨大的货品可供选择。就这样,e-Bay创造了可供买卖双方进行买卖的低成本场所。它完全靠所销售产品的数量获利。每天都有数百万新产品加入,即使费率很低,利润仍然很高。

可以想象,e-Bay的低成本方法吸引了许多模仿者,不管怎么说,写一段程序和建立拍卖网站并不是很难。然而,e-Bay的早期努力同样赋予它另一项竞争优势:作为第一家在线拍卖企业,它吸引了一群忠诚的买家和卖家。即使竞争对手提供免费服务,他们也不愿意转向。例如,到1999年,雅虎公司、MSN公司和数以百计的小型专业公司已经开发了自己的在线拍卖业务并且不向交易者收取费用。然而,这些企业中有许多未能吸引到太多的买家和卖家,雅虎公司也是如此。这是因为卖方知道e-Bay网站上的买主比雅虎多,可以为自己的产品卖个好价钱;同样,买方也知道e-Bay网站上的卖家较多,可以有更多的选择。因此,e-Bay不仅建立了低成本的优势,还通过巨大的声誉建立了差异化优势。

其他公司当然不会坐视e-Bay独享利润丰厚的在线拍卖市场,它们想方设法进行回击。1999年6月,亚马逊网上书店宣布自己同索斯比结成联盟创建了高档产品在线拍卖,其他的企业也在寻找自己的合作伙伴。1999年10月,雅虎、亚马逊网上书店和其他几家企业宣布将各自的拍卖业务联合起来,创造出能够真正取代e-Bay的拍卖服务。

e-Bay的股票曾经上涨几十倍,因为投资人相信其战略已经保障了它的可持续竞争优势。但是,在上述消息宣布后,e-Bay的股票开始下跌。奥米迪亚通过对新信息技术的创造性应用为数以百计的买家和卖家创造了价值,也通过e-Bay的股票为他本人创造了价值数十亿美元的财富。现在的问题是e-Bay能否保持它所创造的财富。

资料来源:[美]Charles W. L. Hill. 战略管理(第七版)[M]. 孙忠译. 北京:中国市场出版社,2008.

第三节 国际化经营的战略实施

一、跨国公司组织结构设计

跨国公司在全球范围内从事生产经营活动,所面临的外部环境具有很大差异。为了有效地进行跨国经营活动,保证跨国公司经营战略目标实现,又能适应不断变化的外部环境,跨国公司必须建立一套与其跨国经营战略相一致的高效、完整的组织结构,并不断提高跨国经营的组织管理能力。

1. 跨国公司组织结构设计的原则

跨国公司在进行组织结构设计时,一般遵循以下原则:

(1)分工与协调平衡原则。任何跨国公司的经营活动,不论是复杂还是简单,都涉及两个相对立的问题：一是通过分工将跨国公司活动分解为许多作业任务；二是协调这些作业任务以进行跨国公司的全盘运作。组织结构就是将其劳动分解成相互独立的任务，进而再在这些任务间进行协调。

(2) 有效控制与沟通原则。跨国公司组织结构包括正规结构和非正规结构。正规结构是明文规定的组织内成员和单位之间的正式关系。非正规结构则由工作群体内的非正式关系所产生。正规结构与非正规结构通常混杂在一起，难以相互区分。正规结构依赖组织内正规权力关系，依赖对不同工作群体的直接监督，遵从三方面原则：①统一指挥，即每个部属只有一个监督人；②等级链，即组织内从上到下只有一条直接指挥线；③控制范围，即限定对一个监督人进行有效报告的从属人员的数量。

(3) 结构紧跟战略原则。结构紧跟战略理论由美国学者钱德勒提出，认为一个企业通过地区多样化，或通过增加产品线和产品的最终用途来扩大其业务时，其组织必须从集中的职能形式变成一个分散的业务部制结构，以增强其有效性。该理论在国内企业和国际企业组织结构变化中得到了充分验证。

(4) 精干高效原则。精干就是要求在保证满足跨国公司完成经营管理任务需要的前提下，使跨国公司管理层次机构以及管理人员数目降到最低限度。高效就是要根据本跨国公司的特点，选择管理效率最高、经济效益最大的组织形式。

2. 组织结构的类型

跨国公司组织结构类型反映母公司与各海内外分（子）公司之间的关系。根据不同的设计原则，跨国公司组织结构可划分为不同的类型。根据集权与分权的原则，跨国公司组织结构大致可分为以下三种类型：

(1) 本国中心型。本国中心型跨国公司的特点是以公司总部为中心，进行集权式管理，权利高度集中在公司总部手中，公司总部对各国内外子公司统一管理。第二次世界大战后，跨国公司对外直接投资规模不断扩大，生产的分工和专业化程度进一步提高，宏观经济形势的发展使得许多大型跨国公司纷纷采取高度集中的本国中心型组织结构。

(2) 多元中心型。多元中心型跨国公司的特点是公司总部与各国内外子公司之间只保持松散的关系，以各地区子公司为中心，公司总部不直接对各个子公司进行控制，各国内外子公司拥有较大的自主权。从跨国公司发展的实践来看，早期跨国公司大都是由于产品出口受到障碍而到国外设立分支机构，其基本目标是促进本国产品出口。当时的跨国公司国外分支机构的规模较小，对公司总部的影响不大，或公司总部对国外分支机构所在国的情况不熟悉，不可能有一套整体化的全球发展战略。因此，当时的跨国公司总部与国外子公司之间的关系比较松散，即属于多元中心型跨国公司。

(3) 全球中心型。前面的两种跨国公司组织结构是两个极端，全球中心型则介于二者之间，其特点是将管理权限的集中与分散相结合。全球中心型组织结构的实质是：重大决策权和管理权集中于公司总部，指令自上向下贯彻，如发展战略、设立新的国内外分支机构、人事安排、资金调度和利润分配等；同时将根据子公司的具体情况需要灵活处理的决策权则交由各国内外子公司做决策，责任自下而上承担，如子公司的经营管理等。

跨国公司采用什么形式的组织结构，要根据诸多客观因素来决定。首先，取决于产品的复杂程度和市场的分散程度。一般来讲，产品简单、市场比较稳定的跨国公司，宜采用本国中心型组织结构；反之，则宜采用多元中心型组织结构。其次，在不同的历史发展阶段，采取不同的组织结构。早期的跨国公司多采用多元中心型组织结构。第二次世界大战后，跨国公司的国外业务不断扩大，产品进一步向资本密集型和技术密集型方向发展，生产的专业化和国际化达到了新高度，客观上要求采取高度集中的组织结构，故许多跨国公司采取本国中心型组织结构。20世纪60年代之后，随着跨国公司之间竞争的不断加剧和产品种类的日益多样化，大多数跨国公司采取全球中心型组织结构。最后，不同国家的跨国公司的组织结构亦有差异。如同样采用全球中心型组织结构，美国跨国公司实行较为集中的组织结构，而西欧各国的跨国公司则实行较为分散的组织结构。由此可见，跨国公司的组织结构并不是一成不变的，而是随着内外部各种因素的变化而需要加以调整。

组织结构设计是关于如何进行劳动分工以及如何运用协调机制的决策，它影响着组织如何运转，即资源、权力、信息以及决策过程如何在一个组织内流动。为了在组织内确立相对稳定的行为方式，可运用九个设计变量分解和协调跨国公司内的活动。这九项设计变量是：①工作专业化；②行为正规化；③培训教育；④单位分组；⑤单位规模；⑥计划与控制系统；⑦联络方法；⑧纵向分权；⑨横向分权。第①~③变量用于组织内职位设计，④和⑤变量用于上层结构设计，⑥和⑦用于横向联系设计，⑧和⑨用于决策系统设计（见表6-1）。

表 6-1 组织设计变量

类 别	设计变量	相应概念
职位设计	工作专业化	基本劳动分工
	行为正规化	工作内容标准化；管理流系统
	培训教育	技能标准化
上层结构设计	单位分组	直接监督；行政劳动分工；正规权利、管理流、非正规沟通及工作凝聚系统；组织状况
	单位规模	非正规沟通系统；直接监督；控制范围
横向联系设计	计划与控制系统	产出标准化；管理流系统
	联络方法	相互调节；非正规沟通、工作凝聚及特定决策过程
决策系统设计	纵向分权	行政劳动分工；正规权利、管理流、工作凝聚及特定决策过程
	横向分权	行政劳动分工；非正规沟通、工作凝聚及特定决策过程

不论跨国公司组织形式如何，其合理的组织应具备以下七个方面的特征：

（1）明晰，即组织内的权力与沟通关系、分工与协调关系明确，各单位各成员权责清楚。

（2）经济，即易于维持控制，并使摩擦降到最低限度。

（3）视觉方向是产品而非过程，即强调结果而不是努力。

（4）个人乃至组织整体都懂得自己的任务。

（5）保证决策的中心放在合理的问题上，且决策应以行动为导向，并由尽可能低的管理层次做出。

（6）稳定而不僵化，使之能战胜动荡，同时又具备可调适性。

（7）永久而自新性，即要求组织内能产生明天的领导人，有助于每个人连续发展，但组织结构必须能吸纳新观念。

需要指出的是，任何企业活动的组织形式都有缺陷，不存在绝对合理的组织形式；纯粹的组织形式通常并不存在，一般都是混合形式；组织内部各单位专业化程度越高，协调它们的活动就越困难；组织结构并非恒久不变。

二、跨国公司跨文化管理

在跨国公司运营过程中，由于各地区不同的文化，需要对不同种族、不同文化类型、不同文化发展阶段的子公司所在国的文化采取包容的管理方法，并创造出跨国公司独特企业文化的管理过程。跨文化管理相关内容本节不做详细介绍，具体内容详见第五章跨文化管理。

跨国公司文化为实现经营战略目标提供了动力。有特色的跨国公司文化有利于跨国公司形成别具一格的经营战略，使跨国公司经营成功。跨国公司文化是经营战略实施成功的关键。到不同的文化地域、文化背景进行跨国经营的跨国公司必然会面临来自不同的文化体系的文化地域的摩擦与碰撞。不同的文化环境，还有不同的经济、社会和政治等因素，必然会形成较大的文化差异。在内部管理上，由于人们之间不同的价值观、不同的生活目标和行为规范必将导致管理费用的增大，被收购的目标企业整合与实施难度的加大，企业管理运行成本的提高。在外部经营上，由于语言、习惯、价值等文化差异使得经营环境更加复杂，从而加大市场经营的难度。文化差异的客观存在，势必会造成文化之间的冲突，从而成为跨国公司国际化经营的重大挑战。

跨国公司海外经营所产生的文化冲突，对一个渴望实现成功经营的跨国公司来说，无疑是巨大的挑战，跨文化管理的中心任务是解决文化冲突。如管理不善，会造成跨国公司海外市场机会的流失和组织结构的效率降低。进行跨文化管理是跨国公司成功海外经营的战略管理的重要组成部分。跨国公司的跨文化管理，要注重从以下几个方面入手：

1. 识别文化差异，发展文化认同

按美国人类学家爱德华·赫尔的观点，文化可以分为三个范畴：正式规范、非正式规范和技术规范。不同规范的文化所造成的文化差异和文化摩擦的程度和类型是不同的。只有首先识别文化差异，才能采取针对性的措施。而发展文化认同需要跨国公司经营的管理人员发展跨文化沟通与跨文化理解的技能与技巧。一方面，跨国公司需要有意识地建立各种正式的和非正式的、有形的和无形的跨文化沟通组织与渠道；另一方面，在对自己的文化模式理解、促使所谓文化关联态度的形成下，善于"文化移情"，理解其他文化。

2. 进行跨文化培训，造就一批高素质跨文化管理人员

跨文化培训的主要内容有对文化的认识、敏感性训练、语言学习、跨文化沟通及冲突处理、地区环境模拟等。这样可减少驻外经理人员可能遇到的文化冲突，使之迅

速适应当地环境并发挥有效作用;能够维持企业内部良好的人际关系,保障有效沟通;实现当地员工对企业经营理念的理解与认同等。

3. 建立共同经营观,建设"合金"企业文化

通过文化差异的识别和训练等,跨国公司员工提高了对文化的鉴别和适应能力。在文化共性认识的基础上,根据环境的要求和跨国公司国际化经营战略的需求建立起跨国公司的共同经营观和强有力的企业文化。

【专栏6-3】　　　　　　　全球化企业的战略实施

休斯飞机上海汽车工业集团(上汽集团,SAIC)是中国历史最久,规模最大的汽车生产厂商之一。该集团在中国共有50家工厂,生产小轿车、拖拉机、摩托车、卡车、巴士以及汽车零件等(批发与零售),其业务还涉及汽车租赁与融资租赁。上汽集团曾与通用汽车、德国大众成功合作,为不断成长的中国汽车市场生产供应通用和大众汽车;其在20世纪90年代与21世纪初的主要销售成果即来自于这些合资企业。事实上,只要在中国任何大城市驾车你就会发现通用汽车(例如通用别克)以及大众汽车在中国的受欢迎程度。然而,有些分析认为通用与大众可能太过于依赖上汽集团。

上汽集团还持有韩国汽车制造商三洋约51%的股份,以及罗孚25型、罗孚75型和K系列引擎的知识产权。上汽集团从2007年已经开始生产罗孚75型(在根据中国市场重新设计后)。

上汽集团从合作经历中收获颇多,并且技术通过了许可,因而决定生产和推广自有品牌的汽车。中国政府也在强调中国公司发展部分自有品牌的重要性,因为外国品牌占据了大部分的中国市场。另外,企业要成为具有全球竞争力的成功企业就必须拥有自有品牌。在这一方面,中国官员喜欢用"自主品牌"这个词来表示自己拥有的品牌,"自主"的意思实际上就是自己拥有的品牌。2007年上汽集团开始在中国市场出售自己品牌的汽车——荣威(Roewe)。

上汽集团是中国排名前三位的汽车企业,它的目标是成为汽车行业的全球前十强。为此,它树立目标要进入美国汽车市场进行有效的竞争,因为美国市场是世界上最大的汽车市场。上汽集团聘用了通用中国公司前任主席墨斐(Philip Murtaugh)来领导它的上海分公司。

这个目标对上汽集团来讲是一个巨大的挑战,因为所有知名汽车制造商都在美国市场展开竞争,如现代集团试图加强在美国市场竞争力的时候也面临这样的挑战。尽管与竞争对手相比现代在相应款型汽车上具有重大质量优势和更低的价格,但它并没有在美国夺取其所期望的市场份额。虽然现代在美国市场的相对排名比2005年略有提高,但它的市场份额仍只维持在不到3%。

中国的汽车制造商总体上极少出口,出口到美国的就更寥寥无几。虽然美国汽

车制造商所占的市场份额在过去几年中有所降低,但市场份额大多数被日本汽车制造商夺取,特别是丰田集团。中国汽车出口量在 2007 年预计达到 500000 辆,但主要目标是南美、东南亚和东欧市场。当然,分析预测中国汽车制造商将会在包括美国在内的国际市场上获得成功,上汽集团很可能是其中的先驱之一。

资料来源:Michael A. Hit. 战略管理:竞争与全球化(概念)(原书第 8 版)[M]. 吕巍译. 机械工业出版社,2012.

第四节 国际化经营的战略控制

国际化经营战略控制是跨国公司战略管理的重要组成部分,也是国际经营战略实施过程中不可缺少的一个环节和步骤,并且越来越被决策者所重视。在跨国公司实际经营过程中,由于制定企业国际化战略时的内外部环境与条件发生了变化,或在战略实施过程中,受到跨国公司内部某些主观因素变化的影响、制定的国际经营战略存在一定的问题或战略模糊不清等原因会导致跨国公司国际经营战略实施的结果与所预期的目标有一定的差距,在这种情况下,国际经营战略控制就显示出它的意义,发挥出其应有的作用。

要有效地实施国际经营战略必须有良好的控制措施与之相协调,国际化经营战略的控制较国内经营困难,由于世界各个国家地区存在的文化差异,接收信息的延误和时差,以及较为复杂的国际环境,使国际化经营战略的控制技术高于国内企业的控制技术,跨国公司对国际经营战略的控制手段主要有所有权控制、人员控制、信息控制以及财务控制与评价。

一、所有权控制

一般来说,对公司拥有多少所有权就意味着对该公司有多大的控制程度,因此跨国公司母公司对子公司的所有权多少就意味着跨国公司母公司对子公司控制程度的大小。通过控股,使跨国公司母公司在董事会成员中占绝对多数,从而能够在子公司重要决策中起到决策作用,进而控制了子公司的决策,促使海外子公司能够在母公司的意图下运作。但是所有权是东道国政府比较敏感的问题,因此对子公司进行控制时需要考虑东道国的政策法规等因素的影响,且由于东道国政府担心自己国家的企业被来自海外的跨国公司所压制,得不到发展,也会采取一些手段进行干预。

20 世纪 70 年代,印度要求来自海外的跨国公司由独资企业改为最多拥有 40% 股权的合资企业,还有一些国家对一些行业限制股权所占比例。例如,美国对航空航天业就限制外资股权不得多于 30%。之所以形成这样的局面,是由于东道国担心本国企业被外资控制,从而本国企业得不到发展,而跨国公司母公司则担心技术秘密被东道国窃取或产生一些管理冲突影响跨国公司经营。因此，所有权控制虽然是很强硬的控制手段，但在实施过程中仍需要考虑东道国的法规政策以及人们对外资的态度。

二、人员控制

人员控制是跨国公司母企业通过加强母公司与子公司员工的感情交流，以及通过"文化熏陶"，从而实现对海外子公司的控制。主要有两种形式：个人控制和私访控制。个人控制是指跨国公司创造更多机会让海外子公司的关键人物参与母公司的正式和非正式的组织活动，从而加强信息的沟通和交流，进而达到对子公司进行控制的目的。这些海外子公司的关键人物一般来自东道国，他们能够把跨国公司的战略与政策有效地同本地的实际情况相结合，有利于国际化战略的实施，有利于信息的沟通和交流。私访控制则是通过旅行、考察、个人接触等私访活动使海外子公司人员处在一个和睦的环境当中，从感情上维系子公司与母公司的纽带。这种方式不仅有利于海外子公司与母公司之间的感情联络，而且也有利于母公司能够更全面和更客观地掌握海外子公司经营活动，从而有利于对海外子公司的控制和监督。

三、信息控制

跨国公司可以看成是不同国家公司之间资本、产品和知识交易构成的网络。信息不断地在各个公司中流动和反馈，其结果是跨国公司越来越依赖信息网络，来协调母公司与子公司之间的经营活动，以及实现对子公司的控制与监督，这种做法会越来越被更多的跨国公司应用。例如，罗尔家电公司通过卫星和计算机网络与欧洲的子公司联系，欧洲每天的生产和经营状况都能反映到母公司进行分析。但是，有越来越多的国家采取措施控制信息流，因为它们认为信息也应该作为生产经营的"原材料"。

四、财务控制与评价

跨国公司的国际化经营不同于国内经营，其财务的控制与评价的侧重点也有所不同。通常，跨国公司对海外子公司的经营业绩评价主要有三种技术方法：投资回报分析、财务预算分析和历史比较分析。在一项研究中，95%的跨国公司对海外子公司采用了上述三种方法。投资回报率是最为重要的指标，是评价海外企业经营业绩的主要指标。投资回报额对海外公司来说由于汇率不同、通胀率不同、税率不同和转移价格的影响会使净现金流和投资额被扭曲。

另外，转移定价也是跨国公司进行财务控制的一种重要方法。根据对 79 家跨国公司的研究表明，转移定价不是主要用于业绩评估，而是使税收最小化。转移定价在国际贸易中尤其重要，因为现在发达国家之间的贸易有 56%属于跨国公司内部贸易，转移定价是转移利润到母公司的重要方式，其他利润转移方式还有红利、股东权益和管理费用等。

对海外子公司的控制和评价因跨国公司性质不同而有所不同。属于多国中心的跨国公司对海外企业主要采用松散式控制，通过预算和非财务业绩、市场占有率等来控制，如市场占有率、生产能力、公共形象、雇员素质以及与东道国政府的关系。而属

第六章 跨国公司经营战略管理

于全球中心的跨国公司对海外子公司则采取比较严格的控制方式。跨国公司为谋求全球竞争优势，努力将一些标准化产品的生产和营销设施分散到世界各地，因此对关键的经营决策必须集中化，海外企业常常被视为收入中心或成本中心等，而不是投资和利润中心，而且全球型企业并不是在每个销售地区都有一套全过程的生产设施。

通过对上述控制手段的组合使用可以建立起一套跨国公司对国际经营战略的控制机构。如表6-2所示。①数据资料的控制机制，主要负责收集和提供与国际经营有关的数据资料。②管理人员的控制机制，负责把管理人员的愿望和自身利益观念从对子公司自主权力的要求转移到对国际经营活动的关心，对跨国公司的全球经营活动关心。③解决争议的控制机制，负责解决设在各个国家中的子公司实行必要的交易时所引起的争议。

表6-2 三种类型的控制机制

数据资料的控制机制	管理人员的控制机制	解决争议的控制机制
1. 信息系统	1. 选择关键性管理人员	1. 决策责任的确定
2. 评价系统	2. 企业发展途径	2. 调解者
3. 资源分配程度	3. 奖惩制度	3. 经营小组
4. 战略计划	4. 管理开发	4. 协调委员会
5. 预算过程	5. 社会化模式	5. 特别工作组
		6. 争端解决程序

上述三类机制的强度、可选择性、连续性及需要高层管理的支持各不相同，应根据跨国公司的具体情况采用适合自己的控制机制。

【专栏6-4】 通用汽车的国际化战略实施

通用汽车在七十余年中一直都是汽车行业的销售冠军。2006年通用售出了约910万辆车，然而其全球市场份额几年来却一直在下降。事实上，2007年丰田已经成为世界上最大的汽车制造商。除此之外，近年来通用甚至一直苦苦维持才能获得真正的利润率。在几年的巨额损失之后，它终于在2007年重新盈利。通用的许多问题都来自其在北美市场竞争能力的降低，而丰田与其他外国厂商则在这个市场上获得巨大收益。

有趣的是通用的重新盈利并不是因为其北美业务的成功。事实上它在那里仍然是亏损的，尽管执行了一些削减成本的项目使损失比过去几年有所缩减。通用最近的盈利是来自于国际化运营，特别是在中国市场的销售。通用在中国投资了20多亿美元，正是这些投资带来了盈利。2006年通用在中国市场销售了共720万辆轻型卡车和汽车。中国已经超过日本成为世界上第二大汽车市场，而通用占据中国汽车市场的份额位居第二，仅次于大众。

通用在中国与上海汽车工业集团以各占50%的方式成立合资企业上海通用汽车。

2006年该合资企业生产40万辆客车,通用预计到2010年这个数字将累计达到100万辆。当然,中国汽车市场还在不断成长,预期最终将成为世界最大的汽车市场。2006年通用通过其所有的合资企业在中国售出超过87.5万辆汽车,其竞争优势十分明显,因为同期丰田的销售量只有略超过27.5万辆。因此通用在亚洲进行大量投资以抵消丰田在其他区域的收益。

通用在欧洲的运营有所缩减。为了帮助抵消这样的变化,通用在巴西投资约5亿美元安装了新的制造设备。虽然通用正在亚洲获得成功,也有望在拉丁美洲有所斩获,但它在接下来的几十年中仍然面临着数个挑战。其中十分重要的一个就是其在中国的合作伙伴可能成为强劲的对手。上汽集团通过合资企业学习了技术与管理知识,有助于发展其自主品牌,将与中国市场销售的通用别克展开竞争。除此之外,丰田也决定到2010年将其在中国的生产能力增加一倍。因此通用必须采取有效战略来保持其在中国和其他亚洲市场的竞争优势,同时还必须挽救其在其他市场(如美国和西欧)份额流失的趋势。

资料来源:Michael A.Hitt. 战略管理:竞争与全球化(概念)(原书第8版)[M]. 吕巍译. 北京:机械工业出版社,2012.

本章小结

随着经济全球化趋势的日益深入和世界各国跨国公司的迅速成长,跨国公司已经成为一支不可替代的重要力量活跃于世界经济舞台,其雄厚的经济实力、先进的管理理念、发达的全球网络系统深刻地影响着世界经济、政治和社会生活。本章分别对跨国公司经营的战略环境、跨国公司经营的战略选择、跨国战略管理的有关理论等问题进行了系统的介绍。

跨国公司国际化战略的主要动因包括生产或研发的比较优势、获得更大的市场规模、获取高额投资回报、规模效应和学习效应、规避贸易壁垒等。

跨国公司经营的战略环境分析包括与宏观环境相关的政治法律环境分析、经济环境分析、社会文化环境分析和科技环境分析等;内部环境分析包括资源、能力与跨国经营的核心竞争力等。

跨国公司经营的战略选择通常有跨国本土化战略、全球化战略和跨国化战略等。

跨国公司国际化经营战略实施时应关注组织结构设计、跨文化管理等问题,应遵循分工与协调平衡、有效控制与沟通、结构紧跟战略、精干高效等原则;应识别文化差异,发展文化认同;进行跨文化培训,造就一批高质量跨文化管理人员;建立共同经营观,建设"合金"企业文化。

在跨国公司国际经营的战略控制中,为了缩小跨国公司国际经营战略实施的结果与所预期的目标之间的差距,必须有良好的控制措施与之相协调,跨国公司对国际经营战略的控制手段主要有所有权控制、人员控制、信息控制以及财务控制与评价。

第六章　跨国公司经营战略管理

课后练习题

一、简答题

1. 国际竞争环境分析应考虑哪些因素？
2. 跨国公司进入国际市场的方式有哪些？各有哪些优缺点？
3. 跨国公司如何制定一个合适的组织结构？
4. 跨国公司经营中应对哪些方面进行重点控制？

二、论述题

1. 跨国公司为什么要参与国际化经营？会带来哪些收益？
2. 根据多样化性质，范围经济的来源有哪些？根据跨国经营战略目标，如何建立世界范围的竞争优势？
3. 如何选择跨国公司全球战略与多国战略？

三、案例分析题

瑞典的宜家公司

在瑞典，20世纪40年代由英格瓦·坎普拉德（Ingvar Kamprad）创立的宜家（IKEA）近年来增长迅速，已成为一家世界上最大的居家陈设的零售商。在向全球扩展的起始阶段，宜家基本上无视国际上成功的零售法则，即密切关注各国的嗜好与偏好来调整其产品系列。相反，宜家坚持了其创始人明确提出的看法，即无论在世界各地经营，都应该销售"典型的瑞典式的"基本产品系列。公司也基本保持以生产为导向，即由瑞典管理当局与设计小组决定销售什么，然后把它推向世界公众。在其国际广告宣传上公司也强调其瑞典根基，甚至对其店铺坚持用"瑞典的"蓝色与金色基调作布置。

尽管打破了一些国际零售的重要规则，以同样方式在各处销售瑞典设计的产品的方案似乎还行得通。1974~1997年，宜家从拥有10个店铺的一家公司（当时只有1家店铺在斯堪的纳维亚之外，年收益为2.1亿美元），扩大至在28个国家拥有138家店铺，销售额接近60亿美元。1997年，仅11%的销售额产生于瑞典，销售额中29.6%来自德国，42.5%来自于西欧其他国家，14.4%来自北美。随着在中国店铺的开张，宜家在向亚洲进行扩展。宜家成功的基础一直是向消费者提供物有所值的商品。宜家的方法始于一个全球供应网络，在世界65个国家中有2400家企业为其提供产品。作为宜家的供应商，将从公司获得长期的合同、技术上的建议和租赁设备。作为回报，宜家要求订立专卖合同以及低的价格。宜家设计人员的设计工作与供应商密切合作，从一开始就把产品设计成能以低成本生产来增进节约。宜家在外地的店铺中展示了多达1万多种产品。它销售的绝大多数家具都是配套元件，由消费者拿回家自行装配。公司因各店铺的规模而获得了巨大的规模经济；在全世界销售同样的产品又使大批量生产成为可能，这一战略使宜家不仅在质量上不亚于其竞争对手，而且即使降价30%仍能保持约7%的政策税后销售利润率。

这一战略在1985年宜家决定进入北美市场前一直运作良好。1985~1996年，在北美开张了26家商店，然而这些商店并未像公司在欧洲的商店那样迅速盈利。早在1990年，宜家的北美商店就明显出了麻烦，部分问题是出在汇率的逆向变化。1985年，汇率为1美元=8.6瑞典克朗，至1990年，汇率变为1美元=5.8瑞典克朗。在这一汇率下，许多从瑞典进口的商品对美国消费者而言是价格不菲了。但是宜家的问题还不仅在于汇率的反向变化上，宜家一成不变的瑞典产品在欧洲颇为畅销，但是却与美国人的品位相左，有时则是规格尺寸的问题。瑞典人的床通常较窄而且是以公分来衡量的，宜家没能销售美国人喜欢的配套卧室家具；它的橱柜对习惯用大餐盘的美国人来说也太小了；它的玻璃杯对一个什么都要加冰块的民族来讲显得很小；宜家的卧室衣柜抽屉在美国消费者看来也太浅，美国人喜欢在里面放毛衣；公司错误地推销的欧洲规格的窗帘并不适合美国的窗户。正如事后一位宜家的资深经理开玩笑时所说的那样"美国人不会降低其天花板高度来适合我们的窗帘"。

至1991年，公司的高层管理部门认识到，如果要在北美取得成功，就必须调整其供应的产品，使之适应北美人的情趣。公司开始重新设计其产品系列。卧室衣柜的抽屉加深2英寸，结果销量马上上升了30%~40%。宜家现在也在销售美国式的特长特大的床铺，且都用英制衡量，并将其作为成套卧室家具的一部分，它还重新设计了厨房的厨具柜，使其更适合美国人的审美观。公司同时还扩大了当地的生产，当地供应的产品从1990年的15%增加至1997年的45%，这一变化使公司对汇率的逆向运动有了更大的承受能力。至1997年，宜家供应的全部产品中约有1/3是完全为美国市场设计的。

这一对宜家传统战略的突破看来是有收获的。1990~1994年，宜家在北美的销售额增至原来的3倍，达到4.8亿美元，至1997年它们几乎又翻了一番，达9亿美元。公司宣称自从1993年早期起它在北美一直是盈利的，尽管它没有公布准确的数字并且承认其在美国的盈利率尚低于欧洲的水平，但是公司计划在美国进一步推进其扩张，包括在伊利诺伊州1998年投资5000万美元开张的宜家超级商场。公司宣称，这是第一家新一代的大卖场。

资料来源：百度文库，http://wenku.baidu.com/link?url=rBXJ3Aj28p-xDa2NvVn-9VHbl4k5873MRl0GM9Pr0n_KIvMFl03FU0He9mWl8r-gX3DIQff2EhI2id3e2JBa7IaJFmXYSiQrxzQOX5OqiAy。

案例讨论题：
1. 在20世纪70年代和80年代早期，宜家在向整个欧洲扩张时采取的是什么战略？
2. 你认为这一战略在北美并没有如它在欧洲那样同样取得成功的原因是什么？
3. 到1998年，宜家采取了什么战略？这一战略行得通吗？

第七章 跨国公司人力资源管理

本章学习要求
* 理解跨国公司人力资源管理的重要性
* 掌握跨国公司人力资源管理的三种类型
* 了解外派人员的类型及跨国公司对外派人员的选拔、培训、薪酬和归国管理问题
* 分析并解决跨国公司人力资源管理实践问题

本章主要概念

国际人力资源管理　民族中心模式　多元中心模式　全球中心模式　外派失败　外派适应　外派人员选拔　国际劳资关系

开篇案例　　　　　　　**被轻视的跨国人力资源管理**

一位外国投资者决定在中国低劳动力成本地区收购一家工厂，收购之后发现，其生产过程需要技术非常熟练的工程师和技术人员，仅从当地人才市场不能得到满足要求。这样，时间的耗费、高额的培训费用和过多的境外人才支持使得原有的低成本竞争优势丧失殆尽。

一家德国公司新招入的中国分公司经理被派往德国总部进行工作培训，他说英语，而德国培训方只能说一点点英语，而且所有的培训方针和资料都只有德文的。德方人员嘲笑这位中国人午餐时间进行午睡，吃饭发出声音和从来不问任何问题等。最后德方总部认为这位中国经理缺少工作的兴趣和专业技能，应该解雇。他们撤销了应有的支持，并解雇了这位经理。

为了节省成本，西方跨国公司将其研发中心从欧洲迁到印度，而他们的主要工厂在中国。由于没有考虑建立中国和印度员工之间的沟通渠道，沟通不畅使得原有节省的成本被抵消。

德国的外派人员在被派往中国接管公司管理前已经就跨文化问题进行了培训，但中国的雇员在如何适应这位德国上司的问题上没有任何的培训。这样，在他们的工作中发生许多误解就在所难免了。

类似故事的发生，从来没有停止过，这表明，跨国人力资源管理（International Human Resource Management，IHRM）的复杂性和重要作用被低估了。

资料来源：古丹尼.IHRM 的不同：请不要轻视跨国人力资源管理 [N].中国经营报，2004-10-27.

第一节 跨国公司人力资源管理概述

一、跨国人力资源管理的定义

国际化战略引起全球人力资源的变化，为保障跨国公司在国际化活动中实现有效的战略利益，需要进行最佳人力资源配置。同时，跨国公司应采取有效的、有助于发展的、灵活的全球组织能力的国际人力资源管理方法与措施。

人力资源管理是指为实现组织的战略目标，利用现代科学技术和管理理论，通过对所获得的人力资源进行整合、调控、开发、给予报酬等方式而达到对人力资源有效地开发和利用。人力资源开发和管理是实现组织目标的一种手段。在管理领域中，人力资源开发与管理是指以人的价值观为中心，为了处理人与工作、人与人、人与组织的互动关系而采取的一系列开发和管理活动。当人力资源管理在国际环境中实施时，就是跨国人力资源管理。

摩根曾经提出了一个关于跨国人力资源管理的模型，这一模型包含三个维度——人力资源管理活动、国家类型和员工类型。

1. 人力资源管理活动

人力资源管理活动包括人力资源的获取、分配与利用，这三大类扩展开就是人力资源管理的六项基本活动——人力资源规划、员工招募、绩效管理、培训与开发、薪酬计划与福利、劳资关系。

2. 国家类型

与跨国人力资源管理相关的三种国家类型包括：①母国，是指公司总部所在的国家；②东道国，是指跨国公司建立子公司或分公司的海外所在国家；③其他国，即第三国，是指劳动力或者资金来源国。

3. 员工类型

与三种国家类型相对应，跨国公司有三种员工类型：①母国员工，是指来自跨国公司母国的员工；②东道国员工，是指跨国公司在所在国录用的员工；③其他国员工，即第三国员工，既不是东道国也不是母国的员工。

摩根将跨国人力资源管理定义为：处在人力资源活动、员工类型和企业经营所在国家类型这三个维度之中的互动组合。从广义上讲，跨国人力资源管理所从事的活动与国内人力资源管理的活动相同，但是从狭义上讲，每个活动的具体内容却有所不同。例如，"获取"是指人力资源规划与人力招募，但是国内人力资源管理只考虑一国范围内的员工问题，而跨国人力资源管理则要考虑多国员工的问题。因此，区分国内人力资源管理和跨国人力资源管理的关键变量，在于跨国人力资源管理的复杂性，即要在若干不同国家（或地区）经营并招募不同国籍的员工。

二、跨国人力资源管理的特点

跨国公司与国内企业最重要的差别之一就在于其人事问题的特殊性和企业的机会。跨国公司的子公司分散在许多国家（或地区），与公司总部距离遥远，子公司经理们通常需在不能得到总部指导参谋的情况下现场作出迅速决策。这需要既懂得当地文化与环境，又能执行母公司政策的人才来担任子公司领导职务。为此，需要雇用不同国籍的人员。另外，由于跨国公司地域广阔，各种环境状况与因素多样化，因而母公司总部领导人面临许多更为复杂的问题。这都使得跨国公司人事管理与国内企业大为不同，尤其表现在以下几个方面：

1. 不同的劳动力市场

每个国家都由不同的劳工结构和劳工成本构成，这既给跨国公司提供了机会，也提出了挑战。例如，通用汽车公司在墨西哥的装满业务就利用当地的廉价劳工；国际商用机器公司在瑞士的研究与开发机构雇用能干的物理学家。不论跨国公司是在国外寻求资源还是市场，它们都可能在不同国家和用不同方法生产同样的产品，如由于劳工市场多样化，可用手工操作代替机器。但是，如果跨国公司在从事业务活动的国家不能聘用到合格的人员，其经营目标与战略就会受到影响。

2. 国际流动问题

国际人力资源流动在法律、经济、自然以及文化等方面存在障碍。就迁移者而言，人往高处走，可以获得经济利益和实现人生价值的机会，甚至政治自由与人身自由，但却要承受移入国文化的冲击，承受远走他国所带来的感情痛苦，也不清楚是否就能获得特定的就业机会，况且同发展中国家的工资相比，路费和其他费用昂贵，普通工人负担不起，这就影响了迁移的积极性和可能性。就移入国而言，国内的种族偏见，普遍的仇外心理以及害怕迁入的外国人竞争的那些小集团在经济上的直接利害关系，都使人力资源流入问题格外敏感。当地人往往认为这些外来人员抢了自己的饭碗，争了自己的福利，这种情绪在经济繁荣时期尚没有多大问题，而一旦经济衰退，就会强烈表现出来，甚至出现过火的行动。如2014年5月13日在越南发生的打砸中资企业及伤害中国员工事件。移入国普遍通过政治手段和法律手段设置壁垒，限制外国人的流入，特别是半熟练工人的流入。对于移出国而言，让一些人流出有损民族自尊心，而且会给留在国内的一些人带来种种经济损失，因而即使是从人力资源流出中能获得明显的总体经济利益的国家，也在某种程度上限制人力资源流出。

跨国公司能从国际人力资源流动中获得利益，特别是在各国劳动力市场存在差异、所需要的熟练工人缺乏的情况下。这时，跨国公司必须利用特殊的招募、培训、报酬和转移方法来进行跨国招募人才。

3. 管理风格与实践

由于各国管理风格及态度的不一致，同时各国管理实践和劳资关系也有所不同，这种差异会使跨国公司总部与子公司人事关系紧张，或者使派出管理者在当地的管理效率低于国内。曾有一部电影描述一家日本汽车制造企业在美国设立汽车制造厂的趣事。日本母公司严格选派给美国这家制造厂的年轻经理曾在国内经过多方面训练，包括在东京大街上长时间不停狂喊乱叫以锻炼自信心的训练。到当地后,他照搬日本的那一套,要求工人上班提前,以便在他的指挥下集体做操,工间休息时集体锻炼,强调工人工作投入、行动划一、恪守纪律。美国工人则对此茫然不理,做操时懒得上场比划,而工作时又将录音机带进车间,边听摇滚乐,边扭边做。结果造成日本经理与美国工人关系紧张,生产上不去。以后经过一段时间的相互协调及不断适应后才使这一不快的局面得到改变。可见,如何遵从各国的管理实践又保持整个跨国公司体系的协调行动,确实是跨国公司人力资源管理中的一道难题。当然,获得了与不同管理实践相交往的经验后,跨国公司也就获得了将成功的管理实践从一国转移到另一国的机会。简而言之,跨国公司各子公司的人事管理策略与方法需因国别而异。

【专栏7-1】 思过台

海尔有一个管理原则:每天谁干得好要表扬,谁干得不好要站在"思过台"上被点名批评。美国人说:"点名表扬可以,但是站在思过台点名批评绝对不行"。一次有一个美国职员和海尔管理员发生冲突,当时不知道该怎么办,后来海尔采取本土化策略,请美国人做人力经理,告诉他,一定要达到海尔目的,但可以找美国人接受的方式。他就买了一个玩具熊、一个玩具猪,绒布做的,谁干得好,就把熊放在旁边,干得不好,就把猪放在旁边,这个方式美国人都可以接受。

资料来源:百度文库,wenku.baidu.com,2012-04-27。

4. 民族倾向

虽然跨国公司的目标可能包括获得全球效率和竞争力,但其职工(包括工人和管理人员)可能倾向于民族性而非全球利益。经济发达国家的人员往往认为本国的一切都优于别的国家,自觉不自觉地以己为尊、以己为荣,而某些组织结构,如全球产品结构,也会助长这种倾向,因为每一产品分部既负责该产品的国内业务,也负责国外业务,因而容易将国内的设计、工艺、生产组织方法、营销方法套用于国外。而区域中心结构一类的组织形式又会助长有关管理人员按本区域眼光看待跨国公司的全球业务的风气。在跨国公司管理实践中,某些人事管理方法有助于克服这种民族倾向问题,而当民族倾向过盛时,则需要进一步采取某些手段加以调节。

5. 控制

子公司距离遥远且分散等因素使得跨国公司对海外业务的控制难以对国内业务的控制,这时,通过某些人事政策加强对海外业务的控制就显得十分必要。同时,子公司分散遥远又可能有碍于跨国公司执行其制定的人事政策的能力,使得跨国公司必须根据不同国家采取不同的人事管理方法。

总而言之,跨国公司通常在技术水平较高、专业性较强的行业从事经营活动,需要更高的人员素质;跨国公司规模大、企业分布地域广、距离远、组织结构十分复杂,人事管理中的特殊性多,难度大。管理得法,人员精干,则能大大降低管理费用,保证企业战略的实施与目标的实现。因此，跨国公司加强人力资源管理具有突出的重要性与经济意义。

第二节 跨国公司人力资源配置

一般而言，人力资源管理就是有关为特定工作选择雇员的问题。在一个层次上，这是指挑选具有某项工作所要求的特定技能的人员。在另一个层次上，可以成为培养和促进跨国公司文化发展的一项工具。跨国公司文化是指该组织的规范和价值体系。强有力的跨国公司文化能够帮助一家跨国公司追求它的战略目标。例如通用电气公司，不仅要雇用那些有技术、能胜任某些特定工作的人员，而且希望雇用那些在行为上、信仰和价值体系上与通用电气相一致的人。不论受雇的是美国人、意大利人、德国人或澳大利亚人，也无论欲招募人员的分公司是美国的还是外国的，这项原则总是适用的。通用电气的信条是如果雇员的个性类型事先就倾向于该组织的规范和价值体系，那么他们的工作业绩则会更为出色。

研究表明，跨国公司中存在着三种人员配置策略：民族中心模式、多元中心模式和全球中心模式。

一、民族中心模式

以民族为中心的人员安置政策是指所有主要的管理职务都由母公司所在国公民来担任。这种做法曾经十分普遍。宝洁公司、飞利浦和松下等公司开始都采用这种做法。例如，在荷兰的飞利浦公司，绝大多数外国子公司的全部重要职位曾一度全部由荷兰人担任。在现在的许多日本公司里，比如丰田和松下，国际业务中的重要职位仍然常常由日本人出任。

公司采用民族中心模式进行人员安排出于三个原因：

（1）跨国公司可能认为东道国缺乏合格人选担任高级管理职务，当跨国公司在欠发达国家有经营活动时，经常听到这种观点。

（2）跨国公司可能认为民族中心模式是保持一个统一的公司文化的最好方式。比如许多日本公司喜欢让日本侨民经理领导它们的海外经营活动，因为他们在日本国内工作时已经被纳入公司的文化中来了。与此相仿，直到不久以前，宝洁公司一直愿意任用美国人充任外国子公司的重要管理职位，这些人在美国工作期间就已融入到公司文化中了。当一个公司十分看重公司文化时，这种逻辑易占上风。

（3）如果跨国公司试图通过把母公司的核心优势传递给它的海外业务部门来创造价值，正如采取国际战略的公司所做的那样，它可能认为达到这一目的的最好方式是把母公司中了解这种优势的人员转移到国外业务部门。试想若一个跨国公司试图把自己营销方面的长处传授给一个外国子公司而不辅以本国营销管理人员的转移，将会出现什么后果。这种转移很可能难以取得预期的效果，因为关于跨国公司核心优势的知识难以清晰地表达并写出来。这种知识经常是心照不宣的，是通过长期经验获得的。正像网球明星不能靠写一本手册来指导他人成为网球明星一样，在营销或其他任何方面都有优势的公司也无法靠写一本手册来告诉一个外国子公司如何在这个国外的新公司里重新建立公司的核心优势。跨国公司必须向海外业务部门输送管理人员以便他们能向外国经理们展示如何成为好的市场营销人员等。由于对公司核心优势的了解存在于国内经理头脑中，这就产生了向海外输送管理人员的必要。同样，他们这些知识来自于多年的经验，而不是读一本手册。因此，如果一个公司要把其核心优势传递给外国子公司，它还必须输送适当的管理人员（见表7-1）。

表 7-1 跨国公司使用外派人员的六个原因

指挥和控制	本国的外派人员常常按照"总部的方法"做事，因此能够向国外经营传授"正确的"系统
当地人才缺口	当地具有资格的人选的缺乏，特别是需要向海外转移特殊的技术时，迫使公司把高技能的管理人员派到国外
社会融合	把员工调到各个国家的职位有助于所有的人了解全球范围内的公司实体
当地执行	在本国和国外子公司之间转移最好的实践常常因为当地执行的一些细节而终止。外派人员能够迅速解决中止和"瓶颈"问题
当地职员的高流动性	跨国公司常常面临国外市场中当地雇员的高流动性，受过严格培训的具有技术能力的专业人员尤其如此。每个离开的人都有知识产权泄露的风险
管理提高	外派人员的国际工作经历可以丰富公司关于国际业务战略和实践的相关知识

虽然有如此的理论根据，民族中心模式现在在绝大多数跨国公司里都逐渐被废弃了。这有以下两个原因：

首先，这种模式限制了东道国职员的发展机会，长期使用会引起不满、低生产率和职员更换的高频率。如果外国来的经理的报酬远远高于东道国的经理，那么不满就会更强烈，而这种情况是很常见的。

其次，民族中心模式可能导致"文化近视"，即公司不理解东道国的文化差异，而这些差异要求公司采用不同的营销和管理方式。外来的经理需要一段很长的时间来适应这些差异，在这期间，他们可能会犯严重的过失。例如，外来经理可能不知道如何调整产品特性、分销策略、交流策略和定价方法，结果可能造成代价高昂的失误。宝洁公司采用这一模式曾发生过很惨重的损失，作为对这些失误的纠正，宝洁公司现在在其国外经营部门雇用了更多的东道国人员担当高级管理职务。

【专栏 7-2】 跨国公司的天花板

"玻璃天花板现象"产生于20世纪80年代，主要指在欧美大型公司中，外来移民尤其是亚洲人只能担任技术等低层职务，或者做到相对高位后很难再升，无法进入核心决策层这一现象。

> 中国本土经理人还处在主管的层次,能够按照"中国区总监—副总—中国区总裁—亚太区总裁"这一职务轨迹走下去的很少。
>
> "跨国公司让本土经理人走开!"2002~2004年,甲骨文中国员工流失率高达70%,深刻折射出本土经理人在跨国公司的职业危机。那么,本土经理人在跨国公司为何难以为继?
>
> 资料来源:百度文库,http://wenku.baidu.com/view/353079bbf121dd36a32d821c.html,2011-12-21.

二、多元中心模式

多元中心模式的人事策略要求招募东道国成员管理子公司,而由母公司所在国公民执掌公司总部的重要职位,在许多方面,多元中心模式力图解决民族中心模式的诸多弊病。

采用多元中心模式的第一个优点是跨国公司陷入文化近视的可能减小了。东道国经理不大可能由于文化误解而犯错误,而这正是侨民经理易出错的地方。第二个优点是多元中心模式更省钱,侨民经理的花费是很昂贵的。

但是,多元中心模式也有自己的缺点。东道国职员获得国外经验的机会很少,于是在担任他们自己子公司的高级职务以后就无法再进一步发展了。正如在民族中心模式的情况下一样,不满情绪也会因此产生。但多元中心模式的主要缺点或许在于东道国经理和母公司所在国经理之间可能产生断带,语言障碍、对本国的忠诚和一系列文化差异可能把公司总部人员与各个外国子公司隔离开来。投资国和东道国之间若缺乏管理人员上的交流,则会更加剧这种隔绝并导致公司总部和外国子公司之间缺乏整体性。其结果可能是跨国公司会成为一个由各个与公司总部只保持名义上联系的独立的外国分支机构组成的"联盟",在这个联盟内很难达成传递核心优势、追求经验曲线和区位经济所要求的协调。因此,虽然多元中心模式对采取多国战略的跨国公司可能会有效,但它对于其他战略是不适合的。

另外,多元中心模式产生的联盟可能造成公司内部的惰性。例如,食品和洗涤业巨头联合利华在采用多元模心方式很多年以后,该公司发现很难完成从多国战略到跨国战略的转移。联合利华的外国子公司变成了准自治的机构,每家子公司有很强的东道国形象。这些"小诸侯集团"努力地阻止公司总部限制他们的自治并进行全球化生产。

三、全球中心模式

全球中心模式的人事策略是在整个组织内挑选最适合的人担任重要职务,而不考虑国籍因素。这一政策有许多优点。首先,它使跨国公司能最有效地利用其人力资源。其次,也许更重要的是,它使跨国公司能建立一个国际管理班子,成员们在许多不同国家里工作都会感到像在自己国家一样轻车熟路。

建立这样一个领导班子是走向创造一个强大统一的跨国公司文化和非正式的管理

系统（这两项都是实施全球或跨国战略的必要条件）的第一个关键步骤。采用全球中心模式安排人员的公司比采用其他方式的公司更有能力通过经验曲线和区位以及核心优势的多向转移来创造价值。

另外，以此种模式建立起来的管理者队伍是由多国成员组成的，这能够减轻文化近视并提高对地方需求的反应能力。所以，在其他条件相同的情况下，全球中心模式策略看起来最具吸引力。

尽管如此，许多问题仍限制跨国公司采用全球中心模式的能力。许多国家希望外国子公司雇用该国公民。为此，他们在移民法中规定当东道国公民掌握必要技术及数量足够时，外国公司必须雇用东道国公民。绝大多数国家（包括美国）都要求雇用外国公民而非本国公民的公司提供繁复的书面材料。这些文件可能很费时间和金钱，并且有时毫无用处。

另外一个问题是全球中心模式实行起来可能很昂贵。全球中心用工制度难以开发并且维护成本很高。全球导向这个概念包含了一系列的态度和价值观。高管团队由不同国家的人组成可以减少文化上的近视，但是，困难来自于需要在维持自身的同时还能够明白各种各样的人的观点。例如，摩根大通在伦敦的办事处聘用了50个国家的公民，原则上是将最优秀的人聚在一起，不论他们的国籍。但是，研究报告显示，与来自不同文化的人一起工作与来自和自己相同国家的人一起工作是完全不同的。可以证明，搞清所有可能与决策相关的观点的意思是必需的。如果执行得很差，全球中心模式能够侵蚀基本目的的意义。同样，地球中心模式的维护是昂贵的，因为让职员在各个地方接触各种各样的概念是昂贵的。国与国之间频繁地调任高价的管理人员时，培训和再分配成本迅速上升。而且，被置于国际"快速跑道"上的经理们得到的丰厚薪水可能会在公司内部引起不满和怨恨。被任命为全球执行领导者的管理人员享有更高的工资和名声，这在那些认为这些管理人员没那么重要的人之间引起怨恨，这时候会发生难以预料的问题。

综上所述，根据国际化进程的三个阶段，跨国公司采取了三种相对应的人员配备政策（见表7-2）。第一阶段采用民族中心人员配备政策。即海外子公司所有的关键岗位都由跨国公司总部派出人员担任；第二阶段采用多元中心人员配备政策。政策的核心是招聘东道国人员管理当地的子公司，而跨国公司总部人员在总部任职；第三阶段采用全球中心人员配备政策，其核心是在集团公司总部、国内事业部和海外子公司中选择最佳的人员来担任关键职位而不考虑人员国别。

表7-2 跨国公司人员配置策略比较

人员配置策略	适用战略	优点	缺点
民族中心	国际战略	解决东道国合格管理人员的问题 统一企业文化 转移核心竞争力	滋生东道国不满情绪 导致文化短视
多元中心	多国战略	缓解文化短视 实施成本低	限制职业流动性 隔离总部和国外子公司
全球中心	全球战略	利用人力资源 建立强大的企业文化和非正式管理网络	各国移民政策限制其实施 成本较高

第七章 跨国公司人力资源管理

【专栏 7-3】　　　　　可口可乐公司的全球人力资源管理

可口可乐公司也许是当今最成功的跨国公司。由于其在近 200 个国家内经营并且其经营收入的将近 80% 来自美国以外的国家,可口可乐公司被公认为全球性公司的典范。

然而,可口可乐公司更愿意把自己视为一家"多处经营"的公司,总部仅仅是碰巧设在了亚特兰大,但可以设在任何其他地方,并且在任何一个它从事经营活动的国家里都让"可口可乐"这一品牌以本地的面孔出现。

这种哲学的最好概括是"放眼全球,立足本地",这句话囊括了可口可乐跨国管理思维方式的精髓。可口可乐公司的一个主题就是给各国分支机构自由,以适合其所在市场的经营方式。

同时,公司试图建立一个全体员工共有的思维模式。可口可乐通过 25 个经营分支机构进行其全球经营管理,这些分支机构按区域分成六组:北美、欧盟、太平洋地区、北东欧/中东组、非洲和拉美。

可口可乐的人力资源管理的职能是使这些不同的分支机构和团体凝聚在可口可乐的大家庭里。公司人力资源管理的职能通过两种方式实现:

第一,在公司内部宣传一种人力资源的思维方式;

第二,为担当未来高层管理职务而培养一群具有国际头脑的中层管理人才。

公司人力资源管理小组把自己的使命确定为构造并提供当地公司可借以进行各自人力资源管理实践的理论。例如,可口可乐并没有为其所有位于不同国家的经营点制定统一的工资政策,而是遵循一种工资发放思想——使其"一揽子"报酬能与当地最好的公司竞争。公司人力资源管理小组每年要为来自 25 个经营分部的人力资源工作人员召开两次指导性会议。这类会议的一项意图在于概括公司人力资源管理的指导思想,并讨论各个地方公司如何能够把这些指导原则转化为他们那一地区的人力资源政策。可口可乐发现信息共享是把这些人力资源专业人员召集在一起的一个重大收获。比如,在巴西为处理某个特定人力资源管理问题而创造出来的手段也可能会在澳大利亚派上用场。这些会议为人力资源管理人员相互交流和学习提供了媒介,便利了有价值的人力资源管理手段在地区之间的迅速传播。

至于全球的人事策略,可口可乐尽可能地雇用当地人员经营当地企业。用一位高级行政人员的话来说就是:"我们在当地尽量少用外国人,因为当地人更有条件在他们的家乡做好生意。"

但是,在这个体系中仍然需要侨民,原因主要有两个:

其一,补充一个地区缺乏而急需的特定技术。比如,当可口可乐在东欧开业时,不得不吸收一位来自芝加哥的波兰后裔担任财务经理。

其二,使用侨民的原因是要提高雇员自身的水平。可口可乐认为,由于它是一家跨国公司,每一个担任高级管理责任的雇员都应在国外受过锻炼。

> 现在，公司的人力资源管理小组有大约500名高层管理人员参与"全球服务项目"。
>
> 可口可乐把这些人描述为具有本专业知识且对公司了解，并且能为外国经营点做两件事的人——他们通过运用专业知识安排人事来增加价值，并通过所掌握的国际经验增加对公司的贡献。在该项目的500名参加者中，每年约有200人调动工作岗位。
>
> 为了补偿调动给这些雇员带来的损失，可口可乐给这些人以美国标准的"一揽子"待遇补偿。换言之，他们按美国的公司水平得到薪水，而不是按照他们现在所在国家的普遍工资水平。
>
> 这样，在这个项目中，一位正在英国工作的印度经理会以美国标准领取工资，而不是英国或印度的标准。这个项目的最终目的之一是建设一个具有国际头脑的高层经理团，可口可乐未来的高层管理人员将从这些人中选拔。
>
> 资料来源：豆丁网，http://www.docin.com/p-25310615.html，2013-11-12。

第三节 跨国公司外派人员管理

跨国公司人员外派管理过程包括六个步骤：①选拔合适的外派人员。外派是否成功和外派人员的自身素质密切相关。②在外派人员离开母国之前，进行培训和开发，做好相关的思想准备，减少外派后的不适应。在这个过程中，使外派人员对东道国的文化、语言、经营环境等有一定的了解，并对可能遇到的困难找到合适的解决方案。③解决外派人员在东道国安置的问题，包括住房安排、工作安排、家属安置、子女上学等问题。④对外派人员进行工作常规管理，重点是海外工作绩效评估、薪酬管理和劳动关系及劳动保护管理等。⑤当外派人员准备回国时，做好回国前的培训工作，并安排回国后的任职问题。因为外派人员回国后，国内环境可能已经发生变化，同时，也存在家庭方面的变化，最糟糕的是可能会产生反方向的文化冲突。⑥回国后的再适应。主要是帮助外派人员尽快熟悉和适应新的环境，克服回国后在工作中所遇到的各种困难。

一、外派失败问题

在跨国公司人员配置中，以母国为中心和以全球为中心都依靠大量外派经理。在以母国为中心的政策下，外派人员是转移到国外的母国人员。在以全球为中心的政策下，国籍不再是人员转移的考虑因素，外派经理不一定是母国人员。国际人员配置的一个突出问题是外派失败，如外派经理过早回国，外派人员不能在国外很好地发展，等等。

外派失败的代价是很高的（见表7-3）。研究显示，有16%~40%的美国雇员被派往国外发展子公司却提前离任，提前回国的比例更是高达70%。外派失败会给个人和跨国公司带来较高的成本。对外派人员自身而言，可能造成自尊心受损，职业生涯被中断。而对跨国公司而言，跨国公司将所付出极高的经济成本和社会成本，甚至可能产生一系列负面影响。据估计，每次外派失败带给母公司的平均成本是外派人员本国年收入加上再安置成本（受汇率和分配地区影响）的3倍。学者针对美国跨国公司的调查发现，若外派人员无法顺利完成任务，组织须为此付出约100万美元的代价。而除了财务上的损失外，跨国公司的信誉可能也会受到影响，可能因此而丧失国外市场的商机及影响海外市场占有率。再者，外派任务的失败也可能不利于后人接受此任务。

表7-3 跨国公司外派失败率

外派失败率（%）	公司百分比（%）
美国跨国公司	
20~40	7
10~20	69
<10	24
欧洲跨国公司	
11~15	3
6~10	38
<5	59
日本跨国公司	
11~19	14
6~10	10
<5	76

资料来源：根据相关文献整理。

学者研究跨国公司外派员工失败的原因，各国实践各有不同（见表7-4）。

表7-4 跨国公司外派失败原因比较

	美国跨国公司	日本跨国公司
失败原因	●配偶难以适应 ●经理本人难以适应 ●其他家庭问题 ●经理人员个性和情感的成熟度 ●难以担当起大型的跨国职能	●难以担当起大型的跨国职能 ●难以适应新环境 ●个性或情感问题 ●缺乏技术性能力 ●配偶难以适应

资料来源：[美] 查尔斯·希尔. 国际商务 [M]. 北京：中国人民大学出版社，2001.

欧洲跨国公司认为外派失败的原因只有一条，就是外派人员的配偶无法适应新的环境。

有关学者经过总结，提出外派人员海外任职失败的原因主要有以下五个方面：

（1）能力问题。多数跨国公司在派出人员选定中都强调他们的专业工作能力，因此，由于能力欠缺而导致的任职失败倒不是很多。

（2）调适问题。派出管理人员须作好以下四个方面的调适：①调整自我，即应该努力欣赏当地的娱乐和休闲活动，战胜压力，发挥技术与管理能力；②调整与他人的关系，即建立当地社会关系网，与当地人进行交流；③感知当地人的行为和自己的行为的真正原因；④认识本国文化与东道国文化之间差别的内涵。以上任一方面不能做到，则意味着派出管理人员没有解决好调适问题。

（3）家庭问题。派出人员家属（特别是配偶）的配合在社会化过程中十分重要，海外工作可拆散家庭或聚合家庭。不同结果都影响着派出人员工作绩效。在一般情况下，配偶及子女所面临的压力比派出管理人员本人还大。

（4）文化问题。派出人员初到东道国时会碰到文化冲击，回国之初又会面临反向文化冲击。派出人员只有真正懂得了本国文化的特征，才有可能做好外派工作，也只有在这个时候才能理解和应付另一文化。为了对付文化冲击，派出人员要学会一种爱好、交当地朋友、加强家庭关系、进行语言培训、保持坦率虚心。

（5）个性问题。这方面的问题可通过培训在某种程度上加以克服，但这种培训的效果必定有限，因此，最好是选择对他人的感受敏感的人加以外派。以上分析表明，派出人员海外任职的成败与他们社会化过程的成败密切相关。为了保证派出人员工作成功，必须对派出人员进行认真挑选、培训以及到岗后的指导。

二、外派人员选拔

降低外派失败率的一种办法就是改善挑选程序，筛选出不合适的候选人员。筛选管理人员从而为国外任务找到最具有倾向和最有潜能的人员就是外派人员选择（Expatriate Selection）的过程。这个过程可能是相当艰难的。全公司内有能力人才的缺失、雇用未来领导者遇到的困难，以及外派任务越来越昂贵的费用都是跨国公司面临的问题。而且没有一套具体的技术指标能够始终如一地区分好的和次的外派人员。事实上，选拔员工到国外工作是非常随意的。在很多情况下，"根本不存在科学的选择依据，员工被派遣出去仅仅是因为他们愿意去"。判断可能的外派人员适应国外环境、人和生产过程的困难使这个问题变得尤其复杂。一个人在母国取得成功并不意味着一定可以在国外取得相同的成功，这使得评估起来更加困难。个人的性格、专业程度和家庭情况都会是可能的影响因素。跨国公司对外派人员的需求，以及外派失败的高额成本使得公司需要系统地设计选拔流程。人力资源管理依赖职业、文化、心理等评价措施来组织和安排公司的选拔过程。这些措施使用主观的、客观的方式和深入访谈的形式，考察候选人的技术能力、适应性和领导能力。

1. 技术能力

跨国公司管理人员、外派人员和当地员工例行公事地认为，技术能力通常通过过去的工作业绩显示出来，它是国外工作成功与否的最具决定性的因素。至少外派人员必须掌握工作的使用技能，以及理解怎样适应国外的环境。如果让人力资源总监为国际任务的目标重要性排序的话，填补技能上的空白则被排在最重要的位置上。一个外派人员至少需要满足完成这项工作所需的技能，或是了解如何根据国外的情况调整和传递技能。由于需要技术能力，在公司为他们提供国外作业的机会之前，管理人员一般有几年的工作经验。这种倾向也反映了这样一个事实，那就是选择外派人员通常是直线经理根据候选人的经营业绩做出的。此外，很多公司把出色的技术能力转化为自信和心理韧性的管理属性。这些属性支撑外派人员的工作表现。但是，这种倾向在改变。一些公司在找寻更年轻或是更老的员工去国外工作。一些公司正在记录员工的绩效以推测其长期潜质。

2. 适应性

经验表明，有效的外派人员具有某种适应特性。当进入一个新的、不同以往的环境时，他们能表现出所需的技能和远见。因此，跨国公司通常根据以下几种适应性来评估一个可能的外派人员。门登霍尔（Mendenhall）与奥德欧（Oddou）研究归纳出四种可预测国外任职成功性的因素：自我倾向、他人倾向、感知能力及文化难度。

（1）自我倾向。这一因素可强化外派人员的自尊、自信与健康心态。拥有自尊、自信和良好健康心态的外派经理人员更易于在国外任职成功。门登霍尔与奥德欧认为这类人员能够调整他们的饮食、运动与音乐兴趣，拥有工作以外的业余爱好，并能在技术上胜任。

（2）他人倾向。这一因素可加强外派人员与东道国人员相互交往的能力。与东道国人员相互交往越有效，外派人员就越可能成功。这里有两点特别重要：关系发展和沟通意愿。关系发展是指与东道国人员发展长期友好关系的能力。沟通意愿是指外派经理是否愿意使用东道国的语言。尽管流利的语言对外派经理很有帮助，但要表达沟通意愿并不一定需要流利的语言，重要的是要做出使用语言的努力。这种姿态通常会赢得东道国员工的极大合作。

（3）感知能力。这是指理解他国人员行为原因的能力，也就是移情能力。这对外派经理管理东道国员工非常重要。缺乏这一能力的外派经理容易将国外员工当母国员工对待，导致严重的管理问题和重大挫折。

（4）文化难度。这一因素是指外派经理对任命相关所在国的特定职位的适应程度。在有的国家由于其文化不为人熟悉，或不为人接受，任命更难以担当。例如，许多美国人认为英国的文化与美国相近，因而工作相对容易，但在非西方文化地区，如印度、东南亚和中东，工作就较为困难。其中原因有很多，包括医疗/住房水平低、气候条件差、缺乏西方人的娱乐场所以及语言障碍。此外，许多国家的文化传统上由男性支配，这些国家的职位对西方女性经理人员而言特别困难。

适应性常常通过技能和敏感性来说明，这些技能和敏感性采用拒绝陈词滥调、先入为主以及不切实际的期望的方式来帮助说明当时当地的环境。这些见解刺激外派人员领会到为了有效作出反应，当地市场中的同事、顾客和竞争者可能怎样搞清楚他们所见到的一切。因此，成功的外派人员在评价各个国家的个人和组织的信仰、价值、行为和经济活动时更有洞察力。

3. 领导能力

与母国的岗位说明相比，在国外子公司工作通常需要承担更多的责任。通常来讲，一个外派人员会发现作为国外子公司的高级管理人员，他缺少很多以前在公司总部可以获得的资源。公司期望外派人员面临这些挑战,可以开发出相应的技能,如沟通、自力更生、承担风险、外交等。因此,跨国公司认为管理者的领导能力是外派人员成功和选拔的关键。因此,提升外派人员的领导能力是外派任务的关键目标。

三、外派人员培训

外派失败两个最常见的原因就是经理配偶不能适应国外环境,以及经理本人不能适应国外环境。培训可帮助经理及其配偶克服这类问题。文化培训、语言培训以及实践训练都可以减少外派失败。尽管培训非常有益,但实际上有很多经理人员在赴国外就任前并未接受过这些培训。一项研究显示,在那些被授予1~5年国际任命的经理人员中,只有30%在就任前接受过培训。

1. 文化培训

文化培训旨在培养外派经理人员对东道国文化的理解,这有利于经理人员移情于东道国文化,从而提高与东道国员工交往的有效性。跨国公司应该对外派人员进行东道国文化、历史、政治、经济、宗教以及社会和商务实践的培训。有可能的话,在外派经理正式就任前安排一次旨在熟悉环境的旅行,以缓解文化冲击。考虑到配偶的适应性问题,让配偶或整个家庭参加文化培训班非常重要。

2. 语言培训

英语是全球商务的语言,在全世界范围内只用英语做生意是很有可能的。例如,在瑞士电子设备巨人ABB集团,13位来自不同国家的高层经理需要经常开会。由于没有共同的母语,他们只有统一使用英语进行交流。尽管英语非常普及,但过于依赖英语会影响外派经理与东道国员工沟通的能力。如前所述,即使外派经理英语说得很流利,对东道国语言的沟通意愿仍有助于同当地员工建立起和睦关系,并提高经理人员的有效性。尽管如此,贝克(J.C. Baker)的调查表明,在74名美国跨国公司的经理人员中,只有23名认为国外语言知识对国外任职非常必要。那些为外派人员提供国外语言培训的公司相信,这将有助于提高外派人员的有效性,并使他们更加容易融入国外文化中,从而为公司在东道国树立良好形象。

3. 实践培训

实践培训包括了解东道国的人民、历史、地理、文化、企业、政治、生活等,培训旨在帮助外派人员及其家人适应东道国的日常生活。日常生活规律形成得越快,外派人员及其家人适应的成功率就可能越高。外派人员在当地拥有朋友关系网络非常关键。跨国公司通常在存在外派人员社团的地方投入大量努力,以保证新的外派人员的家庭能够尽快融入这一集体。外派人员社团可有效地提供信息与支持,在帮助外派人员家庭适应国外文化方面的作用不可估量。

四、外派人员绩效考核

如何最有效地评估外派人员的绩效对许多跨国公司来说是一个非常棘手的问题。下面将探讨这一问题,并研究评估外派人员绩效的指导原则。

1. 外派人员绩效考核存在的问题

无意识的偏见使得客观评价外派经理人员的绩效很困难。在大多数情形下，东道国经理和母国经理这两大评估外派人员绩效的主体都会受偏见的影响。东道国的经理很可能被他们自己的参考和预期的文化框架所影响。例如奥德欧和门登霍尔提到了一位美国经理在印度子公司工作时引进参与决策。这位经理随后就收到了一份来自东道国经理的负面评价，因为在印度严格的社会等级观念下，经理人员被视为专家，不应该向下级寻求帮助。显然，当地员工都将美国经理所尝试的参与管理视为他不懂得自己的工作以及不能胜任的表现。

距离和自身海外工作经验的缺乏使母国经理在评价上产生偏见。本国的管理层通常不了解国外子公司的情况，因而在评估外派人员绩效时依赖硬性数据，如子公司的生产率、营利性或市场占有率。但这类数据很可能受一些外派经理控制能力以外的因素影响（如汇率的负面波动及经济走低）。同时，硬性数据也无法考虑许多无形的软性变量，如发展跨文化意识的能力，与当地经理人员有效合作的能力等。

由于这些偏见，许多外派经理人员认为总部的管理层对他们的评价不公正，没有充分反映他们的技能和经验的价值。这很可能成为许多外派人员认为海外任职不能给他们的职业带来好处的一个原因。在一项对美国跨国公司经理人员的研究中，56%的经理表明国外任命对他们的事业无益甚至有害。

2. 外派人员绩效考核的指导原则

有一些方法可减少在绩效评价过程中的偏见。

首先，大多数外派人员认为当地经理的评价权重应该高于非当地经理。由于相近性，当地经理更倾向于评价软性变量，这是外派人员绩效的一个重要方面。如果当地经理的国籍与外派人员相同，其评价会因文化偏见的缓解而特别有效。

实际上，母国的经理人员通常是收到当地经理的评估内容后才写绩效评价的。在这种情况下，大多数专家建议让以前曾在同一地方任职的外派人员参与评价，这有利于减轻偏见的影响。最后，当公司政策要求由国外当地经理写绩效评价时，母国经理应在当地经理完成正式的绩效考核前与其进行商讨。这使母国经理有机会平衡由于文化误解可能造成的非常带有敌意的评价。

五、外派人员薪酬管理

不同国家同一级别的经理人员报酬存在很大差别。报酬上的差别给跨国公司提出了一个困惑的问题：跨国公司究竟应该根据每个国家的现行标准支付各国经理人员，还是应该按全球标准将报酬均等化？

1. 决定外派人员薪酬的方法

外派人员薪酬决定通常有两种方法：所去地价格决定法和平衡表法。

（1）所去地价格决定法（Going Rate Approach）（又称市场决定法）。它是指将跨国公司转职的基本工资与东道国的工资结构相联系。它是基于当地的市场价格，依赖于对调查结果的比较，即了解当地的国家的人员情况（东道国人员）、同一国家外派人员的情况、所有国家外派人员的情况后，基于所选择的调查比较制定的薪酬。对低收入的国家，基本的报酬与福利可以通过额外的支付部分来增补。该方法的优点在于：与当地收入同等、简单，以及与东道国身份同等、公平对待不同的民族。缺点在于：同样职位的员工工资待遇不同、同一国家派出到同一国家的外派人员的待遇不同，以及潜在的重新进入问题。

（2）平衡表法。它是确定外派人员报酬最常见的一种方法。这一方法将国家间的购买力均等化，从而使员工能在国外任职时享受到与母国一样的生活标准。此外，在这种方法下，任命地区间质的差别可通过物质激励手段得以补偿（见图7-1）。其中母国员工的支出被划分为所得税、住房支出、商品服务支出及储备。平衡表法力图通过外派人员在东道国提供与母国相同的生活标准，加上一定的物质激励，使之接受外派任命。

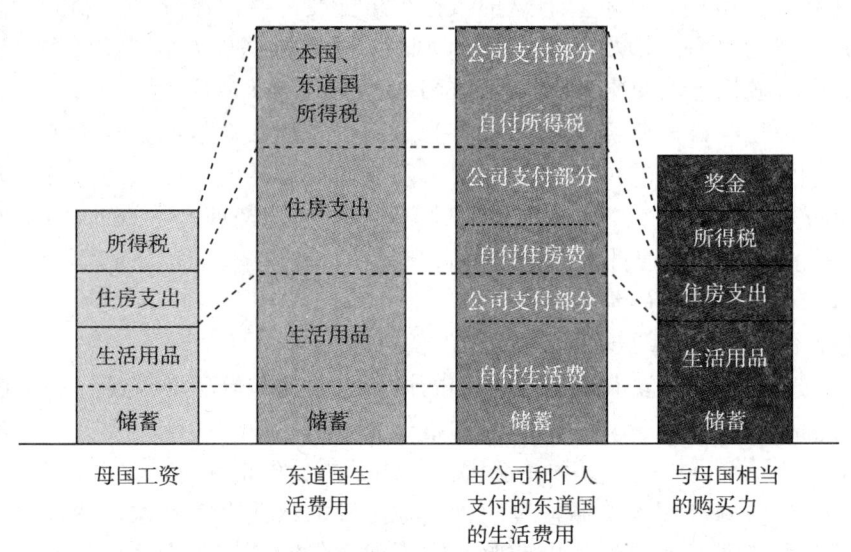

图 7-1　平衡表法

2. 外派人员薪酬体系

典型的外派人员薪酬体系包括基本工资、国外服务奖金、各种形式的补助、差别纳税及其他福利。

（1）基本工资。外派人员的基本工资通常与其在母国类似职位的基本工资水平相同，以母国货币或当地货币进行支付。

（2）国外服务奖金。国外服务奖金是外派人员由于在其本国以外工作而得到的额外报酬，是激励员工接受国外任命的手段。外派人员必须生活在远离家庭和朋友的异国他乡，必须应付新的文化和语言，必须适应新的工作习惯和做法，这些不适可通过国外服务奖金得到一定的补偿。多数公司的国外服务奖金系数是税后基本工资的10%~30%，平均为16%。具体数额要根据外派任务是地域内的还是跨地域的而定。

（3）补贴。外派人员的报酬体系中通常有四种补贴形式：生活成本补贴、住房补贴、配偶补贴、艰苦条件津贴等。

生活成本补助。外派人员收到生活补助（有时叫作货物和服务差价）来抵消由于一个特定的城市（比如伦敦或者东京）或者国家（例如瑞士）昂贵的开支所遭受的生活标准的下降。一些跨国公司随着时间的推移不断减少生活费用差价，理由是随着外派人员适应当地环境，他们应该采用当地的购买习惯。例如，从附近的市场上购买蔬菜，而不是使用进口的包装好的货物。跨国公司基于国际补偿的一些特殊数据来估计不同地区生活标准的差异。

住房补贴。住房补贴确保外派人员保持其习惯的住房质量——当要求从中等价位的盐湖城迁居到高价位的首尔时主要关注的对象。由于土地价格增加、条件拥挤和外派人员能够接受的住宅的短缺，导致住房费用差别也很大。为了租用带有西方风格的卫生间和厨房的住处，西方人在亚洲一些地方会花费大量的补贴。

配偶补贴。配偶补贴部分是资助外派人员的配偶努力找到工作和接受跨文化培训计划。在一些情况下，这些补贴能够抵消由于配偶放弃其工作造成的收入损失。大约1/4的跨国公司为外派人员的配偶提供寻找工作的帮助，通常通过与其他公司之间的人际网。配偶补贴主要解决由于整个家庭收入和地位可能的变化所造成的困难。在国内，所有家庭成员可能都可以工作，然而当他们出国以后，因为一般东道国政府几乎不允许除了调任的雇员之外的人工作，只有外派人员才拥有合法权利。外派人员的配偶或者伴侣可能必须要么放弃收入可观并且满意的工作，要么长期和对方分开。一些公司增加外派人员的补贴，有大约一半的美国大公司帮助两地分居的已婚夫妇。

艰苦条件津贴。艰苦条件津贴（有时叫作"战争津贴"）是支付给那些选派到特别困难的环境或者危险的地方工作的外派人员。特定背景下的生活条件造成严重的困难，如恶劣的气候和健康条件，或者使外派人员的家庭遭受政治动荡的影响，这种政治动荡让每个人都处于危险的境地。例如由于很多跨国公司的驻外人员十分引人注目，他们是绑架和暗杀的对象。公司不仅要考虑他们的艰苦条件津贴，还要购买绑架勒索保险，为外派人员及其家人提供安全方面的培训活动，支付家庭报警系统并且承担关于雇员安全的法律责任。然而，即使环境没有那么严峻，外派人员也可能承受不如在国内的生活条件，因此也有资格获得艰苦条件津贴。

外派人员也接受一系列杂项补助，如让外派人员和家人定时回到国内的旅行补助，或者由于东道国的公立学校不适合，资助外派人员的孩子进入私立教育机构的教育补贴。

总体来说，跨国公司在减少补助的种类和数量。全球金融危机带来的成本压力使得跨国公司不得不削减补助。例如，在员工希望通过出国工作来保住工作的情况下，许多跨国公司正在逐步停止发放出国服务补助。除了成本的压力，还有一些其他因素导致补助的减少。首先，越来越多的人将出国工作看作发展个人商业技能和领导能力的机会。这些人愿意出国工作，即使物质奖励很少。其次，出国工作变得越来越普遍，已经是公司日常工作的一部分，不需要再用钱去吸引员工出国工作。减少成本的技巧包括削减福利和补助。欧洲的跨国公司将整个欧洲看作一个国家，并且对到那些曾经艰苦但是现在不再落后的城市的外派人员削减艰苦环境补助。由于对成本控制的需求，以及来自发展中国家优秀员工的不断涌现，对外派人员薪酬的削减还将持续下去。

【专栏7-4】　把一个外派人员送到国外：典型的开支

西雅图的全球编程公司把一名高级管理人员派去管理其在日本东京的全资子公司。在美国，这个管理者每年有15万美元收入，拥有一位工作的配偶和两个孩子。可能的补助产生了下面的项目：

单位：美元

直接补助成本	
基本工资	150000
出国服务奖励	25000
货物和服务差价	120000
住房补贴	97000
美国可能发生的税收	(38000)
公司支付的成本	
教育（两个孩子的学费）	30000
日本所得税	115000
调任迁居成本	47000
杂项成本，即运输和储藏、出售房屋或者财产管理费	85000
到任前定向旅游，预定补助	
工作配偶的补助	75000
每年探亲假（四个人的飞机票价、宾馆和伙食费）	15000
额外的健康保险、养老金补贴、退休保险	20000

资料来源：[美] 约翰·D. 丹尼尔斯等. 国际商务：环境与运作 [M]. 北京：机械工业出版社，2012.

（4）纳税。外派人员补贴调整的最终目标是确保外派人员的税后收入和他们的工作动力不会因为国外任务委派而受影响。因为税收通常是根据公司对外派人员基本工资的调整来征收的，所以如果国外的税率比国内的税率高，公司必须进一步向上调整。事实上，税收的均等化已经变成外派人员补助最重要、通常也是最昂贵的部分。如果外派人员的母国和东道国之间没有互惠税收合约，那么从法律上来讲，就可能有义务向两个国家的政府支付所得税。在这种情况下，跨国公司通常为外派人员在东道国的税收埋单。此外，当东道国较高的所得税率减少了外派人员的净收入时，公司会对此差别作出补偿。

每个国家的税法是不一样的。税务局规定了很多内容，包括谁必须填写文件、填写文件的流程、税收信息如何汇报、惩罚措施等。税收政策对于短期外派任务和频繁往返的外派任务的影响越来越大。例如，中国税务局规定，在中国连续逗留时间少于30天或者离开中国累计90天的外派人员不被认为是中国的合法居民，不需要交纳税费。因此，公司注意监督和记录其外派人员进入和离开中国的时间。

（5）其他福利。许多跨国公司还要保证其外派人员在国外的医疗、养老金等福利水平与在母国一致。大多数公司把这些福利延伸到处理当地的不测事件——如承担把生病的外派人员或者其家庭成员转移到适合的国外医疗机构或者支付高风险国家的绑架保险。对跨国公司来说，这项花费成本很大，因为许多福利在跨国公司母国属于纳税可抵扣项目（如医疗和养老金福利），而在国外却可能不行。

【专栏7-5】 **各国劳动成本和每周工作时间**

国家	每小时平均劳动成本（美元）	每周平均工作时间（小时）
美国	19.2	38
日本	20.89	36
韩国	6.71	47
德国	26.81	33
希腊	8.91	36
丹麦	22.96	32
斯里兰卡	0.47	43

资料来源：百度文库，http://wenku.baidu.com，2012-04-27。

六、外派人员归国

为外派人员重返母国组织做准备在对外派经理的培训与管理发展方面被严重忽视，但却又是非常重要的问题。从外派经理的合理筛选、跨文化培训到其国外任职期满，重新融入本国组织，归国成为这一循环的整个过程的最终环节。然而，外派人员回国后通常并不能与其他优秀经理人员分享其知识和经验，鼓励他们走上相同的国际职业轨道，反而面临着完全不同的境遇。

外派人员在国外任职期间通常就像小池塘中的一条大鱼，拥有高度的自主权，被高薪聘用。然而回国后，组织对其过去几年的表现并不清楚，不知道怎样发挥他们的新知识，对他们没有特别的关注。在更糟糕的情形下，归国后的外派人员不得不自己寻找工作，或者被安排从事标准化的工作，无法发挥他们的技巧和能力，从而使公司在他们身上所花费的投资收效甚微。

研究工作揭示了这一问题的广泛性。根据一项对外派人员归国的研究，在接受调查的外派人员中，60%~70%对他们回国后所从事的工作一无所知；60%的人认为他们的组织对其归国问题、对其新角色、对其将来在公司的职业发展态度不明；77%的人在母国担任的职位低于其国际任命。令人多少有些吃惊的是，15%的外派人员在回国后1年内辞职，40%的人员在3年内离去。

解决这一问题的关键是良好的人力资源规划。人力资源管理不仅要改进外派人员的筛选和培训计划，而且要为其归国后融入母国组织的工作生活，发挥其在国外获得的知识经验做出合理规划。

第四节　国际劳资关系

劳资关系又称劳动关系，是指企业经营者或者代表组织与其员工或工会组织之间发生的关系。跨国公司的劳资关系是跨国公司人力资源管理的重要内容。不同国家由于文化、历史和意识形态等方面的差异，劳资关系也有所不同。

劳资关系的全球化是经济全球化的必然结果。进入20世纪90年代以来，以跨国公司为载体的对外直接投资在全球范围内配置资源，使全球化浪潮进入了一个新的阶段。但是跨国公司在促进全球经济发展的同时，也对国家原有的劳资关系体系产生了重大影响。如何处理好劳资关系，将是政府、工会及跨国公司管理者三方主体在跨国经营时面临的重大问题。

一、当代跨国公司劳资关系发展特点

当代跨国公司劳资关系发展的特点主要表现在以下三个方面：

1. 劳资关系体系趋同倾向

目前学术界普遍认为劳资关系体系可粗略分为"英美"模式和"莱茵"模式两种。"英美"模式的特征是强政府、弱工会和强雇主。政府在劳资关系中没有广泛参与，它不参与裁决劳资之间在企业水平上的冲突，也不确保工人在谈判代表上行使他们的权利，政府采取了限制工会和鼓励商业发展的政策。"莱茵"模式的特征表现为弱政府、强工会和强雇主。虽然政府在劳资双方进行的集体谈判中直接的参与较少，但政府拥有一套广泛的劳工法规体系，政府主要通过这套法律体系规范劳资双方的行为，地方政府通常将集体协议扩展到该地区或部门的非工会成员。工会力量比较强大，在企业的工资、福利等方面工会均有比较多的参与，集体谈判覆盖面较广。但随着全球化进程的不断推进，企业间的竞争趋于激烈，跨国公司经常以转移或追加投资为筹码向政府和工会施压，要求拥有更大的自由和更多的决策权，从而对以强工会为特征的"莱茵"模式形成严峻的挑战，该模式有向"英美"模式发展的倾向。

2. 工会力量不断下降，跨国公司力量不断增强

随着高新技术在西方国家的迅速发展，多数西方国家不同程度地出现集体谈判覆盖率下降、工会成员人数减少和工会力量削弱的局面。另外，政府为了应对全球化带来的挑战，在全球竞争中立于不败之地，不得不制定一些优惠政策来吸引跨国公司外来投资。因此，目前工会的力量普遍有所下降。

3. 发展中国家的过度优惠政策引发国际间冲突

跨国公司在全球内配置资源以追求利润最大化，但发达国家由于劳动力成本较高或政府规制较为严格，跨国公司经常采取外包、并购、合资、新建等方式将生产转移到劳动力成本较低、环境污染治理不严格的发展中国家。而一些发展中国家为了吸引外资和实施出口导向战略，竞相制定优惠政策，对跨国公司采取超国民待遇，甚至进

行优惠政策大比拼，其结果是不但使本国劳动者及工会组织处于不利地位，还受到了发达国家政府和工会、产业工人的责难。如1999年，西雅图会议期间有上万人走上街头示威，号称保护工人权利，反对不公平竞争。2000年2月，在曼谷召开的联合国贸易发展大会上，劳工标准和贸易壁垒问题再次成为会议焦点之一。欧美国家和工会组织强烈要求在全球范围内推行企业社会责任标准，呼吁发展中国家改善劳动条件和工作环境。这些做法虽然表面上看一方面是为了保护发展中国家劳动者的生存标准和劳动权益，但另一方面也反映了他们维护自身利益、减轻国内就业压力的需要。

二、跨国公司劳资关系的三方主体

劳资关系的三方主体是西方市场经济国家处理劳动关系的一项基本制度，是政府、雇主组织和工会之间就与劳动关系相关的社会经济政策、劳动立法以及劳动争议处理等问题进行协商、谈判的原则与制度的总称。分析跨国公司劳资关系，应该从分析三方主体在全球化背景下面临的目标和冲突入手。

1. 政府机构面临的目标与冲突

政府的目标是建立法律环境以及对公平与平等、权力与权威、个人（而非集体的）权利的主观价值判断框架。虽然不同国家政府的职能千差万别，但在劳资关系方面却有一些共同的目标，如协调劳资双方之间的关系、提供足够的工资、良好的工作环境及公平地分配财富、维护社会的稳定与发展等。

政府在处理跨国公司劳资关系时主要面临三种冲突。

（1）政府与跨国公司管理者的冲突。全球化为跨国公司创造高额利润，同时为东道国经济的高速增长提供了机会。但政府劳动市场和经济政策常常为满足外来投资者和跨国公司管理者的需要所限制，政府既要吸引外资，同时还要应对国内因劳资冲突而带来的各种压力。

（2）政府与雇员及代表工会之间的冲突。为了吸引和留住外来投资，政府放开市场并将国有企业私有化。但一方面政府觉得有必要加强工会的力量，增强他们与跨国公司集体谈判的能力；另一方面政府又不希望工会的力量太强大，以免造成对其政权的威胁。此外，政府还担心工会通过滥用权力增强集体谈判力量，而不是用来改善工作状况、提高工作的安全性或增强对雇员健康的保护。

（3）政府内部的冲突。这种冲突更多地表现为二元结构偏差，即上级政府与下级政府的目标不一致。这种情况在发展中国家尤其突出。上级政府希望跨国公司能够遵守当地的劳动法及工会法等相关法律、法规，而下级政府为了吸引外资，增加业绩，往往放松这些政策的限制，使劳动者及工会组织处于被动地位，恶化了劳资关系。

2. 工会面临的目标与冲突

工会作为一种独特的组织，可以区分为总工会、行业工会、产业工会、公共部门工会和白领工会等多种类型。工会的目标也呈现差异化，但总体来说还有一些共同点，如维护和提高其成员的经济效益、保障其成员的民主权益、招募新会员和保留老会员、发挥参政议政作用等。

工会主要面临着以下三方面的冲突。

(1) 工会与跨国公司管理者之间的冲突。跨国公司在生产上的国际化并未能带来工会组织的国际化，相反，工会集体谈判力量经常受跨国公司组织与管理的影响。如跨国公司子公司较强的流动性可能会削弱工会组织的集体谈判能力，一些重大决定的母公司集权化也会降低工会的谈判能力。另外一些跨国公司采取转移价格等手段对劳动者进行剥削，也大大损害了工会与跨国公司间的关系。

　　(2) 工会与政府之间的冲突。工会希望通过政府立法及协商保留既得利益，扩大自己的权力。而政府则处于两难境地，既不希望其力量太弱，又不希望其力量过于强大乃至危及自己的政权。

　　(3) 工会内部的冲突。包括不同工会间和同一工会内部的冲突。工会间冲突如发达国家工会和发展中国家工会由于跨国生产或跨国贸易而在劳动标准、就业和福利等方面的冲突；全国性工会和地区工会或行业工会间的冲突等。同一工会内的冲突表现为部分人不愿意加入工会或加入后不参与工会的活动，一些企业里的工会领导人同时还是企业的管理者，从而不能保证做到独立地为工会服务等。这些冲突的存在严重损害了工会组织的国际合作及工会自身的健康发展。

【专栏 7-6】　　　　　　　　　　沃尔玛"工会门"事件

　　沃尔玛创始人沃尔顿曾有不入工会的"家训"。在沃尔玛1991年完成的一份"劳资关系"的内部报告里，开篇即申明了"沃尔玛的哲学"、"沃尔玛反对员工加入工会。任何以为公司在加入工会问题上态度中立的提法都是不正确的"。

　　沃尔玛1996年进入中国，目前已在全国30个城市开设了59家商场，在中国员工超过23万人。在中国，沃尔玛也一直坚持"惯例"，并因一直不建工会受到了全国总工会的多次批评。有分析认为，沃尔玛的低成本策略是它不组建工会的根本原因。在国外，沃尔玛低工资、低福利的薪酬一直是媒体指责的对象。它一旦组建了工会，工人就有可能联合起来向沃尔玛要求更高的工资。

　　2004年11月，全国总工会执法检查后，沃尔玛作出让步，发布声明称，如果有员工要求成立工会，沃尔玛会尊重他们的意见，遵照法律不阻止员工组织工会并履行工会法所规定的责任和义务。

　　2006年7月29日，沃尔玛深国投百货有限公司晋江店成立工会，这是全球最大连锁零售商沃尔玛在中国的首个工会组织。

　　8月4日凌晨，沃尔玛深国投百货有限公司湖景分店42名员工成立工会。

　　8月5日晚11时许，沃尔玛华东百货有限公司南京新街口店的31名员工，宣告沃尔玛在中国第三家基层工会组织成立。

　　8月6日，12名沃尔玛深圳西乡前进路分店的员工成立工会。

　　8月9日，沃尔玛表示将在中国的所有商场建立基层工会。

　　曾有中国政府官员用"蓄之既久，其发必速"来形容曾有"拒建堡垒"之称的

第七章 跨国公司人力资源管理

沃尔玛此次建立工会之迅速。许多人更是称工会的"硬气"是市场经济条件下应当具有的风骨。

资料来源：搜狐新闻，http://news.sohu.com/20070618/n250638489.shtml，2007-06-18。

3. 跨国公司面临的目标与冲突

跨国公司的目标一般说来比较明确，就是追求全球范围内的利润最大化或成本最小化。随着全球化的不断推进，跨国公司正在发起一场称为"社会倾销"的运动，即将资本和工作从高劳动成本、高劳资关系规制的国家向低劳动成本、低劳资关系规制的国家转移。按照内部化和交易成本理论，控制权是跨国公司进入外国市场采取独资或拥有多数股的一个重要方面，因此跨国公司对外进行直接投资的过程中对控制权往往看得比较重，其中当然也包括对劳资关系的控制。一项调查显示，跨国公司管理者将"劳动实践和制度"以及"获取熟练劳动"作为两个最重要的考虑因素。另一项对英国分布于化学、电子工程、机械工程行业的30个跨国公司子公司的调查表明，跨国公司母公司仍然在一些重大问题如预算控制、资本投资和薪金支付方面保留较高的控制权。

跨国公司主要面临三个方面的冲突（见图7-2）。

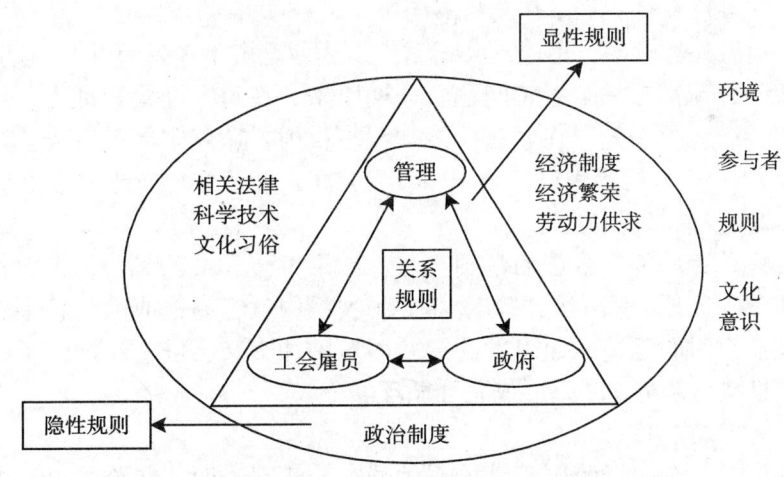

图 7-2 劳动关系的三方主体关系

（1）跨国公司与政府之间的冲突。这种冲突不仅包括跨国公司与东道国政府的冲突，还包括跨国公司与母国政府之间的冲突。因为跨国公司将产业转移出本国，往往会对国内的就业率、工资率和利润率产生影响，甚至会对一国政府大选构成威胁。

（2）跨国公司与工会之间的冲突。这种冲突不仅包括与东道国工会之间的冲突，还包括与母国工会的冲突。例如跨国公司将一些制造业从发达国家转移到低成本的发展中国家，结果造成本国一些产业"空心化"，这种现象必然遭到本国原有行业工会及工人的强烈抵制。

（3）跨国公司内部的冲突。这种冲突主要表现为跨国公司内部集权和分权的程度如何把握，对于一些合资公司来说这个问题更显得重要。一般来说，高度一体化的跨国公司倾向于在劳资关系上高度集权，因为在任何分公司上所出现的问题都可能影响跨国公司的全球运作，这种情况下，母公司对海外的劳资关系发展将保持高度监视。另外，子公司的经营情况也影响集权和分权的程度，较差的经营绩效倾向于增加全球控制的范围；子公司如果是被收购或兼并，则分权要明显些，而新建则倾向于高度集权。此外，由于历史传统，欧洲国家的海外子公司要比美国的海外子公司存在更多的分权行为。

三、影响劳资关系管理的因素

跨国劳动关系的复杂性和文化多元性对劳动关系的管理形成了多重障碍，其中主要障碍有以下四个方面。

1. 工会内部统一的障碍

首先，各国政府因为不愿意放弃自己的权力而拒绝成立超国家的国际工会组织，阻碍了母国公司工会和海外子公司工会的统一。其次，各国工会代表的利益不同，各国员工利益和人力资源管理的矛盾对劳动关系管理也产生了不利的影响。最后，东道国工会、母国工会和第三国工会这些工会组织都具有差异性，使人力资源部门的谈判协商对象十分复杂。

2. 经营管理层次岗位和权限分配的影响

在跨国公司海外经营中，不论是公司重组、企业合资，还是兼并和收购企业活动，管理层次的权限分配都是一个敏感问题。长期以来，在跨国经营管理中，母公司具有根本的决策权，而海外子公司在经营一线却没有权力，这就容易形成母公司和分公司（或子公司）的矛盾，也容易引发分公司（或子公司）经营方与当地工会的矛盾。

3. 管理信息不对称的矛盾

员工知情权是劳动关系管理的基础之一。如果工会和员工对公司人力资源决策了解很少，工作参与度低，那么，在劳动双方的关系中就容易造成因信息不对称导致员工的猜疑，甚至敌对心理，从而引发冲突。而这种冲突又会进一步加剧工会与管理层的矛盾，使信息减少甚至中断，形成恶性循环。

4. 组织结构问题

组织结构失灵，会引发跨国劳动关系的冲突。实践表明，在跨国组织中，如果权力主体之间的经营管理权力范围界定模糊，当有利益时相互争夺，有责任时则相互逃避，从而引发各方劳动关系的冲突。

四、劳资关系的处理

跨国公司在处理国际劳资关系的方式上有着显著不同。主要的区别在于在公司中劳资关系活动集中与分散的程度。历史上大多数的跨国公司都将国际劳资关系活动下放到国外子公司，因为国家间的劳动法规、工会力量、集体谈判性质等各不相同，将劳资关系职能下放给当地经理人员是有效的。人们认为集中管理不可能解决在多个不同环境中同时管理劳资关系的复杂性。

尽管这种逻辑仍然存在，目前已出现了更加集中化控制的倾向，这一倾向反映出跨国公司正力图使其全球运作合理化。各行各业日益激烈的竞争压力使得成本控制对跨国公司越来越重要。由于劳动力成本占跨国公司总成本相当大的比例，许多跨国公司开始在与工会的谈判中运用转移生产这一威慑武器来改变工作法规，限制工资增长（正如福特公司在欧洲的做法）。由于这种生产转移涉及新投资的进入与工厂关闭问题，谈判中需要总部管理层的涉入。因此，劳资关系中的集中程度呈上升趋势。

此外，人们越来越意识到工厂中工作的组织方式可成为竞争优势的主要来源。例如日本汽车制造商的竞争优势很多来自于其日本工厂中自主管理小组、工作轮换、交叉培训等的应用。为在国外工厂中获得相同的效果，日本企业在国外工厂复制它们的工作实践。但这常常会与当地工会认可的传统工作方法发生直接冲突，而受当地工会的制裁。日本企业通常依照当地工会能否接受工作方式的根本变化来决定其对外投资。许多日本企业的总部直接与当地工会进行谈判，在投资实施前与工会在工作方式的变化上达成协议。例如，日产公司在决定在英国北部投资以前，已取得英国工会同意改变传统工作方式的承诺。从本质上说，追求这种战略需要对劳资关系职能进行集中控制。

本章小结

国际化战略引起全球人力资源的变化，为保障企业在国际化活动中有效的战略利益，需要进行最佳人力资源配置。跨国人力资源管理的模型包含三个维度——人力资源管理活动、国家类型和员工类型。

跨国公司中存在着三种人员配置策略：民族中心模式、多元中心模式和全球中心模式。在以民族为中心的人员配置策略下，跨国公司所有的关键管理职位由母国人员担任，该政策与国际战略相一致，缺点是会引起文化短视。在以多元为中心的人员配置策略下，国外子公司由东道国人员管理，公司总部的关键职位仍由母国人员担任。可将文化短视的危害降到最低，但在母国与东道国子公司间会产生隔阂。该政策适合于多国战略。在以全球为中心的人员配置策略下，追求在组织内合理的人员配置，而不考虑国籍因素。该政策与建立统一强大的企业文化以及非正式管理网络相一致，适合于全球和跨国战略。各国政府的移民政策会限制企业实行这一政策的能力。

外派失败是指外派经理人员过早返回其母国，这是跨国公司人员配置的一个突出问题。外派失败的成本非常昂贵。筛选出不合适候选人员的挑选程序可减少外派失败。成功的外派人员需要高度自尊、自信，与他人关系融洽，乐意尝试用国外语言进行沟通，并能理解别国文化。

外派培训包括文化培训、语言培训和实践培训，通过培训可以降低外派失败的可能性。外派经理及其配偶都需要接受培训。由于无意识偏见的存在，客观评价外派经理人员绩效比较困难。可采取多种措施来减少偏见。

外派薪酬实践中的国别差异给跨国公司提出一个难题：跨国公司应该根据每个国家的现行标准支付各国经理人员，还是应该按照全球标准将报酬均等化？确定外派人员报酬最常见的方法是平衡表法。这一方法将国家间的购买力均等化，从而使员工能够在国外任职时享受到与母国一样的生活标准。

国际劳资关系的关键问题是劳工组织所能限制跨国公司选择的程度。劳动工会的行动会极大地限制企业追求跨国或全球战略的能力。跨国公司可通过将生产转移到他国来对抗工会的谈判能力，这是劳工组织的主要忧虑。劳工组织力图通过国际劳工组织的建立来回击跨国公司的谈判能力。但这些努力总的来说并不见效。

课后练习题

一、简答题

1. 跨国公司人力资源管理的特点是什么？
2. 以民族为中心、以多国为中心和以全球为中心的人员配备政策各有哪些主要优缺点？它们各适用于何时？
3. 简述选拔国际企业经理人员的标准。
4. 驻外人员返回公司总部会遇到哪些问题？如何解决这些问题？
5. 驻外人员的绩效评估中存在哪些问题？如何解决？
6. 影响跨国公司劳资关系管理的因素有哪些？

二、论述题

1. 研究显示，许多外派人员在回国时遇到的问题既影响在国外任职的有效性，又限制了对公司的贡献。造成这些问题的主要原因是什么？后果如何？跨国公司如何减少这类问题的发生？
2. 劳工组织可以通过哪些方式来限制跨国公司的战略选择？跨国公司应如何克服这些限制？

三、案例分析题

华为外派员工的管理实践

对外派员工提供特殊津贴是跨国公司经常采取的方法之一，华为也不例外。华为公司规定，在基本待遇一样的情况下，公司会付给海外工作员工额外补贴，不同国家的补贴标准不一样，但基本上是每天10~70美元，像印度就是三十几美元一天。华为还会租用当地最安全、最好的公寓以提供员工住宿。另外，针对海外生活的苦闷和无聊，公司还特地买了乒乓球台，并拨专款从国内购买电影光碟。同时，对于已婚员工，公司还会为员工家属报销来回探亲机票。然而，对于华为外派员工来说，真正富有魅力的并不是公司提供的丰厚待遇，而是通过在海外的历练和经验积累使个人业务能力得到提升，因为华为海外机构不仅仅是软件开发的一个分点，同时也是中国华为员工的培训基地，利用海外资源对国内软件开发人员进行技术培训。在华为，人们将其称为"以项目带动技术骨干轮流赴海外工作"制度。以印度为例，印度拥有世界上最先进的软件开发技术，华为印度研究所的所在地班加罗尔市，可说是世界有名的"硅谷"，众多著名IT企业皆把实验室设在此地。在这里，华为员工能接触到在国内无法真正接触的先进技术。一般来说，华为员工外派到印度的时间为半年或一年。回国后，这些技术人员往往能成为华为技术公司软件开发和管理的骨干。这对于华为而言，是一种快速培训软件技术开发人员的有效途径。

由于"山高皇帝远"，很多海外机构往往容易出现财务控制过松、成本上升和滋生腐败等问题。那么，华为如何避免这种现象的产生呢？华为实行全球化一致的管理和工作流程，对海外30多个分支机构的管理都是基于公司统一的管理平台。就此而言，华为对全球各地员工的管理是公开且一视同仁的，华为公司财务的IT建设全面展开，IT系统已覆盖到公司主要业务运作以及整个公司的办公自动化操作。华为Intranet网络专线连接了国内所有机构及拉美、俄罗斯、南部非洲及海外研究所等海外机构。可以说，华为总部的触角可以很方便地到达每一个海外的分支机构。总之，除了工作地点的环境不同外，华为任何地方的工作流程和工作制度基本上都是一致的。除了在办公条件上对海外机构加以规范和管理外，华为的企业文化更是以一种无形的意识形态约束着每一个员工的行为。即使远在海外，来自华为总部的军事化管理风格仍然没有丝毫削减。无论是在印度，还是在墨西哥，华为员工绝对不能在公司网上发私人邮件。据华为墨西哥员工透露，"公司网由信息安全部监控，收发邮件都可以看到。同时，电脑软驱被封，关于技术资料，每个人只能接触自己的部分。"除此之外，华为对员工的有效管理还体现在双方所订的契约上。华为与每一位员工签订一份内容详尽的工作合同，使每个人对自己的责任、义务和权益有透彻的了解，同时也作为华为处理各项事务的制度依据。正因如此，其他跨国公司海外机构所存在的"山高皇帝远"的弊端，在华为不会存在。

资料来源：[美] 弗雷德·卢森斯，[美] 乔纳森·P.多. 国际企业管理：文化、战略与行为 [M]. 赵曙明，程俊德译. 北京：机械工业出版社，2009.

案例讨论题：
1. 试分析华为外派员工管理的优点及可能存在的问题。
2. 试分析华为对海外机构管控的利弊。

第八章 跨国公司营销管理

本章学习要求
* 掌握国际市场细分与定位
* 掌握国际市场分销渠道的构建方法
* 了解国际市场促销的基本策略
* 掌握国际市场定价的基本方法

本章主要概念

市场细分　市场定位　文化适应性　国际市场分销渠道　国际市场营业推广　国际市场公共关系　价格升级　倾销与反倾销

开篇案例　　　　　　　　可口可乐的中国之路

可口可乐公司（The Coca-Cola Company）成立于1886年5月8日，总部设在美国佐治亚州（Georgia, GA）的亚特兰大，是全球最大的饮料公司，拥有全球48%的市场占有率以及全球前三大饮料的两项（可口可乐排名第一，百事可乐第二，低热量可口可乐第三），可口可乐在200个国家拥有160种饮料品牌，包括汽水、运动饮料、乳类饮品、果汁、茶和咖啡，亦是全球最大的果汁饮料经销商（包括Minute Maid品牌），在美国排名第一的可口可乐为其取得超过40%的市场占有率，而雪碧（Sprite）则是成长最快的饮料，其他品牌包括伯克（Barq）的Root Beer（沙士）、水果国度（Fruitopia）以及大浪（Surge）。

跨国营销的状况很大程度上决定着一个企业跨国经营状况的好坏。可口可乐公司在中国经营的巨大成功得益于其本土化的营销策略。其本土化思维已有多年历史，从最初的3A原则——"买得到"（Availability）、"买得起"（Affordability）、"乐意买"（Acceptability），到后来的3P原则——"无处不在"（Pervasiveness）、"物有所值"（Price Value）、"首选品牌"（Preference）。这些口号表现出了可口可乐公司对营销管理的无比重视。下面我们重点从分销策略、营销渠道建设、体育营销、广告宣传四个方面对可口可乐公司在中国的品牌拓展进行介绍。

在分销策略上，可口可乐将营销目标瞄准了中国超过100万人的城市，以这些城市为点，再带动周边超过50万人口的小城市，以点带面进行辐射。为了适应中国地域辽阔、市场差异巨大的特点,可口可乐公司采用灵活多样的分销方式,甚至在山区里还会采用骆驼来运送产品。公司信奉"产品销售出去才是硬道理",因此只要有利于营销,任何符合法规要求的方式都列入了公司的考虑范围。

在营销渠道上,公司采用现代渠道和传统渠道相结合的方式。现代渠道包括了大卖场、连锁超市、便利店等,传统渠道则是通过批发、餐馆、百货店、食品店、酒店娱乐、学校、网吧等方式进行营销。关于如何在这些渠道中进行选择上,可口可乐公司会认真观察和分析消费者的行为,具体到在不同消费场合消费者喝什么、如何喝、喝多少,还会分析在不同渠道中购买者的身份,是父亲、母亲还是小孩。之后,可口可乐公司会针对这些因素进行综合排序并分析,提供解决方案,设计不同产品以满足不同场合不同人群的需要。此外,可口可乐公司对农村市场也做了详细分析,认为虽然农村市场投资回报率比较低,但是竞争程度也比沿海城市更低,但可口可乐公司在农村市场还是做得不尽如人意,这还需要更加到位的渠道建设,并使得成本支出一步步地降下来。

在体育营销上,很多业内人士认为企业可以通过如奥运会、世界杯等大型体育赛事提高认知度,同时收获大量经济收益。而可口可乐公司的品牌核心价值,即"乐观奔放、积极向上、勇于面对困难"与体育精神非常完美地契合在了一起。该公司与中国奥委会进行合作,共同赞助体育赛事。并在2001年北京申奥成功那一刻不到半小时,就将特别设计的3万箱共72万罐奥运金罐投向了市场。罐身除了极具奥运中国风的别具一格的设计,在罐身下方还标出"自1928年起即为奥运会全球合作伙伴"的字样,以提示顾客可口可乐与奥运的紧密联系。虽说这次营销活动并没有为可口可乐公司创造出突出的经济效益,但其社会效益是不容忽视的,使得广大中国消费者将可口可乐与申奥成功联系在了一起,打出了一副漂亮的营销牌。

在广告宣传上,可口可乐公司会每几年更换一次广告语。因而流传出来了很多经典广告语,例如"永远的可口可乐,独一无二的好味道"等。近年来,可口可乐更是结合中国元素,设计出了结合中国风土人情的广告语,并请中国当红明星进行代言。例如邀请像谢霆锋、林心如、张柏芝、张惠妹等港台明星以体现"年轻化"路线,锁定年轻人这一主要消费者群体。张惠妹代言时"雪碧,晶晶亮、透心凉"的广告语,至今都让"80后"们记忆犹新。

接下来,我们对可口可乐中国营销的成功之路进行简单的分析。首先,可口可乐"因地制宜"的中国营销之路可谓相当成功。一路走来,可口可乐不断和中国消费者进行情感上的沟通交流,取得消费者信任,不仅保留了自己的传统,更是将自身品牌与中国元素完美契合,"风车篇"、"舞龙篇"广告充分说明了这一点。其次,可口可乐公司不断挖掘自身巨大的品牌潜力,将自身品牌保持一种巨大、持久的竞争优势,成功进行品牌输出,立足于品牌,制定各种营销策略,开拓全球市场。最后,虽然在中国市场上的前期投入巨大,但这使得消费者对产品本身有了更为深入的了解,提高了之后进行全面的市场渗透的效率。最为重要的一点是,优秀的企业制度建设和企业文化。进入中国后,立足于中国文化,更加迅速地转变了中国人的消费观念，这也是许多中国企业应该借鉴的地方。

资料来源：道客巴巴，http://www.doc88.com/p-91877905350.htm.

第一节 跨国公司营销战略

基于市场细分的 STP（Segmenting, Targeting, Positioning）市场营销战略是现代战略营销的核心，包括市场细分、目标市场选择和市场定位。市场细分是战略营销活动的基础，也是营销战略成败的关键。在对市场进行细分之后，要对所有细分市场进行有效的评价，并选择目标市场。在完成这两项基础性任务之后，更为重要的便是市场定位。

一、国际市场细分

市场细分（Market Segmentation）是由美国学者温德尔·史密斯在 20 世纪 50 年代中期提出来的。国际市场细分是指营销者按照据消费者的需要和欲望把一个国际市场划分为若干具有共同特征的子市场的过程。分属于统一细分市场的消费者的需要颇为相似，而分属于不同细分市场的消费者对同一产品的需要则有显著差别。企业可以从中选择一个或多个定为其国际目标市场。这一细分过程在国际市场营销学中称为国际市场细分。

国际市场细分具有两个层次的含义。第一层含义是指企业如何选择进入哪个国家或哪些市场，这被称为宏观细分。第二层含义是当企业进入某一国外市场后，在该国的所有不同需求的顾客当中进行细分，划分为不同的市场以满足一个或几个市场的需求，这被称为微观细分或是一国之内的细分。目标市场是企业所选定作为营销对象的某些具有特定需要的消费者群体，而通常跨国营销的目标市场是整体大市场中的一个细分市场。

利用市场细分的最重要的原因在于市场同质性/异质性。根据对同类产品有不同属性的重视程度以及有差异性的需求偏好，我们可以将消费者的需求偏好分为三类：①同质型偏好。指市场上购买者有着大致相同的偏好。因此，存在的品牌一般具有相似的属性，产品一般定位在偏好的中心区域，此类情况中，销售人员必须将产品式样和产品质量放在同等重要的位置。②分散型偏好。这种情况下消费者偏好平均分散，无任何集中现象，对产品的偏好有所不同。③集群型偏好。市场上偏好不同的消费者形成一个集群。例如，有些消费者偏重式样，有些消费者则偏重质量，形成不同的集群，这被称为"自然分市场"。

二、选择目标市场

企业在对整体市场进行细分后，需要对每个细分市场进行评估，然后根据细分市场的市场潜力、竞争状况、本企业资源等诸多因素选择那些细分市场作为目标市场。

选择目标市场的总体标准是要能充分利用企业的资源，以满足该子市场上消费者的需求。在国际营销中要选择适宜的目标市场，否则难以取得营销的成功。通常目标市场选择标准有以下几点：市场规模、市场增长速度、符合企业目标和能力、细分市场结构的吸引力。

究竟选择哪些国家作为目标市场，企业可以在这三种策略中进行选择：无差异市场营销策略、差异性市场营销策略和集中性市场营销策略。

【专栏8-1】　　　　　　"尿布大王"——尼西奇

日本尼西奇起初是一个生产雨衣、尿布、旅游帽、卫生带等多种橡胶制品的小厂，由于订货不足，面临破产。总经理多川博偶然从一份人口普查表中发现，日本每年约出生250万名婴儿，如果每个婴儿用两条尿布，一年需要500万条。于是，多川博决定放弃尿布以外的产品，实行尿布专业化生产。一炮打响后，又不断研制新材料、开发新品种，不仅垄断了日本尿布市场，还远销世界70多个国家和地区，成为闻名世界的"尿布大王"。

资料来源：刘生峰. 国际市场营销 [M]. 广州：暨南大学出版社，2006.

三、国际市场定位

市场定位（Marketing Positioning）也被称作"营销定位"，是市场营销工作者用以在目标市场（此处目标市场指该市场上的客户和潜在客户）的心目中塑造产品、品牌或组织的形象或个性（Identity）的营销技术。企业根据竞争者现有产品在市场上所处的位置，针对消费者或用户对该产品某种特征或属性的重视程度，强有力地塑造出本企业产品与众不同的、给人印象鲜明的个性或形象，并把这种形象生动地传递给顾客，从而使该产品在市场上确定适当的位置。

市场定位可分为利益定位、质量定位、消费者定位和竞争定位四大类。

（1）利益定位（Functional Positioning）。也称为功能定位，即根据产品具有的满足顾客某种需求的功能或所提供的利益来对产品进行定位。在这类定位中，我们应该避免四种错误的利益定位，分别是定位近视、定位不足、定位过度、定位混乱。定位近视（Positioning Myopia）是指企业并没有采用科学、合理、高效的传播手段将企业的定位信息导向消费者的心灵中，从而使消费者对企业的产品、品牌的印象疑惑或不觉得其有任何特殊之处。定位不足（Under-positioning）是指企业从自身角度出发，而不是从消费者的角度出发，沿用传统的"产品观念"进行市场定位，这是对现代市场营销理论及市场定位基本原则——顾客导向、顾客满意原则的直接违背。定位过度（Over-positioning）是指企业在进行市场定位时，过分强调自己与对手的区别，认为自己的企业或产品有很多特色，最终失去了其主要特色，使本来适用范围较广的产品成为只能满足其中部分顾客需要的产品。定位混乱（Confused Positioning）是指如果企业过分频繁变换对其产品、品牌的定位，最终导致消费者产生混乱不清的印象，这是对市场定位动态调整原则的误用。

（2）质量定位。指在开发、生产一个产品时，产品的质量定位在一个什么样的档次上。质量是产品的主要衡量标准，质量的好坏直接影响到企业的产品在市场上的竞争力。因此，企业在研发、生产产品时，应该以市场需求的实际状况确定产品的质量水平。在进行质量定位上，还应该考察质量的边际效益，即质量的边际投入和边际收益应相等。也就是花在质量提高上的最后一元钱要收到相同价值的收益。

（3）消费者定位。指对产品潜在的消费群体进行定位。对消费对象的定位也是多方面的，比如从年龄上，有儿童、青年、老年；从性别上，有男人、女人；根据消费层，有高低之分；根据职业，有医生、工人、学生等。对消费者行为进行分析并不是要求我们去满足所有消费者的需求，而是找出最合适、与企业资源状况最匹配的消费群体，集中运作去满足这部分消费者的需求。

（4）竞争定位。指突出本企业产品与竞争者同档产品的不同特点，通过评估选择，确定对本企业最有利的竞争优势并加以开发。除了用来塑造品牌的形象，定位也可以针对企业。定位最重要的前提为差异化，定位的结果是以消费者的主观认知来判断，且定位并非一成不变，当环境改变时，品牌可能需要重新定位。

【专栏 8-2】　　　　　　　美国某化妆品公司的产品实验

美国一家化妆品公司曾推出一种名叫嫩春的面霜，可以防治青春痘，并能使皮层冷缩。该面霜上市后，调查人员通过市场调查发现，80%的购买者是20岁左右的年轻女子，而其余20%是35岁到50岁的中老年妇女。为什么后者喜欢这种面霜呢？原来，嫩春面霜可以令面部皮肤层冷缩，因此她们便认为能够减少皱纹。针对这一情况，公司果断放弃原先向20%中老年妇女销售的策略，而强调嫩春面霜治疗青春痘的功效，以全力抓住年轻的女性消费者。这一措施使该面霜销路大畅，营业额迅速上升。美国纽约瓦特·艾尔顿在谈到这件事时说："这是产品定位与广告目标相结合最成功的一例。"

资料来源：第一范文网，http://www.diyifanwen.com/fanwen/guanggaoqishi/143200404.html。

第二节　跨国公司产品策略

一、产品的标准化与差异化

进入国际市场的产品必须以满足消费者综合的、多层次的利益和需求为中心来设计和销售产品；与国内市场营销不同的是国际营销面对的是世界各国或地区不同的市场环境,因此,企业是向全世界所有不同的市场都提供标准化产品,还是为适应每一特殊的市场而设计差异化产品,是企业所面临的重要决策问题之一。

1. 产品的标准化策略

产品标准化策略是指企业向不同国家或地区的所有市场提供标准相同的产品。

(1) 实施前提。实施产品标准化策略的前提是市场全球化。新的通信与运输技术的发展,使世界市场作为一个整体而更具同质性;世界各地消费者的消费文化和消费心理差距在不断缩小,消费者的偏好和行为选择趋于一致,使得世界市场产品趋于标准化;各国之间交流的日益频繁和加深,促进了不同文化背景下各国消费者共同消费偏好的形成;各国交流产生文化的交叉现象,逐渐形成某种共同的消费需求和价值取向。此外,尽管各国(地区)消费者不同程度地受到各自政治、经济、文化、宗教等因素的影响,但是,人性的相通性会导致某些共同的偏好和价值取向,追求产品的基本效用、价廉物美、名牌产品、优质的服务等。

(2) 选择条件。①需求具有更多的共性。从全球消费者角度来看,需求可以分为两大类:一类是全球消费者共同的与国别无关的共性需求;另一类是与各国环境相关的个性需求。任何一种产品都包括上述两种成分,企业营销人员需要分析两种成分的大小。如果某种产品共性需求成分更多一些,就可以采用产品标准化策略。②生产具备规模经济的产品。在研发、采购、制造和分销方面易于产生规模经济的产品,企业可以采用产品标准化策略。具体说来,那些技术标准化的产品和研发成本高度密集的产品都适宜采用这一策略。③竞争环境及企业优势独特。如果在国际市场上没有竞争对手或者竞争不激烈时,企业可以考虑标准化策略。即便在市场竞争激烈时,如果企业拥有诸如信息、渠道等竞争对手难以模仿的优势,也可以考虑使用产品标准化策略。

(3) 国际市场产品标准化策略的长处。①技术标准化。在国际市场营销时采用产品标准化策略,有利于推行技术标准化以及产品在全球范围内的统一推广。消费性电子产品和技术含量较高的产品都适合采用这一策略。②研发规模经济。产品标准化策略可以使产品方便地推向全球市场,从而降低单位产品的研发成本。③生产和营销规模经济。产品标准化策略以标准化生产和市场营销方式为消费者提供产品,不必为不同的细分市场分别设计不同的生产和营销方案,规模经济将极大地降低生产成本和营销成本。④产品全球形象的一致性。产品标准化策略有助于树立产品在全球范围内的统一形象,有助于消费者对产品的识别,从而提高产品在全球范围内的知名度和公司声誉。形象一致的产品还会使跨国界的流动顾客产生心理上的认同感,为他们在异乡的工作和生活带来方便;反过来,也可以提高消费者对产品和品牌的忠诚度。⑤有利于企业对全球营销进行有效的控制。全球产品标准化策略对全球营销是一个有力的助推手段——因为产品的标准化,企业对整个销售渠道的控制能力增强,提高了对最终销售价格的控制能力,尤其利于企业控制"灰色渠道"(Grey Channel)。

2. 产品的差异化策略

产品差异化策略是指企业向世界范围内不同国家和地区的市场提供不同的产品,以适应不同国家或地区市场的特殊需求。如果说产品标准化策略是由于国际消费者存在某些共同的消费需求的话,那么产品差异化策略则是为了满足不同国家或地区的消费者由于所处不同的地理、经济、政治、文化及法律等环境尤其是文化环境的差异而形成的对产品的千差万别的个性需求。

使用产品差异化策略条件:①产品使用条件的差异。各国的气候、地理、文化、风俗习惯、生产力发展水平、资源禀赋等方面的差异,使产品在国际市场上的销售条件有很大的不同,这对消费者的购买心态和产品的被接受情况都有重大的影响。②产品目标市场的差异。市场差异主要表现在两个方面,一是各国市场的发展水平不一样,消费者收入水平不同,从而实际购买力有所不同。对此,企业应该在产品特色、质量以及营销手段方面实行差异化,以适应当地具体的经济条件。二是不同市场上产品所处的生命周期不同。③政府的作用不同。政府的政策法规有时在市场上起强制性作用,因此,企业在进行国际营销的时候,需要仔细研究东道国的政策法规,包括贸易保护政策、税收政策、卫生检查标准、包装要求等。企业需要采用符合东道国政策法规的营销策略。④企业获得收益。实行产品差异化策略无疑会增加经营成本,企业需要经过成本收益比较分析,以确认可以获得理想的收益。

二、产品系列的选择与适应性

1. 产品系列的选择策略

美国学者基甘(Warren J. Keegan)教授把适用于国际市场的产品设计和信息沟通结合起来,总结五种可供企业选择的产品国际扩张策略:

(1)产品和促销直接延伸策略。企业对产品不加任何改变,直接推入国际市场,并在国际市场上采用相同的促销方式。如果使用的条件得当,这应该是一种最为经济、便捷的市场扩展方式,它可以大大降低企业的营销成本。许多著名的全球性大公司青睐这种产品策略,最典型的是可口可乐公司,它在全世界各个国家的产品和广告都是标准化的,这帮助它树立了良好的统一产品形象。不过,能够适用这种策略的企业和产品很少,轻易使用将会面临失败的风险。

(2)产品直接延伸、促销改变策略。企业向国际市场推出同一产品,但根据不同目标市场的国际消费者对产品的不同需求,采用适宜于国际消费者的需求特征的方式进行宣传、促销,往往能达到好的促销效果。这种策略的适用情形主要有两种:一是产品本身具有多种功能和用途,而不同的国家和地区的消费者倾向于不同的功能和用途,企业可以保持产品不变,只改变宣传信息。二是由于各国语言文字和风俗习惯不同,为了让消费者接受,需要在促销方式上做必要的调整。

(3)产品改变、促销直接延伸策略。企业根据国际目标市场顾客的不同需求,对国内现有产品进行部分改进,但向消费者传递的信息不变。有些产品对国际消费者来说,其用途、功效等基本相同,但由于消费习惯、使用条件有差异,所以企业必须对产品稍做改进,以适应各国市场的需要。产品的改变涉及式样、功能、包装、品牌、服务等的改变,如洗衣粉在各国的用途都是清洁去垢,但各国使用条件不同,发达国家消费者多用洗衣机洗涤,广大发展中国家消费者多用手工洗涤,且各国的水质也不尽相同,因而销往不同国家的洗衣粉应根据各国的不同情况设计配方,但宣传策略不用做大的改变。埃克森一直采用这种战略,为了普遍适应不同市场的天气情况而改变其汽油的组成,同时在不改变其基本沟通策略的情况下对其进行了扩展。

(4) 产品与促销双重改变策略。对进入国际市场的产品和促销方式根据国际市场的需求特点做相应的改变,既改变产品的某些方面又改变促销策略。如通用食品公司销往不同国家的咖啡采用不同的混合配方,因为英国人喜欢喝加牛奶的咖啡,法国人喜欢喝不加牛奶或糖的浓咖啡,而拉丁美洲人喜欢巧克力味的咖啡。与此相应,采用不同广告宣传内容。又如,美国的贺卡制造商发现,美国人习惯于贺卡上印有贺词,而欧洲人习惯于在空白贺卡上亲笔书写贺词,因此在欧洲进行销售时需要同时改变产品和宣传策略。

(5) 产品创新策略。国际市场的产品创新策略是指企业针对目标市场需求研究和开发新产品,并配以专门的广告宣传。如果新产品开发成功,获利将很大。通常采用这种产品策略须谨慎,因为开发新产品的成功率在国内市场尚且很小,更何况面对国际市场,影响新产品成功的可控和不可控因素更多,公司更难把握。因此,企业通常是在对现有产品进行改进,仍不能满足目标市场的需求,且目标市场发展前景好,企业又有能力去开发新产品的前提下,方可采取产品创新策略。

【专栏8-3】 **日本最有影响力的发明:方便面**

方便面是指日文中的拉面(中式煮面条)。1958年,安藤百福首次引入即食鸡肉方便面,这种食品在面条中放入了调味品。当时,以10分/袋的价格出售,该价格是一碗新鲜拉面的6倍。安藤百福一直坚持不懈,尽管花了近半个世纪才赢得全世界认可,但最终还是取得了成功。中国消费额达到178亿袋,印度尼西亚、日本、韩国和美国的数据分别为99亿袋、53.5亿袋、36.4亿袋和30亿袋。

安藤百福的产品"日清食品"对工艺进行了完善,保留煮熟面条的风味。将新鲜的拉面进行了蒸煮、压块、干燥、冷却,然后包装。通过将汤粉与波状面块分开包装,改善了面条的口味。

当问及日本在20世纪最具影响力的发明时,人们将方便面排名第一,超过索尼随身听、丰田汽车和任天堂游戏等。不仅局限于普通的口味,拉面现在也有了多种热辣的口味。

这家全球面条巨头一年生产超过40亿包/杯方便面,控制着日本市场的40%和全球市场的10%。日清食品在8个国家有25个工厂,使用来自印度的虾肉和中国的卷心菜。为赢得世界市场,日清对产品进行调整以适应国外市场消费者的特殊喜好。例如,做出更短的面条以适应餐叉而不是筷子。

资料来源:"The Universal Appeal of Ramen". 圣何塞信使报,2003-02-26;"Chicken Ramen Maker used his Noodle". 圣何塞信使报,2001-02-21。

2. 产品系列的适应性

适应目标市场消费者需求的特点,是从事国际营销活动的企业在产品策略上的主导方向。各国消费者对产品的认识和用途是与其所在国的各种环境尤其是社会文化状况密切相关的，对产品每一层次的不同需求，是随着营销环境的变化而变化的。产品的某一层次在一种营销环境中可能是重要的，而在另一营销环境下则可能不重要，故销往国际市场的产品要适应各国营销环境的要求。对产品进行改进，并非企业的本意，这样很可能会削弱企业的规模经济效益，增加成本支出，营销风险也随之增大，但有些因素会迫使企业或吸引企业去改变出口产品。这些因素可分为两类：强制性适应改进产品和非强制性适应改进产品。

（1）强制性适应改进产品。强制性适应改进产品是指企业改进其产品是由于国外市场的一些强制性因素要求它做适应性改进。各国政府为保护本国消费者的利益，维护已有的商业习惯，会对进口商品制定出一些特殊的法律、规则或要求，有些是永久性的，有些则是临时性的。影响产品调整的强制性因素主要表现在以下几个方面：①各国对进口产品的标准所作的特殊规定。各国政府对进口产品在质量标准、包装、商标、安全要求等方面都有其特殊性，产品出口到这些国家必须遵守这些要求，否则根本无法进入该国市场，特别是发达国家对产品的质量技术要求、安全性能要求都非常高。②各国对计量标准及某些特殊的技术标准的规定有所不同。有些国家采用公制的计量标准，因此，采用非公制计量标准的国家将产品出口到这些国家必须改变其计量标准。③各国气候等自然条件的特殊性。目标市场的气候、地理资源等条件也是企业必须改变原有产品的强制性因素之一。此外，有些国家政府为保护本国利益，针对外资企业进口商品而专门制定的一些条款、规定，也促使企业必须改进产品的某些方面。

（2）非强制性适应改进产品。非强制性适应改进产品是指企业为了提高在国际市场上的竞争力，适应目标市场的非强制性影响因素，而主动对产品作出的各种改进。因非强制性的因素而改变产品是企业从事国际市场营销成败的关键。非强制性产品改变的影响因素通常有以下四种：

文化的适应性改变。处于不同文化环境中的消费者，对产品的需求差异主要体现在价值观、道德规范、行为准则、宗教信仰、消费偏好以及使用模式等方面。国际目标市场的消费者是否接受新产品和新行为方式的主要障碍既非收入水平，也非由于自然环境的差异，而在于产品所面对的目标市场的文化模式。

各国消费者的收入水平。收入水平的高低在很大程度上影响消费者对产品效用、功能、质量、包装及品牌等的要求。收入水平低的消费者通常注重对产品最基本性能的要求，如要求产品价格低廉，经久耐用，而对包装、品牌则不太注重。收入水平高的消费者则更多追求产品的优质、精美的包装、品牌的知名度等。

消费者的不同偏好。各国消费者的不同偏好主要是由社会文化和习惯所决定的。由于文化影响而产生的消费者偏好的差异主要体现在对产品的外观、包装、商标、品牌名称以及使用模式等方面，而很少体现在产品的物理或机械性方面。

国外市场的教育水平也是促使企业改变其产品的非强制性因素。发达国家的消费者平均受过十年以上的正规教育，而且生长在一个高度商业化、工业化和技术化的社会中，他们文化水平高，易于识别、掌握和使用技术复杂的产品。而在一些贫穷落后的国家中，消费者受教育的程度有限，甚至许多是文盲，他们难以掌握及使用技术复杂的产品。

【专栏 8-4】　　　　　SAP 打破文化壁垒的全球化重拳

　　SAP AG 是德国最大的软件公司。该公司于 1972 年由 5 名德国 IBM 工程师组建而成，到目前已成长为世界上最大的后勤软件系统（如会计、物资采购）的开发商。在 20 世纪 80 年代和 90 年代，公司的销售点已遍布全球，但是 SAP 几乎所有的软件都是德文的。

　　在 21 世纪早期，SAP 认识到自身必须弱化其德国特征，强化其全球性。SAP 开始从美国、印度和其他国家招聘数千名程序员。曾经完全由母国把持的关键项目现在都分配给这些新程序员。无论是国内的还是国外的公司会议，官方语言都已变成英语。并且公司吸收了数百名外国管理者。2000 年，SAP 的高层有 1/3 都不是德国人。到 2006 年，这个比例已上升到 50%。这些新员工既加快了公司前进的步伐，同时也将外界影响注入相对闭塞的公司文化。

　　资料来源：SAP 打破文化壁垒的全球化重拳. 华尔街日报, 2007-05-11.

三、全球品牌策略

1. 全球品牌

　　全球品牌（Global Brands）是指在全世界范围内使用的某个名称、术语、记号、符号、设计或以上这一切的组合，旨在标识某一企业的商品或服务，以区别于竞争对手。形象是企业识别和企业战略的核心，一个成功的品牌是企业最有价值的资产。拥有著名品牌的企业会尽量在全球使用其品牌，即便产品根据当地文化的需要进行变化，全球品牌仍然可以成功地应用。

　　全球品牌使企业在全世界拥有一个统一的形象，因此在推出新产品时可以提高效率，节约成本。但是，并非所有的品牌都适合作为全球品牌。企业会面临选择全球品牌还是在不同国家用不同品牌的问题。采用全球品牌必须考虑投入与收益之间的比较，即在当地确立全球品牌投入的成本要小于全球品牌长期节约成本及在全世界推行单一品牌的收益。当品牌在东道国市场上缺乏知名度时，企业可以收购当地知名品牌，重新设计包装，以新的形象出现，这样可以节省成本和进入市场的时间。

2. 原产地效应与全球品牌

　　全球品牌形象受到许多因素的影响，诸如以往的广告和促销手段、产品声誉、产品评价及消费者使用情况等，其中备受关注的一个因素是原产地。原产地效应（Country of Origin Effect，COE）是指产品的设计、制造、装配国对消费者评价产品所产生的影响。在当今经济全球化背景下，许多公司在全世界范围内生产产品，产品原产地不同，消费者对于产品的评价会产生差异。

　　原产地效应与人们的成见有关。如消费者认为某些产品是最优秀的，如法国的香水、日本的家用电器、中国的丝绸、意大利的皮革等。生产国、产品类别、企业及其品牌形象都将影响原产地是否会在消费者中形成积极或消极的反应。消费者由于自身经历、道听途说和神话传说而对不同产品或国家持有成见。人们对国家存在成见，其依据是发达国家还是发展中国家，这些成见与其说是与某个国家的具体产品相关，倒不如说是对某个国家生产的产品总体质量的看法。通常，技术含量越高的产品，如果是在发展中国家生产的，人们对其看法越消极。如人们认为日本的汽车、家用电器都是优质产品，而人们对于中国、印度等发展中国家所生产的同样的产品则会比较怀疑。

民族优越感也有原产地效应。例如，美国人"买美国货"那样的民族自豪感会影响到对待外国产品的态度。又如，俄罗斯人愿意买本国的产品、韩国人愿意买本国的汽车，这些都将影响他们对待外国产品的态度。

原产地效应还与时尚有关。这些时尚常常围绕着世界上某些国家和地区的产品。这种情况一般涉及具有时尚特点的产品，如欧洲消费者钟情于美国的百威啤酒、Bose音响等。研究表明，消费者的知识越丰富，对产品的原产地效应越敏感。不同国家的消费者对原产地效应的敏感度存在差异。

【专栏 8-5】 麦当劳集团

由于严格的质量控制以及在全球范围内取得的成功，麦当劳集团经常被看作是美国精神（和全球化）的范例。麦当劳在121个国家拥有近3万个快餐店，每天服务约4600万名顾客，年销售总额超过410亿美元。

公司拥有相当细节化的须严格遵守的规范和制度。在英国，麦当劳咖啡的高标准激起了英国咖啡供应商的众怒，公司在无法获得高品质汉堡面饼的情况之下修建了自己的工厂。麦当劳向泰国农民提供援助，教其种植爱达荷黄土豆。当在欧洲无法获得理想的供货时，公司毫不犹豫地从加拿大进口法式薯条，从俄克拉何马州进口派。

但是，正如《广告时代》、《华尔街日报》和《直销》所报道的，公司在商品方面也允许适度灵活性和创造性。在东南亚，麦当劳提供用美味的热带水果制成的榴莲口味奶昔，亚洲人接受这种香味，而西方人则觉得恶心。在中国香港还可以看到椰子、芒果和热带薄荷奶昔。

在欧洲也应该对菜单进行修改。麦当劳在瑞士销售淡啤酒，这在当地不需要酒精饮料许可，并在欧洲大陆出售鸡块（以阻截肯德基）。麦当劳在香榭丽舍提供白葡萄酒和红葡萄酒，而咖啡则是用小杯装的特浓黑咖啡。在英国，麦当劳提供茶品，除非客户要求红茶，否则会在茶中加奶。

……

此外，公司的经营理念也有所改变。为吸引合格且资金充足的国外合作商，麦当劳授予地区特许经营权，而不是常见的按店铺授予经营权。

……

McThai有限公司增加了麦当劳泰式感受。约25%的菜单都采用本地产品以符合本地口味。菜单包括椰奶米饭配香辣木瓜沙拉（Khao Man Somtan）以及甜点，如西米和椰子派。此外，总经理还计划引入饮食娱乐（Eatingtainment）概念，将娱乐与饮食相结合，增加卡拉OK和竞赛等活动也在计划之中。

在欧洲，麦当劳也体现出明显的当地风格。在建筑风格方面，麦当劳法国公司结合当地建筑风，在 Alps 的一些快餐店使用木材和石头内饰，让人有牧场小屋怀旧感。900多家法国快餐店的风格设计方面，在标准设计基础上又增加了20%的附加设计，店铺销售额也增加了20%。

……

正如麦当劳所解释的，"麦当劳是美国品牌，但麦当劳应该变得更欧洲化。与过去相比而言，麦当劳应该更多地与本地文化相联系"。

资料来源：[美] 萨克·翁克维斯特，约翰·J. 萧. 国际营销学 [M]. 北京：清华大学出版社，2013.

第三节 跨国公司价格策略

跨国公司产品在各有关国家市场上的价格水平受制于公司内部和外部的诸多因素，如公司经营目标、成本要素、需求与竞争、税收与关税、通货膨胀与汇率浮动、中间商和运输成本、国家政策与政府干预等多种因素的影响，因此，跨国公司定价比国内企业产品定价复杂得多。

一、跨国公司国际产品定价方法

国际营销过程中，企业为所出售产品进行定价需要采用一定的方法，具体可以大致分为成本导向、需求导向和竞争导向三大类定价法。

1. 成本导向定价法

成本导向定价法是一种主要根据产品的成本决定其销售价格的定价方法，其主要优点在于简便易用、比较公平。其主要方法有：

（1）成本加成定价法。成本加成定价法是一种传统的产品定价方法。成本加成就是以商品总成本为基础，再加上一个百分比作为利润来确定价格。成本包括生产成本（包括固定成本与变动成本）和经营成本（包括销售费用、管理费用、运费、关税等）。

成本加成定价法的优点在于：①相对于需求的不确定性而言，成本的不确定性一般比较少，根据成本决定价格可以大大简化企业定价的过程。即使企业对国外市场上的需求、竞争等因素了解不多，产品只要能够卖得出去，根据成本加成定出的价格就能保证企业的正常经营。②如果同行业中所有企业都采取这种定价方法，则价格在成本与加成相似的情况下也大致相似，价格竞争也会因此降至最低限度。许多人认为成本加成法对买方和卖方讲都比较公平，当买方需求强烈时，卖方也不利用这一有利条件谋取额外利益，同时又能获得公平的投资报酬。

成本加成法的主要缺点就是忽视了市场供求关系的变化及影响产品销售的其他因素。当市场出现供大于求时，因企业定价高而未及时改变，使产品难以销售出去；当市场出现供不应求时，产品定低价，一方面未能及时提高利润率以加快收回投资，另一方面使购买者误以为公司产品质量低劣，影响企业和产品形象。

中国企业在运用成本加成法制定产品价格时，还要考虑国外市场对倾销的认定。由于中国劳动力成本低，导致产品低成本和低售价，有时在国外市场上被他国政府认定为有倾销倾向。这也是我们在制定产品价格时要考虑的一个因素。

（2）目标利润定价法。目标利润定价法也被称为投资收益率定价法。它是根据公司的总成本和计划的总销售量，加上按投资收益率制定的目标利润作为销售价格的定价方法。这种方法的实质是将利润看作产品成本的一部分来定价，将产品价格和企业的投资活动联系起来，一方面强化了企业经理的计划性，另一方面能较好地实现投资回收计划。国外大型企业，因为投资大，业务具有垄断性，又与公众利益息息相关，政府对它的定价有一定的限制，常采用这种方法。

当然，目标利润定价的前提是产品的市场潜力很大，需求的价格弹性不大，按目标利润确定的价格肯定能够被市场接受。

目标利润定价法的不足之处在于价格是根据估计的销售量计算的，而实际操作中，价格的高低反过来对销售量有很大影响。销售量的预计是否合适，对最终市场状况有很大影响。跨国公司必须在价格与销售量之间寻求平衡，从而确保用所定价格来实现预期销售量的目标。

2. 需求导向定价法

需求导向定价法即以产品或服务的社会需求状态为主要依据，综合考虑企业的营销成本和市场竞争状态，制定或调整营销价格的方法。由于与社会需求有联系的因素很多，如消费习惯、收入水平、产品或服务项目的需求价格弹性等，企业对这些因素的重视程度不一，这便形成以下三种具体的需求导向方法：

（1）价值定价法。价值定价是指尽量让产品的价格反映产品的实际价值，以合理的定价提供合适的质量和良好的服务组合。这种方法兴起于20世纪90年代，被麦卡锡称为是市场导向的战略计划中最好的定价方法。

价值定价与认知定价是有区别的，消费者对企业产品的认知价值是主观的感知，并不等于企业产品的客观的真实价值，有时两者之间甚至会有较大的偏离。企业价值定价的目标就是尽量缩小这一差距，而不是通过营销手段使这一差距向有利于企业的方向扩大。企业要让顾客在物有所值的感觉中购买商品，以保持顾客对企业产品的长期忠诚。

在现实生活中，某些创新型产品，由于消费者对此缺乏比较的对象，一时对产品捉摸不透：企业的利润很低，消费者可能会认为定价太高；目标利润高，消费者也可能认为价格便宜。这里就有一个消费者对产品的"认知价值"的问题。利用这种定价方法，必须正确估计消费者的"认知价值"，估计过高或过低对企业都是不利的。

（2）倒推定价法。倒推定价是消费者或进货企业习惯接受和理解的价格。这种方法就是公司根据消费者可接受的价格或后一环节买主愿意接受的利润水平确定其销售价格的定价法。一般在两种情况下企业可采用这种定价法：一是为了满足在价格方面与现有类似产品竞争的需要，而设计出在价格方面能参与竞争的产品；二是对新产品的推出，先通过市场调查确定出购买者可接受的价格，然后反向推算出产品的出厂价格。

（3）需求差异定价法。需求差异定价法以需求为依据，根据消费者需求的不同特性为产品制定不同的价格。采用这种定价方法时，为同一产品在不同市场上制定两种或两种以上的价格。其好处是使定价最大限度地符合市场需求，扩大产品的销售量，并且可以使企业获取最佳的经济效益。

需求差异定价法针对不同需求采用不同的价格，能够为企业带来更多的利润，在实践中得到了广泛应用。但实行该定价法必须具备以下条件：购买者对产品的需求有明显差异，产品的各个市场之间可以分割，而且低价市场的产品无法向高价市场转移。使用需求定价法时企业必须注意客户对公平的看法，而这种看法又是至关重要的。

3. 竞争导向定价法

竞争导向定价法即以同类产品或服务的市场供应竞争状态为依据，根据竞争状况确定是否参与竞争的定价方法。在现代市场营销活动中，竞争导向定价法已被企业广泛采用。

（1）随行就市定价法。大多数以竞争为导向定价的企业采用随行就市定价法。企业往往按同行业的市场平均价格或市场流行的价格来定价。

在现实的营销活动中，由于"平均价格水平"在人们观念中常被认为是合理的价格，易为消费者接受，而且也能保证企业获得与竞争对手相对一致的利润，因此使许多企业倾向于与竞争对手产品价格保持一致，尤其是在少数实力雄厚的企业控制市场的情况下。对于大多数中小企业而言，由于其市场竞争能力有限，更不愿意与生产经营同类产品的大企业发生"面对面"的价格竞争，而靠价格尾随，根据大企业的产销价来确定自己的实际价格。

（2）竞争价格定价法。与随行就市定价方法相反，竞争价格定价方法是一种主动定价方法，一般为实力雄厚，或独具产品特色的企业采用。其定价步骤有以下几步：首先，将市场上竞争产品价格与企业估算的价格比较，分为高于、低于和一致三个层次。其次，将企业产品的性能、质量、成本、式样、产量与竞争企业进行比较，分析造成价格差异的原因。再次，根据以上综合指标确定本企业产品的特色、优势及市场定位，在此基础上，按定价所要达到的目标确定产品价格。最后，跟踪竞争产品的价格变化，及时分析原因，相应调整本企业产品的价格。

（3）密封投标定价法。当多家供应商竞争企业的同一个采购项目时，企业经常采用招标的方式来选择供应商。供应商对标的物的报价是决定竞标成功与否的关键。价格报的过高自然会得到更多的利润，但是却减少了中标的可能性；反之，则可能由于急于中标而失去可能得到的利润。很多企业在投标前往往会拟定几套方案，计算出各方案的利润并根据对竞争者的了解预测出各方案可能中标的概率，然后计算各方案的期望利润，选择期望值最大的投标方案。其计算公式如下：

预期收益 =（报价 – 直接成本）× 中标概率 – 失标损失 ×（1 – 中标概率）

二、控制价格升级

1. 价格升级的含义

在一些国际市场中,超额利润是存在的,但通常,导致出口国和进口国之间价格不成比例差异的原因是产品从一个国家出口到另一个国家的过程中附加了很多成本,这里称之为价格升级。价格升级指的是最终价格由于装运费、保险费、包装费、关税、较长的分销渠道、较高的中间商毛利、专门税费、行政管理费、汇率波动的上涨的情形。其中,绝大部分成本是由进出口引起的。它们共同作用把最终价格提升到比国内市场高得多的水平上。[①]

2. 控制价格升级的途径

价格升级并没有给出口企业带来任何额外的利润。相反,由于价格升级,使得企业目标市场的消费者需要花高价购买同样的商品,高的价格抑制了需求,减少了公司产品的销售量,对生产企业本身产生不利的影响。因此,企业要努力采取措施抑制价格的逐步升级。常用的方法主要有以下几种:①降低净售价;②改变产品形式;③在国外建厂生产;④缩短分销渠道;⑤降低产品质量。

三、转移定价策略

1. 转移定价的含义

转移定价是在同一企业集团中,为了实现集团的利益,一个组织单位与另一个组织单位进行内部交易时采取的定价方法。这与正常市场情况下的定价方法有一定的区别,其中由转移定价所确定的价格就是转移价格(Transfer Price),广义的转移定价还包括企业之间的转移定价。

2. 转移定价的方法

转移定价的方法有两种:一是按"成本加价"基础确定;二是购销双方按"谈判价格"确定。前者价格同内部成本有着密切的关系;后者则是广泛的战略性限制占统治地位。在国际交易中究竟决定使用何种定价,关键因素在于买方能否从外部得到该产品。如果外部市场不存在,则流行"成本加价"定价法。谈判价格或高于市场价格,或低于市场价格,在最高供应价和最低购买价之间徘徊。实际使用的转移定价制度,必须与具体子公司的预算或利润目标相联系,从而保持管理的动力。如果转移定价方法影响了一家特定分公司的利润,那么,必须把利润以外的其他标准作为其经营目标。实行以成本加价的方法定价十分复杂,一般采用内部成本或外部市场价格作为基础。前一种情况下,如果生产从上一个阶段转移到下一个阶段时,转移的单位是一个成本中心,则按成本为基础确定转移价格;如果单位是利润中心,则成本加一定百分比的毛利作为定价基础;从事同一类产品生产的单位间横向转移,通常采用成本加管理费作为定价基础。在后一种情况下,一般采用从国际市场取得实际市场价格作为定价基

---

① [美] 菲利普·R. 凯特奥拉,约翰·L. 格雷厄姆. 国际市场营销学 [M]. 周祖城等译. 北京:机械工业出版社,2000.

础。同样，谈判价格的确定也十分复杂。例如，技术转让价格的确定有很大的随意性，但最终取决于讨价还价的能力。

3. 转移定价的作用

一般来说，转移定价的作用主要体现在以下几个方面：

(1) 减轻纳税负担。跨国公司的子公司分设在许多国家和地区，其经营所得须向东道国政府纳税。但各国税率高低差别较大，税则规定也不统一。即使在同一国家中，对资本、红利、利息、专利权使用费的计算也有不同的课税方法。企业可以利用各国税率的差异，通过转移价格高出低进或高进低出，人为地调整母公司与子公司的利润，把公司总的所得税降到最低限度。同时，鉴于各国关税税率也存在差异，公司通过对设在高关税国家的子公司以偏低的转移价格发货来降低子公司缴纳的关税税额。

(2) 增强子公司在国际市场上的竞争能力。跨国公司也将转移价格作为促进国外子公司建立与发展的手段。如果子公司在当地遭遇其他企业的竞争，采用转移低价可以提高子公司在当地的信誉，降低子公司的成本，便于子公司在当地发行证券或参与强有力的竞争。

(3) 减少或避免风险。首先，可以减少或避免汇率的风险。如果预测某一子公司所在国货币可能贬值，跨国公司就可以采取子公司高进低出的办法，将利润和现金余额汇回，以减少因货币贬值造成的损失。其次，避免东道国的外汇管制。有些东道国政府为了外汇收支平衡，对外国公司利润和投资本金的汇回在时间上和数额上有限制，在这种情况下，子公司便可以利用高进低出的办法将利润或资金调出东道国。最后，逃避政治风险。

(4) 转移资金，控制市场。向子公司摊提管理费、研究和开发费用，避免因子公司利润过高引起工人过高的福利要求，在拥有部分股权的子公司中获得更多的利润等。

4. 影响转移定价的因素

在实施转移价格策略时，跨国公司受到多方面因素的影响。

首先，受各国经济环境的影响。跨国公司制定转移价格时，必须充分考虑市场状况、购买者支付能力、竞争状况、利润转移规则、合资企业合伙人之间的矛盾、租税、关税等环境因素。另外，当企业在海外经营时，转账常常受到检查，并受那些与企业存在利益冲突的税务机构的调查。有形财产转移还必须通过海关机构。为提高当地企业的收益，高进口价格使外国企业缴税较多，这样政府即可得到税款收益。例如，美国、加拿大、法国、意大利等国家的跨国公司把所得税视为影响转移价格的重要因素，英国把其子公司金融状况的改善视为主要因素，而北欧及其他国家把通货膨胀看成影响转移价格的主要因素。

其次，受各国政府政策的影响。有的国家政府要求现金支付，这就会经常限制进口方，企业不得不在一个时期内无利息地存放资金，以便于进口国外货物。这种情况刺激已进口产品的价格降至最低。转移利润的规定限制了企业利润转出一个国家的条件。其他政府控制包括在特殊行业中进行调查研究的规定和定价规定。为了限制转移价格活动，很多国家的税务部门要对跨国公司子公司之间非常规交易进行重新评估，并按照评估结果征收关税和公司所得税。

最后，受到跨国公司自身的限制。它包括来自跨国公司内部各个利润中心的影响和来自国外子公司的影响。跨国公司试图以转移价格来减少纳税数额，会造成企业虚报其收入和利润。有些企业上报的利润可能是由于低税地区低转移价格造成的虚假结果，也可能是由于高税地区高转移价格造成的虚假结果，这二者都会使损益平衡情况与真实情况相背离。

四、倾销与反倾销

倾销，是指一个国家或地区的出口经营者以低于国内市场正常或平均价格甚至低于成本价格向另一国市场销售其产品的行为，目的在于击败竞争对手，夺取市场，并因此给进口国相同或类似产品的生产商及产业带来损害。反倾销，是指一国（进口国）针对他国对本国的倾销行为所采取的对抗措施。

1994年关贸总协定乌拉圭回合谈判达成的《关于实施1994年关税与贸易总协定第六条的协议》（简称《反倾销协定》）是目前最具权威的国际反倾销法。该协定第2条第1款对倾销的定义作了明确的规定："如果在正常贸易过程中，某项产品从一国出口到另一国，该产品的出口价格低于在其本国内消费的相同产品的可比价格，亦即以低于其正常的价值进入另一国的商业渠道，则该产品将被认为是倾销。"

倾销一般可分为以下几类：

（1）零星倾销，是指制造商抛售库存，处理过剩产品。这类制造商既要保护其在国内的竞争地位，又要避免发起可能伤害国内市场的价格战，因此，必然选择不论定价多低，只要能减少损失就大量销售的办法，向海外市场倾销。

（2）掠夺倾销，是指企业实施亏本销售，旨在进入某个外国市场，而且主要为了排斥国外竞争者。这种倾销持续时间较长，一旦企业在市场上的地位确立，该企业便依靠其垄断地位而提价。

（3）持久倾销，是指企业在某一国际市场持续地比在其他市场低的价格出售，这是持续时间最长的一类倾销。持久倾销的使用前提是，各个市场的营销成本和需求特点各不相同。

（4）逆向倾销，是指母公司从海外子公司输入廉价产品，以低于国内市场同类产品的价格销售海外产品而被控告在国内市场倾销，这种情况在国际营销实践中时有发生。

国外许多公司事实上都曾进行过倾销。它们为了逃避反倾销调查，除了用给进口商回扣、把出口产品伪装成进口国国内生产的产品、开具假文件隐瞒出口产品真实价值等手段隐瞒倾销行为外，还经常通过如下措施"合法"地逃避反倾销控告：一是设法使出口产品从表面上看与在国内市场销售的产品有差别，即对实质上的同一产品，通过促销宣传，使之差异化，在国内市场上也就没有相应产品成为价格比较的基础，从而使倾销行为被掩盖；二是采取多种国际营销方式，变单纯的出口为在东道国生产，可以降低成本及低价销售。

除以上四种倾销之外，间接倾销和社会倾销的现象也已引起国际社会的重视，要求对其施行制裁的呼声越来越高。间接倾销通常也称第三国倾销，是指甲国的产品倾销至乙国，再由乙国销往丙国，并对丙国的有关工业造成损害。在这种情况下，虽然乙国的出口商并没有实施实际倾销行为，但丙国相似产品生产商可依反倾销法申请对乙国的生产商和出口商进行反倾销调查，也可要求乙国对甲国的产品采取反倾销措施。至于乙国当局是否会根据丙国的请求，对甲国的倾销产品实施反倾销措施，往往取决于乙国与丙国的政治与贸易关系。社会倾销最初仅指出口利用犯人生产的廉价产品，已经扩大到计算生产成本时所必须考虑的其他因素。发展中国家由于廉价劳动力和生产环境的低标准等种种因素，使其出口商品在国际市场和国内市场上的价格都比较低，因此不能按现有的法律定义确定其倾销。但由于这些廉价出口商品对发达国家的市场带来冲击，因此，发达国家，特别是欧盟的贸易保护主义者，一直在呼吁制止这种所谓的社会倾销。

【专栏8-6】　　　　　贝塔斯曼在乌克兰的营销战略

在美国，读书俱乐部主要服务于较年长的顾客。读书俱乐部在美国和西欧国家曾经有过辉煌的历史，但近年来有明显下滑的迹象。但在西欧和中欧，情形则完全不同。2006年，贝塔斯曼旗下Family Leisure在乌克兰销售了1200万册图书，并实现55%的销售增长。该公司是乌克兰的最大图书经销商，占据了12%的市场份额。家庭娱乐俱乐部拥有近200万会员，其中近半数会员的年龄在30岁以下。

在美国，贝塔斯曼拥有每月畅销书俱乐部和文学导航，全球平均利润率为4%。乌克兰能很轻易地超过此数字，其利润率经常是平均值的3倍左右。

曾是苏联阵营成员国的那些国家拥有很多受过良好教育喜欢读书的公民。但由于好的书店很少，贝塔斯曼已经成为捷克共和国最大的图书出版商。而在波兰、俄罗斯以及该地区的其他国家，贝塔斯曼也取得了巨大成功。

作为拥有4700万人口的国家，乌克兰仅有约300家书店。贝塔斯曼的战略是与乌克兰著名的年轻作家签约，成为他们著作的独家分销商。但由于年平均收入不到8000美元，公司一直保持低价策略，图书售价通常在5美元以下。Family Leisure俱乐部通常将图书发送到邮局，顾客去邮局自行取书。尽管多数人仍然无法使用互联网，但可以成为流行的领导者——发送手机短信下订单。家庭娱乐俱乐部的目标是"不只是成为一个读书俱乐部，而是一个个性化的书商。"

资料来源：Where the Book Business is Humming. 商业周刊, 2007-05-14.

第四节　跨国公司渠道策略

一、国际市场分销渠道结构

在国际市场营销中，生产者和消费者不在同一个国家，双方不能面对面地交易，商品的流通大部分由中间商来完成。商品从生产者向国际市场消费者转移所经过的流通渠道、流通环节和流通方式，就称为国际市场分销渠道。

由于产品可以通过不同的分销渠道在国际市场上进行销售，各渠道的层次和数目又有很大的区别，再加上国际市场营销渠道要面临不同的环境，所以国际市场营销渠道的结构比国内营销渠道要复杂许多。我们有必要将分销渠道简化成一定的模式，如图 8-1 所示。

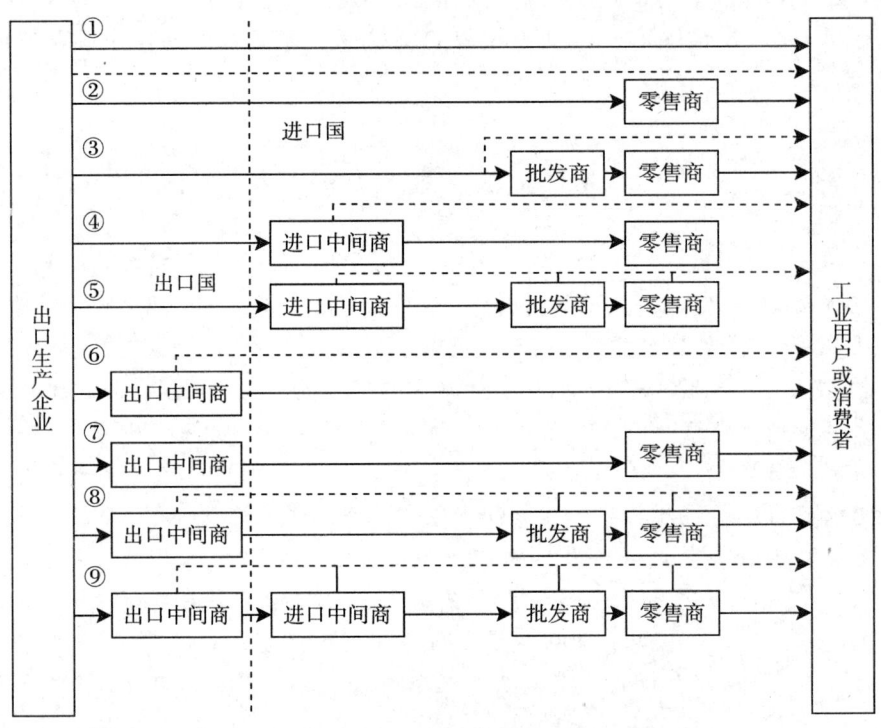

图 8-1　国际市场分销渠道模式

从图 8-1 可以看出，第①种渠道结构是最短的国际市场营销渠道，未经过任何中间层次就完成了商品流通过程；第⑨种渠道结构是最长的国际市场营销渠道，产品依次经过出口中间商、进口中间商、批发商、零售商等多个层次才完成商品所有权的转移。

第①、⑥种渠道结构是指出口企业、出口中间商通过在进口国设立销售机构等方式把产品卖给消费者或通过国外工业用户直接向出口者订购商品的一种渠道形式。

第②、③、⑦、⑧种渠道结构说明，进口国的一部分批发商、零售商也可直接进口产品，兼营进口业务。

生产企业的产品不通过出口中间商直接进入进口国的渠道模式可称为直接出口模式；而通过出口中间商进入进口国的渠道模式则可以称为间接出口模式。因此，第①到⑤种渠道结构是直接出口模式，第⑥到⑨种是间接出口模式。由此可见，从事国际市场营销的企业有多种营销渠道模式可供选择，这取决于企业采取的国际市场进入策略。不仅如此，企业在选择具体的国际市场营销策略和设计国际市场营销渠道结构时，还必须充分考虑自身的资源及其所在行业的特点、竞争者的渠道策略、目标市场特征、目标市场国家的法律环境以及消费者的生活方式和购买习惯等。此外，不论做出何种选择，国际市场营销企业都必须考虑渠道的效率和对渠道的控制策略。

二、跨国公司分销渠道设计

企业分销渠道设计的基本任务是确定营销渠道的长度与宽度。

1. 营销渠道的长度

影响国际营销渠道长度的因素有四大类，即产品因素、市场因素、购买者行为因素以及企业因素，如图8-2所示。

因素	特征	渠道长度选择
产品	a. 体积大，笨重 b. 易腐烂 c. 单价低，销量大 d. 标准化程度高 e. 技术性高 f. 时尚性强 g. 新产品	短 短 短 长 短 短 短
市场	a. 市场规模大，潜力大 b. 市场地理分布集中	长 短
购买者行为	a. 购买频率低而最大 b. 购买的季节性强 c. 购买的选择性强	短 长 短
企业	a. 管理能力强，富有销售经验 b. 控制渠道的欲望强	短 短

图8-2 渠道长度影响因素

2. 营销渠道的宽度

企业在确定了营销渠道的长度后，需要再确定营销渠道的宽度，以保证营销渠道的流量能满足企业销售任务的完成和销售目标的实现。企业营销渠道宽度有三种基本选择：

（1）广泛分配。企业尽可能多地使用中间商，对中间商的行销范围不作明确规定，对其经营能力不严格要求，旨在使所有的消费者都能方便地买到本企业所生产的产品。日用品和具有统一标准的商品宜采用这种方式。

（2）选择分配。企业挑选少数销售能力强、信誉好、符合本企业的中间商进行产品分销。这种方式适合于大多数商品，特别是消费品中的选购品和工业品中的零件等。由于此时中间商数目少，中间商之间的竞争也少，故乐于与企业合作，甚至同意承担部分广告费用。

（3）独家分配。企业在目标市场或其中某一地区仅指定一家中间商经营其产品，此时，企业与中间商应通过签订合同明确规定双方的权利、义务与责任，企业保证持续供货、价格优惠，不在该区另辟销售渠道；中间商则保证努力推销产品，不再代销其他具有竞争性的产品。这种方式适合于特别品特别是名牌产品、需要现场操作表演和介绍使用方法的工业品，以及需要加强售后服务的耐用消费品。使用独家经销时要十分注意中间商的能力与信誉，以防其经销不力。

三、跨国公司渠道成员的选择

中间商是指处于生产者与消费者之间，参与商品流通业务，促进买卖行为发生和实现的组织和个人。

国际中间商的类型包括以母国为基地提供营销服务的出口中间商、以销售国为基地提供营销服务的进口中间商、目标市场国国内的批发商以及目标市场国国内的零售商。出口中间商是指设在生产企业本国的中间商，以出口中间商是否拥有商品所有权为标准，它可以分为出口经销商、出口代理商和出口佣金商三大类。其中，出口代理商又包括了销售代理人、厂商出口代理人以及国际经纪人三种类型。进口中间商指从事进口业务的中间商和销售进口商品的中间商。主要有进口经销商、国外进口代理商和进口佣金商三种。

由于国际中间商在企业的国际市场营销中起着关键的桥梁和连接作用，因而企业既要将中间商看成顾客，又要将其看成是战略协作伙伴。选择国际中间商要着眼于长远的规划，不能简单地考虑中间商的知名度、经营实力等常用和静态的指标。国际中间商的选择标准一般包括目标市场的状况、所处的地理位置、经营条件、业务能力、经营能力等。

1. 目标市场的状况

企业在选择销售渠道时，应当注意所选择的中间商是否在目标市场拥有自己需要的销售通路，如是否有分店、子公司、会员单位或忠诚的二级分销商；是否在那里拥有销售场所，如店铺、营业机构。国际中间商应对自己的实力和特长有清醒的了解，有固定的服务对象，应与目标市场的顾客建立起良好的关系，国际中间商的销售对象应该与企业的目标市场一致，这样生产企业才能够利用国际中间商的这一优势，建立高效率的营销服务网络。

2. 地理位置

国际中间商要有地理区位优势，所处的地理位置应该与生产商的产品、服务和覆盖地区一致。具体地说，如果是批发商，其所处的地理位置要交通便利，便于产品的仓储、运输；如果是零售商则应该具有较大的客流量，消费者比较集中，道路交通网络完备，交通工具快捷等特点。

3. 经营条件

国际中间商应具备良好的经营条件，包括营业场所、营业设备等。例如，零售商营业场所的灯光设施、柜台等设施应齐全，才能有效地支持零售商的业务经营。

4. 经营能力与特点

国际中间商的业务能力是决定销售成功与否的关键因素。需要对中间商的经营特点及能够承担的销售功能进行全面考察。一般来说，专业性的连锁销售公司对于那些价值高、技术性强、品牌吸引力大、售后服务较多的商品具有较强的分销能力。各种中小百货商店、杂货商店在经营便利品、中低档次的选购品方面力量很强。只有那些在经营方向和专业能力方面符合所建分销渠道要求的中间商,才能承担相应的分销功能,组成一条完整的销售渠道通路。在考察中间商的业务能力时,有以下几个方面的具体目标:经营历史、员工素质、经营业绩、信誉、合作态度等。

【专栏8-7】　　　　　　　　不必过度曝光

为与折扣店展开竞争,百货商店让保罗·拉夫·劳伦、卡尔文·克莱恩、盖斯(Guess)和其他著名品牌降低其牛仔裤价格,平均价格从68美元降到29美元。结果在2002年,盖斯(Guess)亏损了1100万美元。经过反思后,盖斯(Guess)有限公司没有进一步降价并降低品牌形象,而是努力使其他品牌产品外观更为高端,并将美国的斜纹布换成意大利和日本的更为精美的编制材料,又开设了更多Guess专营店,数量从2001年的118家增加到2006年的706家。虽然其女裤平均价格几乎是几年前的两倍,售价为103美元,而客户则认为高质量导致高价位,故没有任何反对意见。

在美国以外的地区,Guess拥有375家店铺。在欧洲,公司选择精品店销售,牛仔裤的平均价格为168美元。为防止零售店过度涨价,公司从外国分销商那里收回了特许协议。尽量拥有自己的店铺使得公司能够推出更多Guess品牌产品,如手表、鞋、手包和香水等。

在美国,甚至在沃尔玛都可以看到新秀丽旅行包,导致其品质形象遭到重创。相反,在欧洲和亚洲,新秀丽属于高端品牌,公司约60%的销售额来自美国以外地区。目前,新秀丽正努力重新打造自身形象,且增加了皮鞋(在意大利已供应多年)、钱包和文具等产品。

巴宝利的低端产品,如运动帽和围巾等开始销售后,在英国球迷中普及率相当之高,巴宝利意识到出现了问题。产品售价不到50美元,普及程度严重破坏了品牌自身形象。为减少曝光率,公司放弃了低端产品,并推出Icons豪华系列产品,此后增长40%的股价足以证明该品牌已经巧妙地恢复了自身的奢侈品形象。

资料来源:"How Guess Got Its Groove Back".商业周刊,2006-12-18;"Sleek, Stylish Somsonie".商业周刊,2007-02-26;"Best Global Brands".商业周刊,2007-08-06。

四、国际分销渠道的管理

企业建立国际分销渠道的目的是为顾客创造效用,这些效应包括:地点效用,即在对于潜在的顾客来说比较方便的地点提供产品或服务;时间效用,即顾客一旦提出要求即可获取产品或服务;形态效用,即产品经过分类和加工处理,保管良好并随时可以提供效用;信息效用,即回答顾客询问,保证顾客能够了解产品的特征。这些效用是产品价值和竞争优势的基本来源。

1. 影响国际分销渠道开发的主要因素

一般来说，影响国际市场渠道开发的主要因素包括：

（1）成本。成本在分销渠道战略选择中起着重要作用。供应商需要考虑的既有财务成本问题也有管理成本问题。一般来说，出口商（供应商）将海外分销的工作交给中间商去做要比自己亲自操作的成本低。供应商自己在海外建立销售机构是一项昂贵的投入，若将分销交给中间商来做，中间商可以把分销成本分摊到其所代理的诸多产品上。如果一个供应商选择单打独斗，它的分销成本只能由其自身有限的产品来承担。单打独斗的程度越高，供应商的初始成本就越高。建立分销渠道的成本主要包括对海外市场的考察、拜访中间商、谈判与选择。即使渠道建立以后，对渠道进行维护也会产生不小的成本开支，如对海外市场经常性的巡视、对渠道成员提供产品促销方面的支持等。另外，还要考虑物流方面的成本，比如建立与补充库存。对供应商来讲，其投入成本的多少与其相对于中间商的博弈能力有关。

（2）控制。供应商如果使用中间商，就意味着失掉了对海外市场的控制权。供应商与中间商之间的关系越松散，供应商的控制权就越小。此外，如果分销渠道环节过多，供应商会丧失对具体营销工作的话语权。所以，对海外市场参与度的高低还取决于供应商希望在多大程度上取得对分销渠道的控制权。如果要获得强有力的渠道控制权，对海外市场的直接融入是不可缺少的。如果站在企业战略的高度来看，供应商必须做出权衡，即在控制权和投入成本之间做出选择。如果渠道的控制权对企业来说是至关重要的，那么企业只能选择高成本，亲自建立自己在海外市场的分销渠道，而不是找中间商。不过通常的做法是，一个新的、没有经验的企业在其国际化的初始阶段往往依靠海外经销商，因为后者在当地市场很有经验。随着时间的推移，企业的学习成效开始显现，对海外市场也越来越了解。这时，企业往往终止与中间商的合作，在海外市场建立自己的销售机构，取得对分销渠道的全面监督和控制。

（3）投入度。投入度对渠道战略的影响不可低估。如何判断投入度的高低呢？可以观察供应商采取何种方式、花多大力气在海外市场推广自己的产品。具体方式有：使用尽可能多的中间商在尽可能多的细分市场上推广产品；在某一细分市场指定有限几个中间商；选择一个中间商同时负责几个细分市场。这几种方式对中间商意味着可以获得不同程度的利润。中间商可能要求取得对产品在所有海外市场的独家代理，否则便无利可图。从供应商的立场来看，如果进入某个新的海外市场，独家代理可能是比较好的战略选择，原因如下：①独家代理可以让目标市场的客户感受到产品来源的一致性；②独家代理出货量大，可以吸引比较大的经销商；③在宣传推广中容易统一口径；④有更好的销售协调性；⑤有更经济的物流；⑥由于有在整个海外市场的独家代理权，独家代理商往往愿意照顾到那些虽然目前不盈利但有未来发展前景的细分市场，即可以避免短期行为；⑦供应商和中间商的关系会更加稳固，因为双方的利益紧密地联系到一起，一方的成功也意味着另一方的成功。

（4）市场变化。供应商要根据目标国的经济环境选择最经济的资源投入模式。如1997年以前，当印度尼西亚还处在东南亚金融危机前夜的时候，不少跨国公司就在该国建立了自己的分销渠道，雅加达遍布着跨国公司的销售办事处。但这一切在1998年

第八章 跨国公司营销管理

被彻底改变了,危机中的印度尼西亚市场一片混乱,各国供应商只得把分销工作更多地交代给当地的代理商来做,直到金融危机和随后的政治骚乱得到平息。另一个需要考虑的问题是分销渠道对政权变化是否有免疫力,有没有可能被宣布为非法或者被收归国有。在有些国家(如利比亚),是不允许中间商存在的,在某些国家也只有国有企业才能从事中间商的业务。还有一些国家(如日本),零售业受到政府的严格控制,不允许自由竞争(限制新加入者和行业龙头),以便保护那些既有的、小规模的零售商。这些国家将小规模的零售商视为社会稳定的基石。政府常用的一些控制措施有限制商店的选址(特别是大型超市和大型连锁零售企业)、规定营业时间、制定严厉的健康与安全标准。一些国家的政府甚至直接参与到零售和批发业务中去,如加拿大酒精饮料监察局所开设的零售连锁店和泰国烟草专卖局的批发生意。再有,海外市场的顾客特点也对分销渠道有影响,它们决定了客户的购买行为。最后,供应商的产品在海外市场的销售潜力决定了供应商要在多大程度上取得对渠道的控制权。销售潜力越大,供应商越要投入更多的资源去搭建渠道,以获得控制权。当然,如果目标国的卡特尔(Cartel)组织或行业协会对国外产品的进入有许多限制,供应商也只好把渠道的控制权让给当地的中间商。

(5)文化。渠道在客观上起到了一国供应商的产品和另一国消费者之间的桥梁作用。这一桥梁所连接的不仅是买卖双方在地理上的距离,而且还有观念和心态上的距离。而后一种距离表现为一种心理差异,更多地受到文化因素的影响。这种文化因素影响的源头正是渠道各环节的人际关系构成的链条体系。研究发现,供应商与海外目标市场在心理上的差异越大,供应商亲自参与到渠道中的可能性就越小,它们倾向于依赖目标市场的代理商。心理距离还和供应商所预见的海外市场风险和他对海外市场的了解程度有关。预见的风险越大,对海外市场的了解越少,供应商就越有可能通过中间商来销售。[1]

(6)产品与服务特性。产品的特性,如标准化程度、损耗期限、体积、售后服务要求和单价等,都会影响渠道设计和分销策略。单价高的产品一般都会直接销售给终端用户。体积大、重量重的产品也适合直接销售。而一些比较复杂的电子、电气设备则适合交给中间商销售,因为这些产品往往涉及安装和售后服务。大型的、技术复杂的产品需要尽可能短的渠道,而日常消费品则可以采用长一点的渠道。化妆品最好采用直销方式,因为推销人员需要比较大的提成才能得到足够的激励。鲜活、易腐产品,市场生命周期较短的产品,多采用较短的分销渠道。单价低、数量大的产品要尽可能缩短渠道,因为每增加一个中间商,价格就会被提高一些,而这些产品的用户对价格是非常敏感的。

对于基础工业品来说,运输和仓储是需要重点考虑的问题。技术含量高的工业品要求提供直接的销售与售后服务,如计算机、数控设备、交通设备。耐用消费品的用户对商品的使用期限、售后服务的便利性与服务的方式比较在意。

---

[1] Gatignon H., Anderson E. The Multinational Corporation's Degree of Control Over Foreign Subsidiaries: An Empirical Test of a Transaction Cost Expansion [J]. Journal of Law, Economics and Organization, 1988 (2).

2. 国际市场分销渠道创新

企业在选择与开发国际营销渠道方面,要下大功夫进行创新。一般说来,如果企业渠道出现终端用户对渠道的满意度降低;分销渠道过于单一化;渠道费用日益昂贵;经销商故步自封;客户关系管理没有与时俱进等信号时,就说明营销渠道创新已经迫在眉睫了。企业可以通过以下四条路径来推行国际分销渠道的创新:

(1) 渠道管理创新。对传统渠道和海外经销商进行改造,由交易型向伙伴型进行转变,使分散的经销商形成一个整合体系。改造的基本方法一般包括:对渠道成员的数量、其所承担的工作任务以及渠道本身的数量进行调节;加强企业与分销商之间的关系;扶植有潜力的经销商,使其获得特定地理区域内的垄断地位;建立渠道内多个经销商之间的联盟关系,停止相互混战、拆台和压价的局面;跳出高交易成本的合同管理模式,尝试低交易成本的关系管理模式;将层级繁多、关系混杂的渠道网络简化为层级合理、关系清晰的网络;积极利用连锁加盟和特许生产的模式;打造多功能的区域物流中心,除了传统的补货功能外,还应该让区域物流中心具有陈列、门店宣传、售后服务、品牌提升和维护等多种功能。

(2) 渠道运作创新。尝试新的渠道策略,在既有基础上创新,推行渠道多元化战略。在推行渠道多元化策略的同时,逆向批发商(超级终端供应商)将因终端变革应运而生。"逆向批发"的经销商将中小厂家的小批量产品采购过来,以集中形成规模,再打包转售给下线经销商。经销商对其通路进行细分化和专业化改革是未来通路创新的主流方向。以前那种靠"走量"来获取利润的方式很可能行不通了,终端客户的不同需求、客户对专业化服务要求的进一步提高使得经销商不得不重视分众市场。随着经销商对通路管理能力的提升,通路将持续下沉至终端客户。

(3) 渠道体制创新。由金字塔向扁平型转变,即精简渠道层级,压缩渠道长度,经销商对其通路进行细分化和专业化改革是未来通路创新的主流方向,由总经销商向终端市场建设为中心转变。如戴尔的直销模式和日本电气公司的城市代理制度。

(4) 渠道关系创新。在渠道内的利益相关者之间营造互动关系,由重结果变为重过程,包括厂家与经销商之间的互动以及厂家与最终消费者之间的互动。厂家通过人际交往、有组织的联系、沟通等手段邀请经销商参加本企业的公关活动,并对经销商提供及时的反馈(如销售情况、消费者投诉等)给予激励,强化这种行为。网络技术的成熟使得厂家可以越过中间商直接建立与消费者之间的互动。厂家可以通过在门户网站设立链接、网络广告、电子邮件等把信息准确无误地传递给消费者,同时也可以通过网上论坛与留言簿、网上问卷调查、电子邮件投诉信箱等来接收消费者的反馈信息,以了解消费者的需求和产品的不足之处,便于改进和实现供需一致。与消费者的双向互动还有利于实现渠道终端的个性化,即企业可以按照消费者的特殊需求来定制生产。针对消费者的产品定制不仅可以减少中间环节,消除产品积压,且个性化的产品价格缺乏弹性,可以为企业带来较高的利润。

【专栏8-8】　　　　　戴尔在中国的直销零售模式创新

戴尔是全球直销模式的领跑者。但在过去几年里,当戴尔的老对手惠普公司已经在中国推行网络化渠道战略,深入到中国四级到六级市场的时候,戴尔仍然在直销模式的"变"与"不变"中挣扎。同样,当服务已经占据IBM、惠普大部分收入的时候,戴尔的形象仍然是一个"硬件厂商",这都让其饱受其苦。由于79%的营业收入来自于商业销售,经济不景气使大量企业和政府部门缩减开支,戴尔也丧失了更多的市场份额。据财报显示,戴尔的公司业务营业收入同比下滑23%,中小企业业务营业收入同比下滑19%,虽然消费和服务收入增长势头不错,但基数太小无法扭转下滑趋势,公司的净利润则同比下滑了54%。此时,戴尔在全球PC厂商中的座次已经滑向了尴尬的老三,不仅远远落后老对手惠普,出货量和市场份额也被中国台湾厂商宏碁超越。

2009年4月,戴尔在中国全面引入直供零售模式。其产品不仅进入国美、苏宁这样的零售连锁店,也进入美承、恒昌,以及和雍旗下的几百家PC零售店渠道。戴尔已经正式进入IT卖场与惠普、联想贴身肉搏。中国区在戴尔全球战略中地位也逐渐显现,第三季度,戴尔在中国的销售额比上财季增长了20%,同比增长了8%。中国不仅已经成为戴尔收入第二的国家,更是公司创始人迈克尔·戴尔眼中2015年后全球最大的IT市场。另外,中国也是其消费业务的最佳"试验田",戴尔在中国消费市场的份额连续7个季度保持增长,从不到4%扩大到10.1%。可见,戴尔的零售策略已初步取得成效,零售业务占总销售额的比例已由过去的1/10升至1/9。2010年第一季度,中国的消费业务年增长达43%,而第二季度的增长幅度将高达100%。这得益于戴尔在中国消费业务的持续投入和渠道深化。与此同时,戴尔电脑也进入美国、加拿大以及波多黎各三国的3000多家沃尔玛超市进行销售,并逐步向全球铺开。

资料来源:经理世界网,http://www.ceocio.com.cn/e/action/ShowInfo.php?classid=287&id=126978.

第五节　跨国公司促销策略

一、国际广告

1. 国际广告的概念

国际广告是国际营销的一种手段,为了满足国际营销的需要,对出口国或地区做的广告。它的目的是通过各种适应国际市场特点的广告形式,使商品能够迅速进入国际市场,建立市场声誉,扩大产品销售,实现最终的销售目标。[①]

[①] 宋顺清. 广告学原理与应用 [M]. 北京:高等教育出版社,1998.

同国内广告相比，国际广告由于其诉求对象和目标市场是国际性的，广告代理是世界性的，因而自身具有以下一些特点：①国际广告必须考虑进口国的经济环境。②国际广告必须尊重东道国的风俗习惯。③国际广告必须适应各国的文化。④国际广告必须尊重各国的宗教信仰。⑤国际广告应遵守各国对广告的管制。⑥国际广告要注意各国的自然环境、人民的收入水平，以及国民的文化教育水平和各国的语言文字特点。这是因为不同的国家和地区有不同的社会制度、不同的政策法令、不同的消费水平和结构、不同的传统风俗与习惯、不同的自然环境、不同的宗教信仰，以及由此形成的不同的消费观念及市场特点。因此，国际广告传播的本质是跨文化交流的活动，其目的是引导、吸引不同文化背景消费者的消费行为，广告是否成功的关键在于是否实现有效的传播，而传播是否有效又是由共同意义的分享程度决定的，而文化身份，即国际广告的传播者和接收者的文化背景又决定了共同意义的分享程度。国际广告传播具有跨文化的属性，因此为了减少或避免广告传播中的文化障碍，就要让广告的制作者们具有很强的跨文化意识。

2. 国际广告决策

国际广告决策包括国际广告目标、国际广告预算、国际广告的标准化与差异化、国际广告内容、国际广告媒体选择和国际广告代理商选择等决策。

（1）国际广告目标决策。广告目标的制定必须充分考虑企业制定的有关目标市场、市场定位和营销组合等营销策略。对以上策略的决策决定了国际广告促销手段在整体营销规划中的任务。按企业的沟通目的，广告目标主要有：告知信息、劝导购买和巩固使用。

（2）国际广告预算决策。确定广告目标后，企业应编制广告预算，即确定在国际广告上投入的资金量及其使用规划，以实现企业的国际广告目标。企业一般采用以下四种方法来制定广告预算：目标任务法、销售百分比法、竞争比照法和量力而行法。

（3）国际广告的标准化与差异化。国际广告的标准化指企业在不同国家的目标市场上，使用主题相同的广告宣传。其主要优点是可以降低企业广告促销活动的成本，充分发挥企业人、财、物的整体效益，并且以统一的整体形象传递给目标市场，从而增强消费者对企业及产品的印象。其主要弊端是没有考虑各国市场的特殊性，广告效果不佳；国际广告的差异化是指企业针对各国市场的特性，向其传送不同的广告主题和广告信息。其主要优点是适应不同文化背景的消费需求，针对性较强。其主要缺点是广告主题对各国市场的广告宣传较难控制，甚至会出现相互矛盾的情况。

（4）国际广告内容决策。广告内容的设计是一项较为复杂的工作，既要有科学性又要有艺术性，而且必须与广告目标紧密相连。广告内容的设计包括以下几项决策：强调情感或强调理性；以对比为主或以陈述为主；以正面叙述为主或以全面叙述为主；广告主题长期不变或经常改变。

（5）国际广告媒体选择决策。媒体的选择是国际广告中十分重要的问题。广告媒体的选择很大程度上决定了广告的效果，甚至会影响到企业开拓国际市场的成败。世界各国的广告媒体类型基本相同，但又各有特点。在选择国际广告媒体时，应着重考虑以下问题：目标顾客的媒体习惯、媒体的声誉与特点、媒体的传播覆盖面和质量、媒体发布广告的时间和媒体费用等。

（6）国际广告代理商选择决策。选择国际广告代理商需要考虑以下几点：①广告公司的作业能力；②广告公司的经验与实绩；③广告代理商的规模。

【专栏8-9】　　　　　　　　　用正确的方式书写

　　派克公司是位于美国威斯康星的高级钢笔生产商，该公司在进行国际营销推广时，一直都专注塑造一个"有范儿"、高品质的正面形象。它在美国的广告强调地位和身份。在德国，该公司最成功的平面媒体广告只有一只握着派克钢笔的手，再附上一行大标题："这就是你精确书写的。"在英国，派克多年来一直是同类产品市场上的领军人物，其广告则强调制造派克钢笔所花费的时间。但是，在墨西哥，该公司打算突出其钢笔的内在品质的广告却以失败告终。派克希望将自己塑造成钢笔制造商中的"领头羊"，因此它把炮火指向了那些粗制滥造的钢笔存在的一个让人恼火的问题：漏水以及因此而引致的污渍。派克和墨西哥几个知名杂志签订了广告合约，以商务人士为自己的目标客户群。它认为自己的广告语的意思是："派克"，不会在口袋里漏水，不会让你难堪。但是，因为西班牙语中的"怀孕"一词被错误地理解为了英语中的"难堪"的意思，其广告语变成了："我不会漏在你的口袋里让你怀孕的。"

　　教训：记住，广告必须使用目标客户群能够理解的语言来传递信息；如果目标客户群笑了，那么请确信他们是在和你一起笑，而不是在笑你。这点，问问派克就明白是什么意思了。

　　资料来源：迈克尔·怀特. 国际营销案例——警示篇 [M]. 北京：中国人民大学出版社，2011.

二、国际市场人员推销

1. 国际市场人员推销的任务

国际推销是在国际范围内对自身产品的销路进行推广，激发国际市场上消费者的购买欲望，促进和影响消费者采取购买行为，从而达到扩大产品销售目的的活动。

国际市场人员推销是指企业派出推销人员，或委托、聘用当地人员，向国外顾客介绍商品，洽谈交易，以达到销售产品的目的。推销人员与顾客联系、进行信息沟通的方法包括面对面、书信来往、电话等。推销人员的具体任务主要有：①积极寻找和发现更多的现实购买者和潜在购买者；②把企业产品和服务方面的信息传递给购买者（包括现实和潜在购买者）；③灵活运用营销技术和手段（如加强与顾客沟通、展示产品、宣传品牌特点、解答顾客问题等），千方百计扩大产品销售；④向顾客提供咨询、技术、融资、质量保险等方面的服务，以诚相待，帮助解除顾客忧虑，提高顾客满意率和忠诚度；⑤进行市场调查，搜集市场情报和顾客对本企业产品的意见，及时向企业营销主管报告（口头或书面形式）。

2. 国际市场人员推销策略

人员推销策略系指企业根据外部环境变化和内部资源条件建立和管理销售队伍的系统工程。主要包括：①确定人员推销在企业市场营销组合中的地位，为销售人员制定适当销售组合；②根据企业资源条件和销售经费预算等合理确定销售队伍规模；③根据顾客、产品和销售区域分配资源和时间；④制定奖惩办法，对销售人员进行激励和约束。

企业可以从国际市场人员推销战略决策和管理决策两个方面对推销人员进行管理以及使人员推销这种促销策略更为有效。

（1）国际市场人员推销的战略决策。国际市场人员推销的战略决策需要考虑人员推销的规模、工作安排以及区域设计等方面的内容，从战略角度来设计人员推销方案。

①人员推销的规模。人员推销最主要的是根据企业的实际情况，结合当地国际市场环境以及其他因素，确定销售队伍的规模。

②人员推销的工作安排。这主要是对销售人员在既定销售队伍规模下，能够在产品、顾客、地理区域方面合理分配时间和配置资源。

③人员推销的区域设计。企业所委派的销售人员驻到一些地区负责产品销售，这些地区通常被称为销售区域。一般应考虑目标区域的销售潜量、工作量等，具体还要根据目标市场的语言、文化及习俗是否为推销人员所熟悉，而选择熟悉目标国市场的推销人员等。

（2）国际市场人员推销的管理策略。主要包括：①推销人员的聘任。②推销人员的培训。③推销人员的激励。④推销人员业绩的评估。

【专栏 8-10】 "Stocking Fellas"

玛莎百货（Marks & Spencer）是英国一家中等价格水平的零售商，出售英国1/4的内衣品牌。内衣作为送给女性圣诞节礼物非常流行。圣诞节之前，男性购买者往往会增加三倍，但也是圣诞节后退货最多的商品种类之一。对于男性购买者，挑选内衣属于比较麻烦的事情。如果所选内衣尺寸太大，男性消费者可能会被女性伴侣指责嫌弃其太胖；如果尺寸过小，则伴侣会认为暗示其身材像未发育成熟的儿童。

公司研究结果显示，只有1/3的女性会对男性伴侣所购买的内衣感到满意，事实上只有1/3的男人对妻子或女友的尺寸或所喜欢的牌子了如指掌。

为解决此问题，零售商雇用了"Stocking Fellas"，或称作"帮助男性顾客购买女性内衣的销售人员"。男人们被建议偷偷看一下伴侣的内衣抽屉，建议考虑购买诸如银色或棕色，而不是直接购买红色的内衣商品。值得一提的是，并不是所有的销售人员都适合担任Fellas，公司会选择健谈的且善于准确确定尺寸的部门的销售人员（如男装部），并由经验丰富的女性内衣销售人员对其进行培训。

资料来源：For a Dlicate Sale, A retailer Deploys "Stocking Fellas". 华尔街日报，2006-12-21.

三、国际市场营业推广

营业推广（Sales Promotion，SP）又被称为销售促进。根据美国市场营销协会（AMA）定义，营业推广是用以增进消费者购买和交易效益的促销活动，诸如陈列、展览会、展示会等不规则的、非周期性发生的销售安排。科特勒（Kotler）指出它是刺激消费者或中间商迅速购买大量的指定商品的促销手段，其中包括各种短期促销工具。

1. 国际市场营业推广的分类

选择营业推广工具，必须充分考虑市场类型、营业推广目标、竞争情况以及每一种营业推广工具的成本效益等各种因素。

（1）企业使用于消费者市场的营业推广工具。如果营业推广目标是抵制竞争者的促销，则可设计一组降价的产品组合，以取得快速的防御性反应。如果企业产品有明显的竞争优势，目标在于吸引消费者率先采用，则产品样品可作为有效的营业推广工具。企业可以向消费者赠送免费样品或试用样品。

（2）零售商使用于消费者市场的营业推广工具。零售商关心的是顾客的光顾、购买以及吸引更多的人进入店中，营业推广工具的选择便以此目标为中心。折价券、特价包、赠奖、交易印花、购（售）点陈列和商品示范表演、竞赛、兑奖、游戏等在零售业最常用。其中，折价券是给持有人一个凭证，他在购买某种商品时可凭此券免付一定金额的钱。特价包是向消费者提供低于正常价格的销售商品的一种方法。赠奖是以相当低的价格出售或免费赠送商品。赠奖的主要形式有：①随附赠品；②免费邮寄赠品；③低价赠奖。交易印花是顾客通过购买而得到的一种特殊类型的赠奖。竞赛、兑奖和游戏是让消费者、中间商或推销人员有某种机会去赢得一些东西。

（3）企业使用于中间商的营业推广工具。企业为取得批发商和零售商的合作，可以运用购买折让、广告折让、陈列折让、推销金等营业推广工具。购买折让是指购货者在规定期限内购买某种商品时，每买一次就可以享受一定的小额购货折让。

（4）企业使用于推销人员的营业推广工具。企业常运用销售竞赛、销售红利、奖品等营业推广工具直接刺激推销人员。

2. 国际营业推广策略的制定

要想成功地进行国际营业推广，达到扩大销量的目的，跨国公司需要经过以下几个步骤：

（1）确定营业推广的目标。国际营销团队需要确定好目标市场和消费者群体。

（2）选择营业推广工具。国际营销团队应该充分考虑市场类型、营业推广目标、竞争情况以及每一种营业推广工具的成本效益等各种因素，选择合适的营业推广工具。

（3）制定营业推广方案。一个优秀的营业推广方案需要包括本次销售活动的活动目的、活动对象、活动主题、活动方式，此外还要包括营业推广活动前期准备（人员安排、物资准备、试验方案）、中期操作（活动纪律和现场控制）、后期延续以及费用预算、意外防范、效果评估等。

（4）实施和控制营业推广方案。一个好的营业推广方案需要得到有力的执行，进行不断的反馈才能够达到理想的效果和目的,因此这是营业推广策略中必不可少的环节。

(5) 评价营业推广方案。企业需要通过比较不同时段(如销促前、销促期间、销促过后不久以及销促过后的长期影响)获取销售数据来进行评估,同时还可以通过消费者调查获得消费者及时的反馈。

四、国际市场公共关系

公共关系(Public Relations, PR)是一个企业或组织为了搞好与公众的关系,增进公众对企业的信任和支持,树立企业良好的声誉和形象而采取的各种活动和策略。公共关系也被称为"塑造企业形象的艺术"。其实质为一种促销手段,其最终目的是促进和提高企业的产品销售。因为良好的公众关系,可以保证企业经营的稳定性和较强的凝聚力。同时也会受到消费者的青睐,提高企业的销售业绩。跨国企业在经营中,随时可能出现一些例外情况与企业的目标或利益产生冲突,遇到这种时候,企业就要善用公共关系,加强与东道国政府官员的联系,了解他们的意图,懂得他们的法律,处理好突发的事件,协调好和东道国以及目标市场消费者的关系,以求得企业经营活动的长期发展。

1. 国际市场公共关系的任务和程序

国际市场公共关系任务与目标市场所在的国家或地区,企业在国际市场所处的地位、产品性质、经营范围、进出口的复杂程度、市场供求和竞争状况、企业面对的外部宏观环境,以及本国的对外贸易政策等密切相关。其任务主要体现在以下几个方面:信息收集、宣传企业、加强企业与公众之间的沟通和企业形象维护等。

企业要想在国际市场上建立良好的公共关系,必须以诚信为基础,以社会公众利益为出发点,以树立企业形象为目的。树立高知名度和高美誉度的企业形象不可能一朝一夕完成,需要企业坚持不懈、持之以恒、有条不紊、稳扎稳打按计划进行,并通过一定的程序给予保证。一般而言,企业开展国际市场公共关系活动,通常应遵循以下四个程序:相关公众调查研究、拟定公关活动目标、有效沟通信息和公共活动效果评估。

2. 国际营销公共关系常见策略

在实际的营销工作中,企业需根据不同时期、具体的主客观条件,确定公共关系的具体目标和策略。总体来说,公共关系策略包括以下几种类型:

(1) 导入型公关策略。适用于企业初建时期或新产品投入期。这时公共关系的主要目的是尽快提高企业和产品的知名度,形成目标市场公众对企业和产品良好的第一印象。公关工作的重点在于宣传、沟通,向公众介绍企业及其产品或服务,使公众对企业、企业的新产品或服务有所认识、引起兴趣,争取有尽可能多的公众了解、信任、支持企业和产品。导入型公关一般可借助开业庆典、开业广告、新产品展销、新服务介绍、免费试用、免费招待参观、赠送宣传品、折价酬宾、社区活动等形式来进行。

(2) 稳定型公共关系策略。稳定型公关策略的目的在于与公众保持长期的、稳定

第八章 跨国公司营销管理

的、良好的相互关系。具体的实施策略有：①通过优惠服务和感情联络来维系与公众的关系；②保持企业和产品一定的提及率；③参与或组织一些影响较大的公关宣传或活动。

（3）冲突型公共关系策略。也称危机公关。当企业与公众、企业与环境之间发生摩擦或冲突事件，进而影响到企业经营或品牌声誉时，企业为挽回不利影响或提升自身形象，必须考虑采取一定的冲突型公关策略加以应对。国外最新研究表明，如果企业未预先制定完善的公关战略，并且未在危机的最初阶段对其态势加以控制的话，危机造成的连锁反应将是一个加速发展的过程——从初始的经济损失，直至苦心经营的品牌形象和企业信誉毁于一旦。危机公关策略有四种：①创新；②合作；③转移；④矫正。

综上所述，跨国企业在国际营销过程中应该正确理解公共关系，灵活运用公共关系策略，利用公关优势来为自身品牌树立良好的国际形象，从而为更好地促销打下坚实的基础。

【专栏8-11】　　Face Book承认曾聘请公关公司制造谷歌负面新闻

据美国新闻网站Daily Beast报道，Face Book曾私下聘请公关公司散步关于谷歌的负面新闻。而在这一消息被曝光之后，Face Book发言人也予以承认。

在2011年5月初的某一天，知名的公关公司Burson-Marsteller开始向各家报纸散布有关谷歌的负面新闻，并要求这些报纸调查有关谷歌侵犯用户隐私权的传闻。博雅甚至主动提出帮助知名博客写手克里斯·索菲安写一篇抨击谷歌的评论文章，并答应可以将文章发表在《华盛顿邮报》、政治新闻网站Politico以及"赫芬顿邮报"网站这样的媒体。

当索菲安拒绝了博雅的请求，并将博雅发给他的邮件公开以后，这起事件终于曝光了。接着《今日美国报》又披露，博雅"代表一家不愿署名的客户"散布不利于谷歌的消息。一时之间，媒体都在纷纷猜测这个不愿署名的客户是谁。尽管有些人将矛头指向了苹果和微软，但经过Daily Beast的调查发现，真正的幕后策划者其实是Face Book。与此同时，Face Book的官方发言人在周三晚承认，该公司的确聘请博雅做出了一些不利于谷歌的举动。另外该发言人还提出了两个理由：首先，Face Book认为谷歌的一些做法确实引起了用户隐私方面的担忧；其次，或许也更为重要的是，Face Book对谷歌在自由社交网站服务中采用Face Book数据的做法感到不满。

这一事件表明，Face Book与谷歌的竞争正日趋激烈。谷歌认为face book已经对其业务构成了威胁，由此决定进行反击，推出自有社交网站。但迄今为止谷歌在社交领域的努力并未取得进展，尽管如此，Face Book仍然认为有必要对谷歌的举动进行有力回击。

资料来源：创意在线，http://www.52design.com/html/201105/design201151694805.shtml。

本章小结

本章内容围绕着国际市场细分与定位、产品的质量与适用性、分销渠道及其构建、整合的促销策略、定价与转移定价这五个方面对跨国公司营销管理这一问题进行了全面的分析和阐述。

1. 市场细分是战略营销活动的基础，也是营销战略成败的关键。在对市场进行细分之后，要对所有细分市场进行有效的评价，并选择目标市场。在完成这两项基础性任务之后，更为重要的便是市场定位。因此，企业应该在市场细分的基础上对目标市场进行选择，以充分利用企业资源，满足目标市场需要。

2. 企业根据竞争者现有产品在市场上所处的位置，针对消费者或用户对该产品某种特征或属性的重视程度，强有力地塑造出本企业产品与众不同的、给人印象鲜明的个性或形象，并把这种形象生动地传递给顾客，从而使该产品在市场上确定适当的位置。企业应当把握好市场定位的实质，使本企业与其他企业严格区分开来，使顾客认识到本企业产品独一无二的特性，从而使产品在顾客心目中占有特殊的位置。

3. 成功跨国营销不仅在于选准目标市场和做好市场定位，还需要从消费者的角度衡量自身产品的质量，如果企业自身制定的产品质量标准不符合特定国家和市场上消费者的要求，那么企业就应该对产品质量进行强制性改动，从而契合消费者的需求。同时，还要重视文化适应性这一重要因素，跨国公司可以从语言文字、产品设计包装、广告促销、日常商务等诸多方面来把握这一问题。

4. 分销渠道主要由营销中介机构（根据功能不同分为中间商和营销辅助机构，其中中间商包括经销商和代理商）、生产者和最终顾客构成。企业的分销渠道策略所要解决的问题，是如何将企业的产品在适当的时间，以适当的方式转移到适当的地点，便于购买，扩大销售。企业需要构建自己稳定的国际分销渠道，才能不受制于人。

5. 跨国企业国际营销的整合促销策略可以从国际广告宣传、进行国际市场人员推销和营业推广、维护好国际市场的公共关系等几个方面来把握。

6. 公司定价目标不是单一的，而是一个多元的结合体，企业定价目标一般与国际营销公司的战略目标、市场定位和产品特性相关。由于国家间的贸易的存在决定了价格升级的出现。由于价格升级，使得企业目标市场的消费者需要花高价购买同样的商品，高的价格抑制了需求，减少了企业产品的销售量。因此，企业会采取措施抑制价格升级。

课后练习题

一、简答题

1. 简述国际市场细分的概念及其细分的依据。
2. 简述跨国公司目标市场的选择标准。

3. 什么是文化适应性？它的分类是什么？
4. 简述全球品牌的概念及其特点。

二、论述题
1. 论述国际市场分销渠道的模式。
2. 简述国际市场产品定价方法。

三、案例分析题

肯德基："赢"在市场，"营"在中国
——肯德基中国成功的跨文化营销策略

肯德基（Kentucky Fried Chicken，KFC），是美国跨国连锁餐厅，同时也是世界第二大速食及最大炸鸡连锁企业，由哈兰德·桑德斯上校于1930年在肯塔基州路易斯维尔创建，主要出售炸鸡、汉堡、薯条、蛋挞、汽水等西式快餐食品。经营理念是不断推出新的产品，或将以往销售产品重新包装，针对人们尝鲜的心态，从而获得利润。肯德基现隶属于百胜餐饮集团，并与百事可乐结成了战略联盟，固定销售百事公司提供的碳酸饮料（但部分国家例外，如韩国、日本只销售可口可乐）。截至2013年底，共有约17000家门市。

1987年11月12日，中国第一家肯德基餐厅在北京前门开业。从而开始了它在这个拥有世界最多人口的国家的发展史。1992年10家，1996年100家，2004年1000家，2007年2000家。截至2009年2月4日，肯德基在中国餐厅数量达到2500多家。我们不得不说，肯德基在中国已取得了巨大成功，而在中国取得的这一系列的成功离不开其成功的跨文化营销策略，这其中包括了特许经营、成功的品牌策略、本土化的店面设置以及公益营销等。

1. 特许经营

特许经营是肯德基在全球范围内拓展业务的一种传统方式，在中国也不例外。1993年，肯德基在西安开始进行了特许加盟这一经营方式。它的特点是高度规避风险。如果树立了很好的餐饮连锁企业形象，那么所有加盟店都会享受到品牌带来的收益；反之，则会使得整体品牌受损，抗风险能力非常脆弱。

肯德基的"中国特色"特许经营模式的实质是让加盟者出资购买一间正在运营中且开始盈利的餐厅，这对合作双方都是最稳健和便捷的做法，这很好地适应了中国的市场经济不够成熟的国情，因此这种"不从零开始经营"的加盟模式很好地弥补了这方面的不足，降低了失败风险。[①]

2. 品牌策略

肯德基具有非常明确的品牌策略。百盛大中国区原总裁苏敬轼初到中国，就提

[①] 朱明侠，李维华. 特许经营在中国 [M]. 北京：机械工业出版社，2005.

出要将肯德基打造成中国餐饮业的第一品牌，甚至是全世界最受欢迎的餐饮品牌。

奥运之际，肯德基推出了一系列健康主题活动，努力树立良好的品牌形象。在许多快餐业对"垃圾食品"这一问题不重视时，肯德基就在2000年成立了"食品健康咨询委员会"，定期将食品营养学方面的知识传递给公司高层，为产品研发提供决策依据，将"均衡饮食、健康生活"的理念在消费者中进行推广，帮助广大消费者消除对洋快餐的偏见。肯德基在2004年时推出了《健康白皮书》，这对有效应对全球日益高涨的反快餐潮流，对消费者健康饮食的期盼做出了积极回应。此外，肯德基还不断运用各种促销活动进行自身品牌的推广。肯德基自1995年就在中国推行了儿童生日餐会，每年有不同主题。根据儿童们关注和喜爱的热点，将风靡全球的卡通人物搬上了肯德基，取得了不俗的业绩。

3. 门面设计

肯德基在1999年结合中国传统文化，开始将门面换上了中式装修。北京前门附近的肯德基中国店，装修后以长城、四合院为主要基调，辅以天津和无锡彩塑泥人、山东潍坊风筝、山西皮影、剪纸等装饰各层餐厅。在前门餐厅三楼的空间内还布置了文化长廊，展示各地民间艺术作品。本土化特点还体现在尽管外部装饰格调相同，但内部装饰各有特点。每个餐厅都会根据周围地区的文化特点，选择装修风格。比如在西湖旁的肯德基餐厅，店面装修风格就以青花瓷为主，和旁边的西湖形成了很好的交相辉映。

4. 公益营销

肯德基中国积极参与中国的希望工程建设并建立了曙光助学基金，传达出了关爱社会的企业形象。"中国肯德基曙光基金"于2002年成立，是中国青少年发展基金会与中国百胜餐饮集团所属肯德基集团联合设立的专项基金，旨在长期资助品学兼优的贫困大学生。此外，肯德基在全国的千余家餐厅为受助学生提供了大量勤工俭学、参加社会实践的机会，使得他们获得资助的同时也用双手实现自身的价值。肯德基的公益营销活动在社会上树立了很好的企业品牌形象，得到了政府、媒体、公众的高度认可，同时形成了对肯德基有利的宽松的发展环境。

讨论题：

1. 你认为肯德基在中国市场取得营销成功的原因有哪些方面？其中最重要的一方面是什么？

2. 肯德基在中国的成功之路对于中国企业品牌在全球市场上的推广方面有什么借鉴意义？

第九章 跨国公司财务管理

本章学习要求
* 了解跨国公司财务控制组织体系
* 掌握跨国公司资金管理的方法
* 理解跨国公司投资决策管理
* 理解跨国公司财务风险管理

本章主要概念

跨国公司财务管理 跨国公司财务控制 跨国公司内部业务控制 跨国公司筹资 跨国公司内部财务转移 跨国公司外汇风险管理 外汇风险 公司所得税 预提税 增值税 关税 国际避税 资金结算 汇票 本票 银行支票 信用证 国际直接投资 国际间接投资 折现率 成本观 收益观 政治风险

开篇案例　全球一致的财务管理战略路线图：诺基亚中国的财务战略实施

中国作为诺基亚全球最大的单一市场，供应全球1/5手机产量，也是诺基亚全球子公司最多、投资最多的地区，诺基亚的战略财务管理体系也随着其全球运营体系一起延伸到中国。

资金管理是财务管理的重要内容之一。诺基亚的资金管理系统包括：

（1）外汇交易风险控制。每个公司每周通过外汇风险揭示的工具，预测自己公司的未来外汇风险和已经采取的套期保值等风险屏蔽措施，财务中心将监督子公司的外汇风险规避工作并将仍然还暴露在外的部分，以总部统一采取风险规避的措施来协助子公司降低外汇风险。

（2）融资与资金流动性管理。诺基亚的每一个子公司都要以周为单位预测未来1个月和12个月的资金流情况，每周预测，滚动更新。诺基亚财务中心为子公司提供低成本的融资；同时，也为有富余资金的子公司委托贷款给其他公司，并担保风险。

（3）结算管理。诺基亚全球使用诺基亚银行清算系统 Bank Link（NBL）和本地集中清账系统 Netting（CDN），在像中国大陆这样外汇管制的地区，本地企业之间要先清算，以减少外汇收付的烦琐程序，然后参与全球 Bank Link 清算。

（4）银行关系。结算中心负责与银行谈判，以最低的成本获得最好的结算服务和融资服务，甚至是为企业量身定做的服务。

（5）客户信用管理。制定信用政策和提供技术支持，确保子公司在经营中理解每一桩业务的客户和利益，在此基础上才能做交易以及按照政策和经验进行赊销；而且要避免违法行为，比如不自觉参与洗钱活动等。

（6）应收账款贴现。负责协助子公司对应收账款进行转卖，在可以接受成本的情况下，将应收账款出售，诺基亚要以最低成本来规避风险。

上面这一系列的政策将被用来作为各个公司财务工作的指南，并遵守相关的流程和标准，定期汇报执行情况，这使得诺基亚的资金流转非常高效，风险低，完全体现了以股东价值为目标的思想。

诺基亚要贯彻的资金管理政策是充分发挥其资金效率的关键，诺基亚总部没有在中国区实行资金集中管理的政策，而是用两年时间做协助各子公司管理资金的助手，利用诺基亚的专业知识和信用，与合作的大银行谈优惠条件的贷款，与各子公司谈互抵的结账方式并起草相关文件，同时提供结账信用担保，根据诺基亚国际市场资金情况和企业的采购周期与银行谈外汇风险的规避，并协助起草相关文件，所有这些工作都非常专业和有价值。

这样，诺基亚子公司就直接使用总部提供的资金管理方面的服务。最后，子公司完全依赖总部提供的资金和金融方面的技术支持与观念。每一个子公司发现自己实际上都遵守诺基亚统一的资金管理游戏规则，这个游戏给每一个子公司都带来了益处，更为诺基亚集团带来了最大效益，提高了整个集团的资金使用效率和竞争能力。

资源来源：全球一致的财务管理战略路线图：诺基亚中国的财务战略实施. http://wenku.baidu.com/view/46ed58130b4e767f5acfcea3.html。有改动。

对于跨国公司来说，财务管理是一项特别重要的工作。它以资金管理为核心，直接涉及资金在跨国公司体系内的运作和各种经济关系的处理，以及对财务进行计划、组织、指挥、协调与控制。与国内财务管理工作相比，跨国公司的国际财务管理要复杂得多。由于各国基本环境的不同、会计制度与惯例不同、各地资本市场的差异、汇率、税率、通货膨胀率、政府外资政策、外汇管制等因素都会影响跨国公司在国际市场中的资金运用与增值。因此，有效恰当的财务管理将使跨国公司能够在远比国内经营环境复杂的国际市场里正确地运用资金并取得良好的经济效益。

第一节 跨国公司财务控制组织体系

一、跨国公司财务管理的特征

作为财务范畴，跨国公司财务管理与国内公司财务管理的基本原理、目的、方法

第九章 跨国公司财务管理

等有着共同之处。但两者也存在显著的差异,与国内公司财务管理相比,跨国公司财务管理具有以下特征:

1. 目标具有全球战略性

这一特征是由跨国公司生产经营的全球战略性所决定的。因为跨国公司以全世界为市场来安排投资、生产、销售等活动,利用其遍布于全球的分支机构,根据需要把生产、销售、采购和资本从一国转到另一国,在世界范围内实施资源配置,充分利用各国的优势,保证公司取得最佳的经济效益,所以跨国公司的高层决策者在做出重大业务决策时,考虑的是整个公司的最大利益,而不是某一家子公司的局部得失。作为跨国公司经营管理核心部分的财务管理也必须立足于全球,其管理目标也具有全球战略性,表现在:①在财务管理决策权的配置上,必须考虑加强总部的集权管理,以利于总部对全球生产经营的控制;②在资金管理上,必须从全球战略出发建立国际间的资本调拨体制,使跨国公司能及时融通资金,充分利用国际资本市场中条件优惠、成本低廉的资金,并建立统一的现金管理制度;③在财务控制系统的建立上,要求控制系统能使总部取得必要的信息,进行全球性协调工作,确保各部门和子公司的生产经营符合公司的整体利益;④在财务策略上,采取与全球经营战略相配合的策略,如所有权策略和转移价格策略。

2. 环境的复杂性

由于跨国公司的运行机制是开放型的,其众多分支机构遍布于世界各地,既要在母公司所在国从事生产经营活动,其海外子公司也要在其他国家从事生产经营活动。因此跨国公司的经营环境既包括母国的经营环境,又包括东道国的经营环境。经营环境是指围绕影响公司生存和发展的各种因素之和,这些因素主要包括自然、文化、政治、经济和法律等。由此,跨国公司母国的经营环境与众多东道国的经营环境中的各种因素就会相互交叉、相互作用,形成相当复杂的国际经营环境,跨国公司就处于这样的国际经营环境之中。这就要求跨国公司在从事国际财务管理时,不仅要考虑本国各方面的理财背景,而且还充分考虑到国际形势的变化和各国的政治、经济、文化和法律等政策和制度的变化,适时调整与东道国之间的财务关系。这就要求从事跨国公司管理的人员具有更高的素质,在复杂的财务环境下,准确地进行财务预测和决策。

3. 财务风险管理的特殊性

与国内公司财务管理相比较,跨国公司财务管理中的风险管理显得与众不同,而且十分重要。由于跨国公司所处的经营环境极其复杂,因此理财环境就显得更为不确定,难以控制,就给跨国公司带来了新的、更大的风险。这些风险可以概括为汇率波动的风险、国外经营的风险和政治风险。这就要求在财务管理中跨国公司财务人员应对这些风险合理预测,以避免不利影响,采取一些国内公司财务管理未曾采用的对策和方法来回避、防范和减少这些风险,尽力设法保持资产的增值率,在可能发生风险的情况下保持自己的盈利能力。

4. 资金管理方式的独特性

由于跨国公司的财务活动涉及许多国家,各国的政治、经济情况不同,货币有软有硬,外汇管制和贸易管制及法规有差别,跨国公司的资金管理相当复杂。在筹资方面，跨国公司的筹资渠道比一般国内公司有更多的选择，跨国公司既可以利用母公司本土的资金，也可以利用子公司东道国的资金，还可以向国际金融机构和国际金融市场筹资，跨国公司可以利用这种多方融资的有利条件，选择最有利的资金来源，以便降低公司的资金成本。但由于跨国公司的所有权结构不同，跨国公司对拥有不同股权的子公司实行不同的筹资政策：对拥有全部股权的独资公司，由于它是跨国公司完全控制的子公司，公司鼓励其增加内部资金积累；对于拥有少数股权的合资公司，其所需资金在当地发行有价证券或借贷解决；对于合营公司，跨国公司则更愿多发股利，以便尽早收回认缴的股本。在资金供应方面，跨国公司根据所处的复杂的国际经营环境，向海外子公司采取不同的资金供应方式，其基本方式有：公司投资入股、公司提供贷款、公司内部调拨资金。在现金管理方面，跨国公司大都建立了统一的现金管理制度，由总公司财务部门全面负责管理资金调拨。

二、跨国公司财务管理的基本目标

跨国公司从事以全球市场为目标的全球化经营，其关键因素之一是财务控制与管理。跨国公司财务管理以其任务性质来说，要比限于国内经营的财务管理活动要重大且复杂得多。一般来说，实行全球化战略的跨国公司，其财务管理职能应该有如下三个基本目标：

1. 降低资金成本，提高使用效益

跨国公司的体系与经营活动分布在不同财务环境下的国家里，因此，跨国公司应该充分利用这一在不同国家从事经营活动的有利条件，因势利导、趋利避害，实行多渠道、多方面筹集经营所需的资金，扩大资金来源，以获得额外的财务利益与效益，降低资金的财务成本，并达到财务上的规模经济，提高资金的使用效益。

2. 适应各国各地区财务环境的约束与特点

跨国公司经营需要将资金在东道国与母国或第三国之间进行汇寄转移，以满足不同经营地的资金需求。由于不同国家对资金的跨越国界的流动有着不同的限制与管理要求，尤其是对资金利润的汇出。因此，财务管理必须了解并适应各国不同的财务管理要求、汇寄政策和约束，尽可能减少资金跨国流动的障碍与困难，并努力降低资金的流转成本。跨国公司可以扩大融资渠道，争取资金来源多样化，以减少因财务环境上的约束而造成融资的障碍。

3. 保护资产与收入的价值

跨国公司经营要遭遇货币贬值或升值的风险，受到各国不同的通货膨胀率的直接影响。因此，财务管理应力求避免或减少由于各国币值变动所带来的影响与损失，保护经营资产与经营收入的价值，不至于由于财务上的风险而使经营利益受到侵蚀。因此财务管理要利用各种手段降低外汇风险，减轻外汇风险对财务上的影响。

跨国公司财务管理的三个基本目标贯穿于整体财务活动中。由于直接涉及资金的运用与效益，跨国公司一般都给予较高的重视，实行强有力的指导。

三、跨国公司财务管理决策权的配置

1. 集权与分权的选择

跨国公司财务管理决策权的配置依据决策权集中程度的不同而有不同的选择。财务管理决策权类型的选择取决于一系列因素,以下为最为突出的四个因素:

(1) 跨国公司的成长阶段。在向国外扩展初期,因总部缺乏足够的资金来源和财务专家,往往较多地将财务管理决策权下放给子公司经理,实行分权财务管理。国外各子公司管理财务的经理们的管理活动没有母公司的紧密指导,子公司致力于增进自己的成绩,但可能以有损整体利润为代价。

随着国外经营的增长,跨国公司已发展到中型规模,母公司机构的经理人员了解到国内与国际两方面的区别,认识到总部密切财务管理已日显重要。这时,亦有了较强的经济实力和较多的财务专家,故决定建立中心工作部门来领导国外经营的财务工作。该部门作出大部分重要的财务决策,向子公司发出频繁的指令,并通过信息交流和规定的报告程序,来统一管理和协调海外各子公司的财务活动。列入公司分组的海外子公司都由母公司供应低息贷款;当一些海外子公司因东道国银根紧缩或当地资金短缺而面临资金困难时,总部基本上全部承担起向这些公司调度资金的责任。

当跨国公司发展到了第三阶段——成为大型跨国公司以后,总部的管理集团面临两难境地:一方面,国外经营的规模和重要性需要管理集团加紧控制海外财务决策;另一方面,由于子公司增长所引起的财务选择权不断增多,这使得总部中心工作部门已无力对每项财务和交易都单独作出决策。在这种情况下,跨国公司较多实行集权与分权相结合:①总部颁发标准程序规章手册,详细规定各个项目下各级的权限标准,如当地借款额度、公司间往来支付的标准条款、管理费的标准比率等,各层在相应的权限范围内行事。②在必要情况下建立地区性财务指挥部。地区指挥部通常对其辖区的子公司之间的交易有运用最优化原则、较少依赖规章手册的权利,但不同的地区子公司之间的交易依然要受规章手册的约束。③公司总部主要负责审阅重要的财务决定以及子公司经营的成果,并提供指导、咨询和信息。

(2) 股权结构和技术水平。在一般情况下,跨国公司财务管理决策权的集中度与其对海外子公司的控制度成正向关系。如果跨国公司的海外子公司大多是独资经营,那么,跨国公司在财务集权管理与分权管理的选择上就有很大的回旋余地,而由于集权更有利于跨国公司的全盘财务调度,故通常选择相对集中的财务管理。相反,如果跨国公司的海外子公司大多是合资经营,限于合伙人的利益与要求,其财务管理会相对分散。

技术要求高的跨国公司,总部大多把主要精力集中在技术开发而不是财务管理上,以便通过不断的技术创新和新产品推出来加强垄断优势,并通过技术来控制海外子公司,因而倾向于分权型财务管理。相反,技术要求低的跨国公司,产品和工艺已成熟,公司的竞争优势主要不是来自于技术,而在于全盘调度以降低成本,需要重视财务管理,因而倾向于财权集中。

(3) 企业文化。跨国公司财务管理的集权与分权在一定程度上受公司传统的影响。

欧洲的跨国公司因其传统的母公司与子公司的"母女关系",财务管理集中度较高。据调查,大约有85%的欧洲跨国公司是由母公司的总部统一管理和协调海内外财务活动的。而美国跨国公司股权结构分散,在管理上强调子公司的积极性,大多不直接对海内外财务活动实行集中管理,而是通过间接指导和干预的方法来影响海外子公司的财务管理。

(4)竞争状况。随着国际竞争的加剧,对当地目标市场和东道国经营环境的变化做出迅速反应已成为跨国公司成功的关键之一。这要求子公司有更多的经营自主权,包括更多的财务管理决策权。另外,随着生产经营国际化的发展,集中财务管理决策的利益也很明显。因此,跨国公司一般在资金返回、转移价格制定、授权费、管理费和涉及公司整体利益的财务决策方面趋于集中管理,而在其他财务管理方面趋于分散化。

2. 集权型财务管理模式

集权型财务管理体现的是种族中心经营哲学:将海外业务看作是国内业务的扩大,所有战略决策与经营控制权(财务的与非财务的)都集中在母公司总部,子公司和地方层次的决策只能在总部的详细政策和规定之下做出。

集权财务管理的优点在于有利于实现跨国公司整体利润最大化与成本最低化目标,并强化公司总部的全盘调度力度:①有利于发挥总部财务专家的作用。特别是历史悠久的大型跨国公司,总部都有优秀的财务专家,决策集中能在更大的范围内和更大的程度上利用他们的才智。②获取资金调度和运用中的规模经济。例如,由跨国公司总部根据海内外各生产经营单位的需求,在条件较好的市场上筹措大量资金,就可以降低资金成本。③在各单位之间调剂资金余缺、优化资金配置、保证资金供应,同时借以加强对全球生产经营的控制。④灵活调整整个跨国公司的外币种类和结构,在国际金融市场上进行外汇买卖和保值交易,就提高了抵御外汇风险的能力。

集权财务管理的缺点有以下几个方面:①在一定程度上削弱了子公司经理的生产经营自主权,容易挫伤他们的积极性。②当母公司从全球性生产经营出发、以实现公司整体利益最大化为根本目的来进行集中财务决策时,子公司的具体情况和直接利益就会放在次要位置,这容易损害公司外部的利益主体——当地居民和当地持股人的利益,招致他们的反对。③集中决策与管理使公司总部能更加方便地采取转移价格等手段抽调子公司的生产要素、产品和利润,逃避有关东道国的关税和所得税,规避当地政府政策法规的限制,会造成东道国政府与本公司甚至本国的摩擦。④扭曲各子公司的经营实绩,给子公司经营绩效考核增加了困难。这是由于,在财务集中调度之下,一些子公司不得不放弃本可捕捉的机遇和利益,另一些子公司又获得了本不属于它们的额外好处。

3. 分权型财务管理模式

分权财务管理的理论基础是多中心经营哲学:决策权分散给子公司,母公司起控股公司的作用,限于不同战略经营单位经营组合分析。各单位绩效考核建立在条件相似单位之间的比较上。每个子公司的财务报告都同时根据东道国和母国的公认会计准则而做出。除了新项目和融资决策之外,其他决策也分散化。分权财务管理的优缺点与集权财务管理正好相反,利用充分调动各子公司的积极性,处理好与当地利益主体的关系,却不利于实现跨国公司的整体财务效益。

4. 集权—分权型财务管理模式

为了集集权与分权财务管理之长，避两者之短，一些跨国公司采取部分集权部分分权的财务管理模式：重要决策集中，其他决策分散；对某些国家的子公司实行财务集中，对另一些国家的子公司实行财务分权。这种模式的主要理论基础是地域中心哲学：分权的利益取决于子公司的特点与区位，如果一个子公司的管理者自主性和能力强，分权是有利的。在这样的地方，可建立控股公司并实行多中心管理。相反，如果子公司管理者能力有限，就强化控制。

第二节 跨国公司资金管理

跨国公司除了在国际金融市场上以各种方式筹措和投放资金外，还应该注意利用母公司与子公司之间、各子公司之间的资金。跨国公司是由分布在世界各地的许多子公司组成的，这些子公司又都是独立的法人，每个子公司都可以按照现金管理的方法管理其资金，但是跨国公司又是一个有机的整体，有效地利用各子公司的资金，以节约跨国公司的资金，减少资金的占用额，提高资金的利用效率，降低资金成本。

一、跨国公司资金筹措

跨国公司一般由境内的母公司和境外的子公司组成，跨国公司经营业务的国际化使得资金的筹集也必然采用国际化的渠道和方式。母公司和子公司可以根据实际情况选择合适的融资渠道，常用的融资来源包括以下几种：

1. 公司内部资金

公司内部资金由跨国公司内部未分配利润和提取的折旧费构成。在生产经营国际化时期，子公司所需的资金大多来自公司内部，主要包括以下三个方面：

（1）投资入股。母公司主要利用未分配的利润向子公司提供资金，一方面可利用其控制子公司，另一方面可按股取息。

（2）提供贷款。母公司利用内部资金，直接或间接向子公司提供贷款，以贷款方式提供资金可以减少子公司在东道国的税负。

（3）财务往来账款。海外子公司应向母公司支付管理费、专利费、股息和利息等应付款项，在没有实际支付前子公司可以短期占用。

2. 公司外部资金

随着国际资本流动规模迅速扩大和生产经营国际化深入发展，跨国公司外部资金已逐步成为其资金的重要来源，主要包括以下三个方面：

（1）母国本土国的资金来源。跨国公司的母公司可以利用它与本国经济发展的密切联系，从母公司本国的金融机构和有关政府组织获取资金。

（2）子公司东道国的资金来源。一般来讲，多数子公司都在当地借款，在很多国家金融机构对当地公司贷款的方式同样适用于外资公司。在当地借款既可弥补投资不足，又是预防和减少风险的有力措施。

（3）国际资金来源。跨国公司获得的除公司内部、总公司本土国、子公司东道国以外的任何第三国或第三方提供的资金，都可称之为国际资金。主要包括如下三个方面：①向第三国银行借款或在第三国资本市场上出售证券；②在国际金融市场上出售证券；③从国际金融机构获取贷款。比较重要的国际金融机构是世界银行，它的主要任务是为协议成员国提供长期贷款，一些私人或公司的投资项目若得到政府担保，也可能从世界银行获得贷款。此外，还有国际金融公司、美洲开发银行、欧洲投资银行和亚洲开发银行等。

二、跨国公司资金流动

跨国公司资金管理的基本要求是保证资金的安全性、流动性和营利性。因此，跨国公司资金管理的目标是在保证资金安全的情况下，加快其流动性和获得一定的盈利。这里主要研究如何优化资金的流动问题。

1. 资金集中管理

资金的集中即设立全球性或区域性的资金管理中心，负责统一协调、组织各子公司的资金供需。在该模式下，各子公司及分支机构平时只需保留进行日常经营活动所需的最低现金余额，其余部分均转移至资金管理中心的账户统一调度和运用。当今各国汇率变动频繁，国际金融市场存在各种扭曲现象，更需要将资金管理权限和责任集中在母公司。

资金集中管理的好处在于使资金充裕的分支机构的盈余资金被资金短缺的分支机构所吸收，这样可使公司内部的货币资源得到充分的利用。

假设这样一种情况，母公司和子公司的资金往来都是按金融市场利率进行交易的，甲子公司有短期存款，可以按9%的年利率获取利息，而乙子公司需要借款，市场上的利率为11%。如果公司实行集中管理，则乙子公司可以向甲子公司借款，甲子公司以10%贷出，乙子公司以10%借入，双方都可以得益。

2. 净额支付

净额支付是通过降低货币兑换而发生的管理与交易成本的方法来优化资金流量的。净额支付又可以分为双边净额支付和多边净额支付两种类型。双边净额支付是指母公司和子公司之间或者两个子公司之间的账款抵消关系。多边净额支付是指多家子公司之间进行相互交易的账款抵消结算。假如一家跨国公司在不同国家设有两个子公司，第一个子公司随时从第二个子公司购入商品，它需要用外币来支付。当第二个子公司从第一个子公司购入商品时，它会遇到同样的问题。如果这两个子公司只支付这两笔交易的差额，那么这两个公司就都可以避免（起码减少）货币兑换的交易成本。也就是说，它们在规定期间内计算出全部交易额，以确定一个支付净额。

现在，支付净额的方法日益普及。它的主要优点在于：第一，减少了子公司之间跨国经济业务的数量，从而降低了资金转移的总体管理成本；第二，由于交易不经常发生，它降低了对外币兑换的需求，从而降低了与外币兑换有关的交易成本；第三，支付净额的过程要求对子公司间交易活动的信息进行严格控制，因而各子公司会更加协调努力以正确报告和处理它们的多种账目；第四，由于只在每个期末支付现金净额，而不是在期内支付每笔现金，从而使对资金流量的预测更为容易。改进了的资金流量预测对筹资和投资决策将有很大的帮助。

3. 再开票中心

许多建立净额支付体系的跨国公司发现，成立再开票中心来处理公司内部交易是非常有用的。再开票中心是跨国公司的一个资金经营子公司，在各子公司之间进行商品交换时，生产型子公司把货物卖给再开票中心，后者再转售（一般以稍高的价格）给销售子公司。但实际上货物是直接由卖方子公司运到买方子公司的，并不经过再开票中心，因此，再开票中心处理的是文件而不是实际货物。

再开票中心在跨国公司资金管理中发挥着积极的作用。首先，实现了将公司利润转移到低税率的国家，从而降低整体税收水平，提高公司总体的税后利润；其次，再开票中心为双边和多边净额支付提供了便利；再次，再开票中心通过集中交易发现资金短缺的子公司，然后通过提前付款或延期收款的方式为该子公司提供资金上的融通；最后，再开票据中心是跨国公司进行外汇风险规避的有利方式。跨国公司为设立再开票中心需要支付一笔数目相当可观的额外费用，对规模较小的跨国公司来说负担过重。

4. 内部贷款

跨国公司内部有意识地利用各子公司东道国外汇管制和税收条例的差异相互提供资金，是跨国公司内部资金转移机制的重要组成部分。如果子公司东道国对资金转移不加限制，那么母公司可以用任何一方或第三方货币直接贷款给子公司。公司内部直接贷款的利率实际上就是资金内部转移价格。如果子公司东道国对资金转移实施限制，母公司则采用迂回的贷款方式绕过东道国外汇管制实现的内部资金转移。

跨国公司内部贷款的优点有三个方面：第一，降低资金冻结风险，如果东道国对外国母公司收回资本控制较为严格，以偿还借款本息的方式能够在一定程度上规避控制，而且贷款有固定的利息和期限，为母公司收回投资提供了保障；第二，各国通常对于利息所得征收的所得税低于对股息所得征收的所得税，因此母公司向子公司提供贷款能够降低税负；第三，相对于外部贷款来说，内部贷款有效地节约了贷款成本。

三、跨国公司资金结算

跨国公司结算除了一般的国内公司结算外，还要进行国际结算。跨国公司从国外筹措资金，向国外直接投资，从事商品进出口等经营活动，必然发生国际性的款项收付或债权债务清算等方面的结算。跨国公司的财务管理人员必须了解国际结算的知识，熟悉国际结算的有关业务。

1. 国际结算的特点与种类

国际结算是指世界各国之间因经济、文化、政治等活动而发生的货币收支进行了结和清算。

（1）国际结算的特点。国际结算是结算的一种，其基本原理和方式与国内结算大致相同，但又有如下特点：①国际结算比国内结算更为复杂。因为结算的当事人在不同国家和地区且无类似中央银行的机构，而以国际金融市场代替其作用，而且国际结算涉及的货币种类甚多。②国际结算涉及不同国家货币的交换，其交换比率如何决定是一个重要问题。③国际结算可以影响一国的国际收支。国际结算的有关当事人虽是个别的经济主体（个人、企业和政府等），但如以一国为单位，将各个经济主体的国外结算加以综合，即构成国与国之间的结算关系，且以国际收支的形态出现。

（2）国际结算的种类。国际结算按是否与贸易有关分为贸易结算和非贸易结算。贸易结算是指由国际贸易及其从属费用引起的货币支付。非贸易结算是指由贸易以外的往来，如劳务供应、资金调拨和利润转移等引起的货币收支。国际结算按是否使用现金分为现金结算和非现金结算。现金结算是指直接用运送金属铸币的方法来结算国际间债权债务关系。随着国际贸易的发展，现金结算已逐步被非现金结算所取代。非现金结算亦称转账结算，是不直接使用现金而使用代替现金作为流通手段和支付手段的信用工具来结算国际间债权债务的一种方法。

2. 国际结算的主要工具

现代国际结算的信用工具主要有汇票、支票和本票三种。

（1）汇票。汇票是上述信用工具中最重要、最常用的一种，是国际贸易结算中使用比较广泛的一种信用工具。英国《票据法》指明，汇票是一人向另一人签发的，要求即期或定期或在可以确定的将来的时间，对某人或其指定持票人支付一定金额的无条件书面支付命令。

汇票行为主要有：发出汇票；背书；提示；承兑；付款；退票；追索；保证。

（2）支票。支票是一种由存款人签发的，要求银行对指定收款者支付一定金额的无条件书面支付命令。签发支票是以存款者在银行存款账户上有足够数额存款，或者事前同银行订有一定透支额度作为前提条件的。

（3）本票。本票是由出票人签发的，承诺自己在见票时无条件支付确定的金额给收款人或持票人的票据，保证即期或定期支付一定金额给收款人或其指定人或持票人的无条件支付承诺。

本票一般可分为两种：一般本票，指由企业或个人签发的本票，是为清偿国际贸易产生的债权债务关系而开立的，它建立在商业信用的基础上。银行本票，是指由银行签发的本票，是银行为存款户的某种需要而开立的，它建立在银行信用的基础上。

3. 国际结算基本方式

国际结算方式是随国际贸易关系和国际信用制度的发展而逐步形成和发展的。现代国际结算方式主要有三类：汇款、托收和信用证。

（1）汇款方式。汇款就是由汇款人通过银行，主动把款项汇给收款人，以达成国际资金收付的实现和国际债权债务的结算。汇款方式分为电汇、信汇和票汇三种。①电汇，是汇出行应汇款人的申请，用电报或电传通知其在国外的分行或代理行（汇入行），向指定收款人解付一定金额的汇款方式。在电报上，汇出行应加注双方约定的"密押"，以便汇入行核对金额和证实电报的真实性。同时，发报后应立即将"电报证实书"寄给汇入行，以备查对。汇入行收到电报，核对密押无误后，通知收款人取款。②信汇，是汇出行应汇款人的申请，将信汇委托书邮寄汇入行，授权向指定收款人解付一定金额的汇款方式。③票汇，包括顺汇和逆汇。顺汇又称汇付法，汇出银行应汇款人的申请,开立以汇入银行为付款人的银行即期汇票,交由汇款人自行携带或邮寄给国外收款人,借以向汇入行取款的一种方式。逆汇又称出票法,由债权人开立以国外债务人为付款人的汇票,通过银行委托国外分行或代理行,向国外的汇票付款人提示付款,以清偿债务的一种方式。

(2) 托收方式。托收是由债权人(出口方)签发汇票,委托银行通过它的分行或代理行,向债务人(进口方)收款,以办理结算的方式。托收属于逆汇。托收的种类有:光票托收和跟单托收。跟单托收是国际贸易中常用的一种结算方式。

(3) 信用证方式。信用证是进口一方的银行根据进口商的要求,对出口商开出的在一定条件下保证付款的一种银行保证文件。信用证方式是当前国际结算的主要方式。

第三节 跨国公司投资决策管理

跨国公司作为追逐利润的经济实体,往往会将筹集到的资金投放到子公司或某些项目中以增强公司的生产运营能力,另外,许多跨国公司尤其是大型的跨国公司越来越重视资本运营强大的扩张能力和盈利能力,无论是生产运营还是资本运营,都需要跨国公司做好投资管理工作。

一、对外投资类型

跨国公司投资是指跨国公司的生产资本流动跨出国界,在世界范围内流动,即跨国公司将资本投放到母国以外的国家和地区。跨国公司投资的资本从广义上来说可以是实物资产、无形资产以及各类金融资产。

跨国公司投资按照投资者对被投资公司是否享有控制权,可分为国际直接投资和国际间接投资。

1. 国际直接投资

国际直接投资又称对外直接投资,是指投资者在国外创办公司或与当地资本合营公司,投资者对所投入的生产要素使用过程的管理拥有直接控制的权利。国际直接投资不仅仅是指货币资金在国际间的流动,而且也通过实物性资产投资手段在另一国设厂,从而使资金由投资母国转移到东道国。直接投资的主要类型有:合资经营、独资经营、合作经营和合作开发等。

(1) 合资经营。合资经营是指两国或两国以上的公司、组织或个人在平等互利的原则基础上共同协商各自的出资份额,根据投资所在国的法律,通过签订合同的方式建立共同出资、共同经营、共担风险、共负盈亏的股权合营公司。通过合资经营创立的公司具体又可以分为股份有限公司和有限责任公司两种形式,各出资方根据持有的股份对公司的债务负有限责任。投资各方除了可以以货币资金作为投资外,也可以以机器设备、原材料、厂房的使用权、劳动力、技术专利、无形资产作为股本投入。合资经营是国际直接投资中最常见的形式。

（2）独资经营。独资经营是指完全由外国投资者出资并独立经营的一种国际直接投资形式。外国投资者独资的公司由外国投资者提供全部资本，独立经营、自担风险和自负盈亏。通常东道国拥有丰富的资源、廉价的劳动力、广阔的市场，吸引外国投资者进行投资。外国投资者往往会带来先进的技术设备和管理经验。同时，独资经营又能避免投资经营过程中共同出资的双方因资金投放方向、规模、利润分配、经营策略等方面引起纠纷，从而提高公司的运营效率。此外，东道国可以通过外资带动本国经济的发展，通过收取税收和公共基础设施管理费等增加收入。

（3）合作经营。合作经营是由两个或两个以上的投资者在双方协商订立合同的基础上界定各方投资方式和利润分配比例，并据以订立合同，开展经营活动的一种经营方式。合作经营的各方不一定都是经济实体，可以具有法人地位，也可以是非法人的经济组织。

（4）合作开发。合作开发的投资方式多用于海上石油开发、矿产资源的开采以及新开发区的开发。合作开发多是通过东道国采用招标方式与中标的外国投资者签订开发合同的形式，明确各方的权利、责任，组成联合开发公司进行项目开发的一种国际经济技术合作的经营方式。

2. 国际间接投资

国际间接投资又称国际证券投资，是指投资者在国际金融市场上购买外国的公债、公司的债券或公司股票等而进行的投资。国际间接投资对资金的作用比较灵活，可以随时变现和转移，它不需要直接投资那样要经过谈判、协商和复杂的审批程序，只要有合适的证券，可马上进行投资，而一旦国际形势或对方政局发生变化，可马上抽回投资。由于国际证券在发行时要经过国际权威机构的评级，因而相对来说，国际间接投资的风险比直接投资要小，但国际间接投资不能使投资者学习到国外先进技术和管理经验，也无助于投资公司的产品进入国际市场。

（1）股票。股票是指股份公司发给股东，使其借以获取股利的一种有价证券。在较为开放、自由和发达的资本市场上，投资者可以自由转让和购入不同公司的股票。这样既可以利用闲置的资金在股票投资中获利，又可以在需要资金时变现或者在适当的时候抛售股票。

（2）债券。国际债券主要指政府债券、金融债券和公司债券。国际债券是国际资本市场的长期信用工具，购买国际债券是对外投资的重要方式之一。

（3）互换。互换是指交易双方约定在未来某一时间相互交换资产的协议。互换的双方当事人之间约定在未来某一期间相互交换一定的现金流量，但由于两个最终用户之间进行互换很困难，通常需要互换交易商作中介。最常见的互换交易为利弊互换、货币互换、股权互换等。

（4）期货。期货是指买卖双方就约定在将来某一时期以约定的价格购买或出售某种证券的交易签订一个合约。双方在成交后并不马上进行交割。期货交易包括商品期货、黄金期货以及证券期货等。这种交易方式在国际证券投资市场中越来越多地使用，以达到有效规避风险的目的。

（5）期权。期权是指在特定时间内以特定价格买卖一定数量交易品种的权利。期权合约通常以金融衍生产品作为行权品种，合约买入者或持有者以支付期权费的方式拥有权利；合约卖出者或订立者收取期权费，在买入者希望行权时，必须履行义务。期权交易为投资行为的辅助手段。期权交易可以帮助国际企业规避风险，是一种越来越流行的国际投资方式。

二、对外投资折现率的确定

1. 折现率的含义

折现率即资本成本，包含了时间价值和风险因素，它不是由公司自己设定的，而取决于投资项目的预期收益风险，是由资本使用所决定的，是财务理论上用于表达投资项目最低可接受报酬率的一个概念。除一些个别情况（如应付税金外）以外，一切资本的取得都是有代价的。由于资本成本概念主要用于长期投资决策，而长期投资所需的资本应该是长期资本。所以，在估算公司资本成本时，一般就把短期资本（亦即流动负债）排除在外，仅考虑长期负债和股东权益。

2. 折现率确认的三个观点

目前对于折现率的确认主要有三种观点：成本观、收益观和项目观，三种理论都有一定的理论基础，但是三者分析的视角和侧重点各有不同。

（1）成本观。所谓成本观就是在确定折现率时，以公司经营者的视角，兼顾债权人和股权人利益，从使用资本的成本角度思考，以投入来衡量产出。成本观对于折现率的确认方法主要采用加权资本成本法（Weighted Average Cost of Capital，WACC），该计算方法最早源于严格假设前提下的经典 MM 理论。加权资本成本（WACC）是将公司的债务资本成本和股权资本成本按照公司的资本结构加权计算所得，反映了公司使用资本所承担的支出义务情况。计算方法如下：

$$WACC = (K_e \times W_e) + (K_d[1-t] \times W_d)$$

K_e 代表公司普通权益资本成本；K_d 代表公司债务资本成本；W_e 代表权益资本在资本结构中的百分比；W_d 代表债务资本在资本结构中的百分比；代表公司有效的所得税税率。

（2）收益观。所谓收益观就是在确定折现率时，以股东的视角和能够增加股东财富的项目为可接受项目作为思想，用股东所要求的报酬率来对项目进行折现。股东所要求报酬率的确认有两种方法，一种是采用公司报酬率或者是类似项目性质公司的报酬率，另一种是利用 William Sharp 经典的资本资产定价模型（Capital Asset Pricing Model，CAPM）来进行确认。

$$\bar{r}_a = r_f + \beta_\alpha \times (\bar{r}_m - \bar{r}_f)$$

r_f 代表无风险回报率；β_α 代表证券的 Beta 系数；$\bar{r}_m$ 代表市场期望回报率；$(\bar{r}_m - \bar{r}_f)$ 代表股票市场溢价。

由于公司经营权和所有权分离的特性，且由于股东众多，各自的风险厌恶程度不同，对同一个投资项目会出现水平不一的要求报酬率，因此，公司常以公司的报酬率或者同行业的平均报酬率作为股东报酬率替代。而这个替代一方面没有正视项目与公司两者风险和收益分布模式的差异，另一方面忽略了参照行业公司的杠杆对利润的影响。

(3) 项目观。所谓项目观就是在确定折现率时，从项目本身的视角，利用 Ross 的套利理论模型（Arbitrage Pricing Theory，APT）思想，引入多个变量去解释资产的预期报酬率，通过分析影响项目有关的因素，将这些因素与报酬挂钩，进行累加计算。实践中最常用的就是累加风险叠加模型（Built-up Method），它实际上是将与项目有关的所有因素，如时间因素、风险因素、资本结构等纳入回归方程进行回归所得的报酬率。

风险叠加模型从项目本身的视角，考虑与项目有关的具体风险，然后综合这些相关因素来确定，理论上来讲这种折现率确认方法是最科学的，在折现率信息中包含了很多与项目有关的信息，能在一定程度上体现项目的特征因素，但是实际很少有人使用这种方法。原因主要有：一是风险因素的识别存在很大的人为性和主观性，而且基于经济学中人的有限理性假设，决策者并不能列清所有与项目有关的风险因素；二是很多风险因素很难量化，或者量化的成本太高。

三、对外投资项目评价

1. 国际投资项目评价概述

跨国公司进行跨国投资的根本目的是为了取得比在国内投资更高的收益，东道国吸收外资的目的是为了取得更多的经济效益，促进本国经济的发展，银行为跨国投资项目融资是为了取得较优厚的利息。但是一个投资项目究竟能否达到上述目的，不能单凭主观愿望和直觉印象，而必须进行详细的调查研究和科学分析测算。这不仅要求定性分析，而且要求进行定量分析。因此，需要认真进行项目评价。

2. 国际投资项目评价的基本特性

跨国投资项目的经济评价，其原理类似于国内投资项目的经济评价。但由于跨国投资项目置身于异国他乡，其社会经济环境与国内不同，涉及的可变性因素更多，情况更加复杂，因而其经济评价有以下基本特性：

(1) 对跨国投资项目进行经济评价必须区分投资项目本身的现金流量和母公司的现金流量，从而有助于跨国公司总部着眼分析、评价跨国投资项目对公司整体所作的贡献。

(2) 跨国生产经营会涉及不同国家、地区的多种货币体系，它们在各自的资金市场上会形成不同的利弊，并具有不同的增减变动情况；它们在各自国家、地区会形成不同的通货膨胀率并具有不同的增减变动情况。不同货币之间汇率的增减变动，又在很大程度上受有关货币的利率和通货膨胀增减变动的影响。因而，国际投资项目的经济评价，必须考虑各国不同的通货膨胀水平及不可预期的外汇汇率变动对公司竞争地位的影响，以及由此而引起的跨国公司现金流量的变动。

(3) 跨国投资项目可能获得特定的筹资机会，如当地借款，在不完全金融市场上发行证券，很难将投资项目与其筹资行为区分开来。

(4) 跨国生产经营不仅会涉及不同国家、地区不同的税制，它们的税率（关税、所得税等）高低不同，并具有不同的增减变动情况；还会涉及不同的外汇管制、进出口管制等方面不同政策、措施，且它们可能具有不同的变动趋向。因此，跨国投资项目的实际现金流量受现金汇回母公司的形式如利息、本金、管理费、股利等的影响,同时也受当地政府干预程度及金融市场财务功能的影响。

(5)跨国投资和生产经营会涉及不同国家、地区不同的投资风险、经营风险,且其风险程度具有不同的增减变动情况。因此,跨国投资项目的经济评价必须考虑投资风险、经营风险等因素对现金流量的影响。

四、跨国公司对外投资决策方法

一切投资活动,从经济方面考察,都是成本与效益的比较分析。在市场经济条件下,必须以成本效益分析为中心,使投资决策科学化,为跨国公司和国家带来最大的效益。下面主要介绍投资决策的基本原理和方法。

1. 投资回收期法

投资回收期法(Payback Period Method,PP)。回收期是指投资项目收回全部投资所需的时间。投资回收期法从某种程度上来说更多地考虑了投资项目资金的流动性、回收所需要的时间。为了避免出现意外情况,且增加跨国公司资金的流动性,跨国公司往往倾向于选择在短期内能收回全部投资的项目,即回收期越短,项目越佳。

使下式成立的 r 即为回收期:

$$\sum_{t=1}^{r} C_t - C_0 = 0$$

其中,r 代表投资回收期,C_t 代表 t 时期的现金流入量,C_0 代表初始投资额。

在投资项目各期现金流量相等的情况下,只要用投资的初始投资额除以某一期的现金流量即可。其公式为:

投资回收期 = 初始投资额/某一期现金流量

如果投资项目投产后每年产生的净现金流入量不等(绝大多数情况下是这样),则需逐年累加,最后计算出投资回收期。也可以表示为:

投资回收期 = 项目总投资额/(项目年收益额 + 年计提折旧额 + 年无形资产摊销额)

式中项目总投资额是包括项目建设期间借款利息的总投资额。年收益额是项目投产后达到设计年产量后第一个年度所获得的收益额。它可按税前利润和税后利润计算,目前一般都按年税前利润计算。因为在计算投资回收期时,所以在年收益额外还要加上计提折旧额和无形资产摊销额,是因为折旧额和摊销额是重新购置固定资产和无形资产的资金来源,它虽不是项目的收益,但是它是用以补偿固定资产和无形资产投资的,所以也应将它与收益额一起作为收回的投资。上式算得的投资回收期是从投产之日开始计算的。如按建设期初算起,还要加上建设期。

尽管投资回收期法具有较大的局限性,但现实中仍被较多地采用。主要的原因有:首先,决策过程简便,常被大型跨国公司做中小决策时采用。其次,便于管理控制。最后,对于有较好的投资机会,但缺乏现金的公司较适用。

2. 收益性评价指标分析

(1)净现值法(Net Present Value,NPV)。净现值法是将各年的现金净流量按期望的报酬率或资金成本率换成现值,以求得投资项目的净现值。其计算公式为:

净现值 = 未来报酬总现值 - 建设投资总额

$$NPV = \sum_{t=1}^{n} \frac{C_t}{(1+r)^t} - C_0$$

其中，NPV 代表净现值；C_0 代表初始投资额；C_t 代表 t 年现金流量；r 代表贴现率；n 代表投资项目的寿命周期。

如果项目的 NPV 为正，则接受该项目；反之，则放弃该项目。如果从互斥项目中进行选择，应选择 NPV 最高者。

在现实中，净现值法是运用最广的一种项目评价方法。净现值法的优点有：考虑了货币的时间价值；考虑了风险，因为贴现率通常是公司根据一定风险的期望报酬率或资金成本率确定。同时，净现值法也具有一定局限性。首先，尽管净现值法说明了未来的盈亏数，但不能揭示各个实际可能达到的报酬率。其次，决策时容易偏向于投资大、收益大的项目，而放弃投资小但投资收益高的项目。此外，贴现率较难确定。

（2）内部收益率法（Internal Rate of Return，IRR）。内部收益率是指能够使未来现金流入量现值等于未来现金流出量的贴现率，或者说能使投资项目为零的贴现率。其计算步骤如下：

第一步，计算年金现值系数（p/A，IRR，n）= K/R；

第二步，查年金现值系数表，找到与上述年金现值系数相邻的两个系数（p/A，i_1，n）和（p/A，i_2，n）以及对应的 i_1、i_2，满足（p/A，i_1，n）>K/R>（p/A，i_2，n）；

第三步，用插值法计算 IRR。

$(IRR - i_2) / (i_1 - i_2) = [K/R - (p/A, i_2, n)] / [(p/A, i_1, n) - (p/A, i_2, n)]$

若建设项目现金流量为一般常规现金流量，则内部收益率的计算过程为：

首先，根据经验确定一个初始折现率 i_c。

其次，根据投资方案的现金流量计算净现值 NPV（i_0）。

若 NPV（i_0）= 0，则 IRR=i_0；

若 NPV（i_0）> 0，则继续增大 i_0；

若 NPV（i_0）< 0，则继续减小 i_0。

再次，重复以上第二步骤，直到找到这样两个折现率 i_1 和 i_2，满足 NPV（i_1）>0，NPV（i_2）< 0，其中 $i_2 - i_1$ 一般不超过 2%~5%。

最后，利用线性插值公式近似计算内部收益率（IRR）。其计算公式为：

$(IRR - i_1)/(i_2 - i_1) = NPV(i_1)/|NPV(i_1)| + |NPV(i_2)|$

内部收益率法的优点在于，它不受资本市场利息率等因素影响，是每个项目的完全内生变量，不需要主观设定贴现率。内部收益率法能够为人们所接受，主要原因也在于它用一个数字就能概括出项目的特性，涵盖项目的主要信息，这一点净现值法却无能为力。内部收益率法的缺点是，对于混合现金流可能会有多个解，此时不能用内部报酬率法进行判断。另外，计算量很大，计算比较麻烦。

（3）调整净现值法。调整净现值法（Adjusted Present Value Method，APV 法）。APV 法与 NPV 法的主要区别在于：NPV 法中一般采用加权平均资本成本对投资项目的税后现金流量进行贴现，其基本假设是各个投资项目的财务结构、经营风险水平是相同的。但是在跨国公司国际投资项目中，子公司可能拥有与母公司不同的财务结构，筹资行为也与投资项目的评价密切相关。所以，跨国公司在对国际投资项目进行评价时，要根据现金流量的不同性质分别采用不同的贴现率进行贴现。

APV 法的基本原理是：对于经营现金流量，采用不考虑财务风险，只考虑项目经营风险的权益资本成本进行贴现；在当地负债筹资的节税额按母公司正常借款利率贴现，因为如果无法取得当地贷款，这部分资金要由母公司提供；项目实际利息与母公司正常借款利率计算的利息之间的差额，也按母公司正常借款利率贴现。APV 法的步骤是：进行业绩预测，得出基本现金流，由于假定是全股权融资，没有财务杠杆，所以基本现金流既可以用股权自由现金流的方法，同时也可以用公司自由现金流的计算方法；将基本现金流和期末价值折现，这时贴现率用假定全股权融资的股权资本成本；评价财务方面的影响，所用贴现率是反映了风险因素的债务资本成本；将两部分相加得到 APV。

3. 风险性评价指标分析

在跨国公司国际投资项目评价中，与国内投资项目相比，国际投资项目涉及与"国际"相关的风险。国际性风险作为国际投资项目的主要风险，需要重点考虑。目前，国际性风险可通过调整净现金流量或调整折现率两种方法来解决。

（1）基本思想。风险调整贴现率法的基本思想是对于高风险项目，采用较高的贴现率计算净现值。风险贴现率是风险项目应当满足投资人要求的贴现率。项目风险越大，要求报酬率就越高。

财务理论目前仍无法解决贴现率如何调整才能反映国际投资项目的国际性风险，但我们知道一些国际性因素影响着跨国公司的资本成本。所以影响跨国公司资本成本的国际性因素有以下几个方面：筹集资本；汇率风险；税收；国家风险；跨国公司自身优势。

（2）具体做法。风险调整折现率法调整的是现值公式中的分母，现金流量的风险越大，折现率就越高，资产的现值相应就低。风险调整折现率包含着无风险折现率代表的资金的时间价值和由风险报酬所代表的风险。风险调整折现率法在实际中最为常用，因为大多数人认为根据现行市场资料估算适当的折现率比导出确定等值的现金流量要容易得多。

第四节　跨国公司投资风险管理

当今世界是一个不断发展和变化的世界。国际政治、经济和技术环境复杂多变，国际市场竞争日益激烈，这使得跨国公司的投资活动更充满着不确定因素。因此，从某种意义上来说，跨国公司的投资活动又是一个预测风险和规避风险的活动。跨国公司的投资风险是指在特定环境下和特定时期内客观存在的可能导致跨国投资经济损失的状况。其中，最主要的是外汇风险、经营风险和政治风险。

一、外汇风险管理

外汇风险管理是跨国公司财务管理最基本的内容，也是与国内财务管理的根本区别。外汇风险，是指由于汇率的变动致使企业可能蒙受的损失或增加的收益。外汇风险可以分为三类：交易风险、经济风险和折算风险。外汇汇率可能会给跨国公司带来收益，也可能造成重大损失。跨国公司的财务人员必须掌握外汇风险管理的程序和方法，以便为公司增加收益，减少损失。

1. 交易风险管理

交易风险，亦称交易结算风险，是指以外币计价的交易，由于该币与本国货币的比值发生变化（即汇率变动）而引起的损益的不确定性。

对交易风险进行管理，一般可以采取以下七种方法：

（1）选择有利的计价货币。第一，进出口商品如果能够采用本国货币计价的话，则不论汇率如何变动，也没有外汇风险，进出口以本国货币计价比用外币计价更有利。第二，在进出口贸易中，对出口收汇应争取用硬货币，进口付汇应争取用软货币。为了使交易双方分担汇率风险，还可以采取软硬货币各半的方式，硬货币币值上升，软货币币值下降，相互抵消，可以减少汇率变动的风险。第三，在进行外币借款时，一般应争取借软货币。当然，还要考虑利率的高低。对一家跨国公司来说，借入多种货币比较适宜。借入多种货币，汇率有升有降，利率有高有低，可以分散风险；借入一种货币，往往很难准确判断其汇率变动情况。

（2）适当调整商品的价格。在进出口贸易中，一般应坚持出口收硬货币、进口付软货币的原则，但有时由于某些原因使出口不得不用软货币成交、进口不得不用硬货币成交，这样就存在外汇风险。为了弥补风险，可以采取调整价格法，主要包括加价保值和压价保值两种。

（3）在合同中订立货币保值条款。在交易谈判时经过双方协商，在合同中订立适当的保值条款，以防止汇率变动的风险，可以采用的货币保值工具有硬货币保值、"一揽子"货币保值和黄金保值等。

（4）提前或延期结汇。这种方法是指在国际支付中，通过预测支付货币汇率的变动趋势，提前或延期支付有关款项，即通过更改外汇资本收付日期来抵补外汇风险或得到外汇汇率上升的好处。

（5）在合同中加列汇率风险分摊条款。当使用某一种货币计价成交时，可以在合同内加列风险分摊条款，注明如计价货币汇率发生变动，则以汇率变动幅度的一半重新调整货物价格，由双方共同分摊汇率变动带来的损失或收益。

（6）以远期外汇交易防范风险。在进行远期外汇交易时，跨国公司与银行签订合同，在合同中规定买入、卖出货币的名称、金额、远期汇率、交割日期等。从签订合同到交割这段时间内，汇率被以远期外汇合约的方式固定下来，可以及早确定公司收支的数额，排除日后汇率变动的风险。

（7）以外汇期权交易防范风险。外汇期权，是指外汇期权交易双方按照协定的汇率，就将来是否购买及是否出售某种货币的选择权，或是否出售某种货币的选择权，预先签订的一个合约。外汇期权合约给期权买方的权利，而不是义务，即在将来规定的日期内按规定的汇率，买或卖一定数量的外汇。外汇期权交易与远期外汇交易相比，具有一定的灵活性，到期是否执行合同可以选择，能使公司避免汇率的不利变动所带来的影响，又能从汇率的有利变动中获得好处，但支付的费用较多。

2. 经济风险管理

经济风险指由于突然的汇率变动，引起跨国公司未来一定期间的收益发生变化，它是一种潜在性的风险，其程度大小取决于汇率变动对产品数量、价格及成本的影响程度。值得注意的是，经济风险中所说的汇率变动，仅指意料之外的汇率变动，不包括意料之中的汇率变动。

经济风险涉及销售、生产、原料供应以及工厂布局等各个方面，因此，对经济风险管理的决策超越了财务经理的职能，往往需要总经理直接参与决策。因此，对经济风险管理进行管理的重要方法是走多元化道路，不仅是财务方面，更重要的是经营方面的多元化。经营多元化既是指在不同业务领域经营（如生产、流通、服务、金融等业务领域，而且在生产领域生产多种产品，在流通领域买卖多种商品），又是指在不同地区、不同国家经营（如在若干个国家设立工厂、销售机构，从不同国家购买材料、设备等）。财务方面的多元化指筹资多元化、投资多元化、公司可以将外币应收款与外币应付款进行配合。

3. 折算风险的管理

折算风险又称会计风险、账面风险和转换风险，是指由于外汇汇率的变动而引起的跨国公司资产负债表中某些外汇资金项目金额变动的可能性。它是一种账面的损失和收益，并不是实际交割时的实际收益，但会影响跨国公司资产负债的报告结果。

对折算风险进行管理，主要采用资产负债平衡的方法，即将有风险的资产和有风险的负债进行平衡。此外，远期外汇合同法以及货币市场借款和投资法也可用于折算风险的管理。

二、经营风险管理

1. 经营风险概述

经营风险是指跨国公司在进行海外经营时，由于市场条件和生产技术等条件的变化而给公司可能带来损失的风险。经营风险一般由下列风险组成：

（1）价格风险。价格风险是指由于国际市场上行情变动引起的价格变动，而使跨国公司蒙受损失的可能性。因为引起价格变动的因素很多，所以价格风险是经常性和普遍性的。

（2）销售风险。销售风险是指由于产品销售发生困难而给跨国公司带来的风险。销售风险产生的原因主要有：市场预测失误，预测量与实际需求量差距过大；生产的产品品种、式样、质量不适应消费者需要；产品价格不合理或竞争对手低价倾销；广告宣传不好，影响购销双方的信息沟通；销售渠道不适应或不畅通，从而影响产品销售。

（3）财务风险。财务风险是指跨国公司经营中遇到入不敷出、现金周转不灵、债台高筑而不能按期偿还的风险。

（4）人事风险。人事风险是指跨国公司在员工的招聘、经理任命过程中存在的风险。它产生的原因有：任人唯亲，排挤贤良；提拔过头，难以胜任；环境变化，原有工作人员不能胜任。

（5）技术风险。技术风险是指开发新技术的高昂费用，新技术与跨国公司原有技术的相容性及新技术的实用性如何都可能给公司带来一定的风险。

2. 经营风险的规避

（1）风险规避。风险规避是指事先预料风险产生的可能性程度，判断导致其产生的条件和因素以及对之进行控制的可能性。在跨国公司投资活动中尽可能地避免它或设法以其他因素抵消它造成的损失，必要时改变投资的流向。风险规避是控制风险最彻底的方法，采取有效的风险规避措施可以完全消除某一特定风险，而其他控制风险手段仅通过减少风险概率和损失程度，来削减风险的潜在影响力。但由于风险规避牵涉到放弃某种投资机会，从而相应失去与该投资相联系的利益，因而风险规避手段的实际运用要受到一定的限制。常见的规避风险的手段有：①改变生产流程或产品；②改变生产经营地点；③放弃对风险较大项目的投资；④闭关自守。

（2）风险抑制。风险抑制是指采取各种措施减少风险实现的概率及经济损失的程度。风险抑制不同于风险规避。风险抑制是跨国公司在分析风险的基础上、力图维持原有决策，减少风险所造成的损失而采取的积极措施；而风险规避虽可以完全消除风险，但公司要终止拟定的投资活动，放弃了可能获得的潜在高收益。风险抑制的措施很多。例如，在进行投资决策时，做好灵敏度分析；开发新产品系列值，做好充分的市场调查和预测；通过设备预防检修制度，减少设备事故所造成的生产中断；搞好安全教育，执行操作规避和提供各种安全设施以减少安全事故。

（3）风险自留。风险自留是指跨国公司对一些无法避免和转移的风险采取现实的态度，在不影响投资根本利益的前提下自行承担下来。风险自留是一种积极的风险控制手段。它会使投资者为承担风险损失而事先做好种种准备工作，修正自己的行为方式、努力将风险损失降到最小限度。在跨国公司的经济活动中，有意识地加以控制风险，可以增强自身的安全性。跨国公司自身承受风险能力取决于它的经济实力。经济实力雄厚的大型跨国公司，可以承担几百万元或是上千万美元的意外损失，而经济实力薄弱的小型跨国公司企业，则难以自己承担较大风险损失。风险自留的措施是，跨国公司采用自我保险的方式将风险接受下来。采取这种措施，跨国公司要定期提取一笔资金作为专项基金，以供将来发生意外灾害或事故时抵债损失之用。

（4）风险转移。风险转移是指风险的承担者通过若干经济和技术手段将风险转移给他人承担。风险转移可分为保险转移和非保险转移两种。保险转移是指投资者向保险公司投保，以缴纳保险费为代价，将风险转移给保险公司承担。在承担风险发生后，其损失由保险按合同进行补偿。非保险转移则是投资者不是向保险公司投保而是利用其他途径将风险转移给别人，如签合同、订保证书等。

三、政治风险管理

1. 政治风险概述

所谓政治风险是指因东道国发生政治事件以及东道国与母国甚至第三国政治关系发生变化以及由此而引起的对跨国公司价值产生影响的可能性。从理论上讲，政治风险对跨国公司的影响可能积极的，也可能是消极的。但在实务上，管理当局通常将注意力集中在可能的消极事件上。

（1）国家政治变动的风险。跨国投资需要东道国有一个相对稳定的投资环境。跨国公司在作投资决策时，最为敏感的是东道国政局是否稳定，这关系到能否在该国做长久而稳妥的投资。因此，跨国公司在做投资计划前会认真研究东道国的政情、政局是否稳定，战争、内乱是否会出现等问题。因为政局不稳定会给经济的发展带来影响，从而会影响每个投资者的利益。

（2）法律政策变动的风险。在某一特定国家中进行投资，就必须按照该国的法律、政策行事。每个国家都制定与本国发展相关的各项法律、政策，来规范和约束社会的行为。各国政策、法规不是一成不变的，而是随着社会不断的变化发展而不断进行修改、完善、重新制定或废除。因此，跨国公司在没有了解东道国国家法律政策、法规出台的目的和内容时，是不会轻易进行投资的。当东道国国家的法律、政策发生变化时，投资者必须适应新的法律、政策。

2. 政治风险的防范

即使是全面系统地进行了政治稳定性和企业特定风险的最佳评估和预测，跨国公司仍然难以保证实际的政治和经济情况将不发生意料之外的变化。因此，有必要事先做好防范措施，以使由于此类潜在变化将带来的破坏性风险降到最低。政治风险防范性措施可分为三大类：投资前计划、经营性策略和征用后对策。

（1）投资前计划。在投资前，政治风险一旦确定，跨国公司即采取回避、保险、特许协定、调整投资策略等互不排斥的对策。①回避。管理政治风险的最简单办法是回避风险。当东道国的政治前景不确定时，跨国公司放弃原定投资计划是十分自然的。但是，正如任何政府的决策都会对公司的盈利能力产生影响一样，无论在哪个国家投资都面临某种程度的政治风险。因此，回避风险是不可能的。②保险。与回避风险相对应的一种可供选择的方案就是保险。在具有政治性风险领域中，通过对各种资产进行投保，跨国公司可以集中精力管理其经营业务而不必顾忌政治风险。许多发达国家向其本国公司的各种海外资产提供政治风险保险服务。③协商投资环境。除保险外，有些跨国公司试图在决定投资之前，通过谈判就双方的权利和义务与东道国政府达成谅解。此类谅解明确载明了跨国企业可在当地经营的各种规则，通常称之为特许协定。这些特许协定在投资于不发达国家，特别是宗主国的殖民地中的企业之间比较普遍，因而带有某种特权和掠夺的内涵，一旦这些国家独立或政府更迭，这些特许协议也将变更。④投资策略调整。一旦跨国公司决定在某一国家进行投资，它就试图通过增加东道国干预公司经营成本的途径来使其所面临的政治风险最小化。此类行为主要包括调整经营策略和财务策略两种，目的在于使海外项目的价值和跨国公司的继续控制相联系。

（2）经营性策略。一旦跨国公司对一个海外项目进行了投资，它对政治风险的防范和抵御能力就会大大下降，但并不因此而终止。跨国公司仍可通过至少五种策略来尽可能减少政治风险所带来的损失。此类政策包括：①有计划撤资。假如投资后政治风险明显增大，公司可以在一定期间内安排向当地的投资者转让全部或部分股权，以减少风险资产。但此类有计划撤资可能难以做到使各方面都能满意。能否得到满意的转让价格也是不确定的。如果预订出让价格且项目的盈利能力差，则当地投资者的购买意愿就较低。而且，在转让谈判期间若有征用的威胁，也很难达到公平的转让价格。②短期利润最大化。跨国公司也可以设法从东道国的经营中提走尽可能多的现金，从而达到减少当地投资额的目的。其具体做法有递延维修费用、削减投资至维持一定产量生产所需的最低水平、紧缩营销费用、生产低质商品、制定较高的价格、取消培训计划等，由此使短期内的现金流入量达到最大，而全然不顾此类行动对公司长期盈利能力和活动力的影响。当然，此种短期利润最大化行为有可能会激起东道国征用的强烈欲望。所以，跨国公司需谨慎确定现金流出的时间表，以免影响与东道国政府的关系。③改变征用的成本效益比率。如果东道国政府的征用行为目标是理性的，即若征用后的经济效益要大于所付出的成本，则跨国公司可以采用提高征用成本，据此降低当地所有权优势的策略来预防征用。其基本做法是：在当地建立研究和开发机构、为子公司产品开拓出口市场、培训当地经理和员工、扩大生产设施以及生产一系列进口替代品。但由于上述措施中有一些同时还具有降低征用成本的作用，故在实际操作中还要注意平衡。提高征用成本的措施主要是控制出口市场、运输线路、技术、商标或在其他国家制造的部件。④发展当地的利益相关者。发展当地的利益相关者是一项比较积极的策略。如果东道国当地的个人或团体对子公司能否继续作为跨国公司一部分存在产生了利害关系，则可切实削弱被征用的风险。潜在的既得利益者包括消费者、原材料供应者、公司的当地雇员、当地银行及其合营企业的合伙人等。政府征用因可能改变产品的品质或影响供应商的生产计划而引起消费者和供应商的抗议。在当地银行借款会使银行关注征用对跨国公司子公司的现金流量和债务清偿产生的影响。与当地的私人投资者合伙经营也可以提供一定的保护。⑤适应性调整。适应性调整是不试图抵制潜在的征用，而是把征用看成是不可避免的，同时一旦发生征用，改由特许证和管理合同的方式来从公司的资源中获利。

（3）征用后对策。通常，东道国对外资企业的征用都会提前发出通告。在获得将被征用的消息之后到实际征用前的一段时间里，跨国公司应当到政府部门进行游说和说服工作，争取其放弃征用的决定。但说服工作难以奏效，这样就需要开始实施理性谈判等征用后对策。霍金斯提出四大政策，它们分别是：①进行理性谈判。虽然子公司的资产已被征收，但跨国公司也要从理性出发，与东道国政府进行谈判，一方面指出征收行为的后果是灾难性的、错误的；另一方面可与东道国政府保持联系，以谋求其他有利的机会。如果东道国政府只是把征收资产作为迫使跨国公司在某些方面做出让步的手段，理性的谈判就会显示出积极意义。②发挥公司的政治力量和经济力量。如果在做出最大限度让步的情况下依然不能达到预期的目的，跨国公司可发挥自身的政治力量和经济力量与东道国政府抗争。政治力量包括：支持东道国反对党的立场；要求母国政府向东道国施加压力等。但是，政治力量往往效果不佳，甚至加剧跨国公司与东道国政府之间的矛盾。经济力量包括：中断关键零部件供应，封锁出口渠道，停止技术援助，撤回管理人员等。发挥经济力量能够对东道国政府的征收行为进行报复，但实际效果很难预料。③采取法律行动。在采取上述两个对策的过程中或过程之后，跨国公司也可采取法律行动寻求对被征收资产的补偿。根据法律的基本准则，跨国公司应首先在东道国的法院寻求补偿，只有当这条途径行不通时，才到本国法院或国际法庭寻求补偿。④放弃所有权。如果前三种对策都无济于事，跨国公司只能面对现实，放弃所有权，进行一些力所能及的其他补救工作，如收回保险金等。虽然跨国公司丧失了资产所有权，但通过具体协议的安排，仍然可以从被征收的子公司取得一定的收益。当然，跨国公司要在被迫放弃所有权的情况下从东道国谋利的前提是：跨国公司和东道国的关系还没有完全恶化。

本章小结

作为财务范畴，跨国公司财务管理与国内财务管理的特征、基本目标、决策权配置的方式等有着共同之处，但两者也存在显著的差异。与国内财务管理相比，跨国公司财务管理有以下特征：目标具有全球战略性；环境的复杂性；风险管理的特殊性；资金管理方式的独特性。一般来说，实行全球化战略的跨国公司，其财务管理职能应该有如下三个基本目标：降低资金成本，提高使用效益；适应各国各地区财务环境的约束与特点；保护资产与收入的价值。跨国公司财务管理决策权的配置依据决策权集中程度的不同而有不同的选择，分为集权型财务管理模式；分权型财务管理模式；集权—分权型财务管理模式；集权与分权的选择。

跨国公司一般由境内的母公司和境外的子公司组成，跨国公司经营业务的国际化使得资金的筹集也必然采用国际化的渠道和方式，常用的融资来源包括以下几种：公司内部资金；公司外部资金。跨国公司资金管理的目标是在保证资金安全的情况下，加快其流动性和获得一定的盈利。优化资金流动的几种方法是：资金集中管理；净额支付；再开票中心；内部贷款。跨国公司的财务管理人员必须了解国际结算的知识，熟悉国际结算的有关业务。

现代国际结算的信用工具主要有汇票、本票和银行支票三种。国际结算方式是随国际贸易关系和国际信用制度的发展而逐步形成和发展的。现代国际结算方式主要有三类：汇款、托收和信用证。

跨国公司投资按照投资者对被投资企业是否享有控制权，可分为国际直接投资和国际间接投资。

目前对于折现率的确认主要有三种观点：成本观、收益观和项目观，三种理论都有一定的理论基础，但是三者分析的视角和侧重点各有不同。

跨国公司投资项目的经济评价，其原理类似于国内投资项目的经济评价。但由于跨国公司项目置身于异国他乡,其社会经济环境与国内不同,涉及的可变性因素更多,情况更加复杂。一切投资活动,从经济方面考察,都是成本与效益的比较分析。在市场经济条件下,必须以成本效益分析为中心,使投资决策科学化,为跨国公司带来最大的效益。

跨国公司投资风险是指在特定环境下和特定时期内客观存在的可能导致跨国公司投资经济损失的状况。其中,最主要的是外汇风险、经营风险和政治风险。外汇风险又可以分为三类:交易风险、经济风险和折算风险。

课后练习题
一、简答题
1. 跨国公司财务管理有哪些特征?
2. 论述跨国公司财务管理的基本目标。
3. 跨国公司财务管理的组织形式有哪些?
4. 讨论跨国公司资金筹措的不同来源。
5. 国际企业常用的资金管理方式有哪些?
6. 跨国投资项目经济评价的复杂性主要体现在何处?
7. 如何防范和抵御政治风险?其基本手段是什么?

二、论述题
1. 如何进行外汇风险管理?
2. 如何进行投资风险管理?
3. 如何防范和抵御经营风险?

三、案例分析题

海尔品牌成功打入美国市场

海尔1995年开始向美国出口冰箱。起初是以OEM的方式,然后才开始打造自己的品牌。而在美国设立"海尔美国贸易有限责任公司"和投资建立"海尔美国生产中心"则是在近5年之后,这时海尔已积累了较多的有关美国市场的知识。

海尔的当地化战略

企业实施国际化的战略时要考虑两个最基本的问题:是全球化还是当地化?所谓全球化是指企业针对全球市场生产产品,不考虑或较少考虑不同地方的差异。实施全球化战略的公司尽可能在每个国家都采用标准化的产品、促销战略和分销渠道。尽可能整合全球资源,生产在劳动力成本最低的地方进行,采购在原材料最便宜的地方购买,销售则在价钱最高的地方销售。比如耐克公司,其设计和营销都安排在美国,因为美国才有最了解美国市场、世界领先的设计人员,美国市场是消费档次最高的市场,其生产则在中国及东南亚等地方进行,因为这些地方劳动力便宜。这种战略的好处是可以得到生产的规模优势、避免重复设计、重复研发等资源利用中

第九章 跨国公司财务管理

的浪费，从而最大限度地降低成本。

与全球化战略不同的是当地化战略。当地化战略最重视的是当地特殊的消费需求，因此强调针对当地市场的特殊需求设计和营销产品。这种战略的最大优势是提供的产品特别考虑了不同地方的需求差异。比如电冰箱，每个国家都有不同的气候带、电压状况及消费习惯，所以对冰箱的设计要求也是各有所爱。不能满足当地市场的产品可能面临困难。美国的家电巨人惠尔浦1997年退出中国市场就是因为产品缺乏对中国市场的针对性的结果。1994年惠尔浦同雪花冰箱厂建立了台资企业，希望利用同中国企业的联盟占领中国冰箱市场。然而仅隔3年惠尔浦便退出了同雪花的联盟，同时也撤出了同深圳蓝波的联盟。导致惠尔浦失败的原因包括惠尔浦利用外国理论推导中国市场的需求，结果设计出来的新产品在中国市场销路不好。

海尔在美国市场上的竞争目前采用的基本上是当地化战略。它在洛杉矶建立了"海尔设计中心"，在纽约建立了"海尔美国贸易公司"，在南卡罗来纳州建立"海尔生产中心"，在美国形成了设计、生产、销售三位一体的经营格局。这样做的主要目的是为了更好地了解美国市场，更快地针对市场变化做出反应。海尔在美国销售的许多产品都不是海尔原有的产品，而是专门针对美国市场设计和生产的。比如，出口到美国的"大统帅"BCD-275海尔冰箱，就是根据海尔海外信息站反馈的信息，针对美国人对冰箱外观、制冷能力、使用习惯等区域化特征而专门设计、开发与制造的。

海尔当地化战略成功实施的一个例子是海尔酒柜。这是一种具有华丽的外观，采用磨砂玻璃门、曲线造型、柔和的内部灯光、滑动式镀铝食品架的产品。该产品的第一个型号2000年7月投放市场，售价400美元上下，深受消费者喜爱。在纽约的P.C. Richard & Son百货商店的大厅出入口处和洛杉矶最著名的零售商店Best Buy商场展出，反映都不错。海尔希望在今年销售几万台这种产品，2005年下半年，将有12个品种投放市场，计划到2006年销售额达到10亿美元。从在美国的队伍构思和设计该产品到该产品投放市场，相隔不到一年的时间。

海尔美国贸易公司和生产中心的人力资源管理也实施了当地化战略。许多在美国成功的日本公司采取的是独资子公司、总部选派经理人对其进行管理的方式。海尔的方式不同。海尔美国贸易公司是海尔同美国家电公司（ACA）的合资企业，海尔持多数股权，ACA持少数股权。该合资企业管理完全交给当地雇用的具有产业经验和开拓能力的美国经理管理。美国管理人员得到了很大的自主权，由他们来推销品牌，并争取新的客户。海尔要做的只是制定经营战略。海尔在美国的生产中心虽然是海尔的独资企业，但其主要管理人员都是美国人。目前除了几个中国派去的人员外，员工基本上全是美国人。

海尔的品牌战略

海尔要做的是有国际竞争力的国际品牌运营商，创国际名牌是海尔的重要目标。因此宣传海尔品牌是海尔在美国的一项重要任务。过去海尔在美国市场上的宣传比较低调，除了在几个主要机场的手推车上打上"Hair"商标外，基本没有什么广告宣传。但近来海尔加强了其品牌战略。海尔在美国将采用一些新的广告媒体，包括广告牌、汽车站和电视，将海尔最新的DVD同麦克尔·乔丹的影片宣传联系在一起的电视广告已经在电视上播放。走在洛杉矶、纽约、华盛顿的大街上，也可以看到巨大的广告"1-888-76HAIER"，这是海尔在美国推出的免费服务电话。海尔美国贸易公司的售后服务中心开通的免费服务已覆盖全美。

海尔在美国的优势与弱点

当世界家电业巨头们纷纷到中国设厂，利用中国低廉的劳动力成本，占领中国的广阔市场时，海尔在美国设厂生产有何意义？表面上看，海尔的此举似乎违背了比较优势规律，因为就生产上看，美国生产成本大大高于国内。但仔细分析，可以看出海尔在美国生产，有许多无形的好处：

（1）有利于海尔争创世界品牌。美国是世界上进口家电最多的国家，世界所有家电名牌无不在这个市场上竞争。以通用电气、惠尔浦为首的美国家电企业在世界都非常有名。能在素以艰难著称的美国市场上占据一席之地，等于向世界其他市场发出了一个强有力的信号：海尔已经是世界上最具竞争力的家电厂商之一。这样，海尔可以凭借在美国的品牌，更加容易打入世界其他国家的市场。

（2）有利于争取零售商和消费者。零售商和消费者都不喜欢"流寇"，因为家电产品需要解决售后服务的问题。在美国建立生产中心，意味着对美国的消费者和销售商的一种承诺，海尔将长期在这里为顾客服务和提供后勤保障。这自然会使海尔的零售商和消费者对海尔的产品更感到放心，提高零售商推销该品牌的信心，从而使海尔更容易争取到零售商和顾客。

（3）有利于更快地针对美国市场做出反应。在美国建立贸易公司和设计中心有利于海尔感受美国消费者需求的微妙变化和对百货商店实施库存监测，从而更能保障及时供货和提供更具针对性的产品。

（4）建立在坎姆登的工厂将有助于海尔消除"外来者"这种形象。原产地标识对于美国消费者在类似产品和价格之间进行选择时是一个十分重要的因素。对于美国的消费者，"美国制造"标识有助于赢得好感。

但海尔在美国市场上直接投资生产也有较大的风险。这些风险来自海尔在美国市场上的许多不利因素，主要不利因素包括：

（1）成本劣势。成本劣势来自几个方面。首先，作为外来投资企业，海尔必须对工人支付高于美国企业支付的工资，才能吸引到同一档次的员工。就像外国公司在中国支付给中国员工的工资要高于中国公司支付给同类员工的工资，中国在海外承包工程的公司支付给当地雇员的工资要高于当地公司支付给同类员工的工资一样。其次，远距离管理必然使管理费增加，包括增加的通信及交通费等。最后，文化摩擦带来的成本。在美国生产需要处理跨文化管理的问题。因为东方文化和西方文化存在巨大差异。

（2）占领的小型冰箱市场利润都比较薄，是美国主要家电厂家忽略了的市场。在这类市场上海尔的竞争对手是像韩国的大宇这类竞争失利的品牌。海尔如果要往利润率高的那部分市场发展，则将直接同美国主要厂商对抗，那时必将遇到比现在更激烈的竞争。海尔在品牌、资金实力、研发能力等方面同美国主要家电厂商如通用电气、惠尔浦、梅塔格等有较大的差距。此外要往高端发展，海尔需要改变其低价供应商的形象。目前，这种形象还没有改变。

（3）多元化的风险。中国的格力公司专业化生产空调、小天鹅公司专业化生产洗衣机，曾被评为亚洲最好企业的科龙也只生产冰箱和空调及洗衣机等少数产品。但海尔"生产69大门类共10800多个规格品种的产品"，在美国也准备推出众多产品。要保证每种产品的竞争力可能有困难。

资料来源：百度文库，海尔进入美国市场的战略海尔专卖店 [EB/OL]. http://wenku.baidu.com/link?url=tM66t_EnNxOzHCG7gSZuBOnPpWzINZ -447jIgTtaamIM1HbeF8xE -3RnCnXkFF350ninJzhDd9FqmNNlVHjRf8Xc16bm846Ai79cggr_I0q9KEkmMVfSJeB_yDZMd6xj/，2012-06-16.

讨论题：
1. 支撑海尔在美国市场成功的核心能力是什么？
2. 用SWOT战略分析方法确定海尔的国际化经营战略。
3. 海尔在美国的成功对中国其他企业有没有普遍性的借鉴意义？

第三部分 中国实践

第十章 中国跨国公司的产生与发展

本章学习要求
* 了解中国跨国公司的界定
* 掌握中国跨国公司产生与发展的各阶段
* 了解中国跨国公司面临的挑战
* 理解中国跨国公司的发展对策

本章主要概念
跨国公司的界定　跨国公司发展　跨国并购

开篇案例　　　　　　　　　**中国国际投资信托公司**

1979年1月17日,邓小平在人民大会堂福建厅约见胡厥文、胡子昂、荣毅仁、周叔弢、古耕虞五人,提出吸引外资解决经济建设资金问题。同年,荣毅仁先生创办了中国国际投资信托公司,简称中信公司。

1980年6月2日,中信与日本东方租赁合资成立中国东方租赁公司。1982年1月18日,中信与野村证券达成协议,以年利率8.7%发行12年期武士债,总额100亿日元,其中80%投入仪征化纤。这是新中国成立后第一次发行海外债券。1986年,中信利用杠杆租赁收购澳大利亚波特兰铝厂10%股权,被评为"1986年世界十大融资案例"之一。1986年3月22日,中信以3.5亿港元收购因挤兑风波遭到严重打击的嘉华银行92%的新股。1987年1月27日,中信香港以19.36亿港元收购国泰航空12.5%股份,成为第三大股东。1990年1月,中信收购泰富发展,更名中信泰富。中信香港将资产和业务注入中信泰富,中信泰富由小型地产公司一跃成为超过40亿港元的大型上市公司。1990年2月14日,中信香港以每股4.55港元,斥资103亿港元收购香港电讯20%股权,成为第二大股东。1992年2月13日,中信泰富收购香港最著名老牌洋行——恒昌企业。1995年3月26日,中信与伊朗德黑兰城乡铁路公司签署协议,承包修建德黑兰地铁一、二号线。德黑兰地铁工程被称为"总统一号工程",是中东、北非第一个地铁系统。2001年,中信集团成立。

自成立以来,中信集团充分发挥了经济改革试点和对外开放窗口的重要作用,在诸多领域进行了卓有成效的探索与创新,成功开辟出一条通过吸收和运用外资、引进先进技术、设备和管理经验为中国改革开放和现代化建设服务的创新发展之路，在国内外树立了良好信誉与形象，取得了显著的经营业绩。

资料来源：根据中信官网材料汇总整理而成。

中国的跨国公司产生于改革开放以后，经过三十多年的发展，截止到2012年底，在全球外国直接投资流量较上年下降近两次的大背景下，中国对外直接投资反而创下了878亿美元的历史纪录，中国也成为2012年世界第三大对外投资国。

第一节 中国跨国公司的界定

对于中国跨国公司的概念，国内一些知名学者和专家都进行了相关的界定，总体上来说，界定的中国跨国公司有以下基本经济特征：

（1）中国跨国公司必须在除中国外至少一个国家从事生产或服务性行业的经营活动；
（2）中国跨国公司必须是独立的法人、独立经营、自负盈亏；
（3）中国跨国公司不仅仅包括国有企业，也包括集体、私营和合资企业；
（4）中国跨国公司经营形式既可以是股份公司，又可以是合作企业；
（5）中国跨国公司的母公司对其海外的子公司和机构进行统一的领导，子公司的决策权归属于母公司，子公司服从和贯彻母公司的各项方针政策。

对于中国跨国公司含义的界定，比较权威的有：曾任上海社会科学院世界经济与政治研究院研究员的谢康先生将中国跨国公司定义为："中国跨国公司是指在中国国土之外设立的子公司，受国内母公司控制和统一决策的、具有独立法人地位，并且从事生产或服务行业的各种所有制形式的中国法人公司。"林叶先生认为中国跨国公司应界定为："中国跨国公司的概念的基本规定性是，社会主义企业自觉地参与国际经济和国际市场，利用本国和国外资金，在国外设立两个以上的子公司，进行跨国性的生产和经营活动，国外子公司经营的营业额占总公司总营业额的25%以上的公有制企业就是跨国公司。"

【专栏10-1】 **2012年度世界500强名单中中国跨国企业名单**

美国《财富》杂志公布的2012年度世界500强名单中，中国包括香港、台湾地区在内，共有79家公司上榜，其中中国内地和香港地区的上榜公司比去年增加了12家，已经超过了日本的68家，仅次于美国的132家，这是中国内地和香港地区的上榜公司连续第九年增加。

在73家上榜的中国大陆企业中，民营企业仅有5家，包括中国平安保险（集团）股份有限公司（排名第242位）、江苏沙钢集团（排名第346位）、华为投资控

第十章 中国跨国公司的产生与发展

股有限公司（排名第351位），以及今年新入榜的浙江吉利控股集团和山东魏桥创业集团有限公司。

今年上榜的中国公司除了浙江吉利控股集团和山东魏桥创业集团有限公司外，另有11家，分别是：中国电力建设集团有限公司（排名第390位）；天津市物资集团总公司（排名第416位）；中国华电集团公司（排名第433位）；山西煤炭运销集团有限公司（排名第447位）；中国电力投资集团公司（排名第451位）；山东能源集团有限公司（排名第460位）；鞍钢集团公司（排名第462位）；绿地控股集团有限公司（排名第483位）；新兴际华集团（排名第484位）；开滦集团（排名第490位）；招商银行（排名第498位）。

资料来源：根据财富官网资料整理。

第二节 中国跨国公司的发展与现状

一、中国跨国公司的发展现状

根据中国商务部的统计，截至2012年底，中国1.6万名境内投资者在国（境）外设立对外直接投资企业近2.2万家，分布在全球179个国家或地区，年末资产总额超过2.3万亿美元。2012年中国对外直接投资额达到了878亿美元，同比增长17.6%，其中金融类对外直接投资流量100.7亿美元，同比增长65.9%，非金融类777.3亿美元，同比增长13.3%。2012年中国对外投资流量占全球当年流量的6.3%，在全球的排名仅次于美国和日本，名列第三位，占比较上年提升1.9个百分点。投资领域已经涵盖租赁和商务服务业，采矿业，批发和零售业，金融业，制造业，建筑业，交通运输、仓储和邮政业，房地产业，电力、热力、燃气及水的生产和供应业，信息传输、软件和信息技术服务业，居民服务、修理和其他服务业，文化、体育和娱乐业，住宿和餐饮业，教育等行业。投资的区域也已经从欧美、中国港澳等发达国家和地区拓展到亚洲、非洲、拉美洲等179个国家和地区，覆盖率达76.8%。中国跨国公司的现状特点主要包括以下几点：

1. 从投资领域分布上看，中国跨国公司的分布行业门类齐全，投资相对集中

截至2012年末，中国对外直接投资额超过10亿美元的行业大类有12个，比2011年增加了3个。对外直接投资存量中，租赁和商业服务业投资额为1757.0亿美元，占总量的33%；金融业为964.5亿美元，占18.1%，其中货币金融服务为629.2亿美元，占金融业存量的65.2%，资本市场服务为43亿美元，占4.5%；采矿业为747.8亿美元，占14.1%，主要分布在石油和天然气开采业、黑色金属、有色金属矿采选业；批发和零售业为682.1亿美元，占12.8%，主要为贸易类投资；制造业为341.4亿美元，占

6.4%；交通运输、仓储和邮政业为292.3亿美元，占5.5%；建筑业为128.6亿美元，占2.4%；房地产业为95.8亿美元，占1.8%；电力、热力、燃气及水的生产和供应业为89.9亿美元，占1.7%；科学研究和技术服务业为67.9亿美元，占1.3%；农、林、牧、渔业为49.6亿美元，占1%；信息传输、软件和信息技术服务业为48.2亿美元，占0.7%；文化、体育和娱乐业为7.9亿美元，占0.1%；其他行业为3亿美元，占0.1%。中国跨国企业所涉足的行业领域不断拓宽，呈现出多样化的特点，这种多样化的特点更加符合市场的发展规律，能够加强中国跨国公司的国际竞争优势，起到分散风险的目的。

2. 从投资地域分布来看，分布区域广泛，但投资分布不平衡，投资国家和地区高度集中

截至2012年末，中国对外直接投资分布在全球179个国家和地区，占全球国家和地区总数的76.8%，其中，亚洲地区的覆盖率高达95.7%，欧洲为85.7%，非洲为85%。2012年与2011年相比，中国新增了对巴勒斯坦和库克群岛的投资。

中国跨国企业投资地区分布不平衡，但是集中度相当高，亚洲和拉丁美洲集中了中国境外投资81.3%的企业。而中国对外直接投资存量前20位的国家和地区累计达到4750.93亿美元，占到了中国对外直接投资的89.3%。中国的对外直接投资还呈现出对美投资快速增长，流向英属维尔京、开曼群岛的投资大幅下降的特点。

【专栏10-2】 2012年末中国对外直接投资存量前20位的国家或地区

截止到2012年末，中国对外直接投资存量前20位的国家或地区的具体存量

序号	国家或地区	存量（亿美元）	比重（%）
1	中国香港	3063.72	57.6
2	英属维尔京群岛	308.51	5.8
3	开曼群岛	300.72	5.7
4	美国	170.80	3.2
5	澳大利亚	138.73	2.6
6	新加坡	123.83	2.3
7	卢森堡	89.78	1.7
8	英国	89.34	1.7
9	哈萨克斯坦	62.51	1.2
10	加拿大	50.51	0.9
11	俄罗斯联邦	48.89	0.9
12	南非	47.75	0.9
13	法国	39.51	0.7
14	百慕大群岛	33.73	0.6
15	德国	31.04	0.6
16	印度尼西亚	30.98	0.6

续表

序号	国家或地区	存量（亿美元）	比重（%）
17	缅甸	30.94	0.6
18	韩国	30.82	0.6
19	蒙古	29.54	0.6
20	中国澳门	29.29	0.5

资料来源：中华人民共和国商务部.

3. 中国对外直接投资的企业集中于东部沿海发达城市

随着中国对外直接投资的加大，中国的31个省、自治区、直辖市均有对外直接投资，而地方非金融类对外直接投资存量则首次突破千亿大关，为1240.6亿美元，较2011年上升4.7个百分点，其中东部地区最多，为970.6亿美元，西部地区为158.3亿美元，中部地区为111.7亿美元。中国对外直接投资存量排在前十位的分别是广东省、上海市、山东省、浙江省、江苏省、北京市、辽宁省、湖南省、海南省、福建省。在非金融类对外直接投资者中，中央企业及单位仅占2.9%，各省市区的投资者占97.1%。境内投资者数量前十位的省、市、区分别为浙江、广东、江苏、山东、福建、上海、北京、辽宁、湖南、河南。

【专栏10-3】 **2012年中国内地对香港地区的投资情况**

2012年，中国内地对香港地区的投资为512.38亿美元，占全年中国对外投资总额的43.7%，香港地区也成为中国内地企业对外投资的主要地区。中国很多跨国并购项目都是通过香港地区再投资完成的。投资的领域方面，租赁和商务服务业以60.5%高居榜首，批发和零售业以19.7%位居第二名，金融业以16.1%居于第三。具体情况如下表所示。

行业	流量（万美元）	比重（%）
租赁和商务服务业	2180556	42.6
金融业	822412	16.1
批发和零售业	1011321	19.7
采矿业	296384	5.8
交通运输、仓储和邮政业	129576	2.5
制造业	250048	4.9
房地产业	158286	3.1
信息传输、软件和信息技术服务业	101692	2.0
居民服务、修理和其他服务业	64522	1.3
电力、热力、燃气及水的生产和供应业	27465	0.5
建筑业	32355	0.6
科学研究和技术服务业	29227	0.6

续表

行业	流量（万美元）	比重（%）
文化体育和娱乐业	10637	0.2
农、林、牧、渔业	8666	0.1
住宿和餐饮业	1	—
其他行业	695	—
合　计	5123843	100.0

资料来源：中华人民共和国商务部.

4. 从投资主体来看，有限责任公司是中国进行对外投资最为活跃的群体

近几年，中国的对外直接投资者保持着多元化的格局，首先，有限责任公司占到了 62.5%，是中国对外直接投资的主要力量；其次为国有企业，占到了 9.1%；然后依次为私营企业（8.3%）、股份有限公司（7.4%）、股份合作企业（3.4%）、外商投资企业（3.4%）、港澳台商投资企业（2.2%）、个体经营（1.6%）、其他（1.3%）、集体企业（0.8%）。中国跨国企业的多元化，表明中国改革制度的不断深入，各个经济主体的竞争力不断增强，各行业的综合实力不断提高，也表明了中国国际合作的广泛性，说明了中国在国际经济中的地位正在不断提高，并发挥着重要的作用。

5. 中国的跨国企业对东道国的税收以及当地就业有较大的贡献，对外投资有显著的"双赢"效果

2012 年中国的跨国公司向对外直接投资所在国缴纳的各种税金总额达 221.6 亿美元，年末员工总数达 149.3 万人，其中雇用投资所在国当地的员工 70.9 万人，而来自发达国家的雇员就有 8.9 万人。

二、中国跨国公司的发展阶段

新中国成立初期，由于中国的对外经济政策，相当长的时间里中国一直把跨国公司看作是剥削第三世界和各国劳动人民的"吸血鬼"。1978 年，随着中国改革开放基本国策的实施，中国的跨国公司开始逐步产生与发展，大致可以分为以下几个阶段：

1. 1979~1991 年

这一阶段是中国跨国公司发展的探索起步阶段。1978 年 12 月，党的十一届三中全会提出中国开始实行改革开放的政策。改革开放的实施，给中国跨国公司的产生与发展带来了一个千载难逢的良好机遇。1979 年 8 月，国务院的一份文件中提出了 15 项经济改革措施，其中第 13 项明确提出要"出国办企业"，这一举措的目的是为了从跨国公司入手，为中国经济的发展注入新的动力与活力，将国内资源和国外资源进行有机的统一与整合，充分加以利用。这是中国第一次把发展对外投资作为一项政策确定下来，从此拉开了中国企业对外直接投资的序幕。1979 年 11 月，北京友谊商业服务公司与日本东京丸一商事株式会社合资在东京开办了"京和股份有限公司"，为北京市食品工业企业的改造引进技术、设备，在日本开办北京风味餐馆，提供厨师服务，出版发行中餐菜谱等，这是中国第一家跨国合资企业，标志着中国跨国企业的产生，为中国跨国企业的发展拉开了序幕。随后相继出现了一批跨国企业，1980年3月，中国船舶工业总公司和中国租船公司与中国香港环球航运集团等合资在百慕大成立"国际联合船舶投资有限公司"；1980年7月，中国银行与美国芝加哥第一国民银行、日本兴业银行、香港华润（集团）有限公司合资在香港创办了中芝兴业财务有限公司；1980年9月，中国人民保险公司与美国友邦保险公司共同投资在百慕大注册建立"中美保险公司"；1984年10月，中国国际信托投资有限公司与一位美籍华人合资在美国西雅图建立西林公司，通过这一举动，中国国际信托投资有限公司被海外媒介称为"中国第一家跨国公司"。此后，中国国际信托投资有限公司以收购的方式进入美国、加拿大、澳大利亚、泰国、中国香港，并在这些国家和地区设有十几家企业，并逐步发展成以金融业为主的多元化跨国企业集团。随后中国化工进出口总公司、中远集团、首钢集团公司和中国银行等大批"中"字头国有企业开始通过资本并购的方式进入国际市场，成为中国的第一批跨国公司。这一时期的投资主要集中在承包建筑工程、餐饮、咨询服务、贸易等领域，而从事加工生产型投资的行业较少。

这一阶段，中国政府的政策对中国跨国公司的发展起到很大的推动作用。但是由于改革开放初期，缺乏境外投资的经验，中国的外汇储备比较紧张，中国政府对境外投资的审批极其严格，外汇管理和投资项目管理等政策限制还没有完全放开，所以，中国跨国公司的数量不多。1984年，原外经贸部制定并颁布了《关于在境外开办非贸易型企业的审批程序和管理办法的试行规定》，虽然下放了部分审批权限，简化了部分审批手续，但是，中国政府还是没有大张旗鼓地支持跨国公司的发展，从事对外投资的企业仅限于拥有对外经营权的专业进出口公司和部分省市的国际经济贸易技术合作公司，对外投资的企业较少，规模也不大。

这个阶段还可以以1984年为分界点，分成两个时期。

1979~1983年，中国在国外兴办的企业共61个，总投资额仅为10119万美元，其中，中方投资总额为4590万美元，平均每年投资额仅为918万美元，这些企业分布在23个国家和地区，对外投资的主体主要是中央和地方的专业进出口公司和省市国际经济贸易技术合作公司，这个时期的投资是在当地生产、当地销售，投资的目的是为了占领当地的市场。

1984年后，中国跨国公司的发展有所加快。1985年7月，国务院授权外经贸部制定并颁发了《关于在国外开设非贸易性合资企业的审批程序和管理办法》，对中国企业进行海外投资的管制有所放松，在简化了部分审批手续的同时，扩大了中国从事境外投资主体的范围。至1985年，经中国政府批准在国外开办的合营和独资企业共119个，是1983年的近两倍，总投资额也上升到19477万美元。其中，中方投资额13137万美元，分布在全球的40多个国家和地区，涉及的行业扩展到了资源开发、加工生产装配等方面。1987年更是出现了第一次对外直接投资的高潮，对外直接投资额达到了3.5亿美元，几乎翻了一番。1988年，国务院又正式批准了中国化工进出口总公司为跨国经营的试点。至1991年底，中国海外投资的企业已经达到了1008家，分布在全球106个国家和地区，直接投资额达到13.95亿美元，在加拿大、美国和澳大利亚的中方投资额均超过了1亿美元，超过1000万美元的国家和地区，除上述3个国家外，还包括中国香港、俄罗斯、泰国、智利、中国澳门、巴西和马来西亚。投资的产业也逐渐向制造加工、交通运输等多个行业延伸。

2. 1992~1998年

这一阶段是中国跨国公司发展的调整阶段。1992年以后，伴随着中国改革开放的深化，中国跨国公司开始了较快的发展。1992年11月，首钢以1.2亿美元收购秘鲁铁矿公司，标志着中国企业的跨国经营投资进入了一个全新的发展阶段。至1993年，中国企业对外投资额急剧增大，达到了44亿美元。但是这种趋势并没有持续很长时间，由于种种原因，中国跨国企业的发展出现了一些问题，比如一些国有企业改制没有完成，产权不清晰，激励及约束机制不完备，跨国投资出现了失控的情况；有的企业跨国投资带有相当大的盲目性，有的企业违反国家规定，未经国家批准擅自在境外设立分公司，一些企业海外项目财务管理不规范，给中国资产的安全和保值造成巨大的隐患等。在这些情况下，中国经济进入宏观调控时期，开始对海外投资进行清理整顿。1994年，国务院在全国人民代表大会上提交的政府报告中明确说明："要加强对境外投资的审核管理和对境外企业的监督。"还要求各单位对本企业的境外企业进行清理，同时政府还严格制定了对外投资的审批手续，要求补办擅自设立的境外企业审批。经过整顿，中国的跨国公司数量有所减少，总体规模明显下降。这一时期，中国经批准的海外投资企业总数达到1046个，中方投资总额为102222万美元，中方年平均投资额为14603.14万美元。

3. 1999~2003年

这一时期是中国跨国公司的积极推进阶段。从1999年开始，中国又进一步出台一系列的政策和措施，鼓励企业开展对外直接投资。1999年2月，国务院办公厅转发原外经贸部、国家经贸委、财政部《关于鼓励企业开展境外带料加工装配业务的意见》，此后围绕促进境外加工贸易，国务院有关部门相继出台了具体实施的配套文件，鼓励企业境外投资。同时，中国对外投资项目的审批和外汇管理方面的政策有所松动，中国的跨国公司发展呈现出加速增长的态势。1999年度美国《财富》杂志公布的世界500强的中国大陆企业共有中国石油化工集团公司、中国工商银行、中国银行、中国化工进出口总公司、中国粮油食品进出口集团有限公司这5家。2000年10月，党的十五届五中全会更是首次明确提出了"走出去"的战略。2001年，中国的"十五"计划正式把"走出去"纳入进来，使得"走出去"和对外贸易、吸收投资构成了中国外经贸发展的主题框架。同年12月，在多哈会议上中国正式加入了世界贸易组织，成为第143个成员国，为中国企业的海外发展开辟了更广阔的发展空间。2002年10月，中国国家外汇管理局则启动了外汇管理改革试点，放松对300万美元以下的外汇审批权。2003年，正式取消境外投资外汇风险审查和汇回利润保证金两项行政审批。在这一系列政策的推动下，1999~2003年，中国跨国公司的数量增加了1555家，中方投资额达到了491883万美元，年均投资额为98376.6万美元，仅2003年一年，中国的跨国公司数量就增加了510家，中方投资额达到了20.87亿美元。

4. 2004年至今

这一阶段为中国跨国公司的加速发展阶段。2003年以来，中国的跨国公司发展速度明显加快。2004年8月，中国商务部和外交部联合发布了《对外投资国别产业导向目录》，为企业境外投资提供方向性指导。随后，中国还制定了一系列对外投资的支持政策及措施，促进了中国企业的直接对外投资活动，引导中国跨国公司的发展进入快速发展的阶段。中国的对外直接投资呈现出明显的快速增长的趋势，投资规模也迅速增大。中国的对外直接投资流量在2004年的时候即达到了54.98亿美元，是2003年的2.6倍。在联合国贸发会议"2004年贸易与发展报告"中，中国被誉为新一轮世界经济增长的引擎。2004年，世界品牌实验室揭晓了世界最具影响力的100个品牌，"海尔"入选，排第九十五位，这是中国本土品牌首家首次进入世界100品牌排行榜。《财富》杂志公布的2004年全球500强企业名单中，16家中国企业入榜。《福布斯》杂志评出了2005年全球2000家大公司排名，中国有88家企业入围，内地占25席。2012年，在全球外国直接投资流出流量较上年下降17%的背景下，中国对外直接投资则逆势上扬，再创佳绩，创下了878亿美元的历史新高，中国更首次成为世界三大对外投资国之一，仅次于美国和日本，跃居世界第三。

这一阶段，中国的境外直接投资额的流向、投资行业都有了广泛的发展。大批的中国企业已经开始"走出去"的海外布局，呈现出全方位、宽领域的跨国经营特点。跨国投资的领域涵盖了包括建筑、石油化工、工业制造、交通运输、资源开发、水利、电子通信、商业服务等行业，甚至已经涉足国外的航空航天、核能、环境保护、旅游、医疗、餐饮、咨询等领域。

图10-1描绘了1993~2012年中国对外直接投资流量的情况。

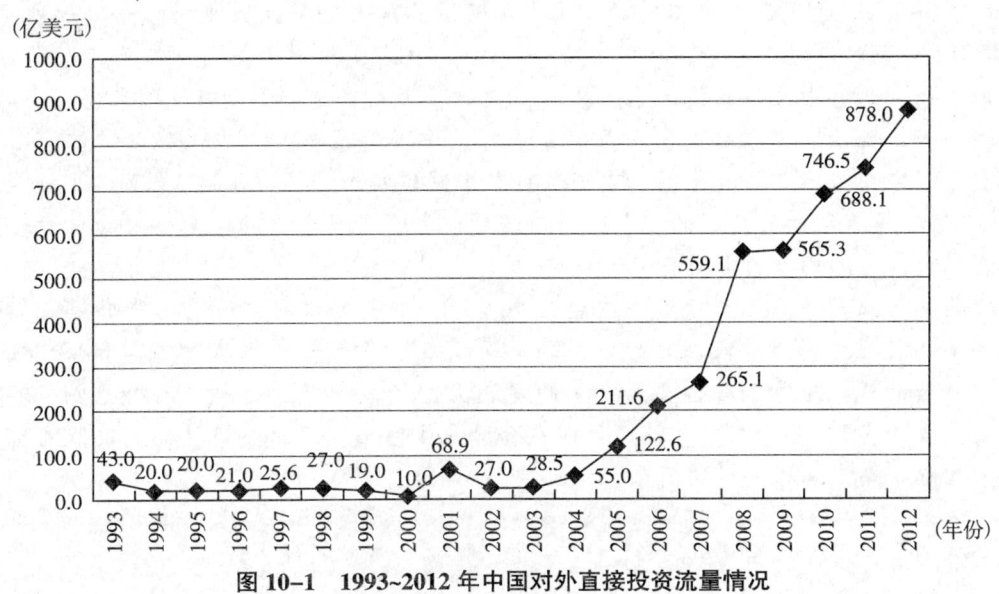

图10-1　1993~2012年中国对外直接投资流量情况

注：1993年至2001年中国对外直接投资数据摘自联合国贸发会议世界投资报告，2002年至2012年数据来源于中国商务部统计数据。

第三节 中国跨国公司未来的发展前景及所面临的挑战

一、中国跨国公司未来的发展前景

随着中国跨国公司的不断发展及世界经济的不断进步，世界格局正处于变化过程中，中国跨国公司的发展潜力巨大，发展前景广阔。

1. 中国对跨国公司的政策支持为中国跨国公司的发展提供了政策支持

在世界经济全球化的大背景下，国与国的竞争，很大程度上体现的是跨国公司间的竞争。十八大报告中提出"加快走出去步伐，增强企业国际化经营能力，培育一批世界水平的跨国公司。"这充分显示了中国对跨国公司的重视，这一政策的提出，为中国跨国公司的发展指明了方向，提供了政策上的支持。

【专栏10-4】 十八大报告中对中国跨国公司相关政策的解读

相较于中共十七大报告对跨国企业的表述，"支持企业在研发、生产、销售等方面展开国际化经营，加快培育中国的跨国公司和国际知名品牌"，如今，中共十八大报告更振奋人心，"加快走出去步伐，增强企业国际化经营能力，培育一批世界水平的跨国公司"。这显示了中国政府对于中国跨国公司发展的政策支持。如前面所见，在2012年虽然中国在世界500强上榜公司达到79家，仅次于美国，但是进入前100强的企业却只有中国石油化工集团公司、中国石油天然气集团公司、国家电网公司、鸿海精密工业股份有限公司、中国工商银行、中国建设银行、中国移动通信集团公司、中国农业银行、来宝集团、中国银行和中国建筑工程总公司这11家，这与美国的29家还是有很大的差距的，也就是中国目前具有世界水平的跨国公司的数量还有待提高，具有影响力的跨国公司还较少。

某些国家虽然表面上欢迎中国企业去投资，但是其目的只是为了能够给他们带来更多的就业，对于进入高端领域，却仍面临着很多无形的贸易壁垒。十八大报告这一政策的提出对中国跨国公司未来的发展提供了方向，这要求中国跨国公司不能盲目"走出去"，要讲求质量，抓住现在金融危机这一"天时"条件，以较低的价格进入国际市场，选择优质的项目。

资料来源：凤凰财经，http://finance.ifeng.com/news/special/zhonggong18da/.20121128 7356910. shtml，2012-11-28。

2. 随着中国国际地位的不断提升，中国跨国公司的物质基础更加雄厚

一国在国际上的地位高低，与该国经济实力有着直接的关系，进而还决定着该国跨国公司发展的迅速与否。中国的综合国力各项指标基本处于世界前列，如中国的粮

食产量、钢产量、原油产量等均居世界各国前列。这说明中国的综合国力已经具备了中国企业从事跨国经营的经济基础和基础设施基础。

3. 中国稳定的政治格局为中国跨国公司提供了有力的保障

近年来中国国家安定，人民生活幸福，政治稳定，信用状况良好，在国际上有着较高的口碑和信誉，这对于中国跨国公司对外经营提供了坚强的后盾，许多国家都欢迎中国的企业去投资，为中国跨国公司的经营提供了十分广阔的空间。

4. 中国所处的区位优势对中国跨国公司的发展有推动作用

中国所处的亚太地区是全世界经济发展最快的地区之一，中国作为亚太地区最大和最活跃的国家，为亚太地区经济的发展起到了重要作用，进而对世界经济发展贡献了较大力量。中国所做的这些努力使得中国的国际地位日益提高，所接触到的国际合作项目也越来越多，投资领域更加广阔，对中国跨国公司的发展起到了一定的推动作用。

5. 可以充分学习西方发达国家跨国公司发展的经验教训

中国跨国公司的起步较晚，这是中国的一个劣势，但是在一定程度上，也是中国的一个优势。由于中国跨国公司的起步晚，我们可以充分借鉴和学习西方发达国家跨国经营的经验和教训，少走弯路，避免出现重大的失误和损失，缩短中国跨国公司发展壮大的时间。

6. 已经发展的跨国公司为大批企业进行跨国经营积累了丰富的经验

截至2012年底，中国在国（境）外共设立对外直接投资企业近2.2万家，分布在全球179个国家或地区，年末资产总额超过2.3万亿美元，积累了丰富的经验，这对于中国其余企业跨国经营具有一定的指导意义。

【专栏10-5】 截止到2012年末中国跨国企业未涉及的国家或地区

区域	数量	国家或地区名称
亚洲	2	不丹、马尔代夫
非洲	9	加那利群岛、塞卜泰、留尼汪、索马里、布基纳法索、梅利利亚、斯威士兰、马约特、西撒哈拉
欧洲	7	安道尔、直布罗陀、冰岛、前南斯拉夫、马其顿、梵蒂冈、法罗群岛、圣马力诺
拉丁美洲	21	阿鲁巴、伯利兹、博内尔、库拉索岛、法属圭亚那、瓜德罗普、危地马拉、海地、洪都拉斯、马提尼克、蒙特塞拉特、尼加拉瓜、波多黎各、萨巴、圣卢西亚、圣马丁岛、萨尔瓦多、特克斯和凯科斯群岛、圣基茨和尼维斯、圣皮埃尔和密克隆、荷属安地列斯
北美洲	1	格陵兰
大洋洲	13	盖比群岛、马克萨斯群岛、瑙鲁、新喀里多尼亚、诺福克岛、社会群岛、所罗门群岛、土阿莫土群岛、土布艾群岛、基里巴斯、图瓦卢、法属波利尼西亚、瓦利斯和富图纳
合计	53	

资料来源：编者根据中华人民共和国商务部网站资料整理。

二、中国跨国公司发展所面临的挑战

尽管中国的跨国公司现在正处于蓬勃发展阶段，拥有强大的后盾，占据很多优势，但是与世界级的跨国公司相比仍然有较大差距，面临着很多的挑战，还有很多因素在制约着中国跨国企业的发展。

1. 核心技术和自主品牌的缺失

核心技术是企业能够在市场上立于不败之地的根基，由于核心技术具有不可复制性，所以，掌握了核心技术就等于掌握了踏入行业领先之门的钥匙，优势才能不被复制。目前虽然中国跨国企业发展迅猛，但是一部分领域的核心技术还是存在缺失的现象，许多高精尖的技术还要靠进口，导致其他一些掌握核心技术的公司，依靠其强大的技术实力，抢占市场，打压了中国跨国公司的生存空间，甚至导致中国一部分跨国公司成为这些公司的加工厂。以汽车行业为例，近几年中国的汽车行业虽然在零部件技术水平上有了很大的提升，但是技术与发达国家相比仍有差距。此外，中国的国际性品牌不多，对中国跨国企业的竞争力造成了不利影响。

2. 公司经营的初衷传统

中国很多跨国公司建立的初衷是到海外市场上，去寻求新的机会，获取新的资源，网罗新的技术，也就是为了弥补自身的劣势去获取技术，从而在竞争中获得一席之地，而不是向发达国家的跨国公司那样利用自身现有的优势去谋求更低的成本，获得较高的利润回报，拓展全球的市场。

3. 跨国公司管理混乱

由于跨国公司跨越不同的国家，往往需要面临不同国家间政治、经济、文化的差异，此时母子公司采用何种公司章程、何种财务制度、何种经营管理理念会导致不同的结果，处理不当就会造成公司制度不健全，母子公司各自为政，公司杂乱无序，公司资产流失等现象，严重时可能会触犯当地的法律法规。这就导致国际化人才的急需。但是目前，中国同时具备包括政治、法律、语言、管理、投资、财务、国际贸易等知识的综合型人才较少，极大地制约了中国跨国公司的发展。

第四节　促进中国跨国公司的发展对策

结合上节提到的中国跨国公司发展所面临的挑战，为应对日趋激烈的市场竞争，中国跨国公司需要做出相应的调整，主要有以下几个方面：

1. 培养适应中国跨国公司发展的国际化人才

跨国公司经营是否成功的关键在于企业是否拥有具有精通国际惯例、能够熟练运用外语、懂得管理、投资、财务及国际贸易等综合知识的国际化综合型人才。中国在跨国公司经营方面的很多问题都是由于国际化人才的缺失所引起的。引进国外的国际化人才固然是一个解决的办法，但是更主要的是中国需要有自己的业务技能强的跨国公司人才库，有自己的人才队伍，重视和培养适应中国国情的国际化人才。

2. 制定符合自身发展情况的跨国发展战略

战略管理是企业战略策划、制定、实施和控制的过程。在国际环境复杂多变的情况下，中国企业希望能够得以生存和发展，就必须结合自己的实际情况，制定与自身情况相适应的国际化经营战略，合理确定跨国企业经营的目标，制定科学的战略方案，同时加强对企业的战略控制。中国由于跨国企业发展时间较短，全球战略的程度较低，有很大一部分企业还处于向全球经营转型的过程当中，因此在制定自身的跨国经营战略时应选择适应跨国公司所在国家市场的发展战略。随着本企业自身竞争能力的不断提升，逐步过渡到全球市场战略。

3. 提高跨国企业的核心技术水平

企业间的竞争在很大程度上来说就是核心技术的竞争，谁掌握了核心技术，谁就掌握了核心竞争力。近年来，虽然中国跨国企业的技术水平有了很大的提升，但是与发达国家的跨国企业相比还有较大差距。中国的跨国企业要想在充满竞争的国际舞台上占有一席之地，使自身不断地发展壮大，就必须提升自己的研发能力，提高跨国企业对核心技术的掌握能力。一个跨国企业如果没有品牌，没有科研能力，没有核心技术，那么这个企业就没有在国际市场上竞争的能力，这种企业即使在短期内占有一定的市场份额，最终也一定会被市场所淘汰。

4. 采取渐进式发展模式

中国跨国企业的规模小、资金实力不足、竞争力较发达国家企业有很大差距，所以就不能贸然到海外建厂，扩大海外市场，进而进军全球市场，而是应该首先从在海外寻找市场代理，由代理代为出口并销售本企业的产品，然后再逐渐设立海外代表处，当在海外市场上占有一定的份额后，再考虑设立海外分公司，当资金足够雄厚，经验足够丰富时再在海外建厂，扩大海外市场。通过这种在地理和经营方式上逐渐演变、循序进入的扩张方式，提高中国跨国企业的成功率。这种方式有利于不同资源、文化、综合能力的融合与培养，能够逐渐增强中国跨国企业的综合实力，提升中国企业的竞争力，并最终走向全球市场。

5. 积极找寻机会，主动开展跨国并购

跨国并购是很多跨国企业占领海外市场，提升国际竞争力的常用手段。中国的跨国企业也可以通过兼并收购实现企业重组，扩大经营规模，提升企业的综合实力，提高竞争优势，增强企业抵御风险的能力。同时，并购还有利于中国跨国企业获取国外企业的战略性资源，有利于利用被并购企业在当地的影响力，迅速获得市场机会，占有被并购企业的市场份额，提高企业的市场占有率，还节省了中国跨国公司在当地经营需要寻找原材料、销售渠道的成本，直接取人之长，补我之短，降低中国跨国公司在当地的进入壁垒。

【专栏 10-6】 2012 年中国跨国企业经典并购案例

2012年，欧债危机，全球经济增长缓慢，但是这丝毫不影响全球跨国公司并购的热度，中国企业的跨国并购得到了全世界的重视。新华社整理了2012年十大有影响力的跨国并购案例，其中由中国企业主动跨国并购的案例就有4例。

1. 三一重工收购德国普茨迈斯特（Putzmeister）

时间：1月31日宣布，4月27日完成交割。

金额：3.24亿欧元（约4.2亿美元）

本案交易额虽不算大，但标志着德国著名中型企业与中国企业的首次合并，刷新了中国工程机械行业的海外并购纪录。"全球最大的混凝土机械制造商"收购"全球混凝土机械第一品牌"，强强联合的品牌叠加效应，将重塑全球工程机械行业的竞争格局。在2012年中国企业海外并购大潮中，这次收购起到"冲锋号"的作用。

2. 大连万达收购美国AMC影院公司

时间：5月21日宣布，7月份获批。

金额：26亿美元

这是中国民营企业在美国最大宗企业并购，也是中国文化产业的最大宗海外并购。收购世界排名第二的院线集团AMC影院公司，后万达一跃成为全球最大电影院线。此项收购也标志着中国企业海外并购已从能源资源和制造业等传统领域逐渐扩展至文化产业等更高层次。

3. 中海油并购加拿大尼克森公司

时间：7月23日宣布，12月7日获加拿大政府批准。

金额：151亿美元

这是中国企业迄今在海外获批的最大宗收购案，也是加拿大自2008年爆发金融危机以来的最大金额外资收购案。在全球经济复苏乏力的当下，这桩"超级交易"将提振相关行业及整体经济的投资和商业信心，对未来中国企业"走出去"提供重要判例。

4. 中国财团收购国际飞机租赁公司

时间：12月9日宣布。

金额：52.8亿美元

这是中国企业在美国最大规模的一次股权收购，也是2012年以来西方金融机构向亚洲企业出售航空租赁业务的三大交易之一。美国国际集团宣布将旗下国际飞机租赁金融公司90%的股权出售给新华信托牵头的中国企业集团。国际飞机租赁金融公司是全球资产第二大飞机租赁公司，而中国是其最大单一市场，这项收购将改变中国飞机租赁市场的竞争格局。

资料来源：http://www.tiyimedia.com/news/dopost/32，作者加以整理。

6. 政府给予一定的政策支持

首先政府应该采取措施，大力支持中国民营企业的跨国发展，构建中国跨国公司经营的完整的框架体系。目前，中国的跨国公司中虽然涌现了不少的民营企业，但是与国有企业相比，民营企业还是存在一定的欠缺，这就需要中国政府能够出台一些法律法规，对民营企业给予相关的政策优惠与扶持。对于成长性良好的民营企业，鼓励他们开展跨国经营，引导和推动这些民营企业进行跨国经营，建构中国市场经济跨国公司的框架体系。同时，中国政府还可以成立海外市场信息服务中心，对中国跨国企业在海外经营时在政治体制、经济政策、税收和外汇等方面的问题提供咨询服务，避免企业境外盲目投资，提高中国企业跨国经营的科学性和实效性。

本章小结

中国跨国公司的起步比较晚，在中国1978年改革开放后才开始逐渐崛起，伴随着中国改革开放的不断深化，中国跨国公司的发展经历了不断探索阶段、发展调整阶段、积极推进阶段和加速发展阶段，涉足行业从最开始的承包建筑工程、餐饮、咨询服务、贸易等领域到现在的涵盖建筑、石油化工、工业制造、交通运输、资源开发、水利、电子通信、商业服务、航空航天、核能、环境保护、旅游、医疗、餐饮、咨询等行业，这其中有成功的经验，但是同样也出现了一些问题。在中国政府和企业的共同努力下，中国的跨国公司发展渐入佳境，逐渐步入正轨。

2012年中国对外投资流量占全球当年流量的6.3%，在全球的排名仅次于美国和日本，名列第三位。投资的区域也已经从欧美、中国港澳等发达国家和地区拓展到亚洲、非洲、拉丁美洲等179个国家和地区，覆盖率达76.8%，但是投资地区的分布还是不平衡，亚洲和拉丁美洲还是中国境外投资的主要区域。同时，中国跨国企业在东道国的投资，对东道国的就业和税收都有很大的贡献，形成了"双赢"的效果。

中国跨国公司未来的发展前景广阔，发展潜力巨大，但是依然面临着很大的挑战，比如核心技术和自主品牌的缺失，造成中国一部分跨国企业没有核心竞争力，国际化综合型人才稀缺，使中国跨国公司未来的发展遭遇"瓶颈"等。这就需要中国的跨国公司积极寻找应对措施，在国际市场上，主动出击，搜寻并购机会，提高企业的核心竞争力，吸纳和培养能够适应国际化发展的人才，在中国政府的支持和帮助下，为中国跨国公司拥有更加美好的未来而努力奋斗。

课后练习题

一、简答题

1. 中国对跨国公司的界定是什么？
2. 中国跨国公司的发展经历了哪几个阶段？

3. 论述中国跨国公司发展所面临的挑战。
4. 论述中国跨国公司发展的前景。

二、论述题

论述中国跨国公司未来的发展机遇。

三、案例分析题

中国五矿并购案例

中国五矿的转型与发展是资本运作兼并重组的成功典范。

1. 审时度势，并购时机恰到好处

OZ矿业是澳大利亚大型矿业集团之一，是澳洲第三大多金属矿业公司，拥有世界第二大露天锌矿等多种资源，其在澳大利亚昆士兰的锌矿每年产量就在50万吨左右，是全球第二大锌生产商。公司主要生产锌、铜、铅、黄金、银，在澳洲、亚洲和北美都有发展项目。但由于金融危机的爆发，OZ矿业在2008年下半年陷入债务危机，无力偿还近5.6亿澳元的债务，并自2008年11月28日起股市停盘，公司董事会试图在全球寻求资本层面的合作。在获知这一情况后，中国五矿迅速做出反应，从谈判到提出最终方案，仅仅用了两个月时间。之所以能够迅速采取行动，是因为五年来中国五矿始终关注着该公司，并且在最短时间内进行实地考察，做出详尽的尽职调查，明确大部分优质资产仍然存在，所以决策起来比较容易，赢得了并购时间。

2. 面对阻力，积极灵活应变

对于这起来自于中国央企的收购案，澳大利亚政府认为，由于OZ矿业旗下Prominent Hill铜金矿位于南澳大利亚的伍默拉（Woomera）军事禁区，出于国家安全考虑，不予通过。五矿迅速调整方案，放弃收购OZ矿业最优质的Prominent Hill铜金矿资产，并做出必要承诺，如将所购矿产的经营管理总部设在澳大利亚，以澳大利亚管理团队为主体进行经营；产品价格必须由五矿设在澳大利亚的销售总部根据国际基准价格来确定；保持和提高当地就业水平，尊重与当地社区达成的协议。通过灵活应变，澳大利亚财政部最终批准了五矿对OZ矿业新的收购方案。

3. 价格谈判，牢牢掌握定价主动权

2008年2月是OZ矿业股价的最高点，为3.97澳元/股，金融危机爆发后，其股价一路下滑，到2009年6月交易宣布时，股价只有0.90澳元/股。五矿迅速抓住这一有利时机，继续压低收购价格，最终以0.825澳元/股成交，仅相当于OZ矿业最高价格的1/5，大大节约了并购成本。而当澳大利亚政府以国家安全为由拒绝收购申请时，中国五矿立即剥除了位于军事禁区的铜金矿资产，并对报价和承诺重新做了相应调整，在原成交价基础之上再减少10亿澳元，并不再承担OZ矿业11亿澳元的全部债务。而且，中国五矿还与OZ矿业签署了捆绑性协议，即一旦OZ矿业拒绝被收购，则须向中国五矿支付1.2亿美元的赔偿金，这对OZ矿业最后就范也构成了约束。而另外两家央企的并购正好相反:中石化于2009年8月宣布并购瑞士Addax石油公司,在此之前的8个月中,Addax的股价一路上扬,从2009年1月的19.6加元/股上升到了8月的52.7加元/股,这笔交易最终以52.8加元/股成交。可以说,成交的时机几乎是Addax股价的历史高点。在中铝入股力拓的交易中,交易宣布时力拓的股价为137.0澳元/股,正处于历史性的高点,交易完成之后1年以内,力拓的股价严重缩水,跌至46.6澳元/股,该交易也给中铝带来严重的财务危机。中国五矿对定价时机把握的准确,避免了被目标公司"牵着鼻子走"的被动局面。

4. 适当加价,冲破竞争对手的围堵

为了阻止中国五矿的收购,加拿大皇家银行和澳大利亚投资咨询公司RFC集团在最后一次股东大会前半路杀出,向OZ矿业提出了12亿美元的融资替代方案。同时,澳大利亚著名投资银行麦格理集团也向OZ矿业提交另一个融资替代方案,计划通过25.4亿美元的配股发行来筹得14亿美元的融资。面对竞争威胁,同时也考虑到大宗商品价格已大幅上涨的客观实际,中国五矿与OZ矿业董事会商讨,适当加价15%,成功阻击了对手的竞购方案。而在以上提到的中铝与力拓交易中,中铝没有同意力拓提出的修改方案,也给自己带来了被动。

5. 高效沟通,争取最大限度理解

在整个收购过程中,中国五矿团队之间高效沟通,而且与澳大利亚相关政府部门、OZ矿业股东董事会也保持了及时充分的沟通,甚至与反对党领袖也进行了富有成效的接洽。这使得澳大利亚相关各界明确了中国企业寻求的不是控制澳洲矿产资源,而是寻求得到长期、健康、稳定的能源资源供应。因此,一直反对中铝并购力拓的澳大利亚反对党,对于五矿收购OZ矿业并没有言辞过激的行为,对交易表示了肯定。2009年下半年,MMG(收购后新的公司名称)息税折旧摊销前的利润为3.5亿美元。2010年前6个月,MMG盈利4.04亿美元。两个数字相加,几乎持平于五矿收购OZ资产时向银行的借贷。截至2010年6月30日,渡过债务危机的MMG生产了31.8万吨锌精矿、1.4万吨铜精矿、3.4万吨电解铜、2.1万吨铅精矿、5.5万盎司黄金。2011年,成功收购了澳大利亚OZ矿业公司的中国五矿,盈利总额突破百亿,同比增长98.47%。这一并购,被《亚洲金融》杂志评为全球最佳并购。

资料来源:赵前.中国企业跨国并购成功案例分析[J].铁路采购与物流,2012(5).

讨论题:
结合上述材料请谈谈你对五矿成功并购的看法。

第十一章 中国跨国公司的经营与管理

本章学习要求
* 认识中国跨国公司经营的主要类型与模式
* 了解中国跨国公司面临的非市场风险并掌握相应的对策
* 正确、客观分析中国跨国公司经营所拥有的优势与存在的问题
* 清楚中国企业跨国经营的战略选择与具体措施

本章主要概念
跨国公司经营类型 跨国公司经营模式 非市场风险 经营战略 软管理

开篇案例　　　　　　**三一集团：海外绿地投资向跨国并购转变**

对外绿地投资与跨国并购是大多数企业快速实现国际化扩张的路径。国际上一些工程机械企业在发展壮大过程中都选择了跨国并购作为其实现规模经济和国际发展的主要手段。

2012年1月，三一集团与世界混凝土巨头德国普茨迈斯特在德国宣布，两家公司已达成正式协议，将在通过监管部门审核之后正式完成合并。以此，三一集团的跨国经营实现了从海外绿地投资到跨国并购的转变。三一集团认为，本次并购将改变世界混凝土机械领域的竞争格局，使三一集团国际化目标提前5~10年实现。而在这之前，因为同城竞争对手中联重科收购了意大利CIFA公司，三一集团的高管还发表文章称，跨国并购不如在海外建厂。海外直接建厂的好处是风险可控，自主性发展较强。

通过三一集团跨国并购，我们可以看出，企业战略调整在随着形势的变化而变化。在没有合适的并购目标出现前，主张绿地投资是三一集团国际化发展的主要方式；有了合适的目标，三一集团选择了跨国并购。

三一集团有限公司始创于1989年，主要经营以"工程"为主的机械装备制造，目前已全面进入工程机械制造领域。经历20多年的发展，三一集团成为新中国成立以来湖南省首家销售过百亿元的民营企业。2008年和2009年，尽管受金融危机影响，三一集团仍然保持了较好的增长。目前，三一集团年销售额800亿元以上，拥有员工约4万名，在海外拥有30家子公司，业务覆盖达150个国家，产品出口

第十一章 中国跨国公司的经营与管理

到110多个国家和地区。

国际化发展三步走战略

三一集团的国际化发展经历了三步走的战略,先把产品出口到国外,后在海外建厂,然后逐步实现全球化资本运作。

第一,产品先行。三一集团先是产品出口到海外,获得海外市场对产品的需求信息,通过在海外设立销售分公司,从而使得海外市场形成对三一集团品牌认知,这样通过掌握国际市场的需求,实现快速响应。

第二,海外新建工厂。三一集团2010年至今只收购了国内一家企业,在发展过程中都是自己建立新的工厂。在海外市场,三一集团似乎没有抓住有利的并购机会,或者说没有合适的并购目标出现。这期间,三一集团选择了海外新设工厂,通过直接投资的方式,实现海外生产网络的布局。

第三,跨国并购。三一集团国际化的目标就是实现走出去,通过国际化的资本运作,去整合国际人才、资本、市场等资源。收购普茨迈斯特,三一集团执行总裁向文波表示:"三一集团国际化走了10年,目前海外销售额约占总额的5%。而'大象'创立54年来,在全球主要市场拥有704个销售点,并购会让三一集团的国际化节省5~10年时间,一下有了全球最发达体系。"普茨迈斯特遍布全球的生产基地和营销网点也将加速三一集团国际化进程。

三一集团海外建厂的经验体会

在没有海外并购目标时,三一集团选择自主地在国外建立新工厂,以内生增长的方式实现企业的国际化,相对于其他制造企业来说,也更具有特色。

1. 产业链全球布局

三一集团执行总裁向文波认为,在全球经济一体化中需要利用全球优势资源,发挥后发优势,加强与国际市场的融合与接轨,在国际市场中开展竞争与合作,把自己融入全球产业链中发展。比如在美国,有全球最发达的工程机械技术和先进的管理方法,三一集团就在美国建立一个研发中心。在美国这样有强烈创新氛围的国家开展企业研发,形成企业研发的国际化。在制造方面,德国工业产品质量闻名世界,德国有许多高素质产业工人,有完整的、专业化的供应链,三一集团就通过在德国设工厂,利用德国制造业的优势来布局欧洲市场。

2. 国际化中本土化经营

三一集团通过在国外建厂,充分利用当地的生产要素,从物流、管理等方面降低成本,多方面地与当地供应商进行合作,与许多当地企业形成良好的关系,更好地了解当地市场需求特点,从而实现更多的市场销量。在2007~2008年中国工程业突飞猛进的时期,德国一些机械设备企业都要求买方缴纳一年的预付款,而且仍然经常接不上货。因此,只有参与供应链,才能强化自己在这一产业中的发言权。产品的本土化是企业国际化经营成功的标志,工程机械行业能够根据客户喜好不同,设计出不同的机械设备就能满足不同用户的要求,三一集团进入德国就是为了能够更好地生产出满足当地用户需求的机械。

人才的本土化是三一集团国际化面临的新的挑战，应用到更多的本土人才，关系到一个企业在国际化中能否生存，用好本土化人才是企业国际化成功的重要条件。

3. 稳健的投资模式

在机械设备制造业国际化的路上，中国企业普遍很幼稚，没有成熟的路径可供依循。并购中文化整合难度、管理经营不足、法律纠纷、产能刚性、法人治理结构不一样都会影响跨国并购的成功。相比欧美企业，国际化更多是产业整合，是并购重组，但是三一集团首先选择了一条自主投资建厂的发展道路，向文波认为，这条路比较适合三一集团，尤其是适合一个民营企业的国际化发展道路，因为作为三一集团来说还是稳健优先。所以三一集团的资产负债率始终保持在很低的水平，把金融风险作为首要的考量。企业自我投资建厂是低风险，是风险可控的发展模式。在没有出现合适的并购目标时，三一集团主要依靠的还是自主投资建厂；然而在有合适的并购目标时，三一集团果断抓住机遇，实现战略性并购。

4. 品牌形象国际化传播

三一集团在品牌传播上也更加注重国际化，比如向文波经常随中国领导人出国访问，在国际社会上展示企业领导人的形象，从而实现了企业形象展示。每当企业在海外开业或签约时，总能请到两国重要的领导人出席见证，这些事件为企业品牌宣传提供了非常良好的契机。三一集团的机械参与智利矿难救援和日本核电站事故救援等，对宣传三一集团的设备起到了重要的作用，这使产品品牌在国际上树立了良好的口碑，提高了国际知名度。

资料来源：王志乐编. 2012——走向世界的中国跨国公司 [M]. 北京：中国经济出版社，2012.

第一节　中国跨国公司经营的主要类型与模式

一、中国企业跨国经营的主要类型

中国跨国公司的发展按主要领域可分为以下几种类型：

1. 工贸结合型的跨国公司

像中国石化集团公司这样的工贸跨国集团公司，实现了石油上下游、内外贸、产销一体化，业务范围由过去的石油化工扩展到石油天然气勘探开发和成品油批发零售，并已开展了境外融资和全球化配置资源，先后于 2000 年 10 月和 2001 年 8 月在境外境内发行 H 股 A 股，并分别在香港、纽约、伦敦和上海证券交易所上市，股权结构实现了多元化和全球化。2012 年年底，中国石化股份公司总股本达 867 亿股，中国石化集团公司持股占 75.79%，外资股占 19.21%，境内公众股占 5%。可以说，已初步具备了工贸结合型这种公司的功能，中国石化集团公司在《财富》2013 年度全球 500 强企业中排名第 4 位。

2. "综合商社"型的跨国公司

这一类型的跨国公司主要包括中央政府和各级地方政府直属的外贸专业公司和大型贸易集团，如中国化工进出口总公司、中国粮油进出口总公司、中国电子进出口总公司、中国机械设备进出口总公司、中国技术进出口总公司、中国轻工业品进出口总公司等，这些跨国公司的优势是长期从事进出口贸易，逐渐形成了具有一定规模的海外市场网络，掌握了熟练的营销技巧，有灵通的信息系统、稳定的业务渠道，融资便利，是中国企业海外经营的先锋和主力。

3. 金融型跨国公司

这一类型的跨国公司包括中国银行等五大国有商业银行、中国人民保险公司、中国远洋运输集团公司、中国建筑工程总公司、中国土木工程公司、中国水利电力公司等。这些跨国公司资金雄厚，提供专业化服务，有良好的信誉，经营规模较大。如中国银行的业务范围涵盖商业银行、投资银行和保险航空租赁，旗下有中银香港、中银国际、中银保险、中银基金等控股金融机构，在全球范围内为个人和公司客户提供全面和优质的金融服务。中国银行是中国国际化程度最高的商业银行。1929 年，中国银行在伦敦设立了中国金融业第一家海外分行。此后，中国银行在世界各大金融中心相继开设分支机构。目前，中国银行拥有遍布全球 36 个国家和地区的机构网络，其中境内机构超过 10000 家，境外机构 600 多家。

4. 生产型跨国公司

这一类型的跨国公司如联想集团、海尔集团公司、TCL 集团、赛格集团、春兰集团公司、康佳股份集团有限公司、广东格兰仕集团等著名企业。这些大型生产性企业从事跨国经营的优势是：有相对成熟的生产技术和一定的研究与开发能力，在国内有庞大的生产基地和销售网络。由于它们在资金、技术、人才、市场、管理等方面有明显的竞争优势，因而海外经营起步虽晚，但正以较快的发展速度向海外扩张。

【专栏 11-1】　　　　　美、日、韩三国经营实践比较与启示

在当代跨国公司经营实践中，存在着三种成功的类型。一是以工业生产型企业为主体的欧、美模式，其中尤以美国制造业跨国公司为典型；二是日本综合商社模式；三是韩国大财阀（大企业集团）模式。研究这三种成功的经营类型，借鉴和汲取其有益成分，对于中国跨国公司经营模式的建构与选择不无裨益。

1. 美国制造业跨国公司模式

这种模式具有以下几个方面的特征：

（1）它从一开始就是由制造业跨国公司向外投资的，而且主要是在工业国家内投资。

（2）它是美国特定社会经济发展的必然产物。

（3）它们通常集中在少数几个工业部门，例如，机械制造、仪器仪表、化工电

器、交通运输等部门。

（4）上述这些部门通常具有较高的资本和技术密集度。

2. 日本综合商社模式

日本综合商社是一种以贸易企业为主体的特殊形态的跨国公司。它与美国制造业跨国公司的区别在于，前者以工业生产型企业为主体，而综合商社则以贸易企业为主体。日本综合商社跨国公司模式的形成，可以说是适应日本国情及经济发展过程的产物。

日本综合商社的明显特征主要体现在：经营领域广泛、多种功能兼备、综合商社与金融巨头和企业集团相结合、业务规模巨大等方面。

3. 韩国大财阀模式

韩国大财阀是另一种特殊形态的跨国公司。它与美、日跨国公司模式的区别在于，美国跨国公司模式以制造业企业为主体，日本跨国公司模式以贸易型企业为主体，而韩国跨国公司模式则以大财阀（大企业集团）为主体。

尽管美、日、韩三国跨国公司的经营类型和模式各有其特点，但综观上述三种类型，至少可以得出以下两点结论或启示：

第一，无论是美国制造业跨国公司模式，还是日本综合商社模式，或是韩国大财阀模式，都是适应各国特定社会经济发展的产物，是美、日、韩三国特定社会、经济、政治、文化多种因素综合作用的结果。

第二，尽管美、日、韩三国跨国公司经营模式的历史渊源与形式迥异，但在许多方面仍有其共同之处：①发展成为跨国公司的企业或部门，通常具有该国国内其他企业所不具备的生产、技术或组织方面的优势。美国跨国公司通常具有较高的资本和技术密集度，日本综合商社则拥有统一负责管理进出口业务权利，韩国跨国公司则直接置于政府的支持和保护下。②其经营范围和领域十分广阔，几乎无所不包。日本综合商社其经营领域"从方便面到导弹"，韩国跨国公司经营范围同样无所不包。③都是生产与流通或者工业与贸易紧密结合。④都是产业资本与金融资本相互渗透，融合生长等。

上述两点对于中国跨国公司经营模式建构与选择不无借鉴意义。

资料来源：陈小强. 中国跨国公司经营论 [M]. 北京：中国财政经济出版社，2005.

二、中国企业跨国经营的主要模式

1. 跨国直接投资创办子公司

跨国直接投资创办子公司就是中国企业依据东道国法律，在东道国境内设立全部资本为自己所拥有的企业。它独自享有企业的所有权、经营管理权，承担相关责任、风险，如开篇案例中三一集团在巴西、印度、美国等国家建设工程机械研发制造基地及海外销售公司，扩大海外市场；海尔也在美国等国家建立自己的生产基地，直接建立和推广自己的品牌，在当地树立企业形象。这种跨国经营模式需要长期地对企业品

第十一章 中国跨国公司的经营与管理

牌进行培育,靠当地消费者的认同获得市场,它能够快速了解当地市场信息,生产经营针对性强,能做到当地化——当地设计、当地制造、当地销售,使中国产品国际化,获得越来越多的国际市场份额,增强国际竞争力,获得最大的市场利润。

但这种模式需要具备相当苛刻的制约条件,即企业必须同时兼备所有权优势、内部化优势和区位优势。当企业具有规模、技术、产品和人才等方面的优势,应选择到一些法治比较健全的国家和地区投资建立海外子公司,利用自己雄厚的经济实力、完善的销售系统、先进的技术和拳头产品,才能取得一定成效。因此,对于成本较高、风险较大、获利能力较差的中小企业应谨慎选择这一模式。

2. 跨国加工贸易

跨国加工贸易是指中国企业以现有技术、设备投资,在国外以加工装配的形式,带动和扩大国内设备、技术、零配件、原材料出口的模式。例如,华源集团是以纺织业为支柱的大型国有企业集团,随着企业的经营发展,抛弃单纯依靠出口占领海外市场的传统做法,开展境外加工贸易,先后在塔吉克斯坦、尼日尔、墨西哥、加拿大和泰国等地投资建立海外生产加工基地。其中华源集团在墨西哥、加拿大设立的两个纺织企业,利用了《北美自由贸易协定》中贸易区内纺织品免税、免配额的政策,扩大了对北美尤其是美国纺织品的出口。此外,深圳康佳集团、珠海格力集团和江苏春兰集团等企业的海外投资都属于这种模式。

跨国加工贸易把成熟的技术设备和过剩的生产能力搬迁到市场销路较好的国家和地区,使企业过剩的生产能力继续发挥作用,获得收益;主要以国内的技术、设备、原材料、零配件等实物作为出资物,节约外汇支出;合理地利用原产地规则,规避和突破各种贸易壁垒,更好地拓展海外市场,增强国际竞争能力;带动国内产业的升级、经济结构的优化。开展跨国加工贸易的企业,主要集中在技术成熟和生产能力过剩的轻工、纺织服装、家电、机电及原料药等行业。

3. 跨国资源开发

跨国资源开发是指中国资源企业向国外资源开发方面进行的投资,包括新建国外企业和通过资产或股权并购而设立的国外企业。这种模式也被称为国家战略主导投资模式,因为其海外投资主要是政府投资的推动,注重的是国家的宏观效益,是应国家经济的可持续发展和能源安全战略的需要而向海外能源开发方面进行投资。近几年来,中石化、中石油和中海油,纷纷进行海外油气田的投资开发,先后启动了二十几个项目,与国外的很多合作项目采取"份额油"的方式,即中国石油企业在当地的石油建设项目中参股或投资,每年从该项目的石油产量中分取一定的份额。这种方式在一定程度上保证了石油进口数量及价格的稳定,有利于缓解中国人均资源占有量较低,以及有些自然资源如石油的供给严峻的问题。

这种投资模式目前主要体现在能源战略方面,今后将向资源战略扩展。投资主体一般是大型国有或国有控股重点能源企业,以国家长期能源安全和国家经济的可持续发展为根本目的,主要是依靠政府政策的大力支持,拥有雄厚的资金和较强抵御风险能力。实践中,要加强可行性研究,避免决策失误,加强监管,确保安全生产和环境保护,真正落实国家能源安全战略。由于它把国际能源安全战略的宏观效益放在第一位,同时投资数额较大,投资回收期限长,投资风险大,因此,非能源行业的大型投资企业和中小投资企业一般不宜采用。

4. 跨国构建营销网络

跨国构建营销网络是指中国企业依靠自己在国外建立的国际营销机构及其他网络,或依靠国外的代理机构,将自己国内的产品直接或间接地销往国外市场的模式。企业构建自己的国外销售渠道和网络,有利于把产品直接销往国外市场,减少中间环节,提高企业的盈利水平;有利于积累国际营销经验,培养国际营销人才,提高跨国经营能力;有利于了解国际市场信息,扩大产品出口规模,并寻找进口赢利的好机会,做到国际化经营。例如,三九集团在国内建立制造基地和研发中心,先后在俄罗斯、美国、日本等十几个国家和地区设立了营销公司,开拓了三九产品海外销售市场,使三九集团产品的市场由单一国内市场逐步演变成为全球性市场。

采用跨国构建营销网络模式也存在制约条件:这种模式主要是销售"走出去"了,但生产、研发仍在国内,容易受到国外反倾销在内的各种贸易壁垒的限制。因此,企业需要增强这方面的应对能力。依靠国外的代理机构,投资少、风险小、管理较容易,是中国现阶段大量中小型企业走出去的一种主要模式,其缺陷是企业对国外营销活动的控制有限,自有的品牌不突出,有时过于依赖国外代理机构,有时甚至有货款收不回来的风险,获得的利润比较少。对于具有一定出口规模和资金实力的企业而言,应积极建立自己控制的海外营销网络,增强对国外市场的了解,扩大盈利空间。

5. 跨国研发投资

跨国研发投资是指中国一些高科技企业通过建立国外研发中心,利用国外研发资源,研发国际化,取得居国际先进水平的自主知识产权,并将对外直接投资与提供服务结合起来的经济行为。如华为在全球建立了22个地区部和100多个分支机构,在美国"硅谷"和达拉斯、印度班加罗尔、瑞典斯德哥尔摩、俄罗斯莫斯科等地设立了多家海外研究中心,并通过各种激励政策吸引国内外优秀科技人才进行研发,从而能够及时掌握业界最新动态。现在,华为的设备已经在非洲、南美、东南亚、东欧等地区的40多个国家昼夜运转,靠着掌握越来越多的核心技术,华为在世界电信市场上已经能与外国跨国公司比肩较量。

进行跨国研发投资,建立研发中心,可以加强中国与世界各国的经济技术合作,增进科技交流,扬长避短,加快中国科技发展;可以利用海外的研发资源,推动研发国际化并取得居于国际先进水平的自主知识产权,提升科技竞争力;可以形成科、工、贸一体化,依托全球化技术开发网络,利用遍布各地的研发机构,以提供优质的产品和服务、更快的响应速度和更好的性能价格,确立可持续营利机制,提高企业的国际竞争力。当然,目前中国绝大部分的科技企业还基本上不具备跨国研发投资的条件。所以必须进行创新,构建拥有强大的高新技术开发实力和技术创新能力的跨国研发投资主体,拥有自主知识产权,避免知识产权纠纷,开展跨国研发投资,参与国际竞争。

6. 跨国并购

跨国并购是指中国企业依法通过一定的程序和渠道,收购海外目标企业的全部资产或主要的运营资产，或者收购其一定数量的股份，从而对其进行控制或参股的投资行为。如 2012 年，大连万达集团通过购买公司 100%股权和承担债务，以 31 亿美元并购美国 AMC 影院公司；中海油收购加拿大尼克森公司，使中海油全球化布局得以增强。

并购投资具有广阔的应用空间，将日益成为中国企业尤其是中小企业海外投资的重要模式。这种模式应用的制约条件是：①由于收购大多是以现金方式收购，中国企业需要投入大量运营资金；②并购后整合使企业将面对严峻考验，因此要具备较强的管理能力和人才；③要弄清目标企业的技术装备、负债和法律诉讼等情况，避免误入并购陷阱，影响实现并购目标。例如，海尔集团退出对美泰的并购、中海油退出对加州联合石油的并购，两起中国企业对美国企业的并购在不到半月之内先后夭折。此外，TCL 收购法国汤姆逊也付出了巨额代价，这些值得我们深思。

7. 跨国品牌经营

跨国品牌经营包括品牌输出、跨国品牌并购和跨国自创品牌等投资经营方式。

(1) 品牌输出。品牌输出是指将那些具有品牌优势的中国企业，采取以品牌入股、独资、特许加盟、连锁等方式进行国外投资经营的模式。如中华老字号同仁堂历史悠久，品牌誉满全球，成为海内外知名的比较成熟的品牌，同仁堂便把"同仁堂"这个金字招牌向国外输出，拓展国外市场，在国外成立了 10 多家公司或药店，在 50 多个国家和地区办理了注册登记，产品已经畅销到全球 40 多个国家和地区。当然，采用这一模式的前提条件是企业需拥有海内外知名品牌和自主知识产权，才能在国外发挥自身品牌的比较优势。中国中药、中式餐饮、传统工艺品等行业在海外享有盛誉，尤其在受中国文化影响较深的东亚、南亚和华人聚居较多的其他地区，上述品牌具有较强的市场竞争力。

(2) 跨国品牌并购。跨国品牌并购是指中国企业通过并购国外品牌来开拓当地市场的投资经营模式。实践中，可以通过收购国外当地知名品牌对产品进行包装，获得或恢复当地消费者的认同，借助其品牌影响力，快速进入当地市场，也可以把通过并购来的国际上知名的品牌和自己在国际上还不知名的品牌结合起来，带动国内产品走出去，逐步扩大国际市场。例如，从 2007 年开始，吉利推出进军中高端品牌的计划后，试图通过常规的品牌进化实现转型升级。但是，品牌的缔造是一个历史沉淀的过程。在汽车产业高度成熟的今天，从头做起培育高端品牌，是一件非常困难的事情。而以品牌资产所有权的转让为主要特征的品牌并购就成为缓慢的品牌进化之外的一条捷径。于是，2010 年，吉利汽车收购欧美汽车高端品牌福特汽车旗下沃尔沃汽车的全部资产，原沃尔沃的产品继续在海外生产，并以 VOLVO 品牌销售，从而为吉利价值整合、实现品牌"双赢"确立了良好的开端。选择这种模式，关键是所并购的必须是具有一定影响力和销售渠道的知名品牌，才能获取品牌优势。

(3) 跨国自创品牌。跨国自创品牌是中国企业在国外投资经营中，创立自主的国际知名品牌，开拓国外市场的模式。例如，海尔集团在海外投资和跨国经营过程中，始终以"创海尔世界知名品牌"（海尔总经理张瑞敏语）为核心目标，实施国际化战略，让海尔由中国名牌成长为世界名牌。2012 年，世界权威市场调查机构欧睿国际

（Euromonitor）发布最新的全球家电市场调查结果显示：海尔大型家用电器 2012 年品牌零售量占全球市场的 8.6%，第四次蝉联全球第一。至此，海尔同时拥有"全球大型家用电器第一品牌、全球冰箱第一品牌与第一制造商、全球洗衣机第一品牌与第一制造商"等 9 项殊荣。选择跨国自创品牌，要求企业拥有较雄厚的资本、较强的经营管理能力尤其是争创、运营品牌的能力，同时也要承担较大的风险，不是一般的企业都能采用的模式。

8. 跨国工程承包与劳务输出

跨国工程承包就是中国企业到国外去承揽工程。跨国工程承包，可以充分利用中国劳动力的比较优势，在国际间重新组合配置资源，缓解国内就业压力，带动商品出口，增加外汇收入，提高本国的技术、管理水平。如中国海外工程总公司、中国土木工程集团公司、中国建筑工程总公司、葛洲坝集团等，都是国际上有名的中国跨国承包公司。它是一种相对传统的跨国经营模式，但要根据新形势提供的机遇与面临的挑战来判断是否选择这一模式。政府应在政策上支持对外承包工程，企业要在国内建立联盟，扩大企业规模，形成核心竞争力，构建具有较强总承包能力的大型企业集团，加强与外国承包公司的合作，力争承揽电站、通信工程等技术含量高的大型工程项目，坚持国际标准，争创名优工程，上规模、上档次、上效益，在工程承包市场站稳脚跟，蓬勃发展。

劳务输出就是将中国劳动力输到国外去提供劳务以获取报酬，这一方面能够缓解国内就业压力，另一方面可以增加外汇收入。跨国劳务输出要规范境外就业中介机构，提供优质的服务，要强化培训，提高劳务人员素质，培训出有特色的劳务人员。增强竞争力，向海外输出较高级的、特殊的劳务人员，包括通信、信息、医生、护士、教师、厨师、海员等专门人才和工人、家政服务人员等一般的劳务人员，充分利用中国劳动力资源。

第二节　中国跨国公司经营面临的非市场风险及对策

一、中国跨国公司经营面临的非市场风险

跨国公司的实践经验和教训告诉我们，跨国公司海外经营比在国内经营面临着更多的风险，这应该值得我们重视、警惕和反思。一般来说，跨国公司海外经营的风险可以分为市场风险和非市场风险。市场风险是指由于跨国公司对所在行业（或所在产业）的国际国内发展状况、市场价格涨跌、金融汇率等形势预判错误或应对措施不力而发生的风险，具体包括成本、价格、汇率等方面的风险。非市场风险则是指市场风险之外的风险。从近年来的实践来看，非市场风险已经成为中国跨国公司海外经营过程中的重要威胁。

中国跨国公司海外经营中的非市场风险主要包括东道国政治动乱风险、政策与法

律风险、文化差异风险、公司内部运营管理风险以及合同条款风险、项目投资风险等其他风险（实践中，上述六类风险均已对中国跨国公司海外经营产生了实际的重大影响并已经造成损失）。

1. 东道国政治动乱风险

政治动乱风险主要是指东道国参与的任何战争或者在东道国内发生的革命、颠覆、政变、罢工、内乱、破坏和恐怖活动以及地方武装的冲击等事件而造成损失的可能性。政治动乱风险是与东道国主权有关的不确定因素，在一些发展中国家存在发生的可能性较大。因为这些国家易产生政局不稳、政权更迭等情况。政治动乱风险产生的根源十分复杂，主要有以下几个方面：政策不稳定性、民族主义、社会不稳定、武装冲突、区域联盟等。

当前在非洲、拉美、亚洲等中国企业已进行跨国经营的许多国家和地区均存在政治动乱风险。无论何种原因，只要一旦在东道国发生政治动乱风险，则中国企业均将面临产生损失的可能性。如在委内瑞拉和赞比亚等与中国友好的国家，甚至也出现了敌视中国企业投资的现象。上述两国的在野党针对中国在该国的资源能源类投资提出了强烈抗议，宣示如果能够上台执政，就将赶走中国等国家的投资者。

【专栏 11-2】 利比亚动乱造成中国跨国公司的巨大损失

2011 年 2 月 16 日，利比亚第二大城市班加西爆发了反政府抗议、示威活动，之后，冲突呈现持续升级态势。利比亚动荡局势对在利投资的中资企业造成了相当大的影响。

利比亚是中国对外承包工程业务的重要市场之一。根据商务部统计，目前，中国在利比亚开展投资合作的公司共有75家、大型项目共有50个，涉及合同金额188亿美元、人员3.3万人。在12家央企的投资中（中国铁道建筑工程总公司、中国建筑工程总公司、中国葛洲坝集团公司、中国建筑材料集团、中国冶金科工集团、中石油、中国水利水电建设集团公司等），囊括了房屋建设、配套市政、铁路建设、石油和电信等领域。在这场动乱中，部分中资企业机构和项目营地遭到了持枪持械歹徒的袭击，甚至还有一些人员因歹徒袭击而受伤。由于骚乱的影响，中方驻利比亚的企业基本都停止了施工，工程项目被迫暂停，设备、工程款等被迫搁置甚至放弃。随后中方进行了大规模的撤侨行动，这给施工企业在当地的发展造成了损失。利比亚事件使中国企业均面临着工程设备等固定资产损失（一些项目营地资产遭抢劫，在利万余名员工安全也受到威胁）、预期收益的损失、撤离费用的损失、未来汇率结算的损失等。

中东、非洲国家由于其能源丰富、市场潜力大等优势，成为全球投资者的热土。在中国政府"走出去"战略的推动下，中国企业对这些国家的投资存量也日益增大。但在"走出去"的同时，中国企业必须要有投资风险的意识。因为长久以来，中东、非洲国家就是战乱不断、政治急剧波动的高风险地区，存在着巨大的政治风险。而政治风险将导致在这些国家投资的企业遭受巨大的经济损失。这应该成为中国企业对其投资成功与否的关键因素。

发生在利比亚的动乱,给中国企业"走出去"上了生动一课,它提醒我们,国际利益总是和经济风险相伴而行,并警示中国企业在参与海外项目的过程中,需要建立有效的"走出去"安全保障体系。

资料来源:盛琴雯.利比亚动乱引发对国外政治风险的思考[J].进出口经理人,2011(4).

2. 政策与法律风险

政策与法律风险是指因东道国变更政策、法律而给外国投资经营者造成经济损失的可能性。政策风险主要包括重大外国投资经营政策的调整、政府禁令、政府违约、税收政策的调整、国有化政策(包括征用、征收、没收、报复性充公);法律风险主要有立法不全、执法不严、法律冲突等。

近年来,中国企业纷纷加速了海外投资矿产资源的步伐,其中澳大利亚正是中国企业投资矿业的聚集地。赴澳投资的企业包括宝钢、首钢、中钢、鞍钢、中信泰富、五矿、兖州煤业等企业。2010年5月2日,澳大利亚联邦政府宣布,拟从2012年7月开始向在当地注册的资源类企业征收税率为40%的资源租赁税(在此之前,澳大利亚主要是依据产量对矿业公司征税,各州征收的特许税税率仅在2%~10%之间)。由此,按照联邦新的税收方案,资源类企业须将其开采不可再生资源所获利润的40%作为税收上缴联邦政府(新公司和小公司如果没有盈利则不需要缴税,小企业还将得到原地方性特许经营税的返还)。2011年6月,经过一系列谈判和政府高层更替,澳大利亚政府终于就备受争议的矿产资源税问题公布了草案。草案提议,矿产资源使用税仅针对铁矿和煤矿,税率设定为30%。尽管这一草案与澳大利亚政府最初酝酿的资源税征收比例的40%下降到30%,但这一新增的资源税,仍将对澳大利亚当地和赴澳投资的企业产生不小的影响。

3. 文化差异风险

文化差异风险是指中国企业及其管理人员与东道国当地政府、社区、员工由于中外文化上的不同而带来损失的可能性。实践中,中外不仅有语言文字上的区别,在待人接物、处理事情上更是深深烙有各具特色的民族传统文化。文化的差异往往在不经意间即招致纠纷和损失。

文化差异往往带来管理理念和行为的不同,实践中,部分企业非常易于将一些不良的文化习惯延伸到国外使用。例如,中国一些企业在拉美与工人、工会发生争执之后,往往并未通过合法手段予以积极合理解决,而是采取贿赂收买工会头目等违法方式处理,易造成无穷遗患,最终致使问题升级。又如,在非洲的赞比亚,中国企业管理人员枪击当地员工的事例,被国际媒体广泛报道,影响极坏。

【专栏11-3】 从跨文化角度分析上汽集团并购失败的原因

随着经济全球化的深入发展,越来越多的跨国公司不断地利用并购来实现企业的规模经济,进而提升企业国际竞争力。但是,这些并购并非都实现了预期目的,很多企业如TCL并购汤姆逊则以失败而告终。其实,企业并购失败的主要原因在于其文化整合的不成功。如上汽集团收购韩国双龙就是一个典型的失败例子。作为国内汽车产业首个进行海外并购的案例,上汽集团收购韩国双龙的整个过程都备受关注。

2005年1月28日,上汽与双龙完成股权交割,上汽正式以每股10000韩元购得双龙48.92%的股份,总金额约5亿美元,韩国双龙汽车株式会社成为上汽集团的控股子公司。此后,上汽集团又先后十多次通过股票市场购买双龙股票,将持股比例提升至51.33%,实现对双龙的绝对控股。并购后双龙的发展并非一帆风顺。双龙工会的强势举世闻名,多次举行罢工使得双龙的重组计划无法得到正常实施。2009年1月9日,双龙申请法院接管,上汽集团正式放弃对双龙的经营权。2009年2月6日,韩国法院批准双龙的破产保护申请,正式启动双龙"回生"程序。这在一定程度上意味着上汽集团对双龙的并购失败。

这次并购的失败很大程度上归因于没有进行有效的跨文化管理。

第一,上汽集团对中韩国家文化差异认识不够深。上汽集团并购双龙后采取的一系列做法体现了上汽集团对中韩文化差异的认识不深,了解不够。比如为了获得长期的战略利益,上汽集团面对双龙工会组织的罢工,一次又一次的妥协,试图以制定中长期规划等方式来平息罢工,但由于韩国人对短期利益较为看重,不相信长期承诺。因此,上汽集团这种行为是以中国人的眼光办事,而未考虑到韩国文化的特点,显然不能够消除罢工的隐患,只会造成双方的彼此抱怨。

第二,上汽集团对中韩商业文化差异认识不够。韩国文化一直被认为是东亚儒家文化的一部分,其企业文化也充满了新儒教伦理特色。尽管韩国人个性较强,但当他们组织成团体,并对组织拥有归属感、认同感时,就形成守纪律、讲服从和步调一致的强力型的企业或组织文化。在业绩评价和奖励制度上,论资排辈仍然主导着韩国企业的奖励文化。但显然上汽集团并没有完全了解这一独特的企业文化。在人事调动上的不妥行为引起了韩籍员工的反感。

第三,上汽集团对双龙本身特殊的企业文化不了解。企业本身的特殊企业文化是企业在较长的经营过程中形成的、为全体或大多数成员所认可和遵循的价值观念和行为规范。对自治的渴望就是双龙的企业文化之一,而上汽集团并不理解双龙汽车的这种特殊感情。接手仅仅一年半,上汽集团就雇用通用汽车的墨菲,试图大刀阔斧地减员增效。对于外资大股东的这种强势主张,双龙汽车老员工自然会产生本能的抵制,而这种情绪正好为工会所用。上述对双龙汽车特殊企业文化的不了解和尊重,自然容易被双龙工会利用,从而不断发起罢工。

资料来源:刘小荣.上汽并购双龙的跨文化分析[J].经济研究导刊,2011(6).

4. 公司内部运营管理风险

公司内部运营管理风险是指因中国公司的内部运营管理出现问题而造成损失的可能性。对民营公司而言，主要是决策粗糙草率的情形；对国有公司来说，主要是决策程序、考核激励、监督措施是否健全适当、到位的情形。由于上述情形存在，往往使得公司缺乏风险防范制度设计，或制度设计不科学、不严密。

例如，2010年中铁建沙特麦加轻轨项目引起的40多亿元的巨额亏损，就是对项目的决策出现失误。一方面是报价时没有慎重分析合同及规范，并依据合同和规范进行有针对性的询价，而是参照过去国内的经验进行估价；另一方面，由于对中东地区的情况和海外工程的模式不熟悉，低估了实施项目的难度，从而没有充分考虑工程实施的成本。

5. 其他非市场性风险

除了以上提到的几种风险，非市场风险的表现还包括合同条款风险、项目投资风险、社会责任风险、人力资源风险等。

合同条款风险是指在中国公司与东道国方面当事人签订的合作协议中对双方权利义务的约定不够具体而产生理解差异，最终出现合同纠纷而发生损失的可能性。实践中，因合同权利义务条款界定模糊极易导致中国公司产生巨大风险。

项目投资风险是指公司在投资过程中或投资完成后，投资者发生经济损失和不能收回投资所带来的风险。项目投资风险是跨国公司海外经营所面临的最大的风险。大型投资活动的成败是决定公司生死存亡的问题。因此，在项目投资活动中，公司财务管理工作是否规范、及时和到位是至关重要的。

社会责任风险是指公司在生产、销售过程中，因负担商品质量、环境污染、人身安全等责任而产生的风险。最常见的是产品责任风险和污染排放的风险。

人力资源风险是指公司员工素质、工作状态、人员流动、价值观和生产率变化等因素所造成的风险。人力资源风险中的主要因素是员工的罢工行为与管理者和员工本位主义的行为。

尽管存在上述几类风险，但是，应当指出的是，中国政府、企业、学者、媒体、公众等社会各界均应当客观地认识到：进行跨国经营，遇到风险是正常的。特别是在中国公司还处于"走出去"的初期阶段，应当容忍和允许公司在开展跨国经营中发生损失，交纳一些"学费"，进行"试错"，因为一定数量的经营失误是成功的必要前提和成本代价。在跨国经营风险不断发生的情况下，跨国公司特别需要注意避免出现因噎废食、止步不前的情况，而是要采取多种对策措施、尽力避免风险，将损失减少并控制在尽量小的范围。

二、解决跨国经营风险的对策建议

1. 政府应采取相关措施

（1）政府要正确引导企业客观对待"走出去"。中国经济发展到现阶段，在总体上确实需要企业走出国门开展跨国经营。但是在实践中，并不是每家企业、每个行业均具备了"走出去"的条件，达到了必须进行国际化经营的时间节点和实际能力。企业在"走出去"之前切忌跟风,一窝蜂地为了"走出去"而"走出去",甚至将企业跨国经营的商业行为、市场化行为异变为"政治行为",使之"意识形态化"。政府及有关学者在引导企业客观对待国家的"走出去"战略上负有重大的责任,特别是国务院国资委等政府相关部门对所谓的"企业国际化经营程度"所占考核权重比例应当慎之又慎,要竭力避免出现"逼"着企业"走出去"的情况。

(2)政府要创造良好的多双边国际关系。中国政府应充分运用政治、经济、外交、文化等各种方式为企业的海外投资创造一个良好的国际环境,为企业"走出去"利用好"两个市场、两种资源"做好保驾护航工作。虽然中国走的是和平发展之路,不会像历史上西方国家通过侵占殖民地或不平等贸易的方式掠夺矿产资源。但是随着近年来中国经济的持续、稳定增长,综合国力和国际地位的不断上升,仍然引起了越来越多的国家和地区的关注(包括警惕和防范心理)。因此,中国政府极有必要为企业开展跨国经营创造良好的国际环境,使越来越多的国家和地区的政府、企业以及民众增强对中国的了解和认识。

(3)政府要采取积极而具体的国内政策措施,助力和呼应中国企业的跨国经营。主要措施如下:①尽快完善海外投资保险制度,为中国企业的海外投资提供风险分担机制。②按行业类别,设立或加大有关产业的跨国发展基金,在项目费用等方面降低企业的成本风险。③同等支持民营企业与国有企业开展跨国经营。因为针对不同国家、不同行业,民营企业与国有企业在跨国经营中遇到的风险各不相同,两类企业各有优势,故中国政府应一视同仁给予支持。④进一步完善吸引和利用外商投资的法律制度,间接支持企业"走出去",防范海外相类似的风险。

2. 对跨国公司的对策建议

(1)企业要尽量做好做足开展跨国经营的前期功课。企业"走出去"之前要做好人才储备,搭建好相应的项目经营平台,企业的管理层应真正具备风险管理的意识,深入了解掌握东道国当地的政策法律、民族宗教、文化民俗等方面的情况,对不同风险程度的国家(地区)制定差异化的进入策略和风险防范策略,认真做好项目的可行性研究报告及风险评估。如果风险超出预期或难以控制,则即使已经发生了一定的前期费用,项目也必须戛然而止,避免将错就错,因小失大。

【专栏 11-4】 **海尔集团的本土化策略**

一些在本土创造了奇迹的企业,常常在"出海"之后因为水土不服只能铩羽而归。而海尔国际化的过程,可以说就是海尔在海外实现本土化的过程。海尔在打入国际市场之前做好充分的准备工作,通过实地考察和调查研究,获得大量在当地投资所需的第一手资料,对当地的风俗民情、投资政策、市场环境等有较为深入的了解,才使得本土化的成功为国际化战略推进清除了最大的障碍。

第一,人员本土化——员工全用美国人。

海尔每在国外建一家工厂,或是成立一个贸易公司,都会和当地公司的人在他们所在国家的位置上联手种植一棵合欢树,以示"合欢双赢"之意。海尔首席执行官张瑞敏开发海外市场的观念是:要让当地人接受你的产品,首先要让他们认同你的人和你的文化。

例如,在美国当地工厂里,除了总裁和个别主管是从青岛海尔派过来的之外,其余员工全部是清一色的美国人,海外海尔人还包括一些海外设计人员和经销商。海尔认为铸造一支熟悉当地市场的本土化队伍,是海尔国际化棋局中关键的一步。

第二,设计本土化——因地制宜因人而异。

一个产品能否被市场接受,最核心的环节在于设计。海尔海外产品都是其专门为海外市场量身定做,这些产品的大多数都融合了海尔海外设计中心的智慧。从20世纪末开始,海尔就在世界各地寻求可以合作的家电产品设计工作室,由海尔控股,双方以利益共享的合资方式组建设计中心。目前这样的海尔设计中心在全球广泛分布在美国、英国、法国、日本等国家,同时还配备有几百名本土的专业设计师。

第三,营销本土化——借用本土经销商的营销网络。

国际市场的营销实践中流行着一句话:宁愿要一个第一流的经销商,第二流的市场;也不要第一流的市场,第二流的经销商。而海尔本土化策略另一个重要环节是营销的本土化。海尔采取了合资合作的方式,利用海外本土经销商原有的营销网络来销售海尔产品。

第四,文化本土化——6S激励欧美员工。

"6S班前会"是海尔本部实行多年的"日事日毕,日清日高"管理办法的主要内容。每天工作表现不佳的员工要站在"6S大脚印"上反省自己的不足,海尔称这种做法叫"负激励"。然而这样一套在海尔本部行之有效的办法在美国却遇到了法律和文化上的困难,美国的员工根本不愿意站在什么大脚印上充当"反面教员"。"6S班前会"这种富有特色的海尔管理方法在漂洋过海后开始了它的本土化过程。"负激励"变成了"正激励",争强好胜的欧美员工们,很乐意站在大脚印上介绍自己的工作经验。当站在大脚印上的演讲者越来越多后,车间里的烟卷和收音机也逐渐消失了踪影。海尔文化的主要内容经过了移植、改造、再移植、再改造的过程,在不同文化的熔炉中,海尔文化的内涵得到了极大的丰富。海尔的海外员工现在都很乐意遵循海尔文化提供的行为准则。

资料来源:商务部跨国经营管理人才培训教材组.中外企业跨国经营风险管理比较[M].北京:中国商务出版社,2009.

(2)中国企业跨国经营可以采取灵活多样的方式方法。例如,在那些对外来投资反应较为敏感的东道国,企业在跨国经营(特别是资源能源类的行业)中,投资或合作形式方面可灵活多样,不必绝对以获得股份或控股权为最高目标,此时可以视情况放弃股权之要求,代之以获取资源能源的稳定供应权益即可,以减少东道国的民族抵触情绪等所带来的风险。

又如,企业在跨国经营中可以视情况选择与各国企业开展合作(包括与东道国企业和世界知名跨国公司的合作),这样不仅可以降低风险,同时也可以学习和借鉴到发达国家跨国公司对外投资的经验。中石油公司与BP公司合作中标伊拉克油田项目是成功的此类典型例子。

(3) 企业在跨国经营实践中要避免授东道国以口实。企业在跨国经营的过程中要处理好与东道国的关系,提前预防风险的发生。具体做法为:①不违法。注重学习东道国针对外资的法律规定,认真遵守东道国当地法律(包括税法、反商业贿赂法、环保法、劳工保障法、工会法、产品质量法、反不正当竞争法、公司法、物权法、合同法等法律),尊重当地宗教民俗和文化;②积极承担社会责任。注重与当地社会各阶层积极沟通交流,在社会慈善、用工制度、保护当地环境等社会责任领域以较高的标准要求自己。

(4) 跨国经营发生风险后,企业要采取积极而适当的补救程序。风险是一种具有极大不确定性的客观存在,即使采取了投资前的预防性策略和投资中的分散风险等策略,也不可能完全杜绝风险。以东道国国有化的政策与法律风险为例,一旦面临此类海外投资风险,中国企业应当及时采取以下补救措施来减少损失:①做好谈判工作。在东道国国有化政策公布以后,如果发现所公布的政策有可协商的余地,那么,企业就要积极与东道国政府进行沟通,在交流中阐明由此可能对双方造成的危害。在谈判过程中,企业应尽可能地做出各种友好的姿态,要向东道国政府表明企业投资经营给当地的社会经济带来的好处,并适当做出一些让步。当然,还要将情况尽早通报给中国的有关部门,政府和企业联手与东道国政府进行外交途径的谈判必不可少,效果也会更好。②争取有关方面的支持。如果风险发生后的谈判没有取得理想的结果,企业就应想办法争取外界的支持。包括但不限于:争取东道国"朝野"政党等多方政治势力的同情、支持,寻求友好国家的调解和干预。不过此策略的运用应谨慎小心。如果企业错误地估计了双方的力量对比和东道国的决心,就会产生适得其反的效果。③诉诸法律。当谈判最终破裂,东道国政府正式启动国有化政策,企业就应果断地将争端诉诸东道国法院或国际法庭,以期获得赔偿。④放弃资产所有权,争取与东道国政府签订管理合同。对于跨国投资企业来说,与东道国签订管理合同,也是风险补救的一条有效途径。

第三节 中国跨国公司经营发展的优势与存在的问题

一、中国跨国公司经营发展的优势分析

根据对外直接投资理论,是否具有特定优势并不是推动跨国公司对外直接投资的绝对条件。许多具备某些比较优势的中国企业完全可以开展跨国经营,并借此实现和进一步增强自身优势。

1. 国家综合竞争力的不断提高

企业跨国经营战略实施的成败不仅取决于企业自身的实力，更取决于国家在全球或区域中的综合竞争力。改革开放 30 多年以来，中国国民经济一直保持着高速增长，综合国力大大提高，为中国企业"走出去"创造了强劲的内生动力，是中国企业跨国经营发展的重要物质基础和必要保障。

根据邓宁及其学生内热拉的 IDP 理论，国内宏观经济的发展背景对企业海外投资具有决定性影响。根据数据显示，2010 年中国第二季度的 GDP 超越日本，正式成为仅次于美国的世界第二大经济体。中国对外贸易总额持续快速增长，2013 年中国货物进出口总额为 4.16 万亿美元，超过美国官方公布的 3.91 万亿美元，正式成为世界第一货物贸易大国。尽管受金融危机影响，2011 年以来，中国外汇储备增幅有所放缓，但总体近 10 年来，国家外汇储备不断增长，2006 年 3 月中国外汇储备就已超过日本，成为全球第一大外汇储备国。截至 2012 年底，国家外汇储备余额为 3.82 万亿美元。充足的外汇储备和综合竞争力的提高，是中国企业海外开展经营、拓宽市场的必要条件，它不仅为跨国经营提供了充足的资金准备，更增强了抵御金融危机的能力。对于处于 IDP 第一、第二阶段的发展中国家来说，中国企业已具备了较大的所有权比较优势。

2. 科技实力存量及创新是源泉

科学技术是第一生产力，国家、企业的科技实力和创新优势是发展跨国经营的关键性因素。从总体和某些局部领域看，中国目前的科技水平还落后于发达国家，但相对于许多发展中国家却具有较强的比较优势。企业跨国发展的实践表明，发达国家的先进技术和管理经验都有一定的适用范围，技术溢出主要适用于大规模生产，对生产条件和劳动者素质要求较高，所以难以完全适应发展中国家的现实情况。中国经过长期的经济建设，科学技术已有很大发展，在高速铁路、机械制造、仪器仪表、家用电器、轻工纺织、金属冶炼及生物、化工等产业中已形成了自己的技术优势。这些成熟技术对于很多发展中国家来说，是急需引进的适用技术，因而是中国赖以向这些发展中国家进行跨国投资的比较优势。

按照威尔士的"小规模技术"理论，发展中国家的企业依靠劳动密集型生产技术在发展中国家投资经营可取得发达国家无可比拟的优势。小规模技术的优越性首先在于它适应发展中国家的市场规模，满足多样化的市场需求；此外，以劳动密集型技术为主的生产方式适合发展中国家的劳动力资本含量、工资水平和原材料条件，便于解决这些国家的就业问题。从就业角度讲，中国企业的投资对发达国家的就业也有帮助，因为发达国家的政党选举受到就业问题的约束。

中国不仅在上述适用技术方面具有比较优势，而且在某些高科技领域也具有领先的技术优势。改革开放以来，中国在航天、信息、生物、新能源和新材料技术领域进行了研究开发，一些高新技术成果已经达到或超过国际先进水平，它们也是中国企业在发展中国家和某些发达国家进行跨国经营所拥有的比较优势。

3. 金融市场改革继续深化

在跨国公司海外经营中，不仅要拥有充裕的外汇资金，还要拥有较强的国际资本市场融资能力。实践证明，许多国家的跨国公司开展海外经营，并非完全依靠本国资金，而是通过国际银行、全球资本市场、外国政府贷款、在境外证券市场发行股票和债券等多种渠道获得融资。

在国际金融市场上融资，筹资企业及所隶属国家的信誉高低对融资成本具有较大影响，中国在这方面具有明显的比较优势。中国政局稳定，社会安定，经济持续高速增长。目前，中国继续深化市场改革，拥有良好的国际形象，尤其是国有商业银行资本充足率提高，在许多国家和地区都设立了分支机构，具有雄厚的资金实力和良好的信誉，积累了丰富的国际融资经验，可以在境外融资中发挥重要作用。此外，随着人民币不断升值，中国企业在海外并购资产更便宜，为企业收购海外资产降低了成本。国际金融危机正在加快人民币国际化的进程，人民币国际化对企业海外投融资提供便利，大大拓宽了企业利用资金的渠道，降低筹集资本或进行资本交易的成本，提高投融资效率。

4. 政策支持力度大

从20世纪末，中国政府就大力推动实施"走出去"战略，党的十八大报告把实施"走出去"战略作为全面提高开放型经济水平的重要内容，明确指出："加快走出去步伐，增强企业国际化经营能力，培育一批世界水平的跨国公司"。改革开放以来，尤其是加入世界贸易组织以后，中国企业跨国经营的步伐不断加快，"走出去"战略已扩展至近200个国家和地区。为推动企业开展对外经济合作，中国在政策体系、服务体系、宏观监控体系等方面制定并采取了一系列政策措施，相关部门也联合为中国企业"走出去"保驾护航。中国通过建立国内有关行业组织、驻外使领馆经商机构、境外中资企业商会、国内投资主体等共同参与的形式及多样的协调机制，加强行业自律，规范经营行为。中国还通过改革对外投资审批制度，减少审批环节，简化审批程序，实行网上申报与核准，放开了企业申报对外承包工程与劳务合作经营权的所有制限制。

【专栏11-5】 **近年来中国对企业跨国经营的政策支持**

信息和服务支持	自2009年开始，商务部和各驻外经商机构每年编写、更新《对外投资合作国别（地区）指南》，2012年版已覆盖165个国家（地区）
	2009年《境外投资管理办法》明确中国政府主管部门对境外投资企业提供的全方位政府服务
	2013年12月，国家开发银行发布《关于支持境外经济贸易合作区建设发展有关问题的通知》，以更好地发挥金融对经济结构调整和转型升级的支持作用，支持合作区建设
税收优惠	到2011年，中国已对外签署96个避免双重征税协定，中国内地和香港地区、澳门地区签署了避免双重征税安排，其中93个协定和港澳安排已生效
	对承担援助项目的企业实行税收优惠，对在境外遇到不可抗风险而造成损失的企业给予所得税优惠
投资管理制度	2009年，《境外投资管理办法》、《对外承包工程资格管理办法》
	2011年1月，《境外直接投资人民币结算试点管理办法》

	续表
投资管理制度	2011年6月，《中央企业境外国有资产监督管理暂行办法》和《中央企业境外国有产权管理暂行办法》
	2011年4月，经国务院批准，国家发展和改革委员会、商务部会同有关部门，正式启动"走出去"部级协调机制
	2012年发布《中国境外企业文化建设若干意见》，促进中国企业在境外的健康可持续发展
	2013年2月，印发《对外投资合作环境保护指南》，以指导我国企业在对外投资合作中进一步规范环境保护行为，引导企业积极履行环境保护社会责任，推动对外投资合作可持续发展

资料来源：商务部网站.

5. 良好的海外关系

首先，中国拥有良好的国际关系和信誉优势。改革开放以来，中国实施全方位的外交政策，与世界上绝大多数国家和地区建立了良好的外交关系，并广泛开展了多项经济技术合作。在此过程中树立的良好国际形象和信誉，为中国企业跨国经营活动的进一步扩大和发展创造了良好的条件。

另外，中国企业在海外具有华人网络的优势。分散在全球各地的5700多万华人和由他们编制的已有相当规模的海外华人网络是一笔巨大的无形资产，充分利用这一资产对成功实施"走出去"战略具有重大意义。

二、中国跨国公司经营发展存在的问题及劣势分析

中国企业真正意义上的跨国经营，开始于20世纪70年代末的改革开放。经过多年的跨国经营实践，中国企业的跨国经营能力不断增强，但是也要清醒地看到，这些企业仍具有发展中国家企业国际化初期阶段的明显特征，同国际上有实力的跨国公司还有相当的差距，仍存在一些问题。

1. 国家缺乏支持企业跨国经营的宏观规划，相关政策、法律制度尚待完善

从20世纪80年代至今，中国企业的跨国投资、海外经营已经发展到一定的规模，现已成为发展中国家境外直接投资最多的国家之一，但中国至今尚未建立起一套详尽的、科学的中国企业跨国经营的战略性总体规划。中国目前缺乏专门负责海外拓展的统一、高效的高层次宏观协调管理机构来激励海外投资和跨国经营。发改委、商务部、外汇管理局等主管部门都拥有对外投资经营的部分管理权，但这种多元化的管理格局，必然导致职能分散、协调不利、办事效率低以及宏观管理的弱化。

此外，中国目前还没有一部由立法机关通过立法程序制定和颁布的、普遍适用于调整中国企业境外投资与经营的完整而又系统的法规体系，对境外投资企业的法律地位、产权、征税以及权益保护方面未能给予明确的界定和解决，使中国企业的对外投资与经营"无法可依、无法可循、无法可助"，这就不可避免地出现盲目混乱、失去保障的局面，大大束缚了中国企业对外投资与经营的积极性和主动性，立法的相对滞后也给境外企业的经营管理带来了一定程度的不便与混乱。

第十一章　中国跨国公司的经营与管理

另外，国家控制外汇信贷规模、审批程序复杂、审批时间较长，也限制了一些施工企业参与国际工程承包市场的竞争。在对外工程承包中，工程项目越大，需要的流动资金越多，而一些施工企业的自有资金少，不能满足承包大型国际项目流动资金的需要。许多发展中国家由于缺乏资金，不少工程需要承包商带资承包，而中国的商业银行对企业的信贷额度较低，难以满足承接国际大工程项目的资金需要。

2. 中国的跨国公司大多尚处于初步发展阶段的过程之中

从世界跨国公司发展的历史来看，自19世纪60、70年代以来，迄今已有140多年的历史。从世界上较早发展跨国公司国家的情况来看，跨国公司的发展可分为四个阶段：起步阶段；初级发展阶段；向成熟迈进阶段；成熟阶段（见表11-1）。

表11-1　企业跨国经营四个阶段的基本特征

	第一阶段	第二阶段	第三阶段	第四阶段
与国外市场的接触情况	间接、被动	直接、主动	直接、主动	直接、主动
国际性经营的地点	国内	国内	国内和国际	国内和国际
公司的经营方针	国内	国内	首先考虑国内	国际
国际性经营活动的种类	商品和劳务贸易	商品和劳务贸易	贸易、合同、国外投资	贸易、合同、国外投资
组织结构	传统的国内结构	国际处（室）	国际部门	全球性组织结构

资料来源：李尔华，崔建格. 跨国公司经营与管理 [M]. 北京：清华大学出版社，2011.

当前，世界各国各地区跨国公司发展的阶段和程度极不相同，欧美国家一些老牌的跨国公司发展较早，可以说已进入了成熟阶段；亚太、南美一些新兴工业化国家，则处于向成熟推进阶段。参照以上标准，中国跨国经营的先锋海尔集团、中国化工进出口公司等应处在企业国际化的第三个阶段，还未能从全球市场的角度去进行战略性的思考；而中国大多数跨国经营的企业虽然在一些国家建立了自己的原料基地、生产厂家或研发部门，但或基本上是服务于国内市场，或未能实现全球经营目标和组织结构安排。

3. 中国跨国公司的境外投资规模较小，企业的国际化程度不高

世界最大的100家跨国公司在海外的资产、销售、雇员已经分别占这些国家资产、销售和雇员总额的约62%、64%和56%。根据中国进入世界最大的100个发展中国家的跨国公司的情况显示，其在海外的资产、销售、雇员占总额的平均比例约为26%、36%和15%。中国海外企业平均投资规模约100万美元，低于发达国家平均600万美元的水平，也低于发展中国家平均260万美元的水平。中国企业对外投资的规模相对发达国家而言，平均投资水平偏低，规模不大，大多数以中小型项目为主，发展后劲不足，而且投资区域相对集中，抵御风险能力较差。从中国跨国公司跨国经营的区域分布来看，与中国较近的国家和地区较多，较远的国家和地区较少；从跨国合作的国家情况来看，发展中国家较多，而发达国家和地区较少。从跨国经营的方式上看，与外国合资经营的多，独资的少；在合资和合营的项目或公司中，一般中方所占的股份比例较小。

数据显示，2013年中国100大跨国公司的平均跨国指数，不仅远远低于2013年世界100大跨国公司61.06%的平均跨国指数，而且远远低于2013年发展中国家100大跨国公司37.91%的平均跨国指数。2013年中国100大跨国公司中跨国指数在30%以上的只有11家，达到2013年世界100大跨国公司的平均跨国指数的企业只有2家，达到2013年发展中国家100大跨国公司平均跨国指数的企业也只有7家，还有19家企业的跨国指数没有超过5%。由此来看，中国跨国公司的跨国指数相对较低，国际化程度还不高，说明在全球范围内配置资产、全球市场份额占有和全球人才使用等方面与全球跨国公司的差距还较大。

【专栏11-6】 **2013年中国十大跨国公司及跨国指数**

	公司	海外资产（万元）	海外收入（万元）	海外员工（万人）	跨国指数（%）
1	中国石油天然气集团公司	8201.5	13385.0	10.4	26.75
2	中国石油化工集团公司	7150.9	8896.4	5.2	24.37
3	中国中信集团有限公司	2978.5	602.7	5.5	19.76
4	中国海洋石油总公司	2436.9	2261.3	0.5	25.8
5	中国中化集团公司	3660.5	15.96	1.0	55.73
6	中国远洋运输（集团）总公司	1874.6	1277.0	0.5	43.46
7	中国铝业公司	1423.7	68.5	0.05	12.1
8	中国五矿集团公司	964.2	911.2	0.7	24.4
9	中国保利集团公司	825.9	179.9	0.7	19.83
10	浙江吉利控股集团有限公司	765.7	1292.8	2.1	67.25
	平均	3028.24	2889.08	2.67	31.95

资料来源：中国企业联合会评选的"2013年中国100大跨国公司及跨国指数"。

4. 中国跨国公司的技术创新能力偏弱，发展战略研究关注度不够

中国国际化经营的企业中普遍技术水平和创新能力有限，缺乏具有自主知识产权的核心技术，难以获得国际竞争的主动权。很多企业在建立全球网络和全球价值链的过程中处在低附加值阶段，不能利用全球的资源经营高附加值业务。从跨国生产和经营的产品来看，具有世界领先水平的高科技产品较少，而一般性产品较多。中国工业主要行业总体技术水平比发达国家落后15~20年，重点大企业和企业集团达到国际水平的比例也不高，如中国钢铁生产连铸比目前不到70%，而德、美等发达国家均在90%以上，重点企业吨钢可比能耗与世界先进水平相比高出20%~37%。

世界500强企业拥有世界90%的生产技术和75%的技术贸易。根据对中国钢铁、煤炭、有色金属、石油化工等16个行业调查发现，多数大中型企业关键技术的开发和应用水平与国际先进水平有相当大的差距，其主要原因是研究开发费用投入少，创新机制没有建立起来。例如：2010年，据对542家国家级创新型（试点）企业的统计分析显示，其研发经费强度（研发经费支出占主营业务收入比重）为1.76%，虽然这一比例较 21 世纪初已经有了很大提高，但还远低于美国 5%~6%的水平。研究经费投入少，严重制约了中国大企业技术创新，如在彩电、移动通信等主要产品领域，中国均没有掌握核心技术，从材料、元器件、专用设备到产品关键部分都依赖于从国外进口。

应当指出的是，我们不应仅仅注意到发达国家跨国公司在技术研发方面的投入，还应注意到其在战略方面的投入。在 20 世纪 70 年代初，美国最大的 500 家公司中 85%的企业建立了战略计划部门；70 年代末，美国从事企业战略管理咨询的收入高达 3 亿多美元；80 年代以后，这种情况有了更大的发展。相比之下，中国企业在战略研究方面才刚刚起步，相当多的企业还没有建立起战略研究机构，战略研究投入更是明显不足。事实上，推动企业创新不仅在于技术方面，更重要的在于战略方面。加大对战略研究的投入是企业实现创新发展的根本保证。

5. 跨国公司缺乏适应全球化经营的管治结构

当前，全球各大跨国公司的管理结构已经从过去的中心辐射式管理调整到全球网络式管理。各个区域拥有相同的管理权限，能够及时对不同的市场情况做出准确判断，在集权与分权间取得有效的平衡和协调。中国的跨国公司基本上还是以母国为中心辐射若干国家子公司的中心辐射式的管理模式，即公司总部拥有绝对的决策控制权。这样的管理模式很难适应当今世界高度复杂的经济环境和快速变化的市场环境，很难在国际竞争中做出快速决策和科学管理。

在企业治理方面，很多跨国公司引入了不同国家或地区的专业人士担任企业的独立董事，从而建立具有真正意义上的国际化董事会，为企业有效进行战略管理和科学决策提供制度保证。但是，大量走出去的国有企业在现代公司治理方面依然存在问题，国有企业改革发展的最大难点是建立完善的现代公司治理制度，这是现代企业核心竞争力的关键。走出去的国有企业的管理决策中心一般设在国内，很难及时了解和准确判断企业在海外的经营情况。在国有企业内部往往又未能形成清晰的利益机制、决策机制和监督机制，造成对外投资重大项目失败概率较大。这些年媒体曝光的中央企业对外投资失误的案例也不少见。民营企业的治理结构、管理制度、行为规范也需要在海外投资经营中不断调整，以适应更复杂、更具挑战性的经营环境。大多数民营企业的所有者和经营者就是创业者个人，决策权全部掌握在一个人手中，决策程序很难做到科学、规范。

6. 中国企业跨国经营人才短缺，国际管理经验不足

发展跨国企业集团，急需大批金融、财会、科技、管理和法律方面的高级专门人才，这些人才应能用外语按国际惯例处理有关业务和纠纷。中国多数海外投资企业是从自己企业中选派经营管理人员，远远不能适应东道国的情况。一般来说，国际性企业和机构要求母国派出的人不仅要知识全面，还要有管理和培养外国员工的能力和水平。中国水利投资公司在菲律宾经营的成功，某种程度上说也是国际化人才培养成功的经验，但在这方面相当多的中资企业难以做到。

中国企业在管理经验、管理制度、管理人员素质方面都与现代跨国公司有一定差距，由于以本国派人为主，很容易将国内的一套管理体制搬到国外，形成国内体制在国外延伸。据了解，中国跨国施工企业目前十分缺乏工程项目经理，缺少设计、采购、

施工各阶段的核心管理人员，更缺少精通国际工程法律的人员、国际工程合同管理人员、国际工程融资人员、国际工程造价估算和报价人员等。

第四节　中国企业跨国经营的战略与措施

目前，尽管中国企业跨国经营和跨国公司发展还存在着许多问题，面临着种种挑战，但这些问题都是发展中的问题，也是中国新体制成长的过渡性症状。无论从世界经济局势和世界跨国公司发展的情况来看，还是从中国改革开放的局面和跨国公司的成长情况来看，都可以得出一个确信无疑的结论：中国企业跨国经营和跨国公司发展前景看好。

一、发挥政府的管理和服务作用

1. 政府要加强对跨国公司发展的总体规划和宏观管理

中央政府和地方政府要进一步提高对发展中国跨国公司重要意义的认识，制定中国海外投资和跨国经营的总体战略规划。发展对外投资和跨国经营不仅是适应当代世界经济发展的潮流，而且对推动中国改革开放，建立社会主义市场经济体制和现代企业制度也有重大现实意义。国家应根据国民经济发展的实际状况和要求，从宏观上制定发展对外直接投资和跨国经营的总体战略规划，加强对重大问题和重大项目的协调，进一步制定跨国经营的主体战略、地区与行业战略、技术战略、生产战略、市场战略和经营战略，作为省市和企业制定对外投资战略的参考。政府应充分利用财政金融政策和法律法规，对企业的对外投资活动施加影响，或鼓励，或限制，以达到贯彻和实现国家总体战略规划的意图和目的。

2. 加快对企业海外投资经营的立法

系统而健全的立法体系是保证企业海外投资与经营得以顺利实施的根本和保障。在总体法律框架方面，国家首先应制定一部符合国际惯例和中国国情的《海外投资法》作为调整境外投资的基本法，以便对中国跨国公司的投资目标、投资主体、投资形式、审批程序、资金融通、企业管理、社会责任等方面做出原则性规定。在此基础上，可以根据海外投资与经营实践，及时补充境外投资法的实施细则及其他的单项法规，如《境外投资企业所得税法》、《对外投资保险法》、《反海外腐败法》等，彻底改变中国企业海外投资经营无法可依、无章可循的局面。

3. 加强政府宏观服务功能

中国企业跨国投资与经营尚处在初期阶段，不仅需要国家的指导，更需要国家提供各种服务。因此，各级政府要加强宏观服务功能。这主要体现在制定和完善对外投资方面的宏观产业政策、金融政策和财政政策。对外投资的流向、结构要与国内产业调整、结构优化的过程结合起来，通过关税、外汇、贷款、保险等各种经济手段引导优先、重点发展的海外投资项目。国家金融机构可有选择地对海外企业创业初期的固定资本投入和营运资金给予一定的支持，根据投资规模、类型、风险情况提供适当的长期信贷或担保，拓宽企业的融资渠道。在外汇运用、信贷资金投放、保险服务等方面与实体经济更好地结合方面也需进一步做工作。

二、制定明确的全球化经营战略

战略管理是企业战略策划、制定、实施和控制的过程。中国跨国公司要在复杂多变的国际环境中求得生存和发展，必须对自己的行为进行通盘谋划，合理确定跨国公司战略目标，科学制定战略方案，并加强跨国公司战略的控制。

1. 从全球化的时代性视角定位跨国经营的战略思路

（1）充分认识全球化、跨国公司和全球产业发展的最新形势，正确认识"走出去"的必要性、必然性、战略性和全局性。把具有比较优势的过剩供给能力转移到海外市场，把受到国内市场发展限制的企业供应链扩展到海外市场；逐步由点到线，由线到面地发展区域乃至全球供应链综合运作能力，从而提升跨国公司的国际竞争力。

（2）充分认识跨国公司的发展规律，主动融入并扩张于跨国公司推动的全球产业链中，实现跨越式发展。对于跨国公司投资与经营的发展模式，较流行的观点是渐进式模式，即依次经历不规律间接出口、规律间接出口、直接出口、建立海外销售机构、建立海外生产机构等阶段。但是，在全球化背景下，随着国内市场国际化、国际市场国内化，中国企业在开展跨国投资与经营的过程中，也可以不完全按照这几个国际化阶段一步一步发展，而是根据自身实际情况，例如通过对外直接投资进入国际市场，开展跨国经营。

（3）充分利用信息技术和新经济带来的跨国经营便利，分享发展中国家成长机会、整合发达国家的比较优势。从中国改革开放30多年的历程中，我们深刻地体会到，在发展中国家经济起飞的过程中，会呈现出大量的发展机会。例如，许多产业从无到有的建设，国内市场从小到大、从低到高的发展等。相对于发达国家的成熟市场，这种刚刚起步的市场的发展机会对中国企业是非常宝贵的。例如华为、中兴对海外发展中国家市场的成功开拓，就是与发展中国家共同成长、快速实现经济规模的范例。

同时还应充分考虑投资发达国家的战略需求。从长远来看，投资发达国家首先应定位于跨越贸易保护壁垒，分享世界上最大规模的消费市场。其次要定位于获取技术、品牌等要素资源、引领企业竞争能力的提高和促进产业升级。

【专栏11-7】　　　　适应经济全球化的要求进行改革和战略部署

20世纪90年代中期，随着互联网的推广，网络经济很快渗透到各个传统产业和企业。网络经济对传统跨国公司提出了严峻的挑战。跨国公司及时感受到这一变化，并且迅速作出反应。20世纪90年代末以来，它们纷纷制定了自己的网络经济战略，"触电"、"上网"，抢占网络经济制高点，使跨国公司在21世纪全球化和信息化竞争中处于领先地位。跨国公司的这一动向值得我们高度关注。

> 跨国公司在20世纪90年代以来在全球范围进行了深刻而广泛的变革：战略调整和管理改革；全球收购和全球兼并；全面推进网络化。美国、西欧和日本跨国公司分别在20世纪90年代初期、中期和末期相继开展的上述三波改革以及在此基础上出现的空前规模的并购浪潮，是20世纪90年代世界经济全球化和信息化发展的必然结果，是跨国公司面向21世纪竞争而进行企业经营战略、经营业务和管理结构的全面改革。它们已经并将进一步改变21世纪世界经济竞争格局。
>
> 美、欧、日跨国公司的这一动向应当引起中国政府相关管理部门和中国企业的高度重视。世界经济三强的跨国公司通过三波改革，显现出经营目的、经营重点、管理结构和企业文化一定程度的趋同态势。在美、欧、日跨国公司改革中形成的一些原则事实上已经成为经济全球化中的标准。如果中国不进行相应的改革，不接受这些标准，其企业竞争力与美、欧、日跨国公司的差距将进一步拉大。
>
> 值得注意的是，中国企业将面对经过战略调整的各国跨国公司更激烈的竞争，将面临更为严峻的竞争环境。同时，中国经济在没有最终完成工业化的情况下，又面临信息化的挑战；中国企业在没有完成市场化的情况下，又面临全球化的挑战。面对全球化和信息化的浪潮，中国的跨国公司不得不在完成工业化和市场化的同时，进行适应全球化和信息化的战略调整，将两大任务一起完成。
>
> 中国企业应当针对跨国公司的全球战略制定自己的对应战略。正确的战略就是"学习、合作、竞争"。这个战略的实质，是以积极主动的姿态面对跨国公司的挑战，变消极防御、被动挨打为主动学习、积极合作、勇于竞争。向跨国公司学习，同跨国公司合作，与跨国公司竞争是一个分阶段的长期发展过程。
>
> 在第一阶段，接受跨国公司的全球战略安排，承接其转移的一般制造业和硬件产品的加工，引进消化跨国公司的技术设备与工艺，在合作中学习、提高自己。
>
> 在第二阶段，接受跨国公司的初级技术开发项目（适应当地市场的研究与开发），引进、消化和创新、输出并举，从生产销售合作到研究开发合作，从制造业合作到服务业合作，从国内合作扩展到海外合作。通过这些合作，增强自己的竞争能力。
>
> 在第三阶段，成为跨国公司的既合作又竞争的战略伙伴，从个别产品或某个方面的竞争发展到全面与跨国公司竞争，从国内竞争发展到全球竞争。到了这时，我们自己也成长为跨国公司，竞争发展到全球竞争，这是中国企业不断提升自己竞争地位的成长途径。
>
> 资料来源：石建勋. 战略规划：中国跨国公司（理论·案例·对策·方案）[M]. 北京：机械工业出版社，2004.

2. 制定合理的短期及长期战略目标

从企业跨国经营的客观规律出发，短期内，企业应充分发挥现有经营优势，尽量弥补经营劣势。只有这样，企业才能在跨国投资初期在东道国市场立足，收回投资。例如，联想集团开始国际化经营就采用了"瞎子背瘸子"的国际经营策略，利用在香港地区关联公司的国际营销经验弥补自身相关经验的不足，同时发挥自己的技术特长弥补香港地区关联公司的不足。这样既实现了双方互利的局面，又赢得了跨国经营的初步胜利。

企业长期竞争优势的形成源于其核心能力的培养，企业核心能力和主营业务是其生命线。企业的一切长期战略行为必须紧紧围绕这个中心展开，企业为谋求在东道国长期经营就要奉行全球营销战略，在经营过程中注重发现和识别企业核心能力，并且进行培育与管理，从而积极突出主营业务。

三、培育跨国公司的核心竞争力

核心竞争力是指一国企业在一定的外部经济环境下，成功地进行国际生产与经营活动的能力。与发达国家跨国公司相比，中国跨国公司的核心竞争力存在较大差距。要在充满风险的国际舞台上竞争，求得生存并不断壮大发展，就必须努力提升自己的核心竞争力，这是取得跨国经营成功的关键。

1. 加大 R&D 投入，提高企业技术创新能力

要形成核心竞争力，获取持续的竞争优势，就必须在信息、知识和智力上大胆投入，依靠高新技术的大力推动。一个企业若没有自主知识产权，没有知名品牌，没有独特的研发技术，根本就谈不上核心竞争力，也不可能具有国际竞争力。发达国家跨国公司的研发投资都在 5%~10%之间，强者高达 20%~30%，巴斯夫一家的研发人员就超过 1 万人。目前，世界跨国公司的研发机构又频频进入中国，这对中国的自主研发既是机遇又是挑战。因此，加强企业的研发体系建设对于形成具有国际竞争力的跨国公司显得尤为紧迫。

必须加快形成以企业为主导的创新机制，采取产学研相结合的形式，加速技术进步，提高创新能力。从战略的高度出发，积极采用高新技术改造传统产业，实现工艺升级，用科技创新提高自身综合实力。而政府应从资金、环境、政策、服务等方面加强对其的孵化与培育：给予融资方面的担保支持，不是直接资助，而是在信贷方面为企业向银行或其他金融机构提供贷款担保；通过法律法规手段改善企业的经营环境，减少行业进入壁垒，建立公平的市场竞争环境；构筑和完善社会化服务体系，针对当前企业技术创新能力弱、人才缺乏等矛盾，依靠政府力量，强化中介服务功能。

2. 加强现代化管理，重视"软硬"相结合，以软管理为主

中国跨国公司的当务之急是必须按照国际市场需求，树立现代化的管理思想，尽快转换公司经营机制，强化公司的质量管理，加强公司的营销管理，重视信息管理。

现代企业在世界市场上的竞争与以往相比发生了质的变化，以前是来自同行，现在是来自时代。跨国化经营的企业在战略制胜的年代里，应逐步从"硬性"管理走向"软硬"结合、以软为主的管理模式。硬管理是指组织结构（Structure）、市场战略（Stratege）、各种制度（System）。软管理是指领导技巧（Skill）、最高经营目标（Superordinate Goal）、人事管理（Staff）、领导作风（Style），上述"7S"，代表了跨国化经营成败的七个关键性要素，人们称其为现代企业管理的"7S"模式。例如，号称世界快餐饮食连锁商霸主的美国麦当劳公司，以汉堡包等美式快餐著名，它对分布世界各地万余家分支机构的经营注重"软硬结合、以软为主"的管理方法。它规定，只有从麦

当劳所办的"汉堡包大学"毕业的人才能获得经营特许权。麦当劳成功经营的诀窍是四个英文字母——"Q、S、C、V",即讲究营养、味道鲜美的质量(Quality),令人满意、确保回头客的服务(Service),清洁优美的环境(Cleanliness),公平合理的价格(Value)。凡不符合四项要求的要吊销特许经营权。

3. 探索全球化营销战略,推进企业品牌建设

随着市场竞争的不断激化和消费者消费观念的转变,企业能否在市场上获得成功,不仅要靠它能提供优良品质的产品和服务,更重要的是要拥有众所公认的品牌。因此,创建品牌也是中国跨国公司提高竞争力的关键和战略重心。由于中国的大多数企业主要是以模仿创新为其主要生产特征的,自主创新的品牌产品较少。随着中国与国际规则的全面接轨,对知识产权的保护更加注重,这无疑对缺少拥有自主知识产权和品牌产品的跨国企业构成了最直接的生存危机。因此,中国跨国公司必须加强品牌建设意识,开发出自己的核心产品,可以通过对目标市场的细分,采用品牌的扩散和多品牌战略即率先拥有较强的品牌优势的企业,在其已取得名牌称号的产品周围,构建"卫星式"的多品牌系列,从而阻止国外跨国公司的进入。

4. 加强企业文化建设,营造独特的文化优势

企业文化是企业全体人员价值观和信念的体现,可以说,一个成功的企业必定已形成了一个既具时代特色又体现组织内在特点的企业文化。创建企业文化的关键在于"激励",即充分尊重员工的利益动机与创新意识,承认员工的创新成果,鼓励并支持员工进一步创新,使其自我价值能够不断得以体现;在创新的过程中要注意引导员工将其对利益的追求与创新冲动最终化为企业的一致行动,达到企业利益与个人利益的双重实现,从而产生与企业荣辱与共的主人翁意识,形成凝聚力。另外,还要抓好员工知识技能的学习和积累,满足员工自我发展的需要,这些也是培育企业文化的重要方面,通过这种方式企业才能逐步建立自身的企业文化,并使企业已建立起来的核心能力得以保持并不断拓展。

从现代管理的角度来看,特别是大的跨国公司,仅靠产权、物资利益方面的纽带,已经远远不能适应现代经济发展的要求,还必须有文化、精神方面的纽带,以统一公司的理念。塑造公司文化需要公司全体员工的主动参与,全体员工既是公司文化的创造者,又是公司文化的继承者,只有全体员工认可特有文化,才能激励全体员工为之奋斗,提高公司的整体效率,形成独特的核心竞争力。

5. 培养和引进国际化经营管理人才

对于"无国界之企业",治理企业之道乃是治人之道,人的因素是第一位的。人才是企业最大的资源,人才是企业在变化中求生存促发展的关键。通过文化的微妙诱导,使个体和整体相律动,如同一群人随音乐起舞而不会互相碰撞。企业要加强人的管理,在全体职工中形成共同的目标感、方向感、使命感。为此,企业应当十分重视人才的培训,对于跨国公司,尤其要重视培养国际化经营管理人才。

国际化人才不仅要求经营管理者通晓国际投资、金融、贸易等方面的专业知识,熟悉国际惯例和国际市场,还要对东道国的历史、文化背景、政治环境、法律制度、经济情况有深入的了解,并具备较强的综合管理技能。许多跨国公司的实践证明,经

营管理人员的业务技能以及综合素质是影响企业海外经营的非常关键的因素。中国的跨国公司在人力资源管理方面还存在许多问题,从而成为跨国经营的"短板"。因此,培养和引进业务技能强、熟练掌握国际商务语言的经营管理人才是中国跨国企业经营成功的必要条件。例如,春兰集团跨国经营的成功就是基于人力资源管理模式的创新:建春兰学院,吸引国内优秀人才;选派到国外进修;整合全球人才资源;人才资源本地化等。目前春兰在海外有1000多名外籍人才,这批海外科技精英掌握全球范围内最前沿的技术,成为春兰向世界先进技术挑战的强大后盾,缓解了海外人才不足的问题。通过这些措施,春兰基本解决了国际化人才缺乏的问题,保证了国际化战略的顺利实施。

【专栏11-8】　　　　中国平安:国际化人才战略

中国未加入世界贸易组织前,外资金融巨头在国门外跃跃欲试,也使本已紧缺的中国金融人才队伍面临更加严峻的挑战。然而,就在这当口,一些"洋将"却加入到了中资企业中来,成为民族金融业参与国际竞争的重要筹码。

早在20世纪末就开始人才国际化战略的中国平安保险,已经尝到了引进境外优秀人才的甜头,逐渐加快了人才国际化的步伐。

2011年5月18日,中国平安宣布,将聘请美国人计葵生(Gregory D. Gibb)出任集团首席创新执行官,兼任平安财富通公司董事长并兼首席执行官。这是国内金融机构首次设立"首席创新执行官"一职。"聘任计葵生为首席创新执行官反映了中国平安始终坚持国际化人才的策略。"中国平安有关负责人表示,"我们历来重视引进'外脑',目前,中国平安高层前9位高管中,有5位为海外籍,'国际化'、'专业化'的选才标准为此次聘任计葵生做了最好的注脚。"

据悉,从20世纪90年代初开始,中国平安就一直瞄准国际同行的先进模式,大胆实施"拿来主义",引进一大批拥有国际先进经验的海外管理精英,他们带来了领先的管理、机制和技术,带来了符合国际标准的商业企业运作模式及经营经验和机制,使中国平安踏上了国际化的征途。目前,在中国平安高级管理团队中,有近一半的人员来自海外,包括麦肯锡、高盛、花旗、保诚等国际著名公司。

"事实证明,国际化人才带给了平安国际化视野和全新的管理理念,带动了业务和管理的高速发展,并最终推动了平安与国际化标准的接轨。"相关负责人分析道,"同时,国际化人才也让我们的本土人才快速成长,实现了本土人才的国际化,为跨越式发展发挥了至关重要的作用。"

平安自1995年引进首批外籍员工,迄今已有近20年,这群业界精英构成了平安寿险业每年以50%左右增长的重要动力来源。外籍员工的角色也从开始的顾问型全部转到了实质管理岗位上。平安实施的人才国际化战略,不仅带来公司的业绩提升和人才辈出,也为同行业贡献了大批优秀人才。近年在保险业声名鹊起的新华人寿、泰康人寿、天安保险等公司的"一把手",均出自"中国平安"门下。

> 国际化战略的实施,关键在于是否有国际化的人才。平安保险的做法告诉我们,不仅是走出去的企业,就是在国内的企业,为了在国内市场与"洋人"竞争,为了加快与国际接轨的速度,为了更快地学习国外先进的技术和管理经验,也非常有必要聘请"洋人",引进国外智力,面对面地向他们学习。但在这方面要因企而异,从企业的实际需要出发,不能盲目跟风做门面。
>
> 资料来源:搜狐资讯,http://roll.sohu.com/20110519/n307954145.shtml.

本章小结

经历三十多年的发展历程,中国跨国公司从无到有、从小到大,虽经坎坷和争议,但到目前已取得了长足的发展。尤其是进入21世纪,中国企业在响应国家"走出去"号召的同时,更充分地利用加入世界贸易组织所提供的机遇,积极参与国际经济分工和构建全球价值链,走上跨国经营的道路。鉴于特殊的国情和各个企业自身的实际条件、所处的行业及实行的战略方向,企业"走出去"的方式方法千姿百态,创造出了多种行之有效且独具特色的跨国经营模式,如:跨国直接投资创办子公司(如三一集团)、跨国加工贸易(如华源集团)、跨国资源开发(如中石化、中石油)、跨国构建营销网络(如三九集团)、跨国研发投资(如华为集团)、跨国品牌经营(如同仁堂、海尔)、跨国并购(如联想集团)和跨国工程承包与劳务输出(如葛洲坝集团)。

在经济全球化日益加强的今天,面对风云变幻的国际市场,企业在执行既定的跨国经营战略过程中,必然要承担一定的风险,除了价格、汇率等市场性风险,还存在东道国政治动乱风险、政策与法律风险、文化差异风险、公司内部运营管理风险等非市场性风险。因此,企业需要针对外部环境对企业内外部生产要素进行新的重组,尽力规避风险,或将风险带来的损失控制在尽量小的范围内。

中国企业跨国投资与经营是国内外经济环境变化共同推动的。世界经济凸显全球经济一体化趋势,中国面临的国际新形势既是机遇更是挑战。国内宏观经济的发展对企业跨国投资与经营具有决定性影响。中国国民经济高速增长和综合国力的提高,是企业"走出去"的重要物质基础和必要保障;科学技术水平和创新能力的提升为企业跨国投资与经营提供强大的动力;改革开放政策的顺利实施,加速了中国经济发展的市场化进程,也使国内企业通过对外经济合作活动的开展积累了重要的涉外经验。

尽管中国企业的跨国投资与经营能力不断增强,但是,与西方发达国家140多年跨国投资与经营的历史相比,中国企业对外投资与经营只有30多年的历史,还处在跨国投资与经营的初期阶段,不可避免地存在一些经营机制、管理等方面的问题。因此,及时总结中国企业跨国投资与经营的经验和问题,并有针对性地采取有效的对策措施。一方面政府要加强服务管理能力,提供宏观指导和政策支持;另一方面企业要制定明

第十一章 中国跨国公司的经营与管理

确的全球化经营战略，积极提升自身的核心竞争力，提高技术创新能力，改善经营管理，以促进中国企业在走向世界的过程中健康、持续发展。

课后练习题

一、简答题

1. 中国跨国公司经营管理的模式主要有哪几种？并举实例说明。
2. 中国企业跨国经营面临哪些非市场性风险？
3. 在应对跨国经营面对的非市场性风险方面政府和企业应分别采取什么措施？

二、论述题

1. 对中国跨国公司经营发展的优劣势进行分析。
2. 试述在机遇和挑战下，怎样更好地发展中国跨国公司？

三、案例分析题

华为走向全球化之路

深圳华为技术有限公司成立于1988年，最初只是作为通信产品的代理商，现在已经发展成为集通信网络技术产品的研发、生产和销售为一体的供应商，并成功进入全球电信市场，成为全球前50强的运营商。从华为确定国际化战略开始，经过不懈的努力，华为在海外市场连续取得了重大成就，逐步在全球范围内拓展华为业务。到2012年公司实现销售收入2201.98亿元，其中海外销售额为1466亿元；其产品和解决方案应用于全球150多个国家和地区；路由器进入并服务于20多家欧洲主流运营商，并保持市场领先优势。华为在海外设立了22个地区部，分支机构达到100多个，在美国、印度、瑞典及俄罗斯等地设立了16个研究所，其研究侧重点及方向均不同。

1. 华为的国际化发展历程

华为采取"农村包围城市"的战略模式展开了其国际化的发展，当发达国家的跨国公司在欧美市场称霸发展、独占市场的时候，华为科技有限公司选择避其锋芒，先去亚洲、非洲、拉丁美洲一些发展中国家市场进行国际化发展的起步阶段，积累国际化发展和营销、管理的宝贵经验和市场占有率，以迂回侧翼的方式成功打开国际市场。

1996年华为进入中国香港市场，与和记电信开展合作。香港的用户群体与中国大陆的消费需求相对一致，可避开很多经营风险，得到政府的支持。加上香港特殊的经济地位更加接轨世界，其在对产品质量和服务等方面的高端、苛刻的要求，促使华为更接近于国际标准，使华为获得了一次难得的国际化发展经验。

1997年，华为以在俄罗斯建立合资公司为起点，开始了发展中国家市场的开拓。新型发展中国家市场潜力巨大，可以为华为提供广阔的发展空间；同时中国也处于发展中国家行列，市场需求接近，能更好地融入到东道国市场中；且当时华为的自主创新技术还处于待发展时期，基本处于模仿阶段，发展中国家的消费者更注重价格而没有发达国家消费者挑剔，所以赋予了华为宝贵的市场和科研时间。

接着华为又进一步全面开拓市场，主要是在东南亚国家，如泰国、新加坡、马来西亚等，还有一部分中东地区和非洲等国家市场。同时，在经济形势更好一些的国家和地区也得到了一定程度的发展。

进入21世纪后，华为开始进军欧美发达国家市场。2001年，华为敲开德国的大门，并以此为起点，逐步进入西欧国际市场。华为与当地影响力卓越的代理商的精诚合作，致使华为成功地将产品与服务渗透进发达的地区和国家，如英国、法国、德国、西班牙等。北美市场是世界上最大的通信市场，也是华为所遇到的最为坚固的城堡；华为先依赖低端产品打入市场，然后再进行主流产品的销售。华为在此又一次使用了其由易到难的发展策略，从尽快进入主流市场、由低端利润低的产品开始，到逐步占领市场，再到进军主流产品的销售，华为走了一条艰辛，但绝对符合中小企业由小到大、再由大到强的发展道路。

2. 华为的开放式创新道路

华为从一个从事通信产品销售代理的民营企业，成长为全球第二大通信设备制造商和世界500强企业，其成功得益于中国的改革开放，也是自身不懈探索和不断提升创新能力的结果。

（1）专注优势领域，提升核心竞争力。在实力很弱的时候，华为便将未来定位于"做世界级的领先的通信设备供应商"。此后，华为抵制住各种诱惑，集中所有资源于信息技术领域，致力于打造世界级品牌。华为还将这一点写进《华为基本法》，规定华为不从事任何分散公司资源和高层管理精力的非相关多元化经营，甚至永不进入相关的信息服务业。当然，后来随着ICT领域制造与服务的日益融合，这方面逐步改变，甚至现在的定位变成向ICT解决方案供应商转型。但是，华为始终遵从专业化分工规律、专注优势领域的基本原则一直未变。在明确的专业化目标定位下，华为坚持以占收入10%以上的经费持续投入技术研发，在对国际通信技术进行系统跟踪的基础上，在一些关键领域实现了弯道超车，带来核心技术的突破。

（2）注重服务外包，提升全球资源整合能力。为了专注于优势领域、提升核心竞争力，华为将一些通信设备制造环节外包给国内的供应商，在芯片等一些高端领域与跨国巨头建立长期稳定的采购供货关系，实现了制造环节的外包化；随后，华为还将信息服务、软件、培训、数据恢复、管理咨询、设备测试维护及后勤等非核心服务环节广泛外包。通过广泛的服务外包，不仅优化了业务及管理流程、降低了成本，而且搭建了聚集全球优势资源的平台，提升了全球资源整合能力，促进了从技术到管理和服务的全方位创新。

（3）以合资合作及技术联盟实施技术和市场拓展双核路线。华为很早就认识到，在日益激烈的市场竞争中，只有努力找到相关的战略合作者，形成利益共同体和协同竞争群，才能立足并达成共赢式发展。所以，华为在不断加强自身核心竞争力建设的同时，一直致力于与更多的优势企业建立广泛的合作关系，发展战略联盟。这样的路径在全球化时代具有普适性,光想着吃独食,企业难以存活。但华为有自身特点,选择了以市场拓展为起步、技术和市场拓展并重的双核路线。

在泰国,华为通过与移动运营商 AIS 的业务合作逐步在当地市场站稳了脚跟。2001 年,华为与松下、NEC 合资成立宇梦公司,打开了日本市场。通过合资合作和战略联盟,华为也实现了技术上的突破。正如任正非指出的:如果我们和对手联合起来搞研发,共同研发一个产品,研发成本降低一半。华为很早就与得州仪器、惠普、IBM、摩托罗拉等公司建立了联合实验室,以获得他们的技术支持。2003 年 8 月,华为与西门子合作共同研发 3G;2006 年 7 月,华为与摩托罗拉宣布合作计划,在上海成立研发中心,致力于 3G 产品解决方案和高速分组接入方案的研发;2012 年,华为与 SAP 的合作更是揭开了与跨国巨头战略联盟的新篇章。华为的创业创新之路,成为一条广结同盟的战略之路,借此华为创造了一个无边界的整体解决集合器。

(4) 以管理和服务创新支撑开放式技术创新体系。中国企业与国际一流巨头相比,不仅存在硬件技术上的差距,更有经营理念、战略思维、管理方法和商业模式上的巨大差距。这方面华为的成功尤其难得,华为很早就确定了与国际先进管理体系接轨的目标,重视管理和服务的创新。

从 1997 年开始,华为就引入国际著名企业为其做管理咨询。最初,华为与合益集团合作进行人力资源管理变革,建立新的职位体系、薪酬体系、绩效管理体系及员工素质模型。之后,引入德国国家应用研究院做质量管理顾问,聘请普华永道做财务顾问,聘请毕马威做审计等。随着信息化建设的全面展开,"华为"Intranet 网络专线连接了其国内所有机构和拉美、独联体、欧洲、海外研究所等海外机构。

(5) 基于市场需求和客户导向的开放式创新。乔布斯的成功主要是基于客户互动体验的技术应用合成创新,而不是简单的硬件创新。任何技术和管理创新只有经受市场检验和客户认可,才能真正创造价值、实现增值。华为建立了专门的客户需求研究部门,将全球客户声音反馈到研发部门,形成产品发展的路标,开发出优质新产品。华为在国内市场上的成功,依赖的是客户导向的核心价值观;华为进军国际市场,短期靠低价策略,长期也同样坚持这一价值观,把握客户的不同需求,把握行业的脉搏和时代的发展趋势,随需应变,才是赢得未来的关键。华为在国内外市场竞争中成功把握了这一导向。

资料来源:作者根据相关资料整理。

讨论题:
1. 你认为华为全球化道路成功的因素有哪些?
2. 华为的开放式创新战略是其成功的重要保证,这对国内企业和中国新形势下正确处理自主创新与对外开放的关系的启示有哪些?

参考文献

[1] Best Global Brands [N]. 商业周刊, 2007-08-06.

[2] Buckley Peter J., Casson Mark. The Future of Multinational Enterprise [M]. London, Macmillian, 1976.

[3] Buckley Peter J., Casson. A Therory of International Operation [M]. North-Holland, Amsterdam, 1978.

[4] Casson M. Associates Multinationals and World Trade [M]. London, Allen and Unwin, 1986.

[5] Catwell J. Technological Innovation and Multinational Corporation [M]. Basil Blackwell, Oxford, UK, 1989.

[6] Caves R. E. Interntional Corporation: The Industrial Economics of Foreign Investment [J]. Economics, 1971, February, 38 (5).

[7] Caves R. E. Multinational Firms, Competition and Productivity in Host-Country Markets [J]. Economic, 1974 (41).

[8] Caves E. R. Multinational Enterprises and Economic Analyses [M]. Cambridge University Press, London, 1982.

[9] Charles W. L. Hill. 战略管理（第七版）[M]. 孙忠译. 北京：中国市场出版社, 2008.

[10] Chicken Ramen Maker Used His Noodle [N]. 圣何塞信使报, 2001-02-21.

[11] C. P. Kindleberger. American Business Abroad [M]. Yalè University, 1969.

[12] Dunning John H. International Production and the Multinational Enterprise [M]. George Allen and Unwin, London, 1981.

[13] Dúran Úbeda F. The Investment Development Path: A New Empirical Approach and Some Theoretical Issues [J]. Transnational Corporations, 2001, 10 (2).

[14] For a Dlicate Sale, A Retailer Deploys Stocking Fellas' [N]. 华尔街日报, 2006-12-21.

[15] Frederick T. Knickerbocker. Oligopolistic Reaction and Multinational Enterprise [M]. Harvard Business School Publications, 1973.

[16] Gatignon H., Anderson E. The Multinational Corporation's Degree of Control Over Foreign Subsidiaries: An Empirical Test of a Transaction Cost Expansion [J]. Journal of Law, Economics and Organization, 1988 (2).

[17] Hennart J.F. A Theory of Multinational Enterprise [M]. The University of Michi-

gan Press, 1982.

[18] Hennart J. F. Control in Multinational Firms: The Role of Price and Hierarchy [J]. Management International Review, 1991, 31 (Special Issue).

[19] Hennart Jeam F. A Theory of Multinational Enterprise [M]. Ann Arbor: University of Michigan Press, 1982.

[20] Hennart Jeam F. Theroies of Multinational Enterprise [A]. In Fugman, Alan M. & Thomas L. Brewer, Editors. The Oxford Handbook of International Business [C]. Oxford University Press, 2001.

[21] Hofstede G. Cultures and Organizations: Software of the Mind [M]. London: McGraw-Hill, 1991.

[22] Hofstede G. Attitudes, Values and Organizational Cultures: Disentangling the Concepts [J]. Organization Studies, 1998, 19 (3).

[23] How Guess Got Its Groove Back [N]. 商业周刊, 2006-12-18.

[24] Kluckhohn F., Strodtbeck F. Variations in Value Orientations [M]. Evanston, IL: Row, Peterson, 1961.

[25] Krugman P. Intra-industry Specialization and the Gains from Trade [J]. The Journal of Political Economy, 1981, 89 (5).

[26] Michael A. Hit. 战略管理: 竞争与全球化 (概念) (原书第 8 版) [M]. 吕巍译. 北京: 机械工业出版社, 2012.

[27] Narula R. Multinational Investment and Economic Structure: Globalization and Competitiveness [M]. Routledge, London and New York, 1996.

[28] The Universal Appeal of Ramen [N]. 圣何塞信使报, 2003-02-26.

[29] Where the Book Business is Humming [N]. 商业周刊, 2007-05-14.

[30] Raymond Vernon. Sovereignty at Bay: The Multinational Spread of U.S. [M]. Enterprises, New York, 1971.

[31] Raymond Vernon. The Product Cycle Hypothesis in a New International Environment, Oxford Bulletin of Economics and Statistics, 1979, 41 (4).

[32] Rugman Alan M. Inside the Multinationals: The Economics of Internal Markets [M]. New Fork: Columbia University Press, 1981.

[33] Rugman Alan M. The Theory of Multinational Enterprises [M]. Cheltenham: Elgar., 1996.

[34] R. Vernon. International Investment and International Trade in the Produt Cycle [J]. Quarterly Journal of Economics, 1966 (5).

[35] SAP 打破文化壁垒的全球化重拳 [N]. 华尔街日报, 2007-05-11.

[36] Sleek, Stylish Somsonie [N]. 商业周刊, 2007-02-26.

[37] Teece David J. The Market for Know-How and the Efficient International Transfer of Technology [J]. Annals of the American Academy of Political and Social Science, 1981; 458 (1).

［38］Teece Davod J. Technonlogy Transfer by Multinational Firms: The Resources Cost of Transferring Technolohical Know How［J］. Economic Journal, 1977（87）.

［39］Tolentino P.E.E. Technological Innovation and Third World Multinationals［M］. London: Routledge, 1993.

［40］Trompenaars F., Hampden-Turner C. Riding the Waves of Culture: Understanding Diversity in Global Business［M］. New York: McGraw-Hill, 1998.

［41］Williamson Oliver E. The Modern Corporation: Origins, Evolution, Attributes［J］. Journal of Economic Literature, 1981, 19（4）.

［42］［美］艾里斯·瓦纳, 琳达·比默. 跨文化沟通（第3版）［M］. 高增安, 马永红, 孔令翠等译. 北京: 机械工业出版社, 2006.

［43］［美］查尔斯·希尔. 国际商务［M］. 北京: 中国人民大学出版社, 2001.

［44］［美］丹尼尔斯, 拉德巴赫, 沙利文. 国际商务: 环境与运作（第13版）［M］. 石永恒译. 北京: 机械工业出版社, 2012.

［45］［美］菲利普·R.哈里斯, 罗伯特·T.莫兰. 跨文化管理教程（第5版）［M］. 关世杰等译. 北京: 新华出版社, 2002.

［46］［美］菲利普·R.凯特奥拉, 约翰·L.格雷厄姆. 国际市场营销学［M］. 周祖城等译. 北京: 机械工业出版社, 2000.

［47］［美］弗雷德·卢森斯, 乔纳森·P.多. 国际企业管理: 文化、战略与行为［M］. 赵曙明, 程俊德译. 北京: 机械工业出版社, 2009.

［48］［美］萨克·翁克维斯特, 约翰·J.萧. 国际营销学［M］. 北京: 清华大学出版社, 2013.

［49］［美］约翰·D.丹尼尔斯等. 国际商务: 环境与运作［M］. 北京: 机械工业出版社, 2012.

［50］毕红毅. 跨国公司经营理论与事务［M］. 北京: 经济科学出版社, 2011.

［51］陈国欣. 财务管理学［M］. 天津: 南开大学出版社, 2005.

［52］陈宏. 跨国公司社会责任研究［D］. 成都: 西南财经大学博士学位论文, 2009.

［53］陈漓高, 黄武俊. 投资发展路径（IDP）: 阶段检验和国际比较研究［J］. 世界经济研究, 2009（9）.

［54］陈立敏. 跨国企业管理［M］. 北京: 清华大学出版社, 2012.

［55］陈立敏, 谭力文, 李梅, 赵奇伟. 跨国企业管理［M］. 北京: 清华大学出版社, 2009.

［56］陈晓萍. 跨文化管理［M］. 北京: 清华大学出版社, 2009.

［57］陈小强. 中国跨国公司经营论［M］. 北京: 中国财政经济出版社, 2005.

［58］陈向东, 魏拴成. 当代跨国公司管理［M］. 北京: 机械工业出版社, 2011.

［59］程虹. 宏观质量管理［M］. 武汉: 湖北人民出版社, 2009.

［60］崔新健. 跨国公司社会责任的概念框架［J］. 世界经济研究, 2007（4）.

［61］崔新健. 国际市场营销［M］. 北京: 高等教育出版社, 2008.

[62] 崔日明，徐春祥.跨国公司经营与管理［M］.北京：机械工业出版社，2009.

[63] 戴志敏，王义.中国际投资学［M］.杭州：浙江大学出版社，2012.

[64] 反町腾夫.广告原理与方法［M］.上海：复旦大学出版社，1999.

[65] 范晓萍.国际经营与管理［M］.北京：科学出版社，2002.

[66] 高山，石伟健.基于三层次金字塔模型的企业社会责任实现路径研究［J］.企业活力，2010（10）.

[67] 古丹尼.IHRM 的不同：请不要轻视跨国人力资源管理［N］.中国经营报，2004-10-27.

[68] 关雪凌，罗来军.跨国公司经营与管理［M］.北京：中国人民大学出版社，2012.

[69] 郭复初，王庆成.财务管理学［M］.北京：高等教育出版社，2010.

[70] 郭伟，徐翔.跨国公司经营管理案例：世界 500 强企业的成功之道（卓越·21 世纪管理学系列）［M］.上海：复旦大学出版社，2012.

[71] 何曼青.跨国公司绿色战略：跨国公司中国报告 2011［M］.北京：中国经济出版社，2011.

[72] 黄河.跨国公司与发展中国家［M］.上海：上海人民出版社，2012.

[73] 黄旭.战略管理——思维与要径（第 2 版）［M］.北京：机械工业出版社，2012.

[74] 金润圭，杨蓉，陶冉.跨国公司社会责任研究——基于 CSR 报告的比较分析［J］.世界经济研究，2008（9）.

[75] 克里斯托弗·巴特利特，休曼特拉·戈歇尔，保罗·比米什.跨国管理——教程、案例和阅读材料［M］.大连：东北财经大学出版社，2010.

[76] 孔淑红，曾铮.国际投资学［M］.北京：对外经济贸易大学出版社，2005.

[77] 李东阳.国际直接投资与经济发展［M］.北京：经济科学出版社，2002.

[78] 李尔华.跨国公司经营与管理（第 2 版）［M］.北京：清华大学出版社，2011.

[79] 李尔华，崔建格.跨国公司经营与管理［M］.北京：清华大学出版社，2011.

[80] 李桂芳.为什么耐克公司不生产耐克鞋？［J］.管理现代化，2003（5）.

[81] 李辉，姚丹，郭丽.国际直接投资与跨国公司［M］.北京：电子工业出版社，2012.

[82] 李佳师.融合熵变：跨国公司未来研发布局［M］.北京：机械工业出版社，2011.

[83] 李敏.国际企业管理：经营国际化的理论与实践［M］.广州：华南理工大学出版社，2006.

[84] 李延喜，秦学志，张悦攻.财务管理［M］.北京：清华大学出版社，2010.

[85] 李宗.当代国际垄断——巨型跨国公司综论［M］.上海：上海财经大学出版社，2002.

[86] 联合国贸易与发展会议编.2000 年世界投资报告［M］.北京：中国财政经济出版社，2001.

[87] 林康. 跨国公司经营与管理 [M]. 北京：对外经济贸易大学出版社，2008.
[88] 刘绵勇. 跨国经营与管理 [M]. 北京：清华大学出版社，2012.
[89] 刘生峰. 国际市场营销 [M]. 广州：暨南大学出版社，2006.
[90] 刘小荣. 上汽并购双龙的跨文化分析 [J]. 经济研究导刊，2011（6）.
[91] 卢进勇，高玉芳. 国际投资与跨国公司案例库 [M]. 北京：对外经济贸易大学出版社，2009.
[92] 卢进勇，刘恩专. 跨国公司经营与管理 [M]. 北京：机械工业出版社，2013.
[93] 卢进勇，刘恩专. 跨国公司理论与实务 [M]. 北京：首都经济贸易大学出版社，2008.
[94] 陆宇建. 财务管理 [M]. 大连：东北财经大学出版社，2009.
[95] 栾庆伟，迟国泰. MBA 财务管理 [M]. 大连：大连理工大学出版社，2011.
[96] 闾定军，周德魁，刘良云. 国际投资 [M]. 北京：清华大学出版社，2005.
[97] 马春光. 国际企业管理 [M]. 北京：对外经济贸易大学出版社，2006.
[98] 迈克尔·波特. 竞争优势 [M]. 北京：华夏出版社，2005.
[99] 迈克尔·怀特. 国际营销学案例：警示篇 [M]. 北京：中国人民大学出版社，2011.
[100] 毛付根. 跨国公司财务管理 [M]. 大连：东北财经大学出版社，2008.
[101] 孟惊雷，李迪，冯研，田雪松. 财务管理 [M]. 北京：电子工业出版社，2011.
[102] 潘素昆. 跨国公司经营与管理 [M]. 北京：中国发展出版社，2009.
[103] 任永菊. 跨国公司经营与管理 [M]. 大连：东北财经大学出版社，2012.
[104] 萨克·翁克维斯特. 国际营销学（第5版）[M]. 北京：清华大学出版社，2013.
[105] 宋军. 跨国并购与经济发展 [M]. 北京：中国财政经济出版社，2004.
[106] 宋顺清. 广告学原理与应用 [M]. 北京：高等教育出版社，1998.
[107] 宋亚非，刘明霞，高静美. 跨国公司管理 [M]. 北京：清华大学出版社，2009.
[108] 商务部跨国经营管理人才培训教材组. 中外企业跨国经营风险管理比较 [M]. 北京：中国商务出版社，2009.
[109] 盛琴雯. 利比亚动乱引发对国外政治风险的思考 [J]. 进出口经理人，2011（4）.
[110] 石建勋. 战略规划：中国跨国公司·理论·案例·对策·方案 [M]. 北京：机械工业出版社，2004.
[111] 谭力文，吴先明，秦仪，陈立敏. 国际企业管理 [M]. 武汉：武汉大学出版社，2009.
[112] 王朝辉. 跨文化管理 [M]. 北京：北京大学出版社，2009.
[113] 王方华. 战略管理（第2版）[M]. 北京：机械工业出版社，2011.
[114] 王焕祥. 跨国公司经营与管理 [M]. 北京：经济科学出版社，2011.

[115] 王欣兰. 财务管理学 [M]. 北京：北京交通大学出版社，2005.

[116] 王新新，杨德锋. 社会责任金字塔模型及其启示 [J]. 企业研究，2007（2）.

[117] 王仁荣. 跨国公司跨境并购法律问题研究 [M]. 北京：法律出版社，2012.

[118] 王勇. 跨国公司治理研究 [M]. 北京：中国法制出版社，2012.

[119] 王志乐. 2012 走向世界的中国跨国公司 [M]. 北京：中国经济出版社，2012.

[120] 王志乐. 深化互利共赢　强化合规管理——中国跨国公司的实践创新 [J]. 中国经贸，2012（9）.

[121] 吴伟荣. 财务管理学 [M]. 北京：电子工业出版社，2010.

[122] 肖文，林高榜. 跨国公司 R&D 国际化与中国自主创新 [M]. 杭州：浙江大学出版社，2011.

[123] 谢文杰. 当代跨国公司发展研究——兼论中国跨国公司全球战略 [M]. 北京：知识产权出版社，2012.

[124] 许晖. 国际企业管理 [M]. 北京：中国人民大学出版社，2011.

[125] 许晖，李巍. 国际企业管理 [M]. 北京：中国人民大学出版社，2011.

[126] 徐飞. 战略管理基础 [M]. 北京：电子工业出版社，2013：150.

[127] 薛求知. 当代跨国公司新理论 [M]. 上海：复旦大学出版社，2007.

[128] 杨德新. 跨国经营与跨国公司 [M]. 北京：中国统计出版社，2000.

[129] 杨大楷，蒋萍，刘庆生. 国际投资学 [M]. 上海：上海财经大学出版社，2003.

[130] 杨国亮. 国际贸易系列：跨国公司经营与管理（第 2 版）[M]. 北京：中国人民大学出版社，2011.

[131] 于光远. 经济学大辞典 [M]. 上海：上海辞书出版社，1992.

[132] 袁林. 跨国公司管理 [M]. 北京：清华大学出版社，2012.

[133] 原毅军. 企业跨国管理概论 [M]. 北京：高等教育出版社，2009.

[134] 张金梅. 广告经营学 [M]. 武汉：武汉大学出版社，2002.

[135] 张素芳. 跨国公司与跨国经营 [M]. 北京：经济管理出版社，2009.

[136] 张天阳. 财务管理 [M]. 广州：暨南大学出版社，2010.

[137] 张绍辉，韩忠先. 跨国公司实战案例 [M]. 济南：山东大学出版社，2012.

[138] 张玮，张宇馨. 跨国公司概论 [M]. 北京：清华大学出版社，2013.

[139] 赵春明. 跨国公司与国际直接投资 [M]. 北京：机械工业出版社，2012.

[140] 赵春明，郑飞虎，齐玮. 跨国公司与国际直接投资 [M]. 北京：机械工业出版社，2012.

[141] 赵伟晶. 国际市场营销学教程 [M]. 北京：北京航空大学出版社，2009.

[142] 赵学峰. 汽车市场营销实务 [M]. 北京：机械工业出版社，2012.

[143] 朱北仲. 跨国公司管理 [M]. 北京：清华大学出版社，2011.

[144] 朱晋伟，汤卫军，徐海俊. 跨国经营与管理 [M]. 北京：北京大学出版社，2011.

[145] 朱明侠，李维华. 特许经营在中国 [M]. 北京：机械工业出版社，2005.
[146] 朱士尧. 华为走向全球化之路 [J]. 军工文化，2013（4）.
[147] 邹昭晞，李志新. 跨国公司管理 [M]. 北京：清华大学出版社，2013.